财务管理实务

主　编　李　明　陈晓霞
副主编　秦　渝　刘彩凤　吴朝霞
参　编　余红柳　李定旺　张淑珍
　　　　顾海英　马　静

黄 河 水 利 出 版 社

图书在版编目(CIP)数据

财务管理实务/李明,陈晓霞主编.—郑州:黄河水利出版社,2007.6

ISBN 978-7-80734-210-6

Ⅰ.财…　Ⅱ.①李…②陈…　Ⅲ.财务管理　Ⅳ.F275

中国版本图书馆 CIP 数据核字(2007)第 081359 号

出 版 社:黄河水利出版社

地址:河南省郑州市金水路 11 号　　邮政编码:450003

发行单位:黄河水利出版社

发行部电话:0371-66026940　　传真:0371-66022620

E-mail:hhslcbs@126.com

承印单位:黄河水利委员会印刷厂

开本:787 mm×1 092 mm　1/16

印张:18.25

字数:520 千字　　印数:1—1 000

版次:2007 年 6 月第 1 版　　印次:2007 年 6 月第 1 次印刷

书号:ISBN 978-7-80734-210-6/F·75　　定价:25.00 元

前　言

随着经济全球化的发展和深入，企业之间的竞争进一步加剧，不断加强公司财务管理在企业生存、发展、做大做强的过程中的作用日益显得重要了 。

财务管理就是一门对企业财务活动的管理进行研究的经济管理学科，在现代企业管理中发挥着越来越重要的作用。它以财务决策为中心，按照财务预测、财务决策、财务预算、财务控制、财务分析等方法体系，利用价值形式对企业财务活动进行综合管理。搞好企业财务管理对于制定企业的发展战略，合理地筹集、使用和管理资金，抓住发展机会，规避风险，具有重大意义。

本书共分十四章。主要内容包括财务管理、筹资管理、资本成本与资本结构、投资管理、投资管理实务、流动资产管理、固定资产管理、无形资产管理、成本费用管理、收入管理、利润分配管理、财务预算、财务控制、财务报表分析等。

本书由河南工业大学财务处李明、河南工业大学管理学院陈晓霞任主编，由河南工业大学财务处秦渝、刘彩凤、吴朝霞任副主编，参与本书编写的还有河南工业大学财务处余红柳、李定旺、张淑珍、顾海英、马静。

由于我们的水平有限，加之编写时间紧迫，书中难免存有不足之处，诚望各位专家学者批评指正，也恳请广大读者提出宝贵意见。

编　者

2007 年 3 月

目 录

第一篇 财务管理总论

第二篇 资本决策

第三篇　资产管理

第四篇　财务成果管理

第五篇　财务预算、控制、分析

第一篇

财务管理总论

第一章　财务管理

企业财务管理是一门与社会经济生活联系极为密切的经济管理学科，是对企业的财务活动进行管理，在现代企业管理中发挥着越来越重要的作用。企业财务管理以财务决策为中心，按照财务预测、财务决策、财务预算、财务控制、财务分析等方法体系，利用价值形式对企业发生的财务活动进行综合管理。

搞好企业财务管理，对于企业制定正确的发展战略，合理地筹集、使用和管理资金，抓住发展机遇，规避风险，具有重大意义。

第一节　基本概念

企业经济活动大体上可以分为生产经营活动和财务活动，与此相应，企业管理活动也可分为生产经营管理和财务管理。其中，企业财务管理是对企业财务活动的管理，是企业的一项核心和综合的管理工作，汇总、分析企业生产经营的财务成果和财务状况，制定企业未来的生产经营活动目标，从而为做好企业的生产经营决策提供专业信息服务。

企业财务管理是以资金运动为研究对象，利用价值形式对企业各种资源进行优化配置的综合性管理活动。它通过对企业各项资金的筹集、使用、收入和分配进行预测、决策、分析、控制、核算和考核，优化生产要素配置，提高资金使用效果，促使企业以尽可能少的资源使用取得尽可能多的生产经营成果。

随着经济全球化的发展和深入，企业之间的竞争进一步加剧，在企业生存、发展、做大、做强的过程中，不断加强公司财务管理正变得日益重要。

一、资金运动

在商品经济条件下，企业要进行正常的生产经营活动，就必须具备人员、物资、资金等各项生产经营要素。随着生产经营活动的进行，这些要素也必然发生变化和运动。在企业的再生产过程中，客观地存在着一种资金的运动，这同商品经济的存在和发展是分不开的。事实上，企业的财务活动就是企业再生产过程中的资金运动，它体现了企业同各方面的经济关系。资金是商品价值在企业生产经营过程中的货币表现，其实质是再生产过程中运动着的价值。资金运动是指企业实物商品运动和金融商品运动过程中的价值运动，具体表现为实物商品资金运动和金融商品资金运动两种形式。

（一）实物商品资金运动

在市场经济中，社会产品是使用价值和价值的统一，企业的再生产过程也就表现为实物商品的使用价值的生产和交换与价值的形成和实现过程的统一。实物商品经过采购、生产和销售三个基本环节，既表现为其使用价值的实现过程，又表现为实物商品的价值运动过程。这种价值运动过程如图 1-1 所示。

$$G \longrightarrow W \longrightarrow \left[\begin{array}{l} A \\ P_m \end{array}\right. \longrightarrow P \longrightarrow W' \longrightarrow G'$$

图 1-1　实物商品的价值运动过程

随着实物商品的采购、生产和销售进行，货币资金（G）依次转化为商品资金（W——表现为一定数量的劳动力 A 和生产资料 P_m）、生产资金（P）、产成品资金（W'）以及更多的货币资金（G'）。在企业的再生产过程中，实物商品的货币表现就是资金。

资金有两个基本的约束条件：首先，资金是再生产过程中运动着的价值，离开再生产过程，它就是一般的货币；其次，资金离不开实物商品，但资金又不等于实物商品，它是实物商品的价值方面，有其独立的存在形式和运动过程。资金在运动过程中通过实物商品形态的转换，产生了一个价值增加额，最终实现了资金的增值性要求。

（二）金融商品资金运动

在市场经济中，不仅存在实物商品运动，也存在金融商品运动。所谓金融商品，是指在金融市场反复买卖、并有市场价格的各种有价证券，包括股票、债券等。企业进行的各种金融商品投资活动如图 1-2 所示。随着金融商品买卖的进行，货币资金（G）依次转化为金融商品资金（G^w）和更多的货币资金（G'）。

从图 1-2 中可以看出，金融商品也经历了与实物商品相同的两个阶段：购买金融商品的过程，同时也是货币资金向金融商品资金转化的过程；出售金融商品的过程，同时也是金融商品资金向货币资金转化的过程。也就是说，在金融商品的运动过程中，伴随着金融商品的运动也发生了资金运动，它表现为货币资金向金融商品资金的转化和金融商品资金向货币资金的转化。

如果企业利用发行股票或债券筹集资金及之后的偿付资金（如回购股票、支付股利、还本付息等），则完整的实物商品资金运动如图 1-3 所示。

$$G \longrightarrow G^w \longrightarrow G'$$

图 1-2　金融商品资金运动

$$G^w \longrightarrow G \longrightarrow W \longrightarrow \left[\begin{array}{l} A \\ P_m \end{array}\right. \longrightarrow P \longrightarrow W' \longrightarrow G' \longrightarrow G^w$$

图 1-3　完整的实物商品资金运动

图 1-3 中，$G^w \rightarrow G$ 成为实物商品运动的前提，称为筹资活动，此时实物商品运动成为广义的投资活动；$G' \rightarrow G^w$ 成为实物运动的结果，称为偿付筹资活动。

综合以上可知，企业的实物商品运动和金融商品运动，必然体现为价值运动，这种价值运动也称为资金运动，是财务管理活动的对象。

（三）资金循环和资金周转

资金运动具体表现为资金循环和资金周转。以实物商品运动为基础的资金运动，其价值形态不断发生变化，与购买、生产、销售三个环节相适应，价值形态也分别经过货币资金形态、商品资金形态、生产资金形态、商品资金形态，最后回到货币资金形态，形成资金运动的循环。在以金融商品运动为基础的资金运动中，金融商品以货币资金为出发点，又以货币资金的回收为终点，形成资金运动的循环。在企业的再生产过程中，商品的价值形态不断发生变化，由一种形态转化为另一种形态，最后回到出发点，这一运动过程就是资金循环。

在资金循环中，不仅要顺次地通过不同的阶段和不同的资金形态，而且同时出现在不同的阶段和并存在不同的资金形态上。这是资金循环得以顺利进行的必要条件。资金只有在不断的运动中才能实现其保值和增值，所以资金运动只能周而复始地、连续不断地循环下去。这种周而复始的资金循环就是资金周转。

从上面的分析可见，资金运动不仅以资金循环的形式而存在，而且伴随企业再生产过程的不断进行，资金运动也表现为一个周而复始的资金周转过程。

二、财务管理的概念及其特征

（一）财务管理的概念

在商品经济条件下，价值规律作用体现于社会产品是使用价值和价值的统一体。企业的再生产过程也表现为价值的生产和交换过程与价值的形成和实现过程的统一。企业的再生产活动，一方面表现为物质运动，即劳动者运用劳动手段对劳动对象进行加工，生产出产品，再将这些产品销售给消费者；另一方面表现为价值运动，即劳动者将生产中消耗掉的生产资料价值转移到产品中去，并创造新的价值的过程。

根据上面的内容可知，在企业的再生产过程中，随着实物商品的不断运动，其价值形态不断变化，周而复始，不断循环，就形成了资金运动。企业资金运动不仅表现为不断循环，它也随着企业再生产过程的进行表现为一个周转过程。资金的每次周转都会引起资金的变化，同时这种变化具有自身的运动规律，这就形成了企业的财务活动。因此，企业财务活动体现的是企业在再生产过程中客观存在的资金运动及其表现的各方面经济利益关系。财务管理正是基于企业再生产过程中客观存在的财务活动和财务关系而产生的，是根据财经法规制度，按照财务管理的原则，组织企业财务活动、处理财务关系的一项经济管理工作。这里的财务活动包括筹资、投资和利润分配，财务关系是指企业与各相关关系人因资金运动而发生的经济利益关系，而管理则是指通过财务决策制定财务计划和预算、设立财务组织、实施财务计划和预算、进行财务控制和考核的全过程。其特点是利用货币形式，对企业的生产经营活动进行管理、控制和分析。企业财务管理的主要内容包括筹资管理、投资管理和资产管理、成本管理、收入和分配管理 ，以及企业设立、合并、分立、改组、解散、破产的财务处理。

（二）财务管理的特征

1.财务管理是对价值的管理

财务管理是利用资金、成本、收入等价值指标，来管理企业价值的形成、实现和分配过程，并处理这个过程中所形成的财务关系。因此，财务管理也可以理解为组织、控制、指挥、协调并考核企业资金运动，以保持其一定比例的并存性、一定速度的继起性和一定规模的收益性的一种管理行为。同时，资金运动的过程本质上体现了企业与各利益相关人之间的经济利益关系，这种利益的核心价值分配及再分配。

2.综合性强

财务管理既是企业管理中的一个独立方面，又是一项综合性的管理工作，能综合反映企业生产经营各方面的工作质量。企业各方面生产经营活动的质量和效果都可以以价值形式综合地反映出来，最终体现于企业的盈利上。以价值形式表现出来的财务状况和经营成果具有很强的综合性。资金、成本、利润等价值指标，能全面系统地反映各种财产物资的数额、结构和周转情况，反映企业各种人力消耗和物资消耗，反映各种营业收入和非营业收入及经济效益。从另一个角度看，企业通过有效地组织财务管理，既合理地组织资金运动，又可以影响企业各方面的生产经营活动，保证企业生产经营活动的协调运转。透过财务信息把企业生产经营的各种因素及其相互影响综合全面地反映出来，并有效地反作用于企业各方面的活动，是财务管理的一个突出特点。

3.控制性强

企业生产经营活动一方面是商品运动的过程，另一方面是资金运动的过程。企业的任何商品运动都必然与货币的收支存在一定的关系，通过货币收支规模及其结构可以对商品的运动过程即企业经营过程进行有效的控制。这正是财务管理控制功能得以形成的基础。不仅如此，基于财务管理是一种价值规律和综合管理，使得它便于确定企业内部各部门、各环节甚至每个员工的经济责任，强化责任控制。

4.涉及面十分广泛

财务管理的客体是资金运动过程，而资金运动过程包括三个方面：一是以实物商品运动为基础的资金运动；二是以独立的金融商品资金运动为基础的资金运动；三是在各个独立企业资金运动的基础上，从整个社会资金运动出发进行资金再配置的资本运营活动，具体包括企业合并、分立、改组、解散、破产的财务处理等。这三者完整地构成财务管理的不可分割的统一体。财务管理与企业的各个方面具有广泛的联系。企业购、产、销、运、技术、设备、人事、行政等各部门业务活动的进行，无不伴随着企业资金的收支，财务管理的触角就必然要伸向企业生产经营的各个角落。每个部门都会通过资金的收付，与财务管理部门发生联系。每个部门也都要在合理使用资金和组织收入方面接受财务管理部门的指导，受到财务管理制度的约束。

5.灵敏度高

财务管理能迅速提供反映生产经营状况的财务信息。企业的财务状况是经常变动着的，具有很强的敏感性。各种经济业务的发生，特别是经营决策的得失，经营行为的成败，会及时在财务状况中表现出来。成品资金居高不下，往往反映产品不适销对路；资金周转不灵，往往反映销售货款未及时收取，并会带来不能按期支付材料价款、偿还到期债务的后果。财务管理部门通过向企业经理人员提供财务状况信息，可以协助企业领导适时控制和调整各项生产经营活动。

（三）有关企业财务管理的几个重要观点

学习企业财务管理，应当首先了解并理解以下几个重要的观点：

（1）经营企业的过程中，必须正确衡量风险与收益，承担额外的风险必须有额外的预期收益作为补偿。

（2）对于货币，必须考虑其时间价值。也就是说，现在收到的1元钱的价值要高于将来收到的1元钱。

（3）对企业而言，现金远比利润重要。

（4）在充分竞争的市场上，存在超额利润的项目的概率是很小的。

（5）企业的决策者应当知道，并不是所有的风险都可以消除。也就是说，有些风险可以消除，而有些风险则是不可消除的。

三、财务活动与财务关系

(一)财务活动

如前所述,企业资金运动过程是资金形态的不断转化及其增值过程,这一过程是通过一系列财务活动实现的。所谓财务活动,是以现金收支为主的企业资金收支活动的总称,包括资金的筹集、运用、耗资、收回和分配等一系列行为。其中,资金的运用、耗资、收回又称为投资。从整体上讲,财务活动包括筹资活动、投资活动、分配活动。资金运动和财务活动对应关系如图 1-4 所示。

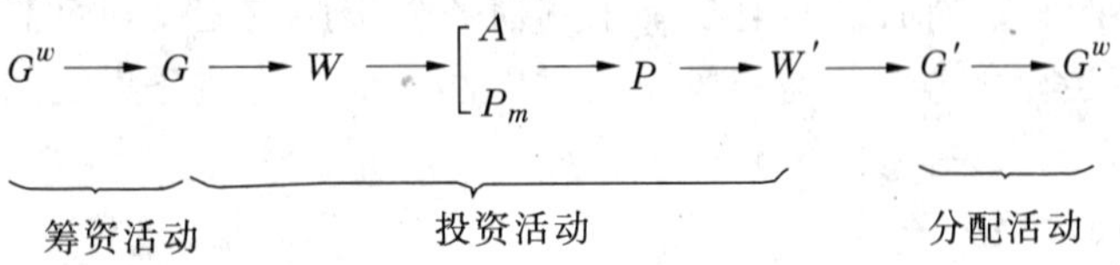

图 1-4　资金运动和财务活动对应关系

其中,筹资活动是资金运动的前提,投资活动是资金运动的关键,分配活动则体现了企业投资与筹资的目标要求。

(二)财务关系

财务关系是指企业在资金筹集、投资、运营、资金分配等活动中发生的经济关系。在企业日常经济活动中,主要有以下几个方面的财务关系。

1.与国家行政管理部门之间的财务关系

企业与国家行政管理部门之间的财务关系主要是指企业与国家税务、审计、物价、金融、工商行政管理部门之间的财务关系。这些部门代表国家,运用经济手段、法律手段、行政手段对企业进行宏观调控,行使检查、监督的职能。企业应及时缴纳税款(包括各种所得税、流转税和计入成本的税金等),遵守物价纪律和金融管理制度,积极配合有关行政管理部门的检查、监督,保证企业的生产经营活动正常健康发展。这种关系体现了一种强制和无偿的分配关系。

2.与投资者之间的财务关系

该种财务关系主要是指因投资者向企业投入资金而形成的所有权关系。企业投资者(即所有者)应当按照投资合同的约定履行出资义务,如期交足资本金,且不得以任何方式抽走资金。此种财务关系具体表现为独资、控股、参股三种形式。企业投资者主要有三类,分别是国家、法人单位和个人。企业自主经营,自负盈亏,自主筹集投资,实现投资者所投入的资本金的保值与增值。投资者以出资人的身份,参与企业税后利润的分配,但不得侵犯企业的合法权益。企业与其投资者之间的财务关系体现了所有权的性质,表现为受资人与出资人的关系。

3.与债权人之间的财务关系

企业与债权人之间的财务关系主要是指债权人向企业贷放资金,企业按照约定按时支付利息和归还本金所形成的经济关系。企业的债权人主要包括借给企业资金的金融机构和其他非金融单位,以及在经济往来中赊欠货款或预付货款的单位和个人。此外,购买企业债券的单位或个人,以及持有企业开出或承兑的商业汇票的单位,也是企业的债权人。从性质上讲,企业与债权人之间的财务关系是债务与债权的关系。在这种财务关系中,债权人不像投资者那样可以直接参与企业的经营管理,不能参与剩余利益的分配;但是,在企业破产清算时,债权人享有优先受偿权。因此,在投资风险方面,债权人要冒的风险虽然比投资者要小,但收益也较小。

4.与债务人之间的财务关系

企业与债务人之间的财务关系主要是指企业将资金以购买债券、提供借款或商业信用等形式出借给其他企业所形成的经济关系。企业的债务人是指在经济往来中存在应付或预收企业货款的单位或个人,以及在企业持有债券和应收商业汇票时发行债券、开出或承兑商业汇票的单位。企业将资金借出后,有权要求其债务人按照约定支付利息和归还本金。企业在出借的同时,应当充分考虑收益与风险的对称性。企业与债务人之间的财务关系体现的是债权人与债务人的关系。

5.与受资者之间的财务关系

企业与受资者之间的财务关系主要是指企业以购买股票或直接投资的形式向其他企业投资所形成的经济关系。这种财务关系将随着社会主义市场经济的深入发展而将进一步广泛。企业向其他单位投资,应当按照约定履行出资义务,参与受资单位的利润分配。依据企业出资额,可形成独资、控股、参股三种情况。此种关系是体现所有权性质的投资者与受资人的关系。

6.企业内部各单位之间的财务关系

企业内部各单位之间的财务关系主要是指企业内部之间在生产经营各环节中相互提供产品或劳务所形成的经济关系。企业在实行内部经济核算的情况下,企业内部各部门之间相互提供产品或劳务,应以内部转移价格进行核算。这种在企业内部形成的资金结算关系,体现了企业内部各部门之间的利益关系。

7.与职工之间的财务关系

企业与职工之间的财务关系主要是指在企业根据职工劳动贡献的大小支付劳动报酬过程中形成的经济关系。在我国目前市场经济发展过程中,企业应当贯彻以按劳分配为主,兼有其他分配方式的原则,合理分配劳动所得。这种企业与职工之间的财务关系体现了职工在企业劳动成果上的分配关系。

第二节 财务管理目标和管理要求

一、财务管理目标

明确公司的财务管理目标,并使公司的财务管理目标与公司的总体目标相一致,是公司财务决策的需要。以充分研究财务活动客观规律为基础,根据企业财务未来变动趋势,确定企业财务管理目标,是所有企业的管理者在开展企业活动之前必须解决的一个问题。

(一)财务管理目标的概念

财务管理目标又称为理财目标,是指企业进行财务活动所要达到的目标。它是评价企业进行财务活动是否合理有效的标准,决定着财务管理与财务分析的基本方向。明确企业的财务管理目标,是搞好企业财务工作的前提。在充分研究财务活动客观规律性的基础上明确理财目标,是财务管理的一个重要理论问题。

(二)财务管理目标的特征

财务管理目标的确定必须从实际出发,必须结合企业的实际情况来进行。财务管理目标一般具有以下特征。

1. 财务管理目标的内容取决于出资人的需要

尽管财务管理目标是由企业的经营者提出的,但它必须符合出资者的需要。换句话说,就是源于委托代理的受托责任中,受托责任本质上是保值、增值,相应的财务管理目标也必须以此为基础来确定。

2. 财务目标应当反映资金运动的基本规律

从资金运动的出发点和归宿来看,资金运动都是为了实现价值增值。企业以一定的资金投入获得更多的资金产出,符合资金运动的基本规律。相应地,企业的财务管理目标也应该追求企业价值增值,并尽可能使其最大。

3. 财务管理目标是组织和协调财务活动的基础

既然财务管理目标反映了出资者的需要和资金运动的规律,那么其一旦确定,就会反过来指导企业的财务活动,成为企业的财务活动的出发点和归宿。因此,企业一系列的财务活动都必须围绕财务管理目标展开,企业财务活动的控制必须以财务管理目标为准绳,企业财务活动的效果也必须以财务管理目标的实现程度来评价。

4. 财务管理目标具有层次性

财务管理目标的层次性具有两重含义。

首先,财务管理目标的层次性是指财务管理目标按一定的标准可以划分为若干层次。财务管理目标之所以具有层次性,主要是因为财务管理的内容可以划分为若干层次,而财务管理内容的层次性和细分性又使得财务管理目标成为一个由整体目标和具体目标两个层次构成集合体。所谓整体目标,是指一般财务管理目标,它决定着整个财务管理过程的发展方向。整体目标是企业财务活动的出发点和归宿。所谓具体目标,是指在整体目标的制约下,从事某一部分财务活动所要达到的目标。

其次,财务管理目标的层次性也是指企业的不同组织层次有着不同的财务管理目标。一般来说,越在企业管理的高层,越应该控制盈利和投资;而在基层,则主要对成本进行控制。

(三)财务管理目标的作用

在财务管理过程中,确定财务管理目标,可以起到导向作用、激励作用、凝聚作用以及考核作用等四个方面的作用。

1. 导向作用

管理是为了达到某一目标而组织和协调集体所作努力的过程,理财目标的首要作用就在于为各种管理者指明方向。

2. 激励作用

财务管理目标是激励企业全体成员的力量源泉,每个职工只有明确了企业的财务管理目标才能激发潜力,全力创造出最佳成绩。

3. 凝聚作用

企业是一个协作系统,只有不断增强全体成员间的凝聚力,才能最大程度地发挥作用。企业凝聚力的大小受到多种因素的影响,其中一个重要因素就是它的财务管理目标。只有企业财务管理目标明确,才能充分体现全体职工的共同利益,才能最大程度地激发企业职工的工作热情、献身精神和创造能力，形成强大的凝聚力。

4.考核作用

在管理不够规范的一些企业中，考评工作人员业绩的依据往往是上级领导的主观印象和对下级工作人员的粗略了解，考评结果不客观、不科学。明确企业财务管理目标，并以该目标作为绩效考核的标准，就能按工作人员实际贡献的大小如实地进行评价，得出客观、科学的考评结果。

二、财务管理的总体目标

财务管理目标是全部财务活动实现的最终目标，是企业开展一切财务活动的基础和归宿。从根本上讲，企业财务管理目标取决于企业的生存和发展目标，此二者是一致的。以经济效益最大化作为企业目标在目前是不言而喻的，但以此作为企业的财务管理目标则太过笼统。基于此，一方面，我们必须以经济效益最大化为确定财务管理目标的基础；另一方面，我们必须寻找能直接、准确、集中反映财务管理特征，体现财务活动基本规律的企业财务管理目标。

根据现代企业管理理论和实践，目前，最具有代表性的财务管理目标主要有两种观点，即利润最大化目标和企业价值最大化目标。

（一）利润最大化目标

利润最大化是企业财务管理的最基本的目标，也是公司可能实现的目标。以利润最大化作为财务管理目标，可以直接反映企业创造的价值，而且可以在一定程度上反映经济效益的高低和对社会贡献的大小。只有每个企业都最大限度地获利，整个社会的财富才能实现最大化。

利润最大化可以从两个方面来理解：一是利润总额最大化，二是净资产收益率最大化。如果以利润总额最大化作为目标，那么对两个资本额不同、但利润相同的企业的理财业绩之优劣就无法判断。因此，出于以上考虑，把利润最大化理解为资本利润最大化则更合理。企业追求利润最大化，就必须加强管理，改进技术，降低产品成本，提高劳动生产率，加速资金周转，以较少的资金投入获得更多的利润产出，提高经济效益。

以利润最大化作为财务管理的目标，主要有以下几方面的局限性：

(1)没有反映投入与产出之间的对比关系。利润最大化是一个绝对指标，没有考虑企业的投入和产出之间的关系，不便于对比。

(2)没有考虑资金的时间价值。利润最大化是一种静态的反映，而我们通过前面的内容已经知道，资金是具有时间价值的。以利润最大化为目标没有考虑预期收益发生的时间因素，即没有考虑资金的时间价值。

(3)没有考虑风险因素。以利润最大化为财务管理目标，对企业财务管理来说，没有考虑获取利润时所应承担的风险。投资任何项目都有风险，但不同的投资项目，其风险大小是不同的，有些投资项目的风险要比另一些投资项目的风险大得多。企业投资的项目风险越大，其未来各年按预期的资本收益率获取收益的风险也就越大。另外，一家企业所冒风险的大小，还要看债务与所有者承担的风险。两家企业预测的资本收益率相同，但一家企业未来各年按预期的资本收益率获取收益的风险大于另一家企业，那么前者的理财业绩就不如后者。

(4)成本因素考虑不全面。利润最大化强调的是会计利润，而会计利润没有考虑作为重要的资金成本之一的股本成本。在计算会计利润时,利息费用作为成本考虑进去了,而忽略了股东所提供的成本。例如,公司在一个新投资项目上获得10%的收益,若贷款资金成本低于10%,这肯定会增加公司的利润。但是,若公司的股东用同样多的资金投资相同风险的项目可获得12%的收益,公司是否可接受这一项目呢?在该目标下,就没有考虑股本成本这一因素。

(5)片面追求利润最大化,可能导致企业的短期行为。利润最大化目标往往会使企业管理者在进行财务决策时带有短期行为的倾向,即只顾实现目前的利润最大化而不考虑企业的长远发展。如成本高的投资在短期内可能亏损,但从长远来看却能为企业获得更多的盈利,然而这种投资却可能因过分强调短期利益而被否决。应该看到,将利润最大化作为企业财务管理的目标,只是对经济效益的浅层次的认识,存在一定的片面性。因此,现代财务管理理论认为,利润最大化并不是财务管理的最优目标。

(二)企业价值最大化目标

投资者之所以投入现有资金建立企业,其最重要的目的在于创造更多的财富。这种财富首先表现为企业的价值。企业价值的大小取决于企业全部财产的市场价值和企业潜在或预期获利能力。一般观点认为,企业价值最大化可以通过企业的合理经营,采用最优的财务决策,充分考虑资金的时间价值和风险与报酬的关系,在保证企业长期稳定发展的基础上,使企业总价值达到最大。这是现代西方财务管理理论公认的财务目标,同时认为这是衡量企业财务行为和财务决策的合理标准。以企业价值最大化作为财务管理目标,考虑了资金的时间价值和投资的风险价值,体现了对企业资产保值增值的要求,有利于克服企业管理上的片面性和短期行为,有利于社会资源的合理配置。

对于股份制企业,企业价值最大化可表述为股东财富最大化。因为企业为所有者所有,而所有者创办企业的目的就是要创造尽可能多的财富,所以财富最大化目标可表述为:企业通过合理经营,采用最优的财务政策,在考虑资金的时间价值和风险价值的情况下,不断增加所有者的财富。对于股份制企业,所有者财富最大化可表述为股东财富最大化。股东财富最大化是指管理者应当寻求公司的股东预期将来收益的现值最大化。该目标考虑了资金的时间价值、经营风险等因素。一般而言,报酬与风险共存,报酬越高,风险越大,报酬的增加是以风险的增大为代价的,而风险的增加直接威胁企业的生存。因此,企业必须在考虑报酬的同时考虑风险。企业的价值只有在报酬与风险达到均衡时才能达到最大,也就是在考虑时间价值和风险约束的情况下,实现利润最大化。

股东财富最大化是一个市场概念,具体表现为公司应当竭力使其股票价格最大化。相对于将利润最大化作为企业财务管理的目标只是对经济效益的浅层次的认识,将股东财富最大化作为企业财务管理目标是对经济效益深层次的认识。以股东财富最大化作为企业财务管理目标,能够克服公司在追求利润上的短期行为,是企业财务管理的最佳目标。但以此为目标也有一定的不足之处,比如:

(1)股东财富最大化目标只强调股东的利益,而忽视了企业其他关系的利益。

(2)不能直接反映企业当期的获利水平。

(3)对于上市公司而言,衡量公司价值。的指标是所有股票的市价,但是股价受很多因素影响;并不一定都是企业自身的因素。

(4)对于非上市公司,由于受其股票流动性的影响,必须通过资产评估才能确定其价值的大小。在评估时，会受到评估标准和评估方式的影响，以致影响到企业价值确定的客观性和准确性。企业价值不易衡量。

综合以上两种观点可见，财务管理的目标是围绕企业总体目标进行的，在利润最大化和企业价值最大化中，企业应当以企业价值最大化为其目标，并兼顾社会责任。顺便指出，利润最大化和企业价值最大化的主要区别是风险和时间因素。

三、管理要求

在实际操作中，企业财务管理实务工作千头万绪，要想做好这一工作，就需要建立一套财务法规制度。目前，企业财务管理活动必须遵循的基本要求是《企业财务通则》。其主要内容如下：

(1)企业应当根据自身的生产经营特点，合理组织企业的财务活动。

企业财务管理是企业管理的一个重要组成部分。但财务管理又不同于其他方面的管理，有其自身的特点。它利用价值形式来组织企业财务活动，为实现企业的生产经营任务服务。

(2)企业财务管理要依法合理筹集资金，有效使用资金。

企业财务管理应当按照制定的财务战略，合理筹集资金，有效营运资产，控制成本费用。合理筹集、有效使用资金是企业财务管理的一项重要内容。财务管理既要做到广泛筹集资金，积极合理组织资金来源，以满足生产经营的需要，又要降低筹资成本，切实做到有效使用资金，提高资金使用效率。

(3)企业应当确定内部财务管理体制，建立、健全企业内部财务管理制度，控制财务风险，完善经济核算体系，增加盈利。

建立、健全企业内部财务管理制度，其目的在于确定企业内部的财务关系，即企业内部各部门和各级单位在财务管理方面的权责分工及利益分配关系。因为企业财务管理的最终目标是提高企业经济效益，所以它必须要通过价值形式的管理，力求以尽可能少的生产消耗取得尽可能多的生产经营成果。

(4)正确计算和反映经营成果，依法纳税。

企业生产经营成果要通过价值形式核算和反映出来，企业财务核算必须真实、准确。同时，对企业实现的收入必须要合理分配，依法缴纳国家规定的各项税收。企业财务处理与税收法律、行政法规规定不一致的，纳税时应当依法进行调整。

(5)严格执行国家规定的各项财务开支范围和标准，加强财务监督检查。

作为一个相对独立的商品生产者和经营者，在从事生产经营过程中，企业一方面要组织好自身的生产经营活动，另一方面要严格执行国家的政策、法规和制度，自觉维护财经纪律，接受财政机关的检查监督。

(6)做好财务管理的日常管理工作。

企业财务管理必须要做好各项财务收支的计划、控制、核算、分析和考核等工作，充分发挥财务管理的职能作用，提高企业经济效益。

(7)财政主管部门应当从宏观上加强对企业财务的指导、管理、监督。

各级财政主管部门应当依据国家财务管理规定，进一步加强对企业财务的指导、管理、监督，其主要职责包括：①监督执行企业财务规章制度，按照财务关系指导企业建立、健全内部财务制度;②制定促进企业改革发展的财政财务政策,建立、健全支持企业发展的财政资金管理制度;③建立、健全企业年度财务会计报告审计制度,检查企业财务会计报告质量;④实施企业财务评价,监测企业财务运行状况;⑤研究、拟订企业国有资本收益分配和国有资本经营预算的制度;⑥参与审核属于本级人民政府及其有关部门、机构出资的企业重要改革、改制方案;⑦根据企业财务管理的需要提供必要的帮助、服务。

根据《国务院关于〈企业财务通则〉、〈企业会计准则〉的批复》的规定,财政部对《企业财务通则》进行了修订,修订后的《企业财务通则》自2007年1月1日起施行。考虑到《企业财务通则》是企业财务管理活动必须遵循的基本要求,为方便读者查询,本书附录二即为《企业财务通则》。这一部分内容读者可参考附录以加深理解。

四、财务管理基础工作

(一)做好财务管理基础工作的要求

为了加强企业财务管理,完成企业财务管理的各项任务,明确企业财务管理的基础工作无疑是非常重要的。企业财务管理的基础工作包含很多方面的内容,为了全面做好这些纷繁复杂的财务管理基础工作,《企业财务通则》中明确了一些基本要求,具体包括以下几项:

(1)企业应当确定内部财务管理体制,建立、健全财务管理制度,控制财务风险。

(2)企业财务管理应当按照制定的财务战略,合理筹集资金,有效营运资产,控制成本费用,规范收益分配及重组清算财务行为,加强财务监督和财务信息管理。

(3)做好完整的原始记录,确保原始记录的及时、准确、真实、全面、完整。

(4)建立、健全计量验收制度,企业各项财产物资的进出消耗,都要经过严格的计量验收,做到手续齐全,计量准确。

(5)加强定额管理,制定和修改原材料、能源等物资消耗定额和工时定额,做到各项定额科学合理。

(6)做好财产清查工作,建立完善的清查制度,及时处理各种财产物资的盘盈、盘亏、毁损、报废,做到账实相符。

(二)财务管理基础工作的内容

1.建立、健全有关成本核算的原始记录和凭证

由于财务管理的重要内容是对企业经济活动进行数据处理,所以必须要通过一定方式取得各项数据。原始记录就是提供计算数据的主要方式。

原始记录是指按照规定的格式,对企业生产经营活动中的具体事实所做的最初记载。原始记录是反映企业经济活动情况的第一手材料。根据企业生产经营活动的内容,制定具有一定格式的表格,规定反映经济活动情况的具体项目、填制方式、传递程序以及责任单位等,建立、健全比较严密的原始记录制度,对加强企业经营管理、正确计算产品成本具有重要意义。

任何企业的生产经营活动,都是具有一定生产技能的劳动者运用劳动资料作用于劳动对象的过程,而且还要把劳动产品及时销售出去,去取得销售收入弥补生产耗费。因此,企业的生产经营活动,是以生产活动为中心,包括生产准备的活动和产品销售的活动等方面的内容。企业应根据全面反映上述内容、满足全面经济核算的要求,编制记载不同内容的原始记录。

(1)记载生产准备具体事实的原始凭证。属于这类原始记录的,有记载机器设备等固定资产的调拨单、转移单、报废清理单以及专项工程竣工验收单等有关固定资产的原始记录,记载材料的物资收入库、发入领用、余料退库等有关储备资金的原始记录,记载职工的录用、离职、内部调动以及变更职务与工资级别的有关劳动工资的原始记录,以及与上述活动相适应的各项借款、报销的原始记录等。

(2)记载产品销售活动的原始记录。属于这类记录的,有记载产品入库、出库、销售的原始记录以及同产品销售有关的结算记录等。这类原始记录同企业的生产特点关系比较小,因而在不同行业的企业中没有太大差别,尽管各企业采用的格式不尽相同,但还是有共同的特点,比如:这些记录都是在登记对象发生变动时填制的,而且一般是表明它的来源和去向,往往采用套守的方式满足有关方面的需要,等等。

(3)记载产品生产活动的原始记录。记载产品生产活动的原始记录同企业的生产特点关系密切,因而在不同行业的企业中有很大的差别。即使在同一行业内的企业中,也由于各企业的生产组织和管理方法的不同,其具体格式与内容也不尽相同,但其基本的记录还是大同小异的。

上述不同种类和内容的原始记录,尽管在具体格式上互不相同,但是一般都应具备原始记录的名称、经济活动的内容与项目、经济活动的计量单位和数量、经济活动发生的时间和地点、填制人员与负责人的签章等几项基本内容。

原始记录的填写规则,一般是谁在什么岗位上,管什么业务,谁就填写什么记录。如领料单一般由领料人填写,质量情况一般由质量检查人员填写。有关工人的生产活动情况的记录,如班组生产记录、个人生产记录等由谁填写归纳起来不外有四种情况,即由工人自己记录、由班组长记录、由班组工人记录员记录、由专职记录员记录。

原始记录往往为几个部门所需要。因此,按要求填写的原始记录,应分别递交有需用的部门。如果是采取一式一份的原始记录,应按需要部门依次传递使用。这种方式优点是填写简单;缺点是不能同时送达各需要单位,影响及时使用,并且发生丢失不易查对。一式一份的原始记录通常由工人负责填写,如工序施工票等多采用这种方法。

原始记录的制定按照谁做什么业务、谁就管什么原始记录的原则,一般由业务部门负责判定本部门业务范围内的原始记录,由统计部门或会计部门协调、统一全厂的原始记录。企业对原始记录应建立、健全清理、归档、保管和销毁制度,以加强对原始记录的管理。

2.建立、健全计量验收和领有盘点制度

原始记录为企业管理工作提供所需的各项数据,这些数据主要是从数量上反映企业在生产经营活动中各项财产物资的变动情况。计量工作是确定这些数据的依据,如没有准确的计量,就不能提供准确的数量,也就无法据以进行管理。此外,在企业生产经营过程中移动的各项财产物资,其质量、规格是否合乎规定的要求,也直接关系到产品的质量及其经济效果,因此在企业中建立计量验收制度有着重要意义。

计量验收工作是加强企业管理工作的基础。为此,应当做好以下几项具体工作:

首先,在认识这项工作的重要意义的同时,针对不同的计算对象,相应地配置必要的计量器具。尤其是对消耗量大的水、风、电、气的计量器具,更要从种类上、数量上配备齐全。

其次,应该建立将设置专职的质量检验机构与群众检查相结合、以专职质量检验机构为主的质量检验制度,做到不符合质量、规格要求的材料物资不入库,不符合质量要求的零部件不移送，不符合质量标准的产品不入库、不发货。

第三，应建立计量仪器和器具的管理与定期检验制度，以保证仪器与器具始终处于良好状态；对零部件和产品质量应不定期进行检查，以检查质量验收制度的执行情况。

3.建立、健全定额管理制度

所谓定额，是指企业对在生产过程中消耗的人力、物力和财力所规定的应当遵守和达到的数量标准。它是企业加强包括成本分析在内的企业财务管理工作的基础，是企业实施生产经营计划管理的依据，是企业开展全面经济核算、加强成本分析的基础，是衡量工作数量与工作质量的客观依据。因此，加强定额管理对加强企业财务管理具有重要意义。

企业的定额有劳动定额、物资消耗定额、设备利用定额、流动资金利用定额和管理费定额等。各项定额制定的具体方法虽不尽一致，但总的说来，不外采用经验估计法、统计分析法与技术分析法三种方法。

(1)经验估计法。经验估计法是由定额管理人员、技术人员和生产工人，根据自己在生产、管理实践过程中总结的经验，结合分析有关的技术文件资料制定定额。这种定额编制方法的优点是简单易行，花费的时间比较少。但由于这种方法对构成定额的各种因素缺乏全面、仔细的分析与计算，所以它的技术根据不充分，而且也容易受估计人员的主观因素影响。

(2)统计分析法。统计分析法是有关人员根据过去的统计资料，在分析当前生产条件变化的基础上制定定额。这种编制方法的优点是比较简单易行，但与经验估计法一样，对构成定额外负担的各种因素缺乏全面、仔细的分析与计算，容易受过去的平均统计数字的影响。

(3)技术分析法。技术分析法是指在比较分析生产技术专利权件和生产组织，以及可能采取的技术组织措施基础上，通过技术计算或测定制定定额。利用这种编制方法制定定额，主要的优点是比较准确。但这种方法比较复杂，往往或者需要有系统的资料累积，或者需要投入大量的人力进行测定。因此，这种方法只适合在大量大批生产类型企业中使用。

以上三种方法各有其优点和缺点，在企业中究竟采用哪种方法更为合适，要从企业的实际出发，根据需要与可能的条件来确定。事实上，在实际工作中这三种方法往往是结合使用的。

在定额制定后，应随着企业生产技术条件的变化和管理水平的提高，适时地修改定额，否则定额就会失去应有的作用。但是，定额又不能经常变动，必须保持一定的稳定性，否则就不利于调动大家完成定额的积极性。

定额是企业在生产过程中各项消耗的“标准”，按照各项定额组织全体人员从事生产活动是定额管理的中心环节。为动员全体职工执行定额，企业应切实贯彻执行各项必要的技术组织措施和各项管理制度，从客观上为完成定额提供必要条件。同时，还应积极组织广大员工深入开展增产节约、技术革新和技术革命以及改善经营管理等活动，为达到定额外负担和突破定额而努力。

为保证定额的执行，并为制定或修订定额提供可靠的资料，企业应加强对定额完成情况的核算、检查和分析工作。这些工作在企业里都应由一定的专职机构负责处理，建立起以厂级领导与车间、小组的分级管理相结合的定额管理制度。例如劳动定额，厂部应由劳动工资科负责管理，生产车间应设置劳动工资组或劳动工资员来负责车间的定额管理工作，班组的定额管理工作应由班组工作劳动工负责，由此形成厂部劳动工资科与车间劳动工资组、班组工人劳动工资员相结合的企业劳动定额的管理制度。

第三节　资金时间价值

一、概述

时间价值是客观存在的经济范畴。任何企业的财务活动,都是在特定的时空中运行的。时间价值观念是现代财务管理的基础观念之一。时间价值是就资金或货币而言的,因而又称为资金时间价值或货币时间价值。

(一)时间价值的概念

日常生活中,经常会遇到这样一种现象,一定量的资金在不同时点上具有不同的价值,现在的 1 元钱比将来的 1 元钱更值钱。例如,我们现在将 1 000 元存入银行,银行的年利率为 5%,1 年后可得到 1 050 元,于是,现在的 1 000 与 1 年后的 1 050 元相等,这是因为,1 000元经过 1 年的时间增值了 50 元,这增值的 50 元就是资金在经过 1 年时间的价值。

再如:××企业购买××设备,采用现付方式,其价款为 50 万元;如延期至 5 年后付款,则价款为 70 万元。设企业 5 年期存款利率为 10%,试问:现付同延期付款比较,哪个方式对××企业有利?

假设××企业现在已筹集到 50 万元资金,暂不付款,存入银行,按单利计算,5 年后的本利和为 $50\times(1+10\%\times5)=75$ 万元,同 70 万元比较,××企业尚可得到 5 万元的利益。可见,延期付款 70 万元比现付 50 万元对该企业更为有利。这就说明,今年年初的 50 万元,5 年以后的价值就提高到 75 万元。

从上述分析得出:年初的 50 万元在 5 年后价值发生了增值,这种不同时点上的价值增量是由于时间推移而引起的。资金在周转过程中会随着时间的推移而发生增值,使资金在投入、收回的不同时点的推移而发生增值,使资金在投入、收回的不同时点上价值不同,形成价值差额。以此,我们定义资金时间价值是资金在运动中随着时间的推移能够增值,即等量的资金在不同的时间的价值是不同的,如排除通货膨胀和风险因素,现在的 1 元钱比将来的 1 元钱价值更大。它表现为资金周转使用的价值增值。资金周转时间越长,所获得的利润或价值增值越多。它包括两部分:一是由于时间延长从而周转次数增加而带来的差额价值;二是由于上一次周转带来的利润又被重新投入周转而带来的差额价值,该部分又称为复利。资金使用时间越长,周转次数越多,由此带来的复利就越多。

(二)资金时间价值的存在条件

从上面的分析可以看出,企业把 50 万元存入银行,出现了资金所有权和使用权的分离。银行能够支付其使用资金的利息,是由于银行通过使用这些资金发生了增值。即资金的时间价值就是在资金所有权与资金使用权相分离后,资金使用者向资金所有者支付的一种报酬或代价,因而借贷关系的存在是资金时间价值产生的前提条件之一。资金在周转过程中的价值增值是其产生的根本源泉。资金使用价值是资金周转的结果,那么,资金周转为什么会带来时间价值呢?因为资金使用者把资金投入生产经营以后,劳动者借以进行生产经营活动,实现价值转移和价值创造,从而带来价值增值。货币从原始的交换媒介兑变为能带来价值增值的使用价值,在资金让渡过程中,资金的让渡时间越长,资金所有者所收取的报酬也越多。

二、资金时间价值的衡量

资金时间价值可以用绝对数表示，也可以用相对数表示，即以利息额和利息率来表示。但在实际财务活动中，对这两种表示方法并不做严格的区分，通常以利息率计算。这里的利息率是指社会资金利润率，也即马克思所指的平均资金利润率。值得说明的是，其他各种形式的利息率，如贷款利率、债券利率、股利率等除了包括资金时间价值因素外，还包括风险价值和通货膨胀因素，而在计算资金时间价值时，后两部分不应包括在内，即资金时间价值率是指扣除风险报酬和通货膨胀贴水后的平均资金利润率或平均报酬率。

（一）利息

简单地说，资金的时间价值具体体现为利息。利息是指在借贷活动中，借款人付给贷款人的报酬，其数量按照本金的一定比例计算。

利息主要发生在金融机构的存贷业务中，分为存款利息和贷款利息。其中，存款利息是指金融机构对储户的各种存款所支付的报酬，贷款利息是指金融机构对借款人所收取的报酬。

按照计算方式的不同，利息可分为单利和复利。

（二）单利

上面讲到，资金的时间价值具体体现为利息，而利息取决于所使用资金额（本金）的大小、资金的价格（利率）和使用资金的特定期间，即利息是付给所借资金的租金。在计算利息时，如果上期的利息不计入本金之内，仅按照原有本金计算利息，那么这种计算利息的方法就称为单利法，计算出来的利息称为单利，用公式表示如下：

$$I = Prt$$

式中　I——单利利息；

P——本金；

r——利率；

t——计息期间。

例如，假设本金为 50 000 元，期限为 10 年，年利率为 8%。那么，10 年期满的单利为

$$I = Prt = 50\,000 \times 8\% \times 10 = 40\,000(\text{元})$$

以上计算利息的方法仅对本金进行利息计算，一般用于货币市场上利息的计算。值得注意的是，在考虑资金的时间价值时，应注意时间和利率要保持一致。如利率为年利率，则时间要为年，利率为月利率，时间要为月。

（三）复利

复利俗称“利滚利”，实际上是反复使用单利法，即每期终了时，将该期的利息并入本金内，一起作为新的本金重新计息，依此类推。复利法常用于资本市场。资金的时间价值一般是按照复利的方式进行计算的。计算复利公式如下：

$$I = P \cdot [(1 + i)^n - 1]$$

式中　i——期利率，$i = r/m$，其中，r 为利率，m 为每年复利期数；

n——复利总期数，$n = mt$，其中，t 为时间年限；

其他符号含义同前。

资金时间价值的衡量还可以通过终值和现值之差来表现，现值 I 是资金的现在价值，

终值 F_n 是资金现在价值在一定期限后的本息和。终值的直观计算见表 1-1。

表 1-1　终值计算

期数	单利	复利
第一期末的终值	$P(1+i)$	$P(1+i)$
第二期末的终值	$P(1+2i)$	$P(1+i)^2$
⋮	⋮	⋮
第 n 期末的终值	$P(1+ni)$	$P(1+i)^n$

复利终值的计算公式为

$$F_n = P(1+i)^n$$

式中　F_n——复利终值；

其他符号含义同前。

显而易见，根据以上两式，F_n 与 I 存在以下关系：

$$F_n = I + P$$

(四)年利率(APR)、年收益率(APY)与连续利率

由前面的例子可知，对同一本金，在同一时期，由于每年复利次数不同，所得复利息也不同。因此，在一年内，计算利息的实际利率也不一致。利率可分为年利率(名义利率)和年收益率(实际利率)，前者为计算利息时所规定的利率，后者是将一年实际所得复利息折合而成的利率，即：

$$\text{年收益率} = \frac{\text{一年的复利息}}{\text{本金}}$$

换句话说，年收益率为每年复利一次的利率。

通常，实际利率 APY 比名义利率 APR 高，在上例中，APY 比 APR 高 0.14。APY 与 APR 的关系如下：

假定 m 表示每年复利次数，则一年后所得复利终值为：

按名义利率计算

$$S = P\left(1 + \frac{APR}{m}\right)^m$$

按实际利率计算

$$S = P(1 + APY)$$

上述两式左边相等，得到：

$$P\left(1 + \frac{APR}{m}\right)^m = P(1 + APY)$$

所以

$$APY = \left(1 + \frac{APR}{m}\right)^m - 1$$

由上式可得出 APY 与 APR 的关系：

(1)若 $m=1$，则 $APY=APR$，即每年复利一次，实际收益率与名义利率相等；

(2)若 $m>1$，则 $APY>APR$，即每年复利次数多于一次，则实际收益率大于名义利率；

(3)若 $m<1$，则 $APY<APR$，即若一年以上复利一次，则实际收益率低于名义利率。

由上式可见，APR 不变，随着复利次数的增大，APY 增大。若 m 无限增大，则其等值的 APY 又如何变化呢？这是一个连续复利的问题。连续复利一般不用于实际投资，然而在理论上，它的概念在分析投资问题中是很重要的。

由上面的公式有

$$APY = (1 + \frac{APR}{m})^m - 1$$

因为
$$\lim_{n \to \infty}(1 + 1/k)^k = e$$

所以
$$\lim_{n \to \infty} APY = \lim_{n \to \infty}[(1 + APR/m)^m - 1]$$

即
$$APY = \lim_{n \to \infty}[(1 + APR/m)^m - 1] = e^{APR} - 1$$

其中，e^{APR} 可用对数方法求得近似值，也可从表 1-2 中直接查得。

表 1-2　e^{APR} 值

APR	e^{APR}	APR	e^{APR}	APR	e^{APR}
0.000	1.00 000 000			0.1	1.10 517 092
0.001	1.00 100 050	0.01	1.01 005 017	0.2	1.22 140 276
0.002	1.00 200 200	0.02	1.02 020 134	0.3	1.34 985 881
0.003	1.00 300 450	0.03	1.03 045 453	0.4	1.49 182 470
0.004	1.00 400 801	0.04	1.04 081 077	0.5	1.64 872 127
0.005	1.00 501 252	0.05	1.05 127 110	0.6	1.82 211 880
0.006	1.00 601 804	0.06	1.06 183 655	0.7	2.01 375 271
0.007	1.00 702 456	0.07	1.07 250 818	0.8	2.45 960 311
0.008	1.00 803 209	0.08	1.08 328 707	0.9	2.58 894 247
0.009	1.00 904 062	0.09	1.09 417 428	1.0	2.71 828 183

将上式代入式中，得连续复利终值为

$$F_n = P \times (1 + i)^n = P(1 + APY)^t = P[1 + (e^{APR} - 1)]^t = Pe^{APR \times t}$$

即

$$F_n = Pe^{APR \times t}$$

同理，可求得连续复利现值为

$$P = F_n e^{-APR \times t}$$

复利次数与复利终值的关系如图 1-5 所示。

三、年金

年金是指在一定期间内，每隔相同时期(一年、半年、一季度等)收入或者支出相等金额的款项。其中，介于每相邻支付年金日期的时间称为支付期间，介于每相邻计息日之间的时间称为计息期间，每月支付期间支付的金额称为每期年金额，每计息期中各次年金额的总和

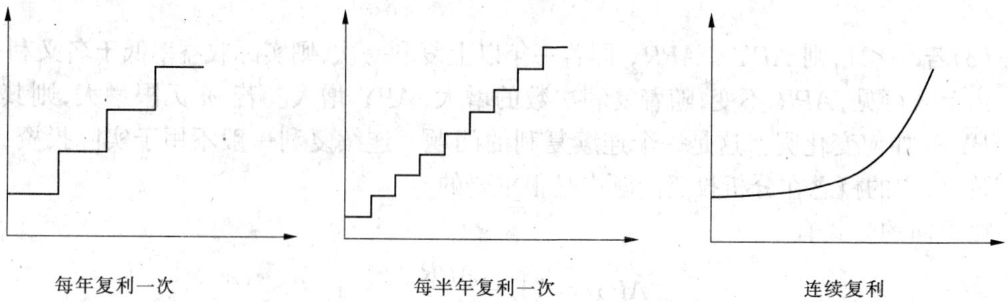

图 1-5　复利次数与复利终值的关系

称为每期年金总额,自第一次支付期间开始到最后一次支付期间终了称为年金时期。各期年金在年金时期开始时的复利现值(或单利现值)之和称为年金现值。每期支付的年金,在年金时期终了时,依单利计息所得本利和总额称为单利年金终值,依复利计息所得本利和总额称为复利年金终值。

年金根据每期支付的具体情况不同,可分为不同形式的年金。在每期期末支付的年金称为普通年金或后付年金,在每期期初支付的年金称为预付年金或即付年金;在第一期之后的某一时间支付的年金称为递延年金,无限期支付的年金称为永续年金。

年金与复利紧密相连,年金的现值、终值都是以复利的现值、终值为基础计算而来的。因此,对普通年金以外的各种形式的年金,都可以通过普通年金转化求得。

1.普通年金

凡收入或支出相等金额的款项发生在每期期末的年金叫做普通年金,亦称后付年金。

1)普通年金终值

普通年金终值(S_A)就是每期期末收入或支出"等额款项"(用 A 表示)的连续若干期复利终值之和。设每年的等额款项为 A,利率为 i,期数为 n,其计算公式为:

$$S_A = A \times (1+i)^0 + A \times (1+i)^1 + A \times (1+i)^2 + \cdots + A \times (1+i)^{n-1}$$

将上式两边同时乘上$(1+i)$得:

$$(1+i)S_A = A \times (1+i)^1 + A \times (1+i)^2 + A \times (1+i)^3 + \cdots + A \times (1+i)^n$$

再将两式相减得:

$$(1+i)S_A - S_A = A \times (1+i)^n - A$$

$$S_A = A\left(\frac{(1+i)^n - 1}{i}\right)$$

式中的 $\frac{(1+i)^n - 1}{i}$ 是普通年金为 1 元、利率为 i、经过 n 期的年金终值系数,记作$(S/A, i, n)$,可直接查阅书后附录一"1 元年金终值表"。

2)普通年金现值

普通年金现值是指为在每期期末取得相等金额的款项而在现在需要投入的金额。实际上,普通年金现值就是每期收入或支出的本金相同,连续若干期本金现值之和。

设 P 为年金现值,本金为 A,利率为 i,期数为 n,普通年金现值的计算公式为:

$$P = A \times (1+i)^{-1} + A \times (1+i)^{-2} + \cdots + A \times (1+i)^{-n}$$

等式两边同乘$(1+i)$,得

$$P \times (1+i) = A + A(1+i)^{-1} + \cdots + A \times (1+i)^{-(n-1)}$$

上面两式相减,可得

$$P \times (1+i) - P = A - A \times (1+i)^{-n}$$

$$P \times i = A \times [1 - (1+i)^{-n}]$$

即

$$P = A\left(\frac{1-(1+i)^{-n}}{i}\right)$$

公式中的$\frac{1-(1+i)^{n}}{i}$是普通年金为1元、利率为 i、经过 n 期的年金现值,记作$(P/A,i,n)$,可直接查阅"1元年金现值表"。

[例1-1] 甲公司向乙公司购买某种产品,约定5年支付完毕,每年末支付100 000元,假定银行存款年利率为5%,则甲公司现在购买该产品的价格为:

$$P_A = 100\ 000 \times (P/A, 5\%, 5) = 100\ 000 \times 4.329\ 5 = 432\ 950(\text{元})$$

从计算的结果可见,甲公司分5年支付的技术转让费的现值为432 950元。

2.预付年金

凡收入或支出相等金额的款项在每期期初的年金,叫做预付年金或即付年金。

1)预付年金终值

由于预付年金终值比普通年金终值多收一期的利息,因而在计算预付年金终值时,n 期的1元预付年金终值等于 $n+1$ 期的普通年金终值减去1。预付年金终值(S_A)的计算公式为:

$$S_A = A \times \frac{(1+i)^n - 1}{i} \times (1+i) = A \times (S/A,i,n) \times (S/P,i,1) = A \times [(S/A,i,n+1) - 1]$$

或

$$S_A = A \times (1+i) + A \times (1+i)^2 + \cdots + A \times (1+i)^n$$

即

$$S_A = \frac{A(1+i)[1-(1+i)^n]}{1-(1+i)} = A \times \frac{(1+i)-(1+i)^{n+1}}{i} = A \times \left[\frac{(1+i)^{n+1}-1}{i} - 1\right]$$

公式中的$\frac{(1+i)^{n+1}-1}{i}-1$是预付年金终值系数,称1元的预付年金终值。它和普通年金终值系数$\frac{(1+i)^n-1}{i}$相比,期数加1,系数减1,记作$[(S/A,i,n+1)-1]$,可利用"年金终值系数表"查得$(n+1)$期的值,减去1后得出1元预付年金终值。

[例1-2] 某公司有一基建项目,分5次投资,每年年初投入1 000万元。若该公司贷款投资,年利率为10%,该项目5年后的投资总额为:

$$S_A = 1\ 000 \times ((S/A, 12\%, 5+1) - 1) = 6\ 715.6(\text{万元})$$

从计算结果可知,该公司5年后该项目的投资总额为6 715.6万元。

2)预付年金现值

由于预付年金现值比普通年金现值少收或少付一期利息,所以 n 期1元预付年金现值

等于 $n-1$ 期普通年金现值加上 1。预付年金现值(P_A)的计算公式为:

$$
\begin{aligned}
P_A &= A \times \frac{1-(1+i)^n}{i} \times (1+i) \\
&= A \times (P/A, i, n) \times (S/P, i, 1) \\
&= A \times [(P/A, i, n-1) + 1]
\end{aligned}
$$

或

$$
\begin{aligned}
P_A &= A + A(1+i)^{-1} + A(1+i)^{-2} + \cdots + A(1+i)^{-(n-1)} \\
&= A \times \frac{[1-(1+i)^{-n}] \times (1+i)}{i} \\
&= A \times \left(\frac{1-(1+i)^{-(n-1)}}{i} + 1\right)
\end{aligned}
$$

上式中的$\frac{1-(1+i)^{-(n-1)}}{i}+1$是预付年金现值系数,称 1 元的预付年金现值。它和普通年金现值系数 $\frac{1-(1+i)^{-n}}{i}$ 相比,期数要减 1,而系数要加 1,可记作 $[(P/A, i, n-1)+1]$。利用“年金现值系数表”查得($n-1$)期的值,然后加 1,得出 1 元的预付年金现值。

[例 1-3] 某公司 5 年分期付款购置某产品,每年初付 5 000 元,如果年利率为 8%,该分期付款相当于现在一次性付款的购价为:

$$
\begin{aligned}
P_A &= 5\,000 \times [(P/A, 8\%, 5-1) + 1] \\
&= 5\,000 \times [3.312\,1 + 1] \\
&= 21\,560.5\ (\text{元})
\end{aligned}
$$

3. 递延年金

递延年金是指第一次支付发生在第二期或第二期以后的年金。

递延年金终值的大小与递延期无关,其计算方法与普通年金终值相同。即:

$$S_A = A \times (S/A, i, n)$$

递延年金的现值计算可以采用以下三种方法:

(1)把递延年金视为 n 期普通年金,求出递延期末的现值,然后再将此现值调整到第一期初的位置。计算公式为:

$$P_A = A \times (P/A, i, n) \times (P/S, i, m)$$

(2)假设递延期中也进行支付,先求出($m+n$)期的年金现值,然后,扣除实际并未支付的递延期的年金现值,即可得出最终结果。计算公式为:

$$P_A = A \times [(P/A, i, n+m) - (P/A, i, m)]$$

(3)把递延年金视为 n 期普通年金,求出递延期末的终值,然后再将此终值调整到第一期初的位置。计算公式为:

$$P_A = A \times (S/A, i, n) \times (P/S, i, m+n)$$

4. 永续年金

凡无限继续收入或支出相等金额款项的年金,叫做“永续年金”。永续年金没有终止的时间,也就没有终值。永续年金的现值可以通过普通年金现值的计算公式推导得出:

$$P_A = A \times \frac{1-(1+i)^{-n}}{i}$$

当 $n \longrightarrow +\infty$ 时，$(1+i)^{-n}$ 的极限为零，故上式可写成：

$$P_A = A \times \frac{1}{i}$$

四、资金时间价值观念的运用

资金时间价值代表着无风险的社会平均资金利润率，是企业资金利润率的最低限度，因而它是衡量企业经济效益、考核经营成果的重要依据。作为一种观念，资金时间价值应贯彻在具体的财务活动中。在有关的资金筹集、投放和使用以及资金分配的财务活动中，都要考虑资金的时间价值。应强调的是，在实际的企业财务管理中，考虑资金的时间价值时，又往往与现金流量有关；同时，还需要把不同时期的现金流量按一定折现率折算为同一时点的现金流量，这样在价值上才可以进行比较。

第四节　投资风险价值观念

企业的经济活动大都是在风险和不确定的情况下进行的，但资金的时间价值是在没有考虑风险和不确定的情况下的投资收益率，而离开了风险因素就无法正确评价企业收益的高低。实质上，在财务活动中必然存在风险，相应要取得风险收益。由此，就产生了风险和收益对称的问题。在财务中，解决这一问题，要求我们树立投资风险价值观念。投资风险价值原理揭示了风险同收益之间的关系，它同资金时间价值原理一样，是财务决策的基本依据。

一、风险

(一)风险的概念

市场经济是风险经济，财务活动经常是在有风险的情况下进行的。所谓财务风险，是指在各项财务活动过程中，由于各种难以预料或控制的因素影响，使财务收益与预期收益发生偏离，从而使企业有蒙受损失的可能性。例如，我们在预计一个投资项目的报酬时，不可能十分精确，也不可能有百分之百的把握。很多事物的发展我们事先不能准确知道，如价格、销量、成本等都有可能发生我们预想不到并且无法控制的变化。

风险是由于缺乏信息和决策者不能控制未来事物的发展过程而引起的。首先，风险是事件本身的不确定性，具有客观性。也就是说，特定投资的风险大小是客观的。其次，风险的大小是随时间延续而变化，是“一定时期内”的风险。例如，对一个投资项目成本，事先预计可能不很准确，越接近完工则预计越准确。随时间的延续，事件的不确定性在缩小，事件完成，其结果也就完全肯定了。因此，风险总是“一定时期内”的风险。

从严格意义上讲，风险与不确定性是有区别的。风险是对可能结果的描述，即决策者一般能预测某财务事项的各种可能出现的结果，但不能确定到底会实际出现哪种结果，因此是一个概率发布问题。由此也可看出，风险是可通过数学分析方法来计量的。而不确定性则是指对于某种行为，人们知道可能出现的各种结果，但不知道各种结果出现的概率，或者可能出现的各种结果及每种结果出现的概率都不知道，只能作出粗略的估计。如购买股票，投资者无法在购买前确定所有可能达到的期望报酬率以及该报酬率出现的概率。考虑不确定性时，决策者没有任何可供依据的资料和历史数据来对可能发生的结果作出预测，因而也就不可能对未来最终结果作出类似数学分析上的判断。可见这两者间的差别主要在于程度不同,不确定性的风险更难以预测。但在现实经济生活中,人们很难区别这两者,因此在大多数情况下,人们视其如一。

(二)风险的类型

从个别投资主体的角度出发,风险可以分为市场风险和企业特有风险两类。

1. 市场风险

市场风险又称为不可分散风险或系统风险,是指那些影响所有公司的因素引起的风险,如战争、经济衰退、通货膨胀等。这类风险涉及所有的投资对象,不能通过多元化投资加以分散。

2. 企业特有风险

企业特有风险又称为可分散风险或非系统风险,是指发生于个别企业的特有事件引起的风险,如某企业员工罢工、新产品开发失败、商业谈判失败等。这类风险是随机发生的,可以通过多元化投资来分散,即发生于某些企业的不利事件可以被其他企业的有利事件所抵消。

此外,从企业本身来看,风险又可以分为经营风险(商业风险)和财务风险(筹资风险)两类。财务风险通常分为两类:一类是短期财务风险,要求公司用较快的变现能力,即资产的流动性来化解,一般用资产流动比率和速动比率(短期内可流动资产比率)测度;另一类是长期财务风险,主要用资产负债率和利息保障倍数等指标来衡量。这种划分我们将在后面的内容中详细介绍。

(三)风险的衡量

在经济活动中,风险的衡量主要使用概率和统计方法。某一事件在某一条件下可能发生,也可能不发生,这类事件称为随机事件。概率就是表示随机事件发生的可能性大小的数值。通常,把必然发生的事件的概率定为1,把不可能发生的事件的概率定为0,而一般随机事件发生的概率是介于0与1之间的一个数值。概率越大,该事件发生的可能性就大。

二、投资风险价值

资金时间价值是在没有风险和通货膨胀下的投资收益率,上面所述没有涉及风险问题。但是,在财务活动中风险是客观存在的,所以还必须考虑当企业冒着风险投资时能否获得额外收益的问题。

(一)投资风险价值的概念

所谓投资风险价值(Risk value of Investment),就是指投资者由于冒着风险进行投资而获得的超过资金时间价值的额外收益,又称投资风险收益、投资风险报酬。

(二)投资决策的分类

投资决策有以下分类:

(1)确定性投资决策。这是指未来情况能够确定或已知的投资决策。

(2)风险性投资决策。这是指未来情况不能完全确定,但各种情况发生的可能性——概率为已知的投资决策。

(3)不确定性投资决策。这是指未来情况不仅不能完全确定,而且各种情况发生的可能性也不清楚的投资决策。

(三)投资风险价值的表示方法

投资风险价值有风险收益额和风险收益率两种表示方法。其中,投资者由于冒风险进行投资而获得的超过资金时间价值的额外收益,称为风险收益额;风险收益额对于投资额的比率,则称为风险收益率。在实际工作中,对两者并不严格区分,通常以相对数——风险收益率进行计量。

在不考虑物价变动的情况下,投资收益率(即投资收益额对于投资额的比率)包括两部分:一部分是资金时间价值,它是不经受投资风险而得到的价值,即无风险投资收益率;另一部分是风险价值,即风险投资收益率。其关系如下式:

投资收益率=无风险投资收益率+风险投资收益率

(四)风险与收益的权衡

进行投资决策必须考虑各种风险因素,预测风险对投资收益的影响程度,以判断投资项目的可行性。

一般而言,投资者都讨厌风险,并力求回避风险。但为什么还有人进行风险投资?这是因为风险投资可得到额外的收益。风险虽然意味着有可能出现与人们取得收益的愿望相背离的结果,但是,人们在投资活动中,由于主观努力,把握时机,往往能有效地避免失败,并取得较高的收益。投资风险价值就是对人们可能遇到的风险的一种价值补偿。不同的筹资、投资和分配活动的风险是极不相同的,相应取得的收益也不相同。风险与收益是一种对称关系,它要求等量风险带来等量收益,也即风险收益均衡。

在西方财务理论中,资本资产定价模式的表达式是

某资产的收益率=无风险资产收益率+该资产的风险系数(市场平均收益率-无风险资产收益率)

用字母表示为:

$$K_j = R_f + \beta_j \times (K_m - R_f)$$

式中 K_j——第 j 项资产的期望收益率;

R_f——无风险资产的期望收益率;

β_j——第 j 项资产的风险系数;

K_m——市场平均收益率。

由于一般情况下,市场平均收益率大于无风险收益率,所以风险系数越大,则收益越高;反之,风险系数越小,收益越低。

风险收益具有不易计量的特性。要计算在一定风险条件下的投资收益,必须利用概率论的方法,按未来年度预期收益的平均偏离程度来进行估量。

三、预期收益和概率分布

(一)预期收益

预期收益是指某一投资方案未来收益的各种可能结果,用概率为权数计算出来的加权平均数。概率以 P_i 表示。

$$期望值\ E = \sum X_i P_i$$

(二)概率分布

在预期收益相同的情况下,投资的风险程度同收益的概率分布有着密切的联系。概率

分布越集中,实际可能的结果就会越接近预期收益,实际收益率低于预期收益率的可能性就越小,投资的风险程度也越小;反之,概率分布越分散,投资的风险程度也就越大。

概率分布有两种类型。一种是非连续式概率分布,即概率分布在几个特定的随机变量点上,概率分布图形成几条个别的直线;另一种是连续式概率分布,即概率分布在一定区间的连续各点上。

四、投资风险收益的计算

(一)单个方案决策

对于单个方案的决策,投资收益率越高越好,风险程度越低越好。计算步骤如下:

(1)计算预期收益率。

(2)计算收益率标准离差。计算公式为:

$$收益率标准离差 = \sqrt{\sum (X_i - E)^2 \times P_i}$$

(3)计算收益标准离差率。收益标准离差率是反映随机变量离散程度的一个指标,计算公式为:

$$收益标准离差率 = s/E$$

(4)计算应得风险收益率。计算公式为:

$$应得风险收益率 = 风险价值系数 \times 标准离差率$$

(二)多个方案决策

遇有多个方案时,可按照以下原则决策:

(1)如果两个投资方案的预期收益率基本相同,应当选择标准离差率较低的投资方案。

(2)如果两个投资方案的标准离差率基本相同,应当选择收益率较高的方案。

(3)如果甲方案预期收益率高于乙方案,而其标准离差率也高于乙方案,此时不能一概而论。

[例 1-4] 某企业有甲、乙两个投资项目,计划投资额均为 1 000 万元,其收益(净现值)的概率分布如表 1-3 所示。

表 1-3 收益概率分布 (单位:万元)

市场状况	概率	甲项目净现值	乙项目净现值
好	0.2	200	300
一般	0.6	100	100
差	0.2	50	−50

要求:

(1)分别计算甲、乙两个项目净现值的期望值。

(2)分别计算甲、乙两个项目期望值的标准差。

(3)判断甲、乙两个投资项目的优劣。

解:

(1)计算两个项目净现值的期望值。

甲项目:200×0.2+100×0.6+50×0.2=110(万元)

乙项目：$300\times0.2+100\times0.6+(-50)\times0.2=110$（万元）

(2)计算两个项目期望值的标准离差。

甲项目：

$$\sqrt{(200-110)^2\times0.2+(100-110)^2\times0.6+(50-110)^2\times0.2}=48.99$$

乙项目：

$$\sqrt{(300-110)^2\times0.2+(100-110)^2\times0.6+(50-110)^2\times0.2}=111.36$$

(3)判断甲、乙两个投资项目的优劣。

由于甲、乙两个项目投资额相同，期望收益（净现值）亦相同，而甲项目风险相对较小（其标准离差小于乙项目），故甲项目优于乙项目。

说明：收益标准离差率可以代表投资者的风险大小，反映投资者所冒风险的程度，但是它还不是收益率，必须将它变成收益率才能进行比较。标准离差率变成收益率的基本要求是：所冒风险程度越大，得到的收益率也应该越高，投资风险收益应该与反映风险程度的标准离差率成正比例关系。

五、投资风险价值观念的运用

投资风险价值观念贯穿在财务活动中，要求在财务活动中必须考虑收益与风险的价值对称性。也就是说，依财务活动所面临的风险不同，相应的收益也不应当相同。具体而言，企业在筹资时，如果自身高风险则必须低成本支付，自身低风险则高成本支付；在投资时，如果自身面临高风险则必须要有高收益，反之则低风险低收益。如果违背这一要求，财务活动就不能顺利进行。如在筹资的场合，企业面临高风险而又必须支付较高的筹资成本，或者企业只承担较低风险而又不肯多付筹资成本，其最终结果是不能筹集到所需要的资金；在投资的场合，企业若面临较高的风险而收益并未相应增加，企业就不会愿意投资，或者企业既承担较低的风险，又要求多得收益或报酬，受资者就不会乐于接受投资。

企业财务管理所追求的是股东财富最大化，但随之风险也相应地增大。如果只考虑收益而不考虑风险，有时也可能实现收益的最大，但当企业无法控制风险时，会因风险的加大而最终导致破产。因此，成功的管理者总是在风险与收益的相互协调中进行利弊权衡，从而实现两者的对等。

第五节　财务管理环节

要做好财务管理工作，实现财务管理目标，除了要有正确的原则以外，还要掌握财务管理的基本环节。财务管理环节是指财务管理的基本工作步骤，主要包括财务预测、财务决策、财务计划、财务控制、财务分析五方面。这些管理环节互相配合，紧密联系，形成周而复始的财务管理循环过程，构成完整的财务管理工作体系。

一、财务预测

财务预测（Financia1 Forecasting）是根据财务活动的历史资料，考虑现实的要求和条件，运用特定方法，对企业未来的财务活动和财务成果作出科学的预计和测算。财务预测是进行财务决策的基础，是编制财务计划的前提，是组织企业日常财务活动的必要条件。

进行财务预测所采用的方法主要有定性预测法和定量预测法两种。定性预测法主要利用一些直观资料，依靠财务人员过去的经验和各方面的意见进行分析判断，预测企业未来的状况和发展变动趋势。定量预测法是根据比较完备的资料，运用数学方法，建立数学模型，对企业的未来进行预测。在实际工作中应将这两种方法结合应用。

财务预测环节包括三个工作步骤，分别是明确预测对象和目的、搜集和整理相关资料、选择预测模型实施财务预测。

财务预测环节的作用在于：

(1)测算各项生产经营方案的经济效益，为决策提供可靠的依据。

(2)预计财务收支的发展变化情况，以确定经营目标。

(3)测定各项定额和标准，为编制计划、分解计划指标服务。

二、财务决策

财务决策(Financial Decision)是财务管理人员根据企业经营战略的要求和国家宏观经济政策的要求，从提高企业经济效益的理财目标出发，采用一定的方法，在若干个备选的财务活动方案中，选择一个最优或最满意方案的过程。

在市场经济条件下，财务决策是企业财务管理的核心，贯穿于企业财务管理的全过程。在财务预测基础上所进行的财务决策，是编制财务计划、进行财务控制的基础。决策的成功是最大的成功，决策的失误是最大的失误，决策关系着企业的成败兴衰。

财务决策环节包括四个步骤，分别是确定决策目标、拟订备选方案、评价各种方案、选择最优方案。

财务决策的方法，主要有优选对比法和数学模型法，前者有总量对比法、差量对比法、指标对比法等，后者有数学微分法、线性规划法、概率决策法、损益决策法等。

三、财务计划

财务计划(Financial Plan)是指在一定的计划期内，运用科学的技术手段和数学方法，以货币形式反映生产经营活动所需的资金及其来源、财务收入和支出、财务成果及其分配的计划。财务计划是全面规划企业财务活动的综合手段，是财务决策的具体化和组织企业财务活动的依据。

财务计划是以企业财务决策确定的方案和财务预测提供的信息为基础来编制的，它是财务预测和财务决策的具体化、系统化，又是控制财务收支活动、分析生产经营成果的依据。

企业财务计划主要包括资金筹集计划、固定资产投资和折旧计划、流动资产占用和周转计划、对外投资计划、利润和利润分配计划。除了各项计划表格以外，还要附列财务计划说明书。

财务计划的编制方法主要有平衡法、因素法、比例法等。

编制财务计划要做好以下工作：

(1)分析企业财务环境，确定计划指标。

(2)安排人力、物力、财力等要素，组织综合平衡。

(3)编制财务计划，协调各项指标。

四、财务控制

财务控制(Financial Control)是在生产经营活动的过程中,以计划任务和各项定额为依据,对资金的收入、支出、占用、耗费进行日常的核算,利用有关信息和特定手段对企业的财务活动进行影响和调节,以便实现计划所规定的财务目标。财务控制是落实计划任务、保证计划实现的有效楷施。

财务控制的方法主要有计划控制法、定额控制法、进度控制法和责任控制法等。

财务控制要适应管理定量化的需要,抓好以下几项工作:

(1)制定控制标准,分解落实责任。

(2)确定执行差异,及时消除差异。

(3)评价单位业绩,搞好考核奖惩。

五、财务分析

财务分析(Financial Analysis)是根据会计核算资料及其他有关资料,在调查研究的基础上,运用特定方法,对企业财务活动过程及其结果进行分析和评价的一项工作。借助于财务分析,可以掌握各项财务计划指标的完成情况,评价企业财务状况和财务成果,研究和掌握企业财务活动的规律,有利于改善财务预测、决策、计划工作,提高企业经济效益,改善企业管理水平。

财务分析所采用的方法重要有比较分析法、比率分析法和综合分析法。

进行财务分析一般程序是:

(1)搜集资料,掌握情况。

(2)指标对比,揭露矛盾。

(3)因素分析,明确责任。

(4)提出措施,改进工作。

财务管理各个基本环节互相联系、互相制约,形成周而复始的财务管理循环过程,构成财务管理的完整工作体系。

第六节　财务管理环境

从系统论的观点来看,所谓环境就是存在于所研究的系统之外的、对所研究的系统有影响作用的一切系统的总和。如果把财务管理作为一个系统,那么,财务管理以外的对财务管理系统有影响作用的一切系统的总和,便构成财务管理的环境。按照环境—战略的对应关系,环境分析的作用在于明确特定环境下的战略地位。通过环境分析,找出环境要素对财务管理的影响规律,进行财务决策,制定财务战略。

企业财务管理的外部环境又称为理财环境,是指对企业财务活动产生影响作用的企业外部条件。它们是企业财务决策难以改变的外部约束条件,更多的是适应它们的要求和变化。财务管理的外部环境涉及范围很广,主要包括经济环境、金融市场环境、竞争环境、法律环境等方面。

一、经济环境

我国的财税体制、金融体制、外汇体制、外贸体制、计划体制、价格体制、投资体制、社会保障制度等深刻地影响着我国的经济生活，也深刻地影响着我国企业的发展和财务活动的运行。如金融政策中货币的发行量、信贷规模都能影响企业投资的资金来源和投资的预期收益，财税政策会影响企业的资金结构和投资项目的选择等，价格政策能影响决定资金的投向和投资的回收期及预期收益等。

我国是实行社会主义市场经济的国家，政府具有调控宏观经济的职能。国民经济发展规划、国家产业政策、财政政策、货币政策、经济体制改革的措施、政府的行政法规等对企业财务活动具有特别重要的影响。国家对某些行业、地区某些经济行为的优惠和鼓励、限制与倾斜构成了政府政策的主要内容。因此，企业在进行财务决策时，应认真研究政府政策，按照政策导向行事，才能趋利除弊。经济环境又可细分为经济体制环境、经济结构环境、财税环境等。

（一）经济体制环境

经济体制是一国的基本经济制度，它说明一国的经济以什么为基础和主体进行运作。经济体制分为宏观经济体制和微观经济体制。宏观经济体制是指整个国家的基本经济体制。综观世界各国和我国历史沿改，宏观经济体制主要分为两种，即计划经济体制和市场经济体制。计划经济体制表明一国的经济体制是以计划为基础的主体进行运作的，市场经济体制是以市场为基础和主体进行运作的。在这两种不同的财务管理体制下，财务管理存在着根本的差别：

（1）财务管理的立足点不同。计划经济体制要求企业面向国家计划从事一切财务活动，市场经济体制要求企业面向市场从事一切财务活动。

（2）财务管理的目标不同。计划经济体制要求企业以国家计划为目标，相应地产值、成本和资金占用等成为财务管理的基本目标；市场经济体制要求企业独立经营、自负盈亏，相应地，企业价值或股东财富最大化成为财务管理的基本目标。

（3）财务管理的主体不同。计划经济体制下，本质上财务管理的主体是国家或政府，企业的资金由国家供应，投资由国家决策，分配政策由国家规定，企业只不过是国家财务管理政策的执行者，没有成为财务管理的主体。市场经济体制下，企业是财务管理主体，企业从市场自主筹资，投资由企业自行决策，企业自身的分配也有自身规定的分配政策；国家不直接管理企业的财务活动，而是从宏观角度通过市场调节企业的财务行为。

（4）财务管理的手段不同。计划经济体制下，财务管理的基本手段是各种财务管理计划，企业以国家下达的计划为基础，编制自身计划，组织计划的实施，并以计划为依据考核企业完成计划的好坏。市场经济体制下，财务管理的基本手段是市场预测和决策，企业以市场，特别是金融市场信息为基础，预测市场变化，根据企业自身情况作出财务决策，并组织实施。

上述不同经济体制下财务管理的区别表明，企业财务管理深受经济体制的影响，企业必须以不同经济体制作为背景，开展企业财务管理活动。

财务管理的经济体制环境除了宏观经济体制环境外，还有微观经济体制环境，也即企业体制环境。微观经济体制受国家宏观经济体制环境的影响。在市场经济条件下，企业是一个完全独立自主经营、自负盈亏的经济实体。政企分开、两权分离是企业体制的基本特征。

表现在财务管理上，企业在筹资、投资和分配上有自主的权利。相应地也必须对企业盈亏承担责任。这样，企业在财务管理上既存在利益的驱动作用，也存在责任和风险的约束机制。

一般而言，经济体制环境是相对稳定的，除非体制改革，无论宏观经济体制还是微观经济体制，在相当长的时期内是不会有很大的变化，这为财务管理利用环境提供了良好的基础。但是经济体制的变动也是客观存在的，而且，这种变动会对企业财务管理产生影响，其影响的灵敏度和程度最大。为此，企业财务管理部门必须要密切关注经济体制的细微变化及其变化过程。

（二）经济结构环境

根据系统论的观点，系统的性质是通过系统的结构来体现的。在经济系统中，不仅经济体制会影响企业的财务管理，而且经济结构也会影响财务管理。经济结构主要指产业结构和生产力的区域分布结构或地区经济结构。经济结构环境对企业财务管理的影响表现在两个方面：一是企业所处的产业或地区在一定程度上影响着甚至决定了企业财务管理的性质，二是产业结构的调整和地区生产力布局的变动也要求企业财务管理作出相应调整。

就企业所处产业或地区对财务管理的影响而言，主要表现在：

(1)不同产业所要求的资金规模或投资规模是不同的。就一般情形而言，第一产业、第二产业所需资金规模大，第三产业所需资金规模较小。即使是同一个产业内部的不同行业，其所需的资金规模也是不同的，比如流通批发业与零售业所需资金规模就是不相同的。

(2)不同产业所要求的资金结构也不相同。第一产业、第二产业的资金结构偏重于长期资金，第三产业的资金结构偏重于短期资金。相应地，企业筹集资金时，第一产业、第二产业以长期筹资为主，第三产业则以短期筹资为主。

(3)对不同的产业，国家有不同的产业政策。这些政策最终都会引起企业现金流入流出量或现金净流量的变化，如税收增减、补贴都会引起现金净流量的变动。

就产业结构调整和地区生产力布局的变动对财务管理的影响而言，主要表现在：

(1)产业结构调整和生产力布局发生变动，意味着国家产业政策和地区发展政策出现变化。这种情况下，企业如不及时作出反映，甚至死守收缩产业，必然遇到资金筹措的困难，同时也得不到国家给予的政策优惠。

(2)在市场经济条件下，产业结构调整和地区经济结构变动是通过竞争和资本转移自然实现的。企业要跟上这种产业结构调整和地区经济结构变动，必然需要进行资产重组和资本转移，同时获得超额利润；跟不上这种调整和变动，虽然不会遇到资产重组和资本转移问题，但极有可能失去获取高额利润的机会。

(3)产业结构调整和地区生产力布局的变化同时也意味着企业投资方向要相应地变化，从而决定了企业的投资方向及其对现行投资的调整。

（三）财税环境

这里所说的财税环境实际上是指国家财政政策和税收政策，国家财政政策和税收政策的变动对企业财务管理有极大的影响和制约作用。财政政策和税收政策是国家调节宏观经济的重要手段。一方面，国家财政以税收和上缴利润的形式将企业利润的一定份额予以征收；另一方面，又以财政支出的形式(包括公共支出、投资支出、补贴支出等形式)将财政收入加以分配。国家的财政状况以及与之相应的财政政策对企业的财务管理有重大的影响，每个企业应当适应这种政策导向，合理组织财务活动。

从财政政策方面来说，财税环境会对企业财务管理产生以下影响：

(1)国家采取紧缩的财政政策时，它会使企业纯收入留归企业的部分减少，企业现金流出增加，这样必然加重企业资金的紧缺程度。在此时期，与之相应的财务管理措施是：企业应控制投资规模，增收节支，积极寻求新的资金来源渠道，以适当增加利润留存比例。

(2)国家采取扩张的财政政策时，会使企业纯收入留归企业的部分增加，企业现金流入增加，这样必然使企业现金出现盈余。遇此情况，与之相应的财务管理对策是，企业应积极寻求新的投资领域，扩大投资规模，减少对外筹资数量，适当扩大派现比例。

从税收政策方面来说，会对企业财务管理产生以下影响：

(1)由于国家对不同组织形式的企业采用不同的税收政策，所以对投资者来说，采取何种组织形式进行经营受到税收政策的影响。如股份制企业股东的收益要双重征税，而独资或合伙企业只对业主个人计征所得税，对企业不征所得税。因此，选择适当的组织形式是投资者从事投资时需考虑的因素之一。

(2)对企业筹资决策的影响。企业筹集资金有不同的渠道(具体内容见本书第二章)，从大的方面来说有两类：一类是权益式筹资，如通过发行股票筹集资金；另一类是负债式筹资，如通过发行债券获取所需资金。税收制度对此两类筹集所发生的筹资成本采取不同的处理方法：对负债式筹资，其利息费用一般可以在所得税前支付；而对权益式筹资，则其股息只能作为税后利润支付。因此，从国家税收政策对企业筹资成本的影响来看，企业必须在权益式筹资和负债式筹资之间作出权衡，以尽可能低的成本获取尽可能多的资金。

(3)对企业投资决策的影响。当企业有剩余资金时，一般要考虑如何将这部分资金进行投资以获取更大的利益。在具体的投资方式方面，企业可以购买其他企业的股票以获取股息收益，也可以将资金借给其他有资金需求的企业以获取利息收入。我国税收制度中规定，企业获取的其他企业以股息形式分配的税后利润在计算本企业应纳税所得额时可予以调整，而企业购买国债获取的利息收入则不计入应纳税所得额。因此，单从税收政策方面出发，企业在做投资决策时应充分考虑这些税收政策。

(4)税收政策中对流转环节的规定会使企业纳税地点发生变化，从而影响企业资金流转，而这对企业的采购、生产、销售决策都将产生影响。

二、金融市场环境

企业从事投资和经营活动，总是需要大量的资金，而取得资金的方式，除了自有资金外，主要是从金融市场取得的。任何企业在经营活动中总是在不同程度上与金融中介和金融市场发生往来，而企业与金融中介和金融市场的联系又使得企业能够随时获取所需的资金，并将其临时性盈余投资在各种金融资产上。金融政策的变化必然影响企业的筹资、投资和资产运营活动。因此，金融市场环境是企业财务管理最为重要的环境因素。

金融市场的构成要素主要包括四个，即参加者、金融工具、组织形式和管理方式、内在机制。

(一)参加者

参加者是指参与金融交易活动的企业、个人、政府机构、商业银行、中央银行、证券公司、保险公司、基金会等。按照他们进入市场的身份，可分为资金供应者、资金需求者、中间人和管理者。一般而言，金融交易活动的推动力来自两个方面：一是参与者对利润的追求，参与者对利润的追求推动着资金从富余部门流向短缺部门；二是参与者之间的相互竞争，资金供应者与需求者之间的相互竞争引导着资金的流向和流量，从而使资金从效益低的部门流向效益高的部门，实现资金的优化配置。

社会资金从资金盈余部门手中转移到资金需求者手中，一般有两种方式：一是通过中间人；二是通过中间机构，而大多数情况是通过金融中介机构。这也说明了企业融资包括的两种融资方式：直接融资和间接融资。在直接融资方式下，企业通过中间人获得资金，中间人通过向客户提供服务收取佣金或手续费来获利。在间接融资方式下，企业是通过金融中介机构获取资金，金融中介机构吸收经济部门和个人储蓄后贷放给企业或直接用于投资。另外，金融中介机构还可以通过全部买进企业所发行的有价证券，然后重新定价销售，金融中介机构通过向客户提供服务的利差和价差来获利。金融机构主要包括：

(1)经营存贷业务的金融机构。在我国，这类金融机构主要有工商银行、农业银行、建设银行、中国银行、交通银行等。它们的基本功能是，通过吸收存款积聚资金，并把这些资金以贷款的形式提供给资金需要者。

(2)经营证券业务的金融机构。这类金融机构主要是指全国性或区域性的证券公司，它们通过承担证券的推销或包销工作，为企业融通资金提供服务。

(3)其他金融机构。其他金融机构主要包括保险公司、租赁公司等。保险公司是通过收取保费集中一定的资金，当投保人遭受损失时予以赔偿的金融机构。通常，从收取保费到支付赔偿需间隔较长时期，而且一般而言，赔偿以后会有一定剩余。按照规定，这些暂时闲置和剩余资金可用于投资，同时也用于资金贷放。租赁公司则介于金融机构与企业之间，它先筹集资金购买各种租赁物，然后出租给企业。租赁公司的经营租赁等于向企业提供了短期资金，融资租赁向企业提供了中长期资金。不同的金融机构只能提供不同形式的资金或投资机会。在财务管理中，企业必须作出选择。

(二)金融工具

企业取得资金和进行投资还必须借助金融工具。金融工具是资金盈余部门将资金转移给资金需求者的凭据和证明，如各种票据、证券等。不同的金融工具用于不同的资金供求场合，具有不同的法律效力、流通功能以及不同的风险和成本。为此，企业必须选择适合自身的金融工具，以相对地降低自身承担的风险和成本。

金融工具是金融市场的交易对象，它是企业融资的载体，具有流动性、偿还性、收益性、风险性的特征。资金供求者对借贷资金数量、期限和利率的多样化的要求，决定了金融市场上金融工具的多样化，而多样化的金融工具不仅满足了资金供求者的不同需要，而且也由此形成了金融市场的各类子市场。

目前，金融工具分为两大类：货币市场金融工具与资本市场金融工具。货币市场金融工具包括：商业票据、短期公债、银行承兑汇票、可转让大额存单、回购协议等。资本市场金融工具包括股票、企业债券、中长期公债等。企业应注意对金融工具的选择与组合，使金融资产收益最大化、负债成本最小化，并有效地降低融资风险，提高资本的利用效益。

(三)组织形式和管理方式

金融市场的组织形式主要有交易所交易和柜台交易两种，交易方式主要有现货交易、期货交易、期权交易、信用交易。金融市场的管理方式主要包括管理机构的日常管理、中央银行的间接管理以及国家的法律管理。企业的筹资和投资活动必须在一定的场所完成。金融交易所是交易场所的典型形式。金融交易所是指金融市场运用金融工具进行交易的场所。金融交易场所有证券交易所和店头市场，也有有形市场和无形市场，还有初级发行市场和二级流通市场。不同的交易市场所进行资金交易所需的法律手续、交易的条件、交易的成本，以及交易的数量和完成交易的时间等均不相同。由于客观上存在这些差异，所以企业必须选择适合自身情况的交易场所，以相对节省交易费用，并加快交易进程。

(四)内在机制

金融市场的内在机制主要是指具有一个能够依据市场资金供应情况灵活调节的利率体系。在金融市场上，利率是资金商品的“价格”，利率的高低取决于社会平均利润率和资金的供求关系。

但是，利率又会对资金供求和资金流向起着重要的作用。当资金供不应求时，利率上升，既加大了资金的供应，又减少了资金的需求；当资金供过于求时，利率下降，既减少了资金供应，又扩大了资金需求。因此，利率是金融市场上调节资金供求，引导资金合理流动的主杠杆。

利率＝纯粹利率＋通货膨胀附加率＋变现力附加率＋违约风险附加率＋到期风险附加率

纯粹利率是指无通货膨胀、无风险情况下的平均利率。通货膨胀附加率是指因通货膨胀使货币贬值，投资者的真实报酬下降需补偿的利率部分。变现附加率是指一些小公司的债券鲜为人知、不易变现，投资者要求提高利率作为补偿。违约风险附加率是指借款人未能按时支付利息或到期偿还贷款本金的风险大，投资者要求相应提高利率作为补偿。到期风险附加率是指因到期时间长短的不同而形成的利率差别。企业应对利率变化进行前瞻预期分析，这将有利于降低筹资成本。此外，还应合理搭配长短资金，建立合理的资金结构。

总之，上述各种要素的结合构成了金融市场。金融市场使得资金供应者和资金需求者双方能够调节资金余缺，融通资金。从广义上讲，金融市场是实现货币借贷和资金融通、办理各种票据和有价证券交易活动的市场。金融市场的种类很多，可以用图 1-6 表示。金融市场对于商品经济的运行，具有充当金融中介、调节资金余缺的功能。

金融市场中，最为重要的是资金市场，资金市场又可以分为货币市场和资本市场两类。货币市场经营一年以内到期的短期证券，其资金融通用于短期周转，融资期限短，是企业短期资金筹集的主要场所。由于这些短期证券变现能力强，所以投资风险也较小。货币市场主要包括银行短期信贷市场、短期证券市场、贴现市场、同业拆借市场。资本市场经营一年以上到期的长期证券，融通长期资金，是企业筹集长期资金的主要场所。资本市场包括银行长期信贷市场和长期证券市场。

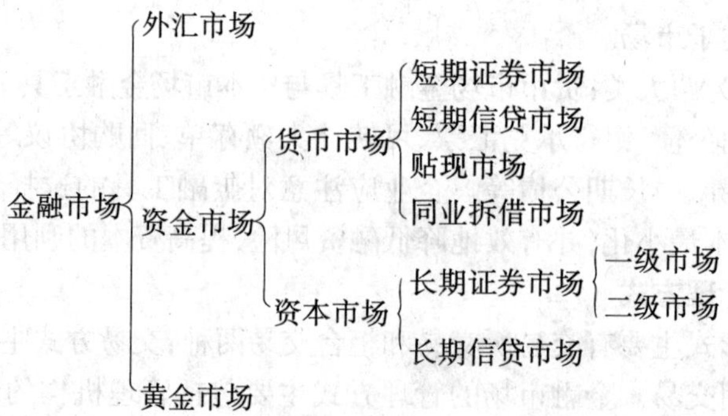

图 1-6 金融市场的种类

金融市场对企业理财具有以下作用：

(1)金融市场是企业投资与筹资的场所。通过金融市场提供的多种投资工具和方式，企业通过不同的投资组合，达到控制风险；资金供应者能够灵活地调整其闲置的资金，实现其投资目的；资金的需求者也能够从众多筹资方式中选择筹资成本最低的方式，实现其筹资目的。

(2)金融市场能够使企业资金灵活转换，促进资金融通。

(3)金融市场为企业理财提供有意义的财经信息，如资金供求和利率、汇率、股价变化等，将影响宏观经济与微观经济的变化。

在实践中，需要特别注意以下两点：

(1)金融市场主要是以资金为交易对象的市场。在金融市场上，资金被当作一种“特殊商品”来交易。

(2)金融市场可以是有形市场，也可以是无形的市场。前者有固定的场所和工作设备，如银行、证券交易所；后者则是利用电脑、电传、电话等设施，通过经纪人进行资金商品交易活动，而且可以跨越城市、地区和国界。

三、竞争环境

在市场经济中，所有的企业不仅置身于一定的经济体制和经济结构中，而且处在一个充满竞争的经济系统中。竞争广泛存在于市场经济中，竞争是市场经济发展的推动力。这种推动力推动市场持续不断地运行、发展，并在各市场参与主体的微观经济行为之中得以表现，任何企业都无法回避。构成竞争的要素主要有两项：一是参加市场交易的产生和消费者的数量，二是参加市场交易的商品和劳务的差异程度。整体上讲，参加交易的生产者和消费者的数量越多，竞争越激烈；反之，参加交易的生产者和消费者的数量较少，竞争就相对平和。参与交易的商品和劳务的差异程度越小，竞争程度越激烈；反之，参与交易的商品和劳务的差异程度越大，竞争就越弱。不过，现代市场经济的竞争除了最终体现为产品和营销的竞争，还进一步扩展到人才的竞争、技术的竞争、资金的竞争和信息的竞争等方面。

对每个企业而言，竞争能够促使企业用更好的生产方法来生产更好的产品，对经济的发展起到强有力的推动作用。但任何事物都有其两面性，对参与到激烈的竞争中的企业来说，竞争既是机会，也是威胁。为了改善竞争地位，企业往往需要大规模投资：如果投资成功，则企业盈利增加；如果投资失败，企业的竞争地位则更为不利。竞争是一场场全面的“商业战争”，综合了企业的全部实力和智慧，经济增长、通货膨胀、利率波动带来的问题，以及企业的对策，都在竞争中得以充分、全面的体现。

具体到某一企业而言，竞争环境是直接通过该企业与其他企业或消费者之间发生的购进和销售环节予以体现的：

(1)在购进活动中，如果某种商品供不应求，企业必须增加该种商品的货存，使得资金占用增加，而为了得到存货也必须付出较高的价格和支付较多的费用，从而需要准备更多货币资金用来支付。同时，为防备价格的进一步上升，企业往往尽量提前进货，以防止涨价损失，为此也必须占用更多资金，支付更多的财务费用。如果供过于求，对企业财务活动的影响正好相反，企业必须减少该种商品的货存使得资金占用减少，从而有较多的货币资金盈余。

(2)在销售活动中，如果供不应求，企业的存货会尽快出手，从而减少存货的资金占用，甚至可以采取预付货款或一手交钱、一手交货的形式，使得为满足销售所需的存货减少至最少，资金占用最少，相应的财务费用最省。这样，可以加快资金周转，减少资金占用，迅速偿还借款，并为筹集资金提供良好的信用基础。如果供过于求，对企业财务活动的影响与供不应求的情况下正好相反。

因此，不同类型的企业可能处于不同类型的竞争环境中，同一类型的企业也会由于购销环节的供求关系不同而处于不同的竞争环境中。然而，任何竞争都会深刻地影响企业的方方面面，也包括企业的财务管理工作。

四、法律环境

企业财务管理的法律环境是指企业和外部（包括国家、其他企业或社会组织、个人）发生经济关系时所应遵守的各种法律、法规和规章。企业在其经营活动中，无论是筹资、投资还是利润的分配，都要和企业外部发生各种各样的经济关系。在处理这些经济关系时，企业应当遵守国家有关的法律规范。国家管理这些经济活动和经济关系的手段包括行政手段、经济手段和法律手段三种。在经济改革中，行政手段逐步减少，而经济手段和法律手段日益增多，把越来越多的经济关系和经济活动的准则用法律的形式固定下来。同时，众多的经济手段和必要的行政手段的使用也必须逐步做到有法可依，从而转化为法律手段的具体形式，真正实现国民经济管理的法制化。可见，法律环境对企业来说是非常重要的。

法律对企业来说有两方面的作用：一方面，法律为企业经营提供了限制的空间；另一方面，法律也为企业在相应空间内自由经营提供了法律上的保护。社会主义市场经济下的企业生产经营离不开法律。企业与外部发生经济关系时所应遵守的各种法律、法规和规章主要分为三类：

（1）企业组织法规。企业组织必须依法成立，组建不同的企业要依照不同的法律规范。它们包括《公司法》、《全民所有制工业企业法》、《外商投资企业法》、《中外合资经营企业法》、《合伙企业法》、《个人独资企业法》等。《公司法》是公司制企业财务管理最重要的法律规范和行为指南，公司的活动不能违反该法律，公司的自主权不能超过该法律的限制。

（2）税务法规。目前，我国现行税收的立法分为三类，分别是流转税类法规、所得税类法规、其他税类及地方税法规。企业都有纳税的义务，税负是企业的一种费用，会增加企业的现金流出，对企业理财有重要影响。企业要减少税负，只能在不违反税法的前提下，靠合理安排和筹划投资、筹资和利润分配等财务决策，而不允许在纳税行为已经发生时偷税漏税。掌握税法对财务主管人员有重要意义。

（3）财务法规。财务法规主要是《会计法》、《企业会计制度》、《企业财务通则》和《企业会计准则》及各行业的财务制度等。

除上述法规外，与财务管理有关的经济法规还很多，包括各种证券法规、合同法规、结算法规、金融法规、审计法规等。经营管理者和财务人员应尽量熟悉这些法规，在守法的前提下从事财务管理工作。

整体上说，法律环境对财务管理的影响和制约主要表现在以下方面：

（1）在筹资活动中，国家通过法律规定了筹资的最低规模和结构，规定了筹资的前提条件和基本程序。

（2）在投资活动中，国家通过法律规定了投资的资本前提，投资的基本程序和应履行的手续。

(3)在分配活动中,国家通过法律规定了企业分配的类型和结构,分配的方式和程序,分配过程中应履行的手续,以及分配的数量。

(4)在生产经营活动中,国家规定的各项法律也会引起财务安排的变动或者说在财务活动中必须予以考虑。

从以上分析不难看出,国家有关经济法律的变动,不仅会引起现金流量的变动,而且也会向企业的财务状况、企业财务管理部门应该履行的手续提出要求,它对企业财务的影响和制约是直接和强制的。我国现在还处于法律的建立和完善阶段,各种法律还存在这样或那样的问题,随着我国法律建设的进一步加强,经济秩序和市场交易规则将得到进一步的完善。

第二篇

资 本 决 策

第二章　筹资管理

第一节　概　述

一、筹资的概念

筹资是指企业出于生产经营、对外投资和调整资本结构等活动对资金的需求,采取向外部有关单位或个人,或从企业内部筹措和集中等方式,获取所需资金的一种行为。

资金是企业生存和发展的必要条件,无论是设立企业,还是维持简单再生产或扩大再生产,都需要有一定的资金来源。可见,筹集资金既是保证企业正常生产经营的前提,又是谋求企业发展的基础。筹资工作做得好,不仅能降低资本成本,给经营或投资创造较大的可行或有利的空间,而且能降低财务风险,增大企业经营效益。

筹资是企业财务管理的起点,是企业所有财务活动的前提,在整个企业财务管理中占有重要的地位。企业筹集资金是企业筹措和集中生产经营所需资金的财务活动,是企业资金运动的起点,企业筹集资金具有必然性。这是因为:

(1)企业自主经营要求企业享有筹资的自主权。

(2)企业生产发展要求充分利用社会的资金潜力。

(3)横向经济联合引起资金的横向流动。

(4)社会闲散资金形成企业资金筹集的可靠来源。

筹集资金是企业经营的起点,它会影响乃至决定企业资金运动的规模及效果,是决定资金运动规模和生产经营发展程度的重要环节。通过一定的资金渠道,采取一定的筹资方式,有效地组织资金供应,保证企业生产经营活动的需要,是企业财务管理的一项重要而复杂的工作。

二、筹资目的与基本要求

(一)筹资目的

企业之所以筹资,是出于以下目的:

(1)满足设立企业的要求。

(2)满足生产经营的需要。

(3)满足资金结构调整的需要。

(4)谋求企业发展壮大的需要。

(二)基本要求

企业在筹资时一定要遵循以下基本要求:

(1)科学地确定筹资数量,控制资金投放时间。

(2)认真选择筹资渠道和筹资方式。

(3)合理投资,提高效益。

三、筹资动机

企业筹资是为了自身的生存和发展。企业设立、企业持续的生产经营活动都会不断地产生对资金的需求，需要大量地筹措和集中资金。企业的筹资活动通常受特定筹资动机的驱使。例如，为了重置设备、引进新技术、进行技术和产品开发而筹资，为了对外投资、兼并其他企业而筹资，为了资金周转和临时需要而筹资，为了偿付债务和调整资本结构而筹资等。在实践中，筹资动机有时是单一的，有时是上述动机的结合，但归纳起来主要有三类，即扩张筹资动机、偿债筹资动机和混合筹资动机。筹资动机对筹资行为和结果产生着直接的影响。

(一)扩张筹资动机

扩张筹资动机是企业因扩大生产经营规模或对外投资的需要而产生的筹资动机。具有良好发展前景、处于成长时期的企业通常会产生这种筹资动机。例如：企业生产经营的产品因供不应求而需要增加市场供应、开发生产适销对路的新产品、追加有利的对外投资规模、开拓有发展前途的对外投资领域等，往往都需要筹集资金。扩张筹资动机所产生的直接结果，是企业的资产总额和权益总额的增加。

(二)偿债筹资动机

偿债筹资动机是企业为了偿还某项债务而形成的借款动机，即借新债还旧债。偿还筹资有两种情形：

(1)调整性偿债筹资。调整性偿债筹资即企业虽有足够的能力支付到期旧债，但为了调整原有的资本结构仍然举债，从而使资本结构更加合理。

(2)恶化性偿债筹资。恶化性偿债筹资即企业现有的支付能力不足以偿付到期旧债而被迫举债还债。这表明企业的财务状况已经恶化。

(三)混合筹资动机

企业因同时需要长期资金和现金而形成的筹资动机，即为混合筹资动机。通过混合筹资，企业既扩大资产规模，又偿还部分旧债。也就是说，在这种筹资中混合了扩张筹资和偿债筹资两种动机。

四、筹资渠道与筹资方式

(一)筹资渠道

筹资渠道指客观存在的筹措资金的来源和通道。我国企业目前筹资渠道主要有：

(1)国家财政资金。国家财政资金包括国家财政拨款资金，国家直接投资，国家税前还贷。

(2)银行信贷资金。这是企业负债资金的主要来源。

(3)非银行金融机构资金。非银行金融机构资金渠道比较多，比如来自租赁公司、保险公司、证券公司、财务公司。

(4)其他企业资金。这部分是指企业之间相互投资以及企业之间的商业信用。

(5)居民个人资金。居民个人资金是指企业筹资时吸收社会闲散资金。

(6)企业自留资金。这部分通过企业经营获利留存。

(二)筹资方式

所谓企业的筹资方式,就是指企业筹措资金采用的具体形式。在实践中,企业的筹资方式主要有六种,即吸收直接投资、发行股票、银行借款、发行债券、商业信用、融资租赁。我们将在后面的内容里对这些筹资方式作详细的介绍。

筹资渠道与筹资方式的对应关系见表 2-1。

表 2-1 筹资渠道与筹资方式的对应关系

筹资渠道	吸收直接投资	发行股票	银行借款	发行债券	商业信用	融资租赁
国家财政资金	√	√				
银行信贷资金			√			
非银行金融机构资金	√	√	√	√		√
其他企业资金	√	√		√	√	√
居民个人资金	√	√		√		
企业自留资金	√			√		
外商资金	√	√		√		√

五、筹资原则

企业筹集资金时,要认真研究筹资投资的多种因素,讲求资金筹集的经济效益,充分保护投资者权益,并应遵循以下基本原则。

(一)规模适度原则

所谓规模适度,是指企业应当根据实际需求合理确定筹资规模。企业需要筹集多少资金,什么时间需要资金,这是决定资金筹集的前提条件。筹资应从资金需要的实际情况出发,根据实际需求合理进行筹资。确定资金需要量,应采用一定的核定资金的方法确定资金定额和计划限额。做到既要保证合理供应,又不超过合理需要,防止发生浪费或多占资金,并要掌握筹集资金的时间,提前做好安排。在经营活动中,又要根据货币收支的情况,及时妥善的筹划。

不论采取何种渠道、何种方式筹资,都必须预先确定资金的需要量,以需要定筹,使筹资量与资金需要量相互平衡。既要防止筹资不足,影响生产经营的正常进行;又要防止筹资过多,造成资金闲置而导致筹资效率降低。

(二)结构合理原则

所谓结构合理,是指企业在筹资时,必须使企业的自有资金和借入资金要有合适的比例,优化资金结构,以免因为负债过多而增加财务风险。另外,长期资金和短期资金也应做到比例适当。资金筹集应注意这两方面内容,使企业减少财务风险,优化资金结构。

做到资金结构合理,就必须掌握自有资金的适度比例,正确运用负债经营。企业依靠借债进行经营活动,即构成负债经营。由于借款利息可在所得税前列入成本,对企业净利影响较少,因此能够提高自有资金的利润率,又可缓解自有资金紧张的矛盾。但如负债过多则会发生较大的财务风险，甚至由于丧失偿债能力而面临破产。因此，企业既要利用负债经营的积极作用，又要避免可能产生的债务风险。借债额要适当，要以一定的自有资金比例为条件；借入款应该用于经济效益好的项目，避免负债投资收益低于应付的本利总额。正确运用负债经营应注意以下三点：

(1)适度。所谓适度，是指借款额度要适当。怎样才算适度？第一，时机要适宜。用于满足形成新的生产能力和购进适销商品的资金需要。第二，借款数量要适宜。以业务经营客观需求资金不足为前提，以一定的自有资金比例为条件，以弥补自有资金的不足、保证业务经营需要的有效结合为限度。第三，借款结构要适宜。合理安排长期债务与短期债务的期限结构和利率结构(借款利息的类型)。

(2)适当。所谓适当，是指使用借款的用途要适当。首先，借债款应用于生产经营上，不能用于非生产经营性用途。其次，借债款应用于经济效益好的项目，以免生产借款效益小于到期还本付息之和，即负债投入应大于产出。

(3)及时。所谓及时，是指应当按时按量偿还贷款，不能用拖欠贷款的手段非法使用他人的资金，造成企业信誉下降，应当妥善安排资金，及时还款。

(三)筹措及时原则

筹措及时原则指的是，筹资时机得当，并及时、按时使用资金。企业应当按照投资机会来把握筹资机会，确定合理的筹资计划和筹资时机。

按照资金时间价值的原理，同等数量的资金在不同时点上具有不同的价值。因此，企业筹集资金应根据资金投放使用时间来合理安排，使筹资和用资在时间上相衔接。既要避免过早筹资使资金过早到位形成资金投放前的闲置，又要避免资金到位滞后丧失资金投放的最佳时机。

(四)方式经济原则

方式经济原则指的是，企业应当认真选择筹资的来源，力求降低资金成本，实现成本节约。

不同资金来源的资本成本各不相同，取得资金的难易程度也有差异。企业筹集资金的渠道多种多样，方式也有多种，不论何种方式筹资都要付出一定的代价，包括资本费用(借款利息、债款利息、股息等)和资金筹集费(股票发行费、债券注册费等)，即资金成本。不同的资金来源，其资金成本各不相同，而且取得资金的难易程度也不一样。在实际工作中，并不是只有某一种筹资方式有利，有的筹集巨额资金有利，有的筹集少量资金有利，等等。要综合考察各种筹资渠道和筹资方式，研究各种资金来源的构成，求得筹资方式的最优组合，采用合适的方式操作，降低成本，以便降低综合的资金成本，谋求最大的经济效益。

(五)依法筹资原则

依法筹资原则指的是，企业在筹资过程中，必须接受我国有关财经法律法规及政策的指导，依法筹资严格履行约定的责任，维护他人权益。

六、筹资预测

企业筹集资金之前，必须用科学的方法来预测其所需的资金数量。只有这样，才能保证筹集到的资金既能满足生产经营的需要，又能最低限度地节约资金。筹集资金应以需定筹，基础工作是测算企业资金需要量。预测企业资金需要量有定性预测法和定量预测法两大类方法。其中,使用较广泛的是定量预测法中的销售百分比法。

(一)定性预测法

定性预测法是指利用直观的资料,依靠预测者个人的经验和主观分析、判断能力,预测未来资金需要量的方法。该方法的特点是凭借主观经验,通常适用于企业缺乏完备、准确的历史资料的情况。

(二)定量预测法

定量预测法是指从过去的资金需求变化规律中,运用归纳分析手段,预测出未来的资金需求量。定量预测法中我们着重对销售百分比法加以介绍。

所谓销售百分比法,是指以未来销售收入变动的百分比为主要参数,考虑销售变动的资产负债项目及其他因素对资金需求的影响,从而预测未来需要追加的资金量的一种定量计算方法。

该方法的使用存在一个假设前提,即企业某些资产和负债与销售收入之间存在一个稳定的百分比关系。在销售百分比法下,企业需要追加资金量的基本计算公式是:

$$\Delta F = K \times (A - L) - R$$

式中 ΔF——企业在预测年度需从企业外部追加筹措资金的数额。

K——预测年度销售收入对于基期年度增长的百分比。

A——随销售收入变动而成正比例变动的资产项目基期金额。

资产项目与销售收入的关系一般可分为三种情况:

(1)随销售收入变动成正比例变动,比如货币资金、应收账款、存货等流动资产项目,这些是公式中 A 的计算对象。

(2)与销售收入变动没有必然因果关系,如长期投资、无形资产等,这些项目不是 A 的计算对象。

(3)与销售收入关系有多种可能的,如固定资产。

第二节　筹资类型

企业从不同筹资渠道和用不同筹资方式筹集的资金,由于具体的来源、方式、期限等的不同,形成不同的类型,不同类型资金的结合,构成企业具体的筹资组合。企业的全部资金来源,通常可分为自有资金与借入资金、长期资金与短期资金、内部筹资与外部筹资、直接筹资与间接筹资等类型。

一、自有资金与借入资金

企业的全部资金来源,可以按资金权益性质的不同区分为自有资金和借入资金。合理安排自有资金与借入资金的比例关系,是筹资管理的一个核心问题。

(一)自有资金

自有资金亦称自有资本或权益资本,是企业依法筹集并长期拥有、自主调配运用的资金来源。根据我国财务制度,企业自有资金包括资本金、资本公积金、盈余公积金和未分配利润等内容。按照国际惯例,企业自有资金一般包括实收资本(或股本)和留存收益两部分。

自有资金具有下列属性:

(1)自有资金是出资者投入企业的资产及其权益准备,其所有权归企业的所有者;而所有者凭其所有权参与企业经营管理和利润分配,并对企业的经营状况承担责任。

(2)企业对自有资金依法享有经营权,在企业存续期内,投资者除依法转让外,不得以任何方式抽回其投入的资本,因而自有资金被视为“永久性”资本。

(3)企业自有资金是通过国家财政资金、其他企业资金、民间资金、外商资金等渠道,采取吸收直接投资、发行股票、留用利润等方式筹措形成的。

(4)自有资本是一种高成本、低风险的资本,其本身难以解决企业既希望利用自有资本降低财务风险,又力图回避其较高的资本成本的矛盾。

(二)借入资金

企业的借入资金亦称借入资本或债务资本,是企业依法筹措并依约使用、按期偿还的资金来源。借入资金包括各种借款、应付债券、应付票据等。

借入资金具有下列属性:

(1)借入资金体现企业与债权人的债权债务关系,它属于企业的债务,是债权人的债权。

(2)企业的债权人有权按期索取本息,但无权参与企业的经营管理,对企业的经营状况不承担责任。

(3)借入资金以还本付息为条件。企业对借入资金在约定的期限内享有使用权,承担按期付息还本的义务。

(4)企业的借入资金是通过银行、非银行金融机构、民间渠道,采用银行借款、发行债券、发行融资券、商业信用、财务租赁等方式筹措取得的。

借入资金有的可按规定转化为自有资金,如可转化为股票的企业债券。

二、长期资金与短期资金

企业的资金可以按期限的不同区分为长期资金和短期资金,两者构成企业全部资金的期限结构。合理安排企业资金的期限结构,有利于实现企业资金的最佳配置和筹资组合。

(一)长期资金

长期资金是指使用期限在一年以上的资金,是企业长期、持续、稳定地进行生产经营活动的前提和保证。长期资金通常采用吸收直接投资、发行股票、发行债券、长期银行借款、融资租赁等方式来筹措。

企业需要长期资金的原因主要有购建固定资产、取得无形资产、进行长期投资、垫支于长期性流动资产等。

(二)短期资金

短期资金是指使用期限在一年以内的资金,是由于企业在生产经营过程中短期性的资金周转而引起的。企业的短期资金一般是通过短期借款、商业信用、发行融资券等方式来融通。

企业的长期资金和短期资金,有时亦可相互通融,如用短期资金来源暂时解决长期资金需要,或者用长期资金来源临时解决短期资金的不足。二者的合理搭配往往是解决问题的关键。

三、内部筹资与外部筹资

企业的资金可以分别通过内部筹资和外部筹资来筹措。企业应在充分利用内部资金来源之后，再考虑外部筹资问题。

(一)内部筹资

内部筹资是指在企业内部通过计提折旧而形成现金来源和通过留用利润等而增加资金来源。其中，计提折旧并不增加企业的资金规模，只是资金的形态转化，为企业增加现金来源，其数量的多寡由企业的折旧资产规模和折旧政策所决定；留用利润则增加企业的资金总量，其数量由企业可分配利润和利润分配政策(或股利政策)决定。

内部筹资是在企业内部“自然地形成的”，所以一般无需花费筹资费用。

(二)外部筹资

外部筹资是指在企业内部筹资不能满足需要时，向企业外部筹集形成资金来源。初创时期的企业，内部筹资的可能性是很有限的；成长阶段的企业，内部筹资也往往难以满足需要。于是，企业就要广泛开展外部筹资。

企业外部筹资的渠道和方式很多，外部筹资通常都需花费筹资费用，如发行股票、债券需支付发行成本，取得借款需支付一定的手续费等。

四、直接筹资与间接筹资

企业的筹资活动按其是否以金融机构为媒介可分为直接筹资和间接筹资，两者各有特点。

(一)直接筹资

直接筹资是指企业不经过银行等金融机构，用直接面对资金供应者以借贷或通过发行股票、债券等方式所进行的筹资活动。在直接筹资过程中，资金供求双方借助于融资手段直接实现资金的转移，而无需银行等金融机构。

(二)间接筹资

间接筹资是指企业借助银行等金融机构而进行的筹资活动。它是传统的筹资形式。在间接筹资形式下，银行等金融机构发挥中介作用，它预先聚集资金，然后提供给筹资企业。间接筹资的主要形式是银行借款、非银行金融机构借款、融资租赁等形式。间接筹资是我国目前最为重要的筹资方式，也是一种相对节约的筹资方式。

(三)直接筹资与间接筹资的差别

直接筹资与间接筹资相比，两者有明显的差别，主要表现为筹资范围、筹资效率等几个方面的不同。

1.筹资范围方面

直接筹资具有广阔的领域，可利用的筹资渠道和方式较多，而间接筹资的范围比较窄，筹资渠道和方式比较单一。

2.筹资效率和费用方面

直接投资的手续较为繁杂，所需文件较多，准备时间较长，故筹资效率较低，筹资费用较高；而间接筹资的手续比较简便，过程比较简单，比如银行借款只需通过申请签订货款合同和办理借据即可，故筹资效率较高，筹资费用低。

3.筹资的意义方面

直接筹资能使企业最大限度地利用社会资金，提高企业的知名度与资信度，改善企业的资本结构；而间接筹资则主要满足企业资金周转的需要。

第三节　权益性资本筹资

任何企业在生产经营活动中，都必须拥有一定规模的自有资本。这是企业生存和发展的前提。

一、吸收直接投资

吸收直接投资的核心是资本金制度。

（一）资本金制度的主要内容

资本金制度就是国家对有关资本金筹集、管理和核算以及所有者权利等所作的法律规范。企业资本金是指企业在工商行政管理部门登记的注册资金，是各种投资者以实现盈利和社会效益为目的，用以进行企业生产经营、承担有限民事责任而投入的资金。其主要内容有：

（1）开办企业必须有一定的资本金，并要达到国家法律规定的最低数量限额。

（2）企业可以采取吸收现金、实物、无形资产和发行股票等形式筹集资本金。投资者在出资中违约，企业或者其他投资者可追究其违约责任。

（3）资本金按投资主体可分为国家资本金、法人资本金、个人资本金和外商资本金等。

（4）企业生产经营期间，投资者不得以任何方式抽回或挪用其资本金。

（5）投资者按出资比例分享利润和承担亏损。

（6）企业增加或减少资本金，必须要经过必要的程序和批准。

（二）建立资本金制度的原则

1.资本确定原则

按照《企业财务通则》规定，企业设立时必须有法定的资本金。所谓法定的资本金，又叫法定最低资本金，是指国家规定的开办企业必须筹集的最低资本数额，即企业建立时必须要有最低限额的本钱，否则企业不得批准成立。从道理上讲，企业设立时资本金最低限额，不属于财务规范的内容，应该在"公司法"等法规中明确，《企业财务通则》只是提出开办企业要执行这些法规。

2.资本统筹使用原则

资本金制度要求将企业所有者投入的资金交付给经营者使用。企业灵活调度和统筹使用资金，从而提高了资金的使用效益，这也符合资本金制度的要求，便于考核企业经营者的经营责任。

3.资本保全原则

为了保证企业投资者权益，保全资本，企业筹集到的资本金，在企业生产经营期间内，投资者除依法转让外，一般不得任意抽回或挪用其投资，即使依法转让，也有相应的条件和程序。

（三）资本金的分类

根据《企业财务通则》规定，资本金按照投资主体分为国家资本金、法人资本金、个人资本金以及外商资本金等。

1.国家资本金

国家资本金是由有权代表国家投资的政府部门或者机构以国家资产投入企业形成资本

金，一般包括国家基金、企业基金、更新改造基金、专向拨款。判别是否为国家资本金的重要依据是投资者投入的资金是否是国家资金，即只要是以国家资金进行投资，无论是什么部门或机构投入的，均作为国家资本金处理。

2. 法人资本金

企业以外的其他法人以其依法可以支配的资金投入企业形成的资本金就是法人资本金。这进一步明确了企业之间相互投资的可行性，也保护了企业的投资利益，有利于企业进一步发展。

3. 个人资本金

社会个人或者本企业内部职工以个人合法财产投入企业形成的资本金就是个人资本金。个人资本金的含义是清楚的，但是按照我国外商投资企业的有关法规规定，合资、合作企业除了实行股份制的可以吸收个人投资入股的以外，中国境内的个人不得与外商兴办合资、合作企业。

4. 外商资本金

外商资本金为外国投资者以及我国香港、澳门和台湾地区投资者投入企业形成的资本金。

从资本金分类来看，我国企业投资主体向多元化发展，投资的职能由过于单纯的执行型转为既服从宏观调控需要又谋求效益，这是深化企业改革的必然要求与结果。

（四）资本金的筹集

资本金的筹集是资本金制度的一项重要内容，在《企业财务通则》中对筹资方式、筹资期限、出资违约和验资等给予了明确规定。

1. 筹资方式

企业筹集资本金的方式是多方面的，既可以吸收货币资金的投资，也可以吸收实物、无形资产等形式的投资，企业还可以通过发行股票筹集资本金。

1）现金投资

用货币资金对企业投资是直接投资中重要的出资形式。企业有了货币资金，可以购买各种生产资料，支付各种费用，有很大的灵活性。因此，企业要争取投资者尽可能采用现金方式出资。

2）实物投资

实物投资是指以房屋、建筑物、设备等固定资产和材料、燃料、商品等流动资产所进行的投资。实物投资应符合以下条件：

（1）适合企业生产、经营、科研开发等的需要。

（2）技术性能良好。

（3）作价公平合理。投资实物的价格，可以由出资各方协商确定，也可以聘请专业资产评估机构评估确定。

3）工业产权和非专利技术投资

工业产权通常是指商标权、专利权、商誉。工业产权、非专利技术加上土地使用权构成我国企业主要的无形资产。

4）土地使用权投资

土地使用权是指土地经营者对依法取得的土地在一定期限内有进行建筑、生产或其他活动的权利。土地使用权具有相对的独立性，在土地使用权存续期间，包括土地所有者在内的其他任何人和单位，不能任意收回土地和非法干预使用权人的经营活动。使用权人依法可用土地使用权进行投资。

无论企业采用什么方式筹集资本金，必须符合国家的法律、法规，依法进行。例如在吸收无形资产投资时，不能超过国家规定的限额，一般不超过其注册资金的20%，如有特殊情况，应经有关部门批准，不超过30%。这是因为企业在全部投资中无形资产所占比例过高，其他投资过少，不利于发挥投资效果，更不利于企业的生产经营。再如通过发行股票筹集资本金，必须按照国家关于股份制企业的实施范围、审批程序等规定进行，不能任意发行股票筹集本金。

2. 筹资期限

按照财务制度规定，资本金的筹集可以采用一次性筹集和分期筹集两种形式。通常，采用一次性筹集的，应当在营业执照签发之日起6个月内筹足；分期筹集的，最后一期出资应当在营业执照签发之日起3年内缴清，其中第一次投资者出资不得低于15%，并且在营业执照签发之日起3个月内缴清。

无论企业采取哪种形式筹集资金，都应根据国家有关法律、法规以及合同、章程的规定来确定。

3. 出资违约

企业投资者以何种方式出资以及出资期限等均要在投资合同、协议中明确约定，并在公司章程中做出规定，以确保企业能够及时地筹足资本金。若某一方违约，企业或者其他投资者有权依法追究其违约责任，国家有关部门也应按照国家有关规定对违约者进行处罚。现有的法规对出资中的违约者有相应的处罚规定。例如，《公司法》规定，股东未按规定时间缴足出资的，公司有权向股东追缴，如追缴后仍不履行缴纳义务的，则可以请求法院追究违约者的责任。又如，对外商投资企业各方同时违约或一方违约所做规定是：合营各方同时违约，视为合资、合作企业解散，吊销其营业执照；如为第一期出资到位后不继续出资的，工商行政管理部门有权督促其限期缴资，否则吊销其营业执照；合营一方违约，企业的其他投资方有权敦促违约者在一个月内缴付出资，如超过一个月违约者仍未缴清的，企业和其他投资方则可依法要求违约者赔偿因此造成的经济损失，支付迟延出资利息。独资企业未按时出资的，由工商行政管理部门处罚，直至吊销营业执照。

由此可见，对企业筹资中的违约现象应分不同情况给予不同处理，包括由企业或其他投资者追缴并加收利息及赔偿经济损失，直至由工商行政管理部门处罚。

4. 验资

企业筹集的资本金是否符合国家法律、法规的规定，作价是否公平合理，依照国际惯例须聘请相关人员进行验资，签署验资报告。为此，我国企业财务制度规定，企业筹集的资本金，必须聘请中国注册会计师验资并出具验资报告，由企业据以发给投资者出资证明书。

（五）企业资本金制度的作用

实行企业资本金制度，具有以下作用：

(1)有利于明晰产权关系，保障所有者权益。

(2)有利于维护债权人的合法权益。

(3 有利于保障企业生产经营活动的正常进行。

(4)有利于正确计算企业盈亏,合理评价企业经营成果。

(六)吸收直接投资的优缺点

吸收直接投资的优点主要是:

(1)吸收直接投资所筹的资金属于企业的自有资金,与借入资金相比较,它能提高企业的资信和借款能力。

(2)吸收直接投资不仅可以筹取现金,而且能够直接获得所需的先进设备和技术,与仅筹取现金的筹资方式相比较,它能尽快地形成生产经营能力。

(3)吸收直接投资的财务风险较低。

吸收直接投资的缺点主要是资金成本较高。

二、发行股票

发行股票筹资的媒介形式为股票。

(一)股票及其分类

1.股票的含义及特征

股份有限公司的资本划分为股份,股份是股东在股份有限公司的资本总额中所占的份额,每一股份的金额相等,代表出资者所有权的相应权益。公司的股份采取股票的形式。股票是指股份有限公司签发的,证明其股东按所持股份享有权益并承担义务的凭证。它是股份有限公司筹集长期永久性资本而发行的有价证券。股票持有者为公司的股东。股东按照企业组织章程,参加或监督企业的经营管理,分享红利,并依法承担以购股额为限的企业经营亏损的责任。股票与股份有密切的联系,股份是股票的内容,股票是股份的表现形式。

股票作为有价证券,具有以下基本特征:

(1)股票为有价证券。股票所代表的权利原已存在,股票只是起一种权利证明的作用。股票代表的是股东权利,这种权利产生的原因是股东向股份公司出资而拥有公司的股份,而不是因为股票的制作。股票仅是股东权利存在的证明和行使股东权利的凭证。

(2)股票为要式证券。对股票票面应记载的内容和事项,法律有严格要求。《公司法》规定,股票应当载明下列主要事项:公司名称;公司登记成立的日期;股票种类、票面金额及代表的股份数;股票的编号;董事长的签名和盖章。

(3)股票为综合证券。股东持有股票便享有权利。但股票代表的是一种综合权利,股东与公司之间的财产关系不是一种简单的一般意义上的所有权关系。股东出资购买股份后即失去了对其出资财产的直接支配权。股东可以通过某种方式将自己的股份转让给他人,但不得请求公司返还出资或退股,无论股票易手何人,都不改变或减少公司的资本。

(4)股票为流通证券。股票所代表的权利是一种具有财产价值的权利,可以用财产价值衡量,也可通过买卖等方式有偿转让、流通。股票的权利和义务与股东具有不可分离的关系,股票转让就是股东权利和义务的转移,股票转让后,原股东就失去了相应的权利和义务。

2.股票的种类

股票的种类很多,按照不同的划分标准,股票有不同的分类。

1)以股东权利和义务的不同为划分标准

按股东权利和义务的不同,股票可以分为普通股和优先股。

普通股是公司发行的具有管理权而股利不固定的股票。普通股符合一般股权的基本标准,是公司资本结构中基本的部分。普通股的最大特点是股利不固定,随着公司盈利的多少而有起伏。普通股在权利义务方面的特点是:

(1)普通股股东对公司有经营管理权,有权参加公司的股东大会,在股东大会上有选举权和表决权,可以选举董事会,参与公司的重大决策,从而间接实现对公司的经营管理。

(2)普通股股东有权按其持有股份的比例分配公司赢利,但其分配须在优先股分红之后进行。

(3)普通股的股利不固定,股利的多少取决于公司的经营业绩、赢利状况以及公司的收益分配政策等情况。

(4)公司因解散或破产而进行清算时,普通股股东有权按持有股份的比例分得公司的剩余财产,但其剩余财产求偿权位于公司各种债权人和优先股股东之后。如果公司财产经债权人和优先股持有人分配之后已无剩余,普通股股东的损失则由自己承担。

(5)在公司增发新股时,普通股股东有权按占有公司股份的比例优先购买新股。

优先股是较普通股有某些优先权利同时也有一定限制的股票,是一种混合型证券。其优先权利表现在:

(1)优先获得股利。优先股股利的分发通常在普通股之前,其股利率和期限是固定的。

(2)优先分配剩余财产。当公司解散、破产时,优先股的剩余财产的求偿权虽位于债权人之后,但位于普通股之前。

优先股股东在股东大会上无表决权,在参与公司经营管理上受到一定限制,仅对涉及优先股权利的问题有表决权。此外,优先股股东也不能退股。

2)以是否记名为分类标准

以是否记名为标准,股票可分为记名股票和不记名股票。

记名股票是指股东姓名记载于股票票面的股票。公司发行记名股票时,应当备置股东名册,记载股东的姓名、住所、所持股份数、所持股票的编号、取得股票的日期等。记名股票的股息由公司书面通知股东领取。股东转移股份所有权时,必须办理过户手续。

无记名股票是指股东姓名不记载于股票票面。公司发行无记名股票时,应当在股票上记载股票数量、编号及发行日期。派息时,公司不发书面通知。无记名股票转让时,无须办理过户手续,只须将股票交付受让人即生效。

公司对社会公众发行的股票,可以为记名股票,也可以为无记名股票。无记名股票的权利完全依附于股票之上,谁拥有股票,谁就是公司的股东。

3)以发行对象和上市地点为划分标准

以发行对象和上市地点为标准,股票可分为A种股票、B种股票和H种股票。

A种股票是在我国的公司对境内自然人和法人发行的股票。A种股票以人民币标明票面价值并以人民币认购和交易。外国和我国香港、澳门、台湾地区的投资者不得买卖人民币股票,即A种股票。

B种股票是专供外国和我国香港、澳门、台湾地区的投资者购买的股票。B种股票以人民币标明股票面值,以外币认购和交易。

H种股票是指内地的公司在香港发行上市的股票。

4)以票面有无记名为标准

按票面有无记名,股票分为记名股票和无记名股票。

记名股票在票面上载有股东姓名，并将股东姓名记入公司股东名册。

无记名股票在票面上不记载股东的姓名，公司也要设置股东名册，记载股票的数量、编号和发行日期。

5)以票面是否标明金额为标准

按票面是否标明金额，股票分为有面值股票和无面值股票。

面值股票根据每股金额在票面上标明每张股票的金额数量。

无面值股票不标明每张股票的面值，而仅将企业资金分为若干份，在股票上载明股数。

此外，股票按投资主体的不同，还可以分为国家股、法人股、个人股和外资股。

(二)股票发行

股份有限公司的显著特点是通过发行股票、出售股权来筹集长期或永久性资本。

1.发行股票的目的

发行股票有两种情况：一是建立新公司发行股票，称为设立发行；二是已设立的股份公司因增资而发行新股票，又称为新股发行。设立发行又分为发起设立和募集设立两种方式。其中，发起设立是指由发起人认购公司应发行的全部股份而设立的公司；募集设立是指由发起人认购公司应发行股份的一部分，其余部分向社会公开募集。这里的新股发行是指股份公司在第一次发行股票的基础上继续发行股票。发行新股票的目的主要有为扩大经营而增加资本、公积金转为股本、改善资本结构和分配盈利、抵充资产增值、企业债券转换为公司股份等。

2.发行股票的条件

《公司法》规定，股票发行人必须是具有股票发行资格的股份有限公司，包括已经成立的股份有限公司和经批准拟成立的股份有限公司，发行股票必须具备一定的条件。

1)设立股份有限公司申请公开发行股票的条件

设立股份有限公司申请公开发行股票的条件具体包括：

(1)其生产经营符合国家产业政策。

(2)其发行的普通股限于一种，同股同权。

(3)发起人认购的股本数额不少于公司拟发行的股本总额的35%。

(4)在公司拟发行的股本总额中，发起人认购的部分不少于人民币3 000万元，但是国家另有规定的除外。

(5)向社会公众发行的部分不少于公司拟发行的股本总额的25%，公司拟发行的股本总额超过人民币4亿元，证监会按照规定可以酌情降低向社会发行部分的比例，但是最低不少于公司拟发行的股本总额的10%，同时可以向社会法人单位配售。

(6)发起人在三年内没有重大违法行为。

(7)证券委规定的其他条件。

2)原有企业改组设立股份有限公司申请公开发行股票的条件

原有企业改组设立股份有限公司申请公开发行股票的条件除应当符合上述设立股份有限公司申请公开发行股票的条件外，还应当符合下列条件：

(1)发行前一年末，净资产在总资产中所占的比例不低于30%，无形资产在净资产中所占的比例不高于20%，但是证券委另有规定的除外。

(2)近三年连续赢利。国有企业改组设立有限公司公开发行股票的，国家拥有的股份在公司拟发行的股本总额中所占的比例由国务院或者国务院授权的部门规定。

3)定向募集公司申请公开发行股票的条件

定向募集公司申请公开发行股票的条件除应当符合设立股份有限公司和改组设立股份有限公司的条件外,还应当符合下列条件:

(1)定向募集所得资金的使用与其招股说明书所述的用途相符,并且资金使用效益良好。

(2)距最近一次定向募集股份的时间不少于12个月。

(3)从最近一次定向募集到本次公开发行期间没有重大违法行为。

(4)内部职工控股权证按照规定范围发放,并且已交国家指定的证券机构集中托管。

(5)证券委规定的其他条件。

4)已设立股份有限公司发行新股的条件

已设立股份有限公司发行新股的条件具体包括:

(1)前一次发行的股份已募足,间隔一年以上。

(2)公司在最近三年内连续盈利,并可向股东支付股利。

(3)公司在最近三年内财务会计无虚假记载。

(4)公司预测利润率可达同期银行存款利率。

3.股票发行的程序

1)申请公开发行股票的程序

(1)申请人聘请会计师事务所、资产评估机构、律师事务所等专业性机构,对其资信、资产、财务状况进行审定、评估和就有关事项出具了意见书后,报经国务院证券监督管理机构核准。发行人必须向国务院证券监督管理机构提交"公司法"规定的申请文件和国务院证券监督管理机构规定的有关文件。

(2)国务院证券监督管理机构发行审核委员会,依法审核股票发行申请。发行审核委员会由国务院证券监督管理机构的专业人员和所聘请的该机构外的有关专家组成,以投票方式对股票发行申请进行表决,提出审核意见。

(3)被核准的发行申请,经证监会审核同意的,申请人应当向证券交易所上市委员会提出申请,经上市委员会同意接受上市,方可发行股票。

2)股份有限公司发行新股的程序

(1)股东大会作出决议。股东大会是公司的权利机构,公司发行新股,增加注册资本,需经股东大会作出决议。决议内容包括新股种类及数额、新股发行价格、新股发行起止日期、向原有股东发行新股的种类及数额。

(2)公司向有关部门申请批准发行新股。公司股东大会作出发行新股决议后,董事会必须向国务院授权的部门或省级人民政府申请核准。属于向社会公开募集的,需经国务院证券管理部门核准。

(3)公司公告新股招股说明书和财务会计报表及附属明细表,并制作认股书。招股说明书是公司在募集设立形式下招股时的必备文件,载明发起人认购的股份数、每股票面金额和发行价格、无记名股票的发行总数、认股人的权利和义务、本次募股的起止期限和逾期未募足时认股人可撤回所认股份的说明,并附有发起人制定的公司章程。财务会计报表及附属明细表包括资产负债表、损益表、现金流量表、财务情况说明书、利润分配表。认股书是由公司制作的,由认股人认股时所签署的书面文件。认股书应载明公司招股说明书中的事项,由认股人填写所认股数、金额、住所,并签名、盖章。

(4)新股由证券经营机构承担。公司向社会公开发行新股,应当由依法设立的证券经营机构承销,签订承销协议。承销包括包销和代销两种方式。承销协议应当载明的事项是:当事人的名称、住所及法定代表人的姓名,承销方式,承销股票的种类、数量、金额及发行价格,承销期及起止日期,承销付款的日期及方式,承销费用的计算、支付方式和日期,违约责任及其他需要约定的事项。证券经营机构收取手续费的原则由证券管理部门确定。

(5)办理变更登记并公告。公司发行新股募足股款后,必须向公司登记机关办理变更登记,并公告于众。

4.股票的发行方式

股票的发行是否成功,最终取决于能否将股票全部推销出去。股份公司公开向社会发行股票,其推销方式不外乎有两种选择:一是自己办理发行,但要承担一定的发行风险,筹资速度较慢;二是委托证券经营机构代为发行,称为间接发行,这种方式要支付手续费,但减少了风险,而且筹资速度快。

1)自销方式

股票发行的自销方式,是指股份公司自行直接将股票出售给投资者,而不经过证券经营机构承销。自销方式可节约股票发行成本,但发行风险完全由发行公司自行承担。这种推销方式并不普遍采用,一般仅适用于发行风险较小,手续较为简单,数额不多的股票发行。在国外,这种方式主要在知名度高、有实力的公司向现有股东推销股票时采用。

2)承销方式

股票发行的承销方式,是指发行公司将股票销售业务委托给证券承销机构代理。证券承销机构是指专门从事证券买卖业务的金融中介机构,在我国主要为证券公司、信托投资公司等,在美国一般是投资银行,在日本则是称为"干事公司"的证券公司。

承销方式是发行股票所普遍采用的推销方式。我国《公司法》规定,公司向社会公开发行股票,不论是公司设立发行原始股还是公司增资发行新股,均应当由依法设立的证券经营机构承销,签订承销协议。

承销方式包括包销和代销两种具体办法。股票发行的包销是由发行公司与证券经营机构签订承销协议,全权委托证券承销机构代理股票的发售业务。采用这种办法,一般由证券承销机构买进股份公司公开发行的全部股票,然后将所购股票转销给社会上的投资者,买卖股票的差额即为证券机构的包销利润。股票发行的代销是由证券经营机构代理股票发售业务,若募股期满实际募股份数达不到发行股份数,承销机构不负承购剩余股份的责任,而是将未售出的股份归还给发行公司,发行风险由发行公司自己承担。

5.股票的发行价格

股票的发行价格是股份公司将股票出售给投资者所采用的价格,也就是投资者认购股票时所支付的价格。股票发行价格通常由发行公司根据股票面额、股市行情和其他有关因素决定。公司设立首次发行股票时,由发起人决定;公司增资发行新股时,由股东大会或董事会决定。

股票发行按价格分为等价发行、溢价发行和市价发行几种。

等价发行(Issuance at Par)又称面额发行,它是股票发行价格与票面金额相等。面额发行的发行价格较低,可以提高股票在市场上的竞争能力,较快地把股票销售出去,同时,只须支付给承销商较少的手续费,故发行费用低。但是公司筹集不到超过票面金额的溢价款。在股票市场不甚发达的情况下,设立公司首次发行股票时,选用等价发行可确保及时足额地募集资本。

溢价发行是指股票发行价格超过股票票面金额。溢价发行,公司可以筹集到超过股票面额资本,可以使公司在股票发行中得到一笔额外收入。承销商可以得到较高的手续费,因而推销股票的积极性较高。但溢价额如果过大,也不利于销售。

市价发行(Issuance of Stock at Market Price)也称时价发行,是指公司增资发行股票时,参考已发行股票的当时市场价格所确定的发行价格。时价发行所确定的价格可以与股票面额相等,或高于股票票面额。选用市价发行股票,考虑了股票的现行市场价值,可促进股票的顺利发行。综观世界股市的现状与趋势,市价发行股票颇为流行。

6.发行股票筹资的优缺点

1)发行股票筹资的优点

(1)能提高公司的信誉。

(2)没有固定的到期日,不用偿还。

(3)没有固定的利息负担。

(4)筹资风险小。由于普通股票没有固定的到期日,不用支付固定的利息,不存在不能还本付息的风险。

2)股票筹资的缺点

(1)资金成本较高。一般来说,股票筹资的成本要大于债务资金,股票投资者要求有较高的报酬。而且股利要从税后利润中支付,而债务资金的利息可在税前扣除。另外,普通股的发行费用也较高。

(2)容易分散控制权。当企业发行新股时,出售新股票,引进新股东,会导致公司控制权的分散。另外,新股东分享公司未发行新股前积累的盈余,会降低普通股的净收益,从而可能引起股价的下跌。

第四节　负债性资本筹资

一、概述

企业负债性资本筹资主要是企业向银行、其他金融机构、其他企业单位等通过举债投资,具体主要包括银行借款和发行企业债券两种形式。出资人是企业的债权人,对企业拥有债权,有权要求企业按期还本付息。

(一)企业负债性资本筹资的特征

企业负债是指企业承担的能够以货币计量的、需要以资产或劳务形式偿付的债务。在市场经济条件下,企业举债筹资是企业筹资的一个重要途径。因此,在对企业财务管理进行理论研究时,应当结合财务管理实践,加强对举债筹资的研究。

一般来说,企业负债筹资具有以下特征。

1.综合企业获利能力和偿还能力确定筹资金额

任何一个企业进行举债筹资,其筹资额必须综合该企业的获利能力和偿还能力来确定。

也就是说，企业借入资金，首先必须从实际出发，结合自身的获利能力和偿还能力确定借入资金的多少，而不能脱离企业实际，随意借款。获利能力高、偿还能力强的企业往往能够相对容易地通过举债筹集到所需资金，而获利能力低、偿还能力弱的企业则往往不能实现举债筹资目标。这是因为在实际上，资金出借人最关心的正是借款人的获利能力和偿还能力。对于长期债权人来说，一个企业的获利能力和发展前景是他决定是否投资的最为关心的问题；而对于短期债权人来说，他决定是否投资的最为关心的问题则是企业的短期偿还能力。

2. 企业负债筹资既要还本又要付息

企业负债与资本金不同，企业负债具有还本付息的特点，偿付期一到，借款企业就必须立即还本付息。否则，不仅影响企业声誉，甚至使得债权人诉诸法律。

3. 企业负债筹资要讲求效益

企业之所以借贷他人资金，是为了自身的发展，是为了将企业做强、做大，最终是为了创造经济效益。一个企业在举债筹资后，如果经营状况良好，则可使获利保持在较高的水平上，除支付所举债务本息外，所剩节余即为企业的经济效益。在企业的实际经营中，要坚决反对并力戒不充分考虑效益(主要是经济效益)盲目举债经营的行为。

(二)企业负债筹资的类型

企业负债按照其偿还年限的长短分为长期负债和流动负债两类。长期负债实质偿还年限在一年或一年以上的一个营业周期以上的债务，包括长期借款、应付长期债权、长期应付款等。流动负债是指可以在一年内或超过一年的一个营业周期内偿还的债务，包括短期借款、应付短期债券、预提费用、应付票据、应付账款、应收账款等。

二、银行借款

银行借款是企业为解决资金需要，而根据借款合同向银行(以及其他金融机构，下同)申请借入的需要还本付息的款项。银行机构遍布全国城乡，吸收企业、事业单位、机关、团体和城乡个人的大量存款，资金充裕，与企业联系密切。因此，利用银行的长期和短期借款是企业筹集资金实践中最为重要的一种方式。

(一)银行借款种类

按照银行借款是否需提供抵押，可以将银行借款分为无抵押借款和抵押借款。

1. 无抵押借款

无抵押借款又称为信用借款，是指企业不提供任何抵押品，而是凭借其信用向银行申请取得一种贷款。根据贷款方式不同，这种信用借款又可分为交易式信用借款和连续性信用借款。

1)交易式信用借款

交易式信用借款是企业就具体情况向银行洽商借款，银行就每一次借款申请个别研究，分析及调查借款的用途和企业清偿的能力，然后决定是否给予贷款。

2)连续性信用贷款

连续性信用借款是指企业针对季节性的流动资产需求，事先与银行签订协议，要求银行提供为期数月或一年的最高信用借款。企业可在这一期限内按需要提款，不用时立即归还银行，银行按实际借款额计算利息，到期借款人偿还本金。必要时，可另续订新协议。这一类贷款属限额的信用贷款。与商业信用相比，银行愿意发放这一类贷款，说明该企业信用度较高。

银行信用借款的成本按银行向企业收取的利率而定。贷款的利率可按双方协议规定,但最终取决于企业的信用素质、银行对企业的信任程度以及货币市场的资金利率三个因素。信用借款的成本由三部分组成:

(1)借款总额的多少。借款总额越大,说明借款人信用越好,成本反而会下降。

(2)借款期限。期限越长风险越大,借款成本也会高。

(3)贷款年利率。利率越高,风险越大。

不过,借款协议中的年利率不一定是企业真实的利息负担。实际利息随借款方式的不同而不同,有时会远远超过协议中的利率。

2.抵押借款

抵押借款是指企业以其拥有的有形资产担保而从银行取得的偿还期在一年之内的借款。抵押借款也称为担保借款,一般银行只接受流动资产,如应收账款或存货作抵押品,并签发抵押契约和抵押清单。银行对抵押品拥有绝对索取权,一旦企业到期不能归还借款,银行就有权处置(如拍卖)抵押品。抵押品借款通常在企业的信用不足以取得信用借款时才发生。抵押品的价值由银行估价而定,借款的数额也按抵押品估价值的一定比例发放。

决定抵押品价值的因素很多,主要因素有三个:一是抵押品的变现行,二是抵押品的变现期限,三是与抵押品有关的基本风险。企业为了保证自身安全,其借款金额应低于抵押品市价。借款额占抵押品价值的比重随抵押品质量的高低和放款者对抵押品控制的强弱而不同。抵押品借款主要有存货抵押借款和其他物品抵押借款。下面以存货抵押借款为例介绍抵押借款。

抵押借款是指企业以存货作为抵押品而获得的银行借款。银行按存货价值的一定比例发放贷款。那些易变现、不易变质的存货容易得到贷款,而那些销路小的专用物资则不易得到抵押贷款。最佳抵押品是规格标准化而且有现成市场的存货。贷款者可以用若干不同的方法来保证自身的利益,如贷款者对借款者的全部存货拥有留置权,贷款者同借款者签订信托保证协议,借款者用公共货栈担保贷款,借款者用现场货栈单或仓库收据方式来担保贷款,等等。下面介绍两种。

1)存货信用依据

借款企业以存货为担保向银行取得抵押借款,借款时随时开具"信托收据"交给银行,收据代表收到银行委托保管存货的书面文件。存货可以留在原地(即借款企业的仓库),也可以搬至指定仓库。此后,借款公司每销售一笔货物均应取得银行同意方可提货,并将这笔货的货款交银行,作为归还借款的一部分。等到借款本息还清,则注销信托收据。

2)仓库筹资

对于这类借款,借款企业只需筹足第一轮生产所需的资金即可。第一轮生产中每完工一批产品即送入指定仓库,取得栈单。借款企业随即将栈单交给贷款银行,银行按规定百分比转账,转入借款企业存款户。此后,成品销售前,借款企业接到订单时,必须先征得银行同意,才能到仓库提货销售,售后收到货款即交与银行,归还借款的一部分。这样,每一轮生产进行过程中,借款企业制造出一批成品,就可获得一笔贷款。借款企业就可用此借款部署下一轮生产,包括购买原材料、添置机器设备、支付工资和各项成本费用。以出售各批产品的货款归还银行借款。等产品销售完成,借款同时还清,下一轮生产已如期开始。

存货筹资的优点在于企业的短期资金借款可以同生产同步进行。企业的存货每增加一批，即可向银行借入相应的资金，有较可靠稳定的银行借入资金的来源。同时，等到存货售出，借款自然偿清。存货筹资的缺点是，无论是信托收据还是仓库筹资，这种存货筹资方式的筹资成本都较高。这是因为要有专职的管理人员，而其工资费用是借款的直接成本。

（二）银行借款筹资的程序

通过银行借款进行筹资，需要遵照以下步骤：

（1）企业提出申请。

（2）银行进行审批。

（3）签订借款合同和协议书。

（4）企业取得借款。

（5）企业偿还借款。

（三）银行借款筹资的优缺点

我国银行信贷资金具有广泛的来源和稳固的基础，资本雄厚，信誉高，为企业特别是不具备发行股票和债券条件的企业提供了可靠的筹资渠道，银行借款是我国目前使用最多的筹资方式。

1.银行借款筹资的优点

银行借款筹资的优点主要表现在：

（1）保障企业的控制权。银行借款的债权人与企业只是借贷关系，不参与企业的经营管理，不会分散企业的控制权。

（2）筹资速度快。发行各种证券筹集资金所需时间一般较长。做好证券发行的准备，如印制证券、申请批准、证券发行等都需要一定时间。而银行借款与发行证券相比，一般所需时间较短，可以迅速地获取资金。

（3）资金成本低。借款由借贷双方直接商定，手续简单，筹资费用少，与债券相比，借款利率一般低于债券利率，而且利息可在税前列支，可减少企业实际负担的利息费用；另外，也无需支付大量的发行费用。

（4）借款弹性好。银行借款种类多，适用对象范围广，偿还期限灵活，借贷双方可直接接触，当面协商条款，确定借款的时间、数额和利率。在借款期限内，如企业财务状况发生变化，还可以与银行协商，更改借款数量及期限等条件，对企业来说具有较大的灵活性。

（5）借款利息费用固定，具有财务杠杆的作用。

2.银行借款筹资的缺点

银行借款筹资的不足之处表现在：

（1）筹资数额有限。银行借款的数额受银行信贷资金规模的限制，一般不能像债券、股票那样筹集到大笔资金。

（2）银行借款限制条件较多。企业与银行签订的借款合同中，一般都有一些限制条款，如银行规定企业自有资金和借入资金应保持一定的比例，借款必须按规定用途使用等。这可能会影响企业再筹资和投资活动。

（3）财务风险较大。银行借款必须定期付息，到期还本，对企业压力较大。当企业财务状况恶化时，存在不能还本付息的风险，甚至导致破产。

三、发行债券

(一)概述

广义上讲,债券包括国债、金融债券和企业债券。为方便起见,本书所讲债券仅指企业债券,即公司债券。

1.债券的特征

债券是企业按照法定程序发行的、约定在一定期限内还本付息的有价证券。它是企业为筹集资金而发行的债务凭证,是持券人拥有企业债权的债券证书。债券持有人与发行债券的企业所形成的关系是一种借贷关系,债券持有人只是企业的债权人,不是所有者,无权参与企业的经营管理,也不参与分红,但可以按期收取利息,到期收回本金。持券人对企业的经营盈亏不承担责任。

在西方,发行债券是企业筹集负债资金的一个重要途径。我国企业自 1984 年开始采取债券方式筹集资金,单位、个人均可购买,通常用于老企业追加经营资金。

企业债券作为一种有价证券,具有以下基本特征:

(1)企业债券是要式证券,必须具备一定的形式。公司规定,公司发行企业债券,必须在债券上载明公司名称、债券票面金额、利率、偿还期限等事项,并由董事长签名,公司盖章。

(2)企业债券代表资金使用权的有偿让渡,在约定期限内,债券发行人必须按照规定的利率偿付债券利息,不能无偿使用资金。

(3)企业债券是有限的信用凭证,债券发行人必须按事先约定的期限偿还本金。

(4)企业债券是可转让流通的证券。企业债券具有流动性,可以在证券市场上买卖、转让和贴现。

(5)企业债券的发行在法律上限制很严。一般国家对发行企业债券在法律上都作了种种限制。只有股份有限公司、国有独资公司和两个以上的国有企业或者其他两个以上的国有投资主体设立的有限责任公司,才有资格发行企业债券。

2.债券的分类

企业债券的种类很多,按不同标准可划分为不同的类别。

1)以是否记名为标准

按是否记名,企业债券可分为记名债券和无记名债券。

记名债券是指在券面上载明债权人姓名的债券。发行公司有债券持有者的名单,持券人凭印鉴领取利息。企业债券转让须以背书的方式进行。

无记名债券是指在券面上不记载债权人姓名的债券。企业债券上附有息票,还本付息以债券和息票为凭证。企业债券转让由债券持有人在依法设立的证券交易所将债券交付给受让人后即发生法律效力。

2)以有无担保为标准

按有无担保,企业债券可分为信用债券和担保债券。

信用债券是指没有抵押品作担保,仅凭筹资人的信用而发行的债券。

担保债券是以抵押财产作为担保而发行的债券,又分为抵押债券、质押债券和保证债券三种。抵押债券是以不动产作为抵押担保品所发行的债券,当筹资人不能履行还本付息义务时,债券持有人有权变卖抵押品来抵付。质押债券是指以其他债券或股票等有价证券作为担保所发行的证券,质押债券发行人必须将作为担保品的有价证券交给作为受托人的信托机构,当筹资人到期不能偿债时,由受托人处理质押债券并代为偿债。保证债券是由第三者担保偿还本息而发行的债券,在发行人不能偿债时由担保人偿付。

3)以投资人的收益为标准

按投资人的收益不同,企业债券可分为固定利率债券、浮动利率债券、可转换债券、参加企业债券及附新股认购权债券等。

固定利率债券是指发行时就规定了固定利率并载于债券票面的债券。

浮动利率债券是指债券的利率在发行之初不固定,其利率随市场利率的变动作相应的调整的债券。

可转换债券指在发行时就规定债权人可在指定时间内按规定的转换条件和价格,将债券转换为公司股票,原来的债务人随之变为公司的股东的债券。

参加企业债券指发行时规定了极低的债券利率,在公司盈余超过应付利息时,债权人可以与股东共同参加对公司盈余的分配的债券。

附新股认购权债券是指债券发行人将该公司新股份的认购权授予债券的持有人,持券人可凭此认购公司的新股的债券。

4)以发行目的为标准

按发行的目的,企业债券可分为购买财产债券、合并债券、改组债券、资金调剂债券等。

购买财产债券的发行目的是筹集公司购置财产的部分价款,并以所筹资金购得的财产作为债券的担保。

合并债券的发行目的是用所筹资金收回原来发行的各种债券,以便简化及节省利息支出。

改组债券的发行目的是在征得债权人同意的前提下以较低利率的改组债券换回原来发行的利率较高的债券,以减轻公司利息负担,挽救公司危机。

资金调剂债券的发行目的是筹集资金偿还各项已到期的借款或到期债券。

5)以利息支付方式为标准

按利息支付方式,企业债券可分为付息票债券和贴现债券。

付息票债券是指在债券上附有各期息票的中、长期债券。息票到期时,从债券上剪下来凭此领取本期的利息。

贴现债券是指按低于债券面额的价格发行,即折价发行,到期时按债券面额兑付而不另付利息的债券。债券发行价格与其面额的差价即为利息。

(二)债券的发行

1.发行目的

发行企业债券筹资是公司的一种重要的筹资方式。对于不同的公司,发行债券筹集资金的具体目的并不会完全相同:有的公司是为了扩大生产经营规模,有的公司是为了设备更新和技术改造,也有的公司是为了收买和兼并其他企业。无论其具体目的是什么,《公司法》明确规定,发行企业债券的目的只能是为筹集生产经营资金,以维护社会的安定和债券市场的正常运转。

2.发行方式

企业债券的发行方式分为私募发行和公募发行两种。其中,私募发行是指向少数特定的投资者发行，公募发行是指面向广泛的不特定的投资者发行。

私募发行的主要对象有两类：一类是个人投资者，如发行单位内部的职工；另一类是机构投资者，如大的金融机构和与发行者有密切业务往来的公司。私募发行的特征是不必向债券管理机关办理注册手续，可节省发行时间及注册费用；因有确定的投资者，不必担心发行失败。但私募债券一般不允许转让，为了吸引投资者，发行通常需要提供高于市场平均条件的优厚条件。同时，私募发行虽不必向投资者和有关机构公布公司的经营状况，但也不利于提高公司的知名度。

公募发行的特征是必须向证券管理机关办理注册手续，公布公司的财务状况和经营状况；公募发行发售工作量大，常需要承销者协助；公募债券发行后可上市转让；公募债券以众多的投资者为对象，筹资潜力大，发行人不需提供特殊优惠条件。在发行方式的管理上，我国目前实行的是公司提出发行债券的申请并报国务院证券管理部门审查批准的制度。

3.发售方式

企业债券的具体发售方式分为直接销售和间接销售两种。直接销售是指公司直接向投资者销售债券，私募发行一般采用直接销售。间接销售是指公司委托证券经营机构代为发行，支付一定的手续费。公募发行一般采用间接销售。间接销售又分为代销、余额包销和全额包销几种，不同承销方式承销者承担的风险不同，手续费不同，公司筹资速度也不一样。以代销、余额包销和全额包销方式承销，承销商承担的风险依次增大，手续费也依次提高，筹资人获取资金的速度依次加快。选择何种方式发售债券，应根据公司所需资金的紧迫程度、信用状况，权衡手续费用来确定。

4.发行条件

发行企业债券是一种借贷行为。国家对企业债券的发行从法律上作出了明确的检查和审批程序的规定。必须具备一定的条件，经国务院主管发行企业债券的部门审批，才能发行企业债券。《公司法》规定，股份有限公司、国有独资公司和两个以上的国有企业或其他两个以上的国有投资主体投资设立的有限责任公司，为筹集生产经营资金，可以发行企业债券，发行企业债券必须符合以下条件：

(1)股份有限公司的净资产额不低于人民币 3 000 万元，有限责任公司的净资产额不低于人民币 6 000 万元；

(2)累计发行债券总额不超过公司净资产的 40%；

(3)最近三年的平均可分配利润足以支付企业债券一年的利息；

(4)筹集的资金投向符合国家产业政策；

(5)债券的利率不超过国务院限定的利率水平；

(6)国务院规定的其他条件。

此外，《公司法》还规定，如果公司前一次发行的企业债券尚未募足，或者对已发行的企业债券或其债务有违约或者延期支付本息的事实，且仍处于继续状态的，不得再次发行企业债券。

5.发行程序

发行企业债券必须按照法定程序办理。债券发行的法定程序是：

(1)董事会制订发行债券的方案，股东会作出发行债券的决议。股份有限公司根据生产经营需要发行企业债券筹集资金时，应首先由董事会制订方案，提出需要发行债券的初步意见，然后召开股东大会，对董事会提出的方案进行审定并作出决议。如果是国有公司拟发行企业债券，则需由国家授权投资的机构或者国家授权的部门，根据公司生产经营发展的需要作出决定。

(2)向国务院证券管理部门提出发行债券的申请。依照上述程序作出的发行企业债券的决定或决议，要由公司写出申请发行企业债券的正式书面报告。报告应写明发行企业债券的理由、筹资的总金额、资金投向、公司的生产经营状况、盈利及利润分配情况，同时提交下列文件：公司登记证明；公司章程；企业债券募集办法；资产评估报告和验资报告。

申请发行企业债券的报告由公司董事会正式上报国务院有关管理部门审批。

(3)公告企业债券募集办法。企业债券募集办法中应当载明下列主要事项：公司名称；债券总金额和债券的票面金额；债券的利率；还本付息的期限和方式；债券发行的起止日期；公司净资产额；已发行的尚未到期的企业债券总额；企业债券的承销机构。

公司可发行记名债券和无记名债券。公司发行企业债券应当置备企业债券存根等。发行记名企业债券的，应当在企业债券存根等上载明下列事项：债券持有人的姓名或者名称及住所；债券持有人取得债券的日期及债券的编号；债券总额、票面金额、利率、还本付息的方式和期限；债券的发行日期。发行无记名企业债券的，应当在企业债券存根等上载明债券总额、利率、偿还期限和方式、发行日期及债券的编号。

如果公司要发行可转换为股票的债券，则应先由公司的股东大会作出决议，并在企业债券募集办法中规定具体的转换办法。发行可转换为股票的企业债券，应当报经国务院证券管理部门批准。申请发行可转换为股票的债券的公司，除具备发行企业债券条件外，还应符合股票发行的条件。可转换债券上应标明"可转换企业债券"字样，并在企业债券存根等处载明可转换企业债券的数额。到了规定的转换期限，公司应当按照其转换办法向债券持有人换发股票。但债券持有人对转换股票或者不转换股票有选择权。

6.发行数额

企业发行债券的规模或数额，是发行债券需要加以确定的一个重要问题。《公司法》规定，企业债券的发行规模由国务院确定。国务院证券管理部门审批企业债券发行，不得超过国务院确定的规模。

在国家许可的规模内，公司应合理确定发行的规模。如果债券发行的数量过少，筹集的资金不足，就不能实现筹资的目的。但如果发行量过大，又会造成销售困难，影响发行者的信誉，发行后对债券的转让价格产生不利的影响，即便能顺利售出，公司内部资金过剩，也会影响资金的使用效果。因此，公司应正确确定发行额，发行额的确定主要应考虑公司内部合理的资金需要量、公司自身的信誉状况及市场的承受能力。

7.发行期限

公司发行债券还应正确确定债券的期限。债券的发行期是指从债券发行日起到偿还本息为止的日期。企业债券的期限一般分为短期、中期和长期债券几种。债券期限的确定应考虑公司需资金的期限、市场利率的变化趋势，以及证券流通市场的发达程度等因素。首先，筹资是为了满足资金的需求，因而企业债券的期限一般应该与资金的周转期相适应。其次，发行时如果预测市场利率今后会下降，发行人就应尽量缩短债券的期限；相反，如果预测利率会上升，则尽量发行长期债券，以减少利率上升引起的筹资成本上升。再次，如果债券市场完善发达，债券可以随时变现，则投资者敢于购买长期债券，否则长期债券就不易销售。

8. 发行利率

企业债券的利率是债券票面所载明的利率。企业债券票面利率的确定应考虑债券的期限、债券的信用级别、公司偿还能力以及投资的接受程度等因素,债券期限应该与利率成正比,长期债券利率要定得高一些,短期利率则要定得低一些。债券信用级别应该与利率成反比,信用级别高的债券,利率定得低一些,相反则应高一些。另外,为了保证到期能还本付息,还应正确测算公司的投资报酬率,债券利率应以不超过投资报酬率为限。但债券利率也不能过低,否则不易为投资者所接受,一般略高于同期储蓄存款理论水平,能为多数投资者所接受。

9. 发行价格

在发售债券之前,公司必须要确定债券的发售价格,又称发行价格。它是指债券从发行公司转移至初始投资人手中的价格,也即是投资者认购新发行的债券时实际支付的价格。一般分为平价发行、溢价发行和折价发行三种。

平价发行又称为面值发行,是指按债券面值出售债券;溢价发行是指高于债券面值的价格出售债券;折价发行是指按低于债券票面金额的价格发行债券。

债券发行价格与其面值之所以会不一致,是因为资金市场上的利率是经常变化的,而债券的票面利率往往是提前确定并印在债券票面上,债券上标明利率,一旦印出就无法改变,而从债券印出到正式发行期间,市场利率可能会发生变化,可能等于或接近于票面利率,也可能高于或低于票面利率,就需要调整发行价格,以调整债券的收益率,使筹资人实际付出的利息率与市场利率相等。当票面利率高于市场利率时,采取溢价发行,以弥补筹资人多支付利息的损失;当票面利率低于市场利率时,采取折价发行,筹资人少筹的款项由少付的利息补偿。

债券发行价格的确定要依据市场利率,而市场利率实际上是一个难以计算的指标,同时,还应考虑市场利率的未来变化。因而只能从理论上计算债券的发行价格。其计算公式如下:

$$发行价格 = \frac{债券面值}{(1+市场利率)^n} + \sum_{t=1}^{n} \frac{年利率}{(1+市场利率)^t}$$

(三)发行债券筹资的优缺点

1. 债券筹资的优点

(1)债券筹资耗费的资金成本低。与股票筹资方式相比较,债息在所得税前支付,具有节税功能,成本相对较低。

(2)具有财务杠杆作用。由于债息固定,能为股东带来杠杆效益,增加股东和公司的财富。

(3)可保持股东对公司的控制权。债券持有者无权参与企业管理决策,能够保证在扩大公司投资规模的情况下,不会减弱股东对公司的控制权。

(4)有利于调整公司资本结构。进行筹资决策时,如果公司适时选择可转换债券或可提前收兑债券,对于企业主动调整其资本结构十分有利。

2. 债券筹资的缺点

(1)财务风险高,偿债压力大。债券有固定的到期日,并需定期支付利息。利用债券筹资要承担还本、付息的义务。在企业经营不景气时,向债券持有人还本、付息,无异于釜底抽薪,会给企业带来更大困难,甚至导致企业破产。

(2)限制条件多,不利于公司灵活安排。发展债券的契约书中往往规定一些限制条款。这种限制比优先股及长期借款要严得多,这可能会影响企业的正常发展和以后的筹资能力。

(3)筹资数量有限。利用债券筹资在数额上有一定限度,当公司的负债超过一定程度后,债券筹资的成本会迅速上升,有时甚至难以发行出去。

第五节　其他筹资方式

前文介绍了权益性资本筹资和负债性资本筹资两大类重要的筹资方式。除此之外,还有其他几种筹资方式,如融资租赁、商业信用等。本节对这几种方式作一简要介绍。

一、融资租赁

(一)概述

租赁是指资产所有者(即出租人)在契约或合同规定的期限内将资产的使用权让渡给另一方(即承租人),按期收取租金作为报酬的一种经济活动。租赁活动由来已久,现代租赁则成为解决企业资金来源的一种筹资方式。

1.租赁的特征

租赁作为一种经济活动,是商品经济的一种非常普遍的交换形式和信用形式。它有别于商业信用、银行信用等信用形式,具有以下特征。

1)所有权与使用权相分离

租赁以收取租金为条件,让渡的是所出租物资的使用权,而非所有权。租赁双方通过租赁物的关系构成租赁信用。在整个租赁期内,出租人拥有租赁物的所有权,承租人拥有租赁物的使用权。正是由于这一特点,使得租赁区别于一般的买卖交易和商业信用。

2)融物代替融资

租赁不是纯粹的资金融通,而是以融物的形式达到融资的目的,融物即为融资,二者浑然一体。在租赁形式下,租赁物是出租人向承租人提供资金信贷的等价物,承租人在得到所需资产(租赁物)的同时,实际上解决了对资金的需求。

3)形式方便灵活

说租赁筹资灵活、方便,是因为它像分期付款一样,能解决承租人购置资产一次性支付能力不足的困难。但租赁比分期付款优越的是,它还能满足购置资产只需短期、临时使用而无需永久拥有的需求。同时,租赁筹资灵活、方便之处还表现在,租赁物不受商品种类的限制,只要是法律上的可流通物,就可以通过融物以达到融资之目的。此外,租赁期间的长短也很灵活,可根据双方的需要加以确定,短至数月,长至数十年均可。租赁期届满时,租赁物的处理方式也多种多样,既可延长租期,也可退还给出租人,还可以有承租人留购。

2.租赁的种类

按租赁目的与性质不同,可以将租赁分为经营性租赁和融资性租赁两大类。

1)经营性租赁

经营性租赁亦称为服务性租赁,是以满足承租人临时使用资产的需要为目的而发生的租赁业务。在这种租赁形式下,承租人向出租人支付租金,出租人向承租人提供租赁物及相关服务。承租人租赁资产只是为了满足经营上短期的、临时的或季节性的需要,并没有添置资产的企图。其特点是：

(1)租赁物的所有权属于出租人,承租人仅获得使用权。

(2)租赁期一般短于租赁物的使用年限,经营性租赁的租期通常较短。

(3)经营性租赁合同比较灵活,承租人在租赁期内可按约定解除合同。

(4)出租物的维修、保养等由出租人负责,费用由出租人计入租金中。

(5)租赁期届满后,租赁物一般归还出租人。

2)融资性租赁

融资性租赁又称为财务租赁、资本租赁,是承租人出于融资的目的,而向出租人租用由出租人出资按承租人要求购置的租赁物的租赁形式。融资性租赁是以融物为形式,以融资为实质的经济行为,是出租人为承租人提供信贷的信用业务。

融资性租赁的特点是：

(1)租赁物所有权属于出租人,但实际上为承租人控制。在租赁期内,承租人可以取得该项租赁物的所有权。

(2)经营性租赁的租期通常较长,一般等于或接近于租赁物的使用年限。

(3)融资性租赁合同相对稳定,在租赁期内,只有出现法定或约定的情形时,经双方同意,方可解除合同。除此之外,合同任何一方当事人都不得随意解除该融资性租赁合同。

(4)出租人不负责出租物的维修、保养等。

(5)与租赁物所有权相关的风险和利益,如因资产闲置或技术进步而导致租赁物价值产生损失,全部转移给承租人。这也是融资性租赁和经营性租赁最根本的区别所在。

(6)租赁期届满后,承租人可以将租赁物退还出租人,可延长租期,亦可按较低的价格作价买下。

(二)融资租赁的种类

按租赁物的来源不同,可以将融资性租赁分为直接租赁、售后回租(返回租赁)、举债租赁和转租赁四类。

1.直接租赁

直接租赁是指由出租人购置设备后直接出租给承租人使用。这是融资性租赁中最为普遍的形式,是融资性租赁的典型。直接租赁出租人主要是制造厂商、租赁公司等。

2.售后回租

售后回租是指承租人将所购买的设备出售给租赁公司,取得价款,同时签订租约,再将设备从租赁公司租回使用,按期支付约定的租金。这种方式既使得承租人通过出售资产获得一笔资金,从而改善其财务状况,满足企业对资金的需求,又使得承租人通过回租而保留了对该项资产的使用权。

3.举债租赁

举债租赁又称为杠杆租赁,是指出租人依靠第三人提供的部分资金购置资产,再由承租人租用该项资产的租赁形式。出租人本身出资占租赁物价款的一部分,一般为20%～40%,其余的60%～80%向第三人借来。出租人一方面收取租金,另一方面又要支付债务。如果出租人不能按时偿还借款,出借资金的第三人即可对租赁物行使第一留置权。这种方式一般适用于规模较大的项目,如大型设备或成套设备的租赁。

4. 转租赁

转租赁是由租赁公司租来设备，再转租给承租人使用的租赁形式。其特点是出租人（租赁公司）不垫付租赁物的价款。

（三）融资租赁的程序

融资租赁以融物的手段实现融资的目的，具体办理手续比一般信用借贷要复杂一些。一般而言，需要经历下述几个步骤。

1. 制定租赁决策，选择租赁公司

当一个企业需要长期使用某项设备而又没有充足的资金去购置时，一般有两种选择，一种是筹措资金购买该设备，另一种是向租赁公司租赁该设备。究竟选择哪种方式更好一些，需要结合企业的资金情况决定。

当企业决定采用融资租赁方式取得某项设备时，即应开始选择租赁公司。应当考察多家租赁公司，从融资条件、租赁费率等方面进行综合比较，择优选定。

2. 提交租赁申请，办理租赁委托

当企业选定租赁公司后，便可向该租赁公司提交办理租赁的申请书，办理租赁委托。租赁申请书应当清楚写明对计划租赁的设备的具体要求、相关项目的可行性研究报告、企业财务状况文件，以及其他一些有关的文书。

3. 进行租赁谈判，签订租赁合同

租赁公司接受租赁委托后，接下来就要进行各种谈判，具体包括技术谈判、商务谈判、租赁谈判和维修谈判。这一过程中，需要签订两个合同，一个是购货合同，另一个是租赁合同。租赁公司受理租赁委托后，即由租赁公司与承租企业一方或双方选择的设备制造商或销售商进行技术与商务谈判，签订购货合同。

租赁合同由承租企业与租赁公司签订。租赁合同是租赁活动中最重要的文件，具有法律效力。因此，应当清楚、明确地写明双方各自的权利和义务，以免日后出现扯皮事件。

4. 验收货物，办理保险

设备提供商按照合同约定将租赁设备送至规定的地点，由承租人按照合同的要求进行检测验收，并由承租人出具验收证明，提交租赁公司，租赁公司据以向设备提供商付款。同时，以租赁公司的名义投保，费用由承租人直接支付给保险公司。

5. 按期交付租金

自起租日开始，承租人应当按照租赁合同规定的租金数额、支付日期、支付方式等向租赁公司支付租金。租金包括设备的价款、利息和租赁手续费三部分。设备的价款包括设备的购买价、运费和途中保险费，利息为出租人为购置租赁物所筹资金的成本和适当的风险利差。租赁手续费是出租人承办租赁业务而发生的营业费用，一般依据提供劳务的数量、期限以及承担的风险等确定。

6. 期满处置资产

租赁期届满时，由出租人和承租人双方根据合同约定处置租赁物，处置方式一般在租赁合同中已经载明。处置方式可以是承租人对租赁物留购、续租或退还。通常情况下，出租人会在期满时把租赁物以低价甚至无偿转让给承租人。

（四）融资租赁的优缺点

1. 优点

(1)对资金不足、举债困难的企业，具有无需大额举债、只需按期支付小额租金即可获得设备使用权的极大优势，能迅速获得所需资产。

(2)租赁期限一般较长，减轻了承租人的偿债压力。

(3)以融物的形式实现了融资的目的，既解决了企业对资金的需求，又减少了直接购置设备的环节和费用。

(4)免遭设备陈旧过时的风险。

(5)融资租赁筹资只需租赁双方签订合同，手续简单、灵活。

2. 缺点

(1)融资租赁的租金比举债利息高，由此导致资金成本高，其租金通常比举借银行借款或发行债券所负担的利息高得多，而且租金总额通常要高于设备价值的30%，总的财务负担较重。

(2)承租企业在财务困难时期，支付固定的租金也将构成一项沉重的负担。

(3)采用租赁筹资方式，承租人不一定能享有设备残值，也将视为承租企业的一种机会损失。

二、内部筹资

（一）内部资金来源

企业经营所需的资金，可以广泛地从外部筹措，也可以从企业内部筹措。对于一个新创立的企业而言，在它没有正式运转以前，它所有的筹资都是外部筹资；而一旦企业投入运转，开始正常的生产经营活动，它就不仅可以从外部获取资金，而且可以从企业内部形成资金。

内部筹资的资金来源是企业投入资本在经营活动中所产生的增值，即企业生产经营活动所创造的利润。但企业经营所得的利润，只是企业内部筹资的可能资金来源。企业所实现的全部利润扣除向国家上缴的所得税后的余额为企业的净利润，净利润主要分为三个部分：一是提取各种基金，包括盈余公积金和公益金，形成企业内部积累。其中法定盈余公积金按照税后利润的10%提取，任意盈余公积金和公益金按照企业章程的规定或股东会议决议计提；二是向投资者分配利润，如发放股利等。这一部分将作为企业资金的减少而退出企业；三是作为未分配利润留待以后再分配。未分配利润主要是作为以后进行利润分配的一种储备而存在的，分配之前可以成为企业正常生产经营活动所需的资金来源。

（二）内部筹资方式

企业税后净利润除分配给投资者的利润外，无论以公积金的形式存在，还是以未分配利润的形式暂存于企业，均可以扩充资本，增加股东权益。因此，内部筹资可以从两方面进行：

一方面，按现行制度的规定，企业实现的利润必须按规定的顺序进行分配，在没有提取盈余公积金之前不得分配投资者利润，而且国家通过制度的形式规定了法定储备公积金的比例，实现利润越多提取公积金就越多。这一内部资金转化渠道形成的资金，是企业较为稳定的资金来源。内部筹资可以通过企业搞好生产经营增加利润、正确计提法定盈余公积金而实现。

另一方面，在制度既定的分配顺序下企业内部积累的多少，主要取决于对投资者的利润分配。也就是说,企业内部资金来源的筹划在很大程度上取决于企业的利润分配政策。企业税后利润的分配虽然可以由企业管理人员作出决定,但是实际上其决定范围有一定限度。一般来说,所有者分配多少,企业积累多少,有一个客观的界限,二者的关系实际上是积累与消费的关系。积累与消费是相互依存、相互制约,又相互转化的对立统一的关系。积累是扩大经营的源泉,但积累过多,分配太少,低于相应水平,将会影响企业的信誉,使现有的投资者不满,并且不能吸引潜在的投资者。企业在利用内部方式筹资时,应统筹兼顾、合理安排,充分考虑企业的现金流动状况、负债条件、投资机会、企业从长远发展规划等多种因素,制定合理的利润分配政策。

(三)内部筹资的优缺点

1.优点

内部筹资的优点表现在:

(1)以公积金形式所筹集到的资金是永久性资本,没有时间约束,企业可以长期使用。

(2)内部筹资所筹措的资本是股权资本,可以提高企业的信用地位,增加企业的偿债能力,又可以避免像发行股票那样,使企业原有股东的控制权受到削弱。

(3)和负债筹资相比,没有固定支付利息、到期偿还本金的负担。

(4)内部筹资不存在筹资费用,在转增资本之前也不存在支付股利的义务,因而资金成本低。

2.缺点

内部筹资的缺点表现在:

(1)筹资范围小。内部筹资的范围只是原股东,因而资金来源面较其他方式窄。

(2)筹资额有限。企业内部筹资最大可能的数量界限是企业当期的税后利润和上年未分配利润之和。如果企业经营亏损,则不存在这一渠道的资金来源。

(3)资金用途受国家规定的制约。如盈余公积金只能用于转增资本和弥补亏损,或特殊情况下发放股利。公益金只能用于职工的集体福利,不能用于个人消费。

(4)未分配利润的使用时间是有限的。

三、商业信用

商业信用是指企业在商品购销活动中延期付款或延期交货所形成的借贷关系是由商品交易中货与钱在时间和空间上的分离而形成的直接信用行为。商业信用是企业短期资金的重要来源,主要包括应付账款、预收货款和商业汇票三种形式。

1.应付账款

应付账款是由赊购商品形成的、以记账方法表达的商业信用形式。赊购是卖方为买方提供信用的行为,买方收到商品后不立即支付现金,可延期到一定时间以后付款,从而获得短期资金来源。应付账款是最常见、最典型的商业信用形式。为促使买方及时付款,卖方往往提供现金折扣。买方如果放弃现金折扣,可在一定时间内占用卖方的资金,但却要产生更高的机会成本,即未获得现金折扣,这部分资金成本,可按下式计算:

$$资金成本 = \frac{现金折扣率}{1 - 现金折扣率} \times \frac{360}{信用期 - 折扣期}$$

[例 2-1]　如果信用条件为“1/10、n/20”(表示 10 天内付款优惠 1%,20 天内付款需付

全款)，则丧失现金折扣的机会成本为：

$$资金成本 = \frac{1\%}{1-1\%} \times \frac{360}{20-10} = 36.4\%$$

2. 预收货款

预收货款(或预收账款)指买方在收到货物前预先支付全部或部分货款，是买方向卖方提供的信用。通常适用于以下三种情况：

(1)卖方已知买方信用欠佳。

(2)买方急需卖方的商品或卖方的商品的紧俏。

(3)生产周期长、售价高的商品，由于生产这种产品占用资金过多，可采用预收货款的形式缓和资金紧张的矛盾。

3. 商业汇票

商业汇票是指企业之间根据购销合同进行延期付款的交易时，开具的反映债权债务之间关系的票据。它是由购货方或销货方签发，到期由购货方向销货方无条件支付款项的书面证明。商业汇票实际上是一种延期结算方式。从筹资角度看，与延期付款的作用一样，为购货方提供了一项短期资金来源，是将购销双方的权利和义务以契约的形式加以规范。

销货方取得商业汇票，在汇票到期之前可转让给银行。银行审核同意后，按一定的利率从票面金额(带息票据为票据到期的本利和)中扣除借款日期起到票据到期日止的利息后，按余额付款给持票人。这种以票据向银行借入资金的方式就称票据贴现。银行在票据贴现时计算借款利息所用的利息率称为贴现率，根据贴现率计算所得的票据贴现的利息金额称为贴现息。

[例 2-2] 某企业于 3 月 20 日收到票面利率为 5%(年利率)的汇票一张，面值 3 万元，票据期限为 4 个月，7 月 20 日到期。该企业 3 月 30 日持票到银行办理贴现，贴现率为 70%。计算贴现息和企业所获得的资金。

第一步，计算票据到期金额：

票据到期金额 = 票据面值 ×(1 + 月利率 × 月份数)

$$= 30\,000 \times (1 + \frac{5\%}{12} \times 4) = 30\,500(元)$$

第二步，计算贴现息：

计算贴现天数时，满月按 30 天计算，零头天数“算头不算尾”。本例中应从 3 月 30 日起到 7 月 20 日止，中间整月按 30 天计算，即 3 月 30 日，4、5、6 月每月各 30 天(共 90 天)，7 月份至 19 日(共 19 天)，共计 110 天。

贴现息 = 票据到期金额 × 日贴现率 × 贴现天数

$$= 30\,500 \times \frac{7\%}{365} \times 110 = 643.4(元)$$

第三步，计算企业贴现实得款：

贴现实得款 = 票据到期金额 - 贴现息

$$= 30\,500 - 643.4$$

$$= 29\,856.6(元)$$

票据贴现业务可使公司在采用商业汇票结算时，从银行获得接近产品销售收入金额的一项短期资金来源。

第六节 企业筹资策略

企业筹资过程中,要科学安排,合理筹划,讲求策略。企业筹资策略是企业为了实现筹资全局性、根本性、长期性战略目标,对筹资问题所采取的行动方针。总结多年的公司财务管理实践经验,本书作者认为,企业在进行筹资时,应当从企业筹资的评价准则、筹资时机、筹资规模和筹资组合等方面深入研究,正确制定筹资策略。

(1)先内后外,不够用再借。企业首先应提高内部资金使用效率,以减缓对外融资压力。唯有坚持此前提,那么制订的筹资方案才可能是最符合企业实际的。

(2)从实际出发,以需定筹,量力而行。企业筹资要综合考虑所需筹集资金量的大小、资金使用期限的长短、资金的来源、资金的债权性或股权性质、对企业权力结构的影响,以及融资关系稳定性并使融资成本最小化。筹资结构要合理。另外,企业还要根据自身发展战略规划、投资计划、运营情况预测,制定短、中、长期资金需求计划,依此确定筹资总体方案,选择合理的融资结构。

(3)充分运用财务杠杆,追求最佳的企业的负债率和还债率。企业的负债率和还债率过高,会造成企业信用危机、支付利息过多,以致亏损甚至破产。其中,保持合理的负债率尤为重要。由于债务性质资金的利息支出可在企业财务费科目下列支,从而可以起到合理减税、提高股东权益投资收益率的目的,所以适度举债是正确的。目前,我国民营企业负债过低,经营过于保守,撇开外在因素,从企业本身的发展来看,在今后应加大借债力度,但应适度。过度负债会增加企业经营风险。与民营企业恰恰相反,我国国有企业大多负债过高,应将负债降低到合理范围内。

(4)积极地寻求和及时抓住筹资机会。机会不会主动上门,企业必须发挥主动性,积极地寻求和及时抓住有利的筹资机会。在寻求筹资机会时,不能求全责备,而要抓住主要因素,大胆决策。

(5)全面、综合考虑有关因素。企业应全面考虑资本、劳力、技术等要素之间的协同作用和替代弹性,增加其他要素的投入以减少资金需求或现金流量,如:以土地使用权或固定资产投入,从而减少现金投入;采用融资租赁方式,降低现金投资;易货贸易(实物交易);股权互换;以政府特殊许可(有含金量)降低项目成本;无形资产作价;补偿贸易;运用特许经营。

(6)增加企业抵押品,放大负债能力。企业优化现有资产结构,提高资产质量,增大可供抵押、担保的资产规模,尤其是以小搏大,通过企业较小资本控制社会较大资本,以求实际控有较多企业资产的所有权、支配权,放大企业负债能力,融通企业发展所需的巨量资金。

(7)企业群体统一财务管理,包括:统一对外筹措资金,统借统还,以获得贷款优惠、便利,降低风险;统一提供信用担保、信托、租赁、保险;统一银行开户,有效监控下属企业资金的流向。

(8)建立财务顾问(融资顾问)制。按照国际惯例,企业融资都要聘请财务顾问指导。企业聘请常年财务顾问(融资顾问)单位,该单位主要为企业融资辅助策划、制订方案、代理融资、承销包销证券等。目前,国内财务顾问可从证券公司、投资银行、信托基金管理公司、投资管理公司、会计师事务所、财务咨询公司等金融服务机构中选择。

第七节 企业筹资风险

一、筹资风险的概念

一般来说,风险是指某一事件在一定条件下和一定时期内可能发生的各种结果的不确定性。企业的风险来自经营风险和筹资风险两方面。其中,经营风险是企业在不使用债务或投资来源中是否有负债的前提下,企业未来收益的不确定性,它与资产的经营效率直接相关。筹资风险,又称财务风险,是指由于负债筹资而引起的到期不能偿债的可能性。由于不同的筹资方式表现为偿债压力的大小并不相同,所以筹资管理的一项重要内容是如何确定不同债务筹资方式下的风险,并据此进行风险的回避与管理。要减少或化解企业筹资风险,应当从筹资预测开始做起。

二、筹资风险的分类

由于筹资风险是针对债务资金偿付而言的,因此从风险产生的原因上可将其分为现金性筹资风险、收支性筹资风险两大类。

(一)现金性筹资风险

现金性筹资风险是指企业在特定的时点上,由于现金流出量超出现金流入量而产生的到期不能偿付债务本息的风险。现金筹资风险具有以下特征:

(1)它是一种个别风险,表现为某一项债务不能及(即)时偿还,或者是某一时点的债务不能及时偿还。

(2)它是由于现金短缺或债务的期限结构与现金流入的期间结构不相配套等引起的,是一种支付风险,与企业收支是否盈余无直接关系。这是因为即使收支相抵有盈余(即有利润),也并不等于企业有现金净流入。

(3)它是由于理财不当引起的,表现为现金预算与实际不符而出现支付危机;或者是由于资本结构安排不当而引起的,以及在债务的期限安排上不合理而引起的某一时点的偿债高峰。

因此,作为一种暂时性的偿债风险,只要通过合理安排现金流量和现金预算即能回避,而对所有者收益的直接影响不大。

(二)收支性筹资风险

所谓收支性筹资风险,是指企业在收不抵支情况下出现的不能偿还到期债务本息的风险。按照“资产=负债+权益”公式,如果企业收不抵支即发生亏损,将减少企业净资产,从而减少作为偿债保障的资产总量。在负债不变的情况下,亏损越多,以企业资产偿还债务的能力也就越弱,终极的收支性财务风险表现为企业破产清理后的剩余财产不足以支付债务。

收支性筹资风险具有以下特征:

(1)收支性风险是一种整体风险,它与某一具体债务或某一时的点债务的偿还无关。

(2)收支性风险不仅仅是一种支付风险,而且意味着企业经营的失败,不仅源于理财不当,而且主要源于经营不当。

(3)收支性风险是一种终极风险,一旦出现收不抵支,企业债权人的权益将很难得到保障,而作为企业所有者的股东,其承担的风险及压力更大。

(4)一旦出现此类风险,如果企业不加强管理的话,企业的再筹资将面临很大的困难。

三、筹资风险的衡量

确定筹资风险的主要方法有三种:一是财务杠杆系数法,二是概率分析法,三是指标分析法。其中,指标分析法主要利用偿债能力指标进行分析。

(一)财务杠杆系数法

财务杠杆系数法是用财务杠杆系数的大小来判断其筹资风险的大小。这种方法在前面已经作了详细的讲述。根据前面的内容可以看出,财务杠杆系数越大,表明企业偿债压力越大,从而筹资风险也越大;相反,财务杠杆系数越小,则筹资风险越小。

(二)概率分析法

它是利用统计学中概率分布、期望值、标准差等来计算与衡量风险大小的一种方法,也是最为常见的一种方法。其计算过程是:

(1)借助于可供选择的销售水平的估计,确定其概率分布。

(2)根据企业资本结构确定资产利润率和资本利润率。

(3)最后利用数学方法确定标准差、方差等参数。

下面,我们结合一个例子对概率分析法加以说明。

(1)销售变动的概率及其对资产利润率的影响。

[例 2-3] 某企业资产总额为 100 万元,其销售按不好、一般、好三种情况,测定其概率分别是 0.2、0.5、0.3,其他情况如表 2-1 所示。

(2)计算资产利润率(E)的期望值。期望值是指可能发生的事件结果与各自概率之积的加权平均。用公式表示:

$$\text{期望资产利润率} = \sum(\text{概率} \times \text{可能利润率})$$
$$= \sum(P_i \times E_i)$$

式中 E_i——第 i 种可能出现的事件结果;

P_i——第 i 种事件结果出现的概率。

按照表 2-2 中的数据,其资产利润率的期望值计算如表 2-3 所示。

表 2-2 某企业财务状况

项 目	概率分布		
	0.2	0.5	0.3
销售额(S)	50	100	150
成本:			
固定成本(FC)	30	30	30
变动成本(VC)	30	60	90
总成本	60	90	120
息税前利润	−10	10	30
资产利润率	−10%	10%	30%

注:成本线性关系为总成本 $=30+0.6S$。

表 2-3　某企业资产利润率的期望值计算

销售状况	发生概率 P_i	资产利润率 E_i	$P_i \times E_i$
不好	0.2	-10%	-2%
一般	0.5	10%	5%
好	0.3	30%	9%
资产利润率期望值=12%			

(3)风险度量。标准差(CV)是计算可能利润率与期望利润率的偏离程度,可以用公式表示为:

$$标准差 = \sqrt{\sum(可能利润率 - 期望利润率)^2 \times 概率}$$

税后净利润的计算式为

$$税后净利润 = [资产利润率 + 负债 \div 资本 \times (资产利率 - 负债利率)] \times (1 - 税率)$$

利用上述资料,假定某企业的销售状况和概率不变,即不好、一般、好的概率分别是0.2、0.5、0.3,相应的息税前利润率分别是-10%、10%、30%。假定该企业有四种不同的资本结构,负债资本比分别是0∶100、20∶80、50∶50、80∶20。负债利润率为10%,税率为40%。针对四种不同的资本结构,该企业的期望利润率的计算如表2-4所示。

表 2-4　某企业不同资本结构下的期望利润率

资本结构	概率(K_i)	税后净利润率	税后净利润率×K_i	期望值(E_i)	标准差(CV)
(1)	不好 0.2	-6%	-1.2%		
	一般 0.5	6%	3.0%		
	好 0.3	18%	5.4%	E_1=7.2%	CV=8.4%
(2)	不好 0.2	-9%	-1.8%		
	一般 0.5	6%	3.0%		
	好 0.3	21%	6.3%	E_2=7.5%	CV=15.4%
(3)	不好 0.2	-18%	-3.6%		
	一般 0.5	6%	3%		
	好 0.3	30%	9%	E_3=8.4%	CV=16.8%
(4)	不好 0.2	-54%	-10.8%		
	一般 0.5	6%	3.0%		
	好 0.3	66%	19.8%	E_4=12.0%	CV=42.0%

四种不同资本结构下的资本利润率期望值不同,其标准差也不同。根据统计学的知识可知,标准差越小表明获取利润的风险越小,标准差越大则获取利润的风险越大。从表2-4中可看出,结构(1)的标准差最小,其风险也最小;结构(4)的标准差最大,其风险也最大。

(4)结论。标准差越小,表明可能利润率偏离期望利润率的程度越小,筹资风险也越小;反之,标准差越大,表明可能利润率偏离期望利润率的程度越大,筹资风险也越大。

从上述方案的计算结果看,结构(1)的标准差最小,其风险也最小;结构(4)的标准差最大,其风险也最大。计算结果与资本构成的风险状况是一致的。

四、筹资风险的规避

针对不同的风险类型,规避筹资风险应当采取相应的措施。

(一)现金性筹资风险的规避

对于现金性筹资风险,应注重资产占用与资金来源间的合理的期限搭配,搞好现金流量安排。

为避免企业因负债筹资而产生的到期不能支付的偿债风险并提高资本利润率,理论上认为,如果借款期限与借款周期能与生产经营周期相匹配,则企业总能利用借款来满足其资金需要。因此,按资产运用期限的长短来安排和筹集相应期限的债务资金,是回避风险的较好方法之一。它要求在筹资政策上,尽量利用长期性负债和股本来满足固定资产与永久性流动资产的需要,利用短期借款满足临时波动性流动资产的需要,以避免筹资政策上的激进主义与保守主义。当然,如果企业能够使资产占用与资金来源在期限搭配上很科学、合理,用短期资金满足长期资金占用需要,即采用相对激进的策略也是可行的,因为它既能使风险保持在较低的水平,同时又能减少资本成本。

(二)收支性筹资风险的规避

对于收支性筹资风险,应当既要抓好业务经营,又要抓好资本经营,两手都要抓,两手都要硬。同时,要注意做好以下四个方面的工作。

1.优化资本结构,从总体上减少收支风险

收支风险大,在很大意义上是由于资本结构安排不当形成的。优化资本结构,可从两方面入手:

(1)从静态上看,应当不断优化资本结构,增加企业权益资本的比重,降低总体上的债务风险。

(2)从动态上看,从资产利润率与负债利率的比较入手,根据企业的需要与负债的可能,自动调节其债务结构,加强财务杠杆对企业筹资的自我约束。即在资产利润率下降的条件下,自动降低负债比,从而减小财务杠杆系数,降低债务风险;而在资产利润率上升的条件下,自动调高负债比,从而提高财务杠杆系数,提高资本利润率。

2.加强企业经营管理,提高效益以降低收支风险

从经营上看,增加企业盈利能力是降低收支性筹资风险的根本方法。这是因为,从长期看,盈利是销售收入抵补销售支出的结果,如果短期现金流量安排合理,销售收支与现金收支在一定程度上是等价的,而盈利越高意味着企业有足够的资金用于利息支付,有足够的资金用于偿还本金。更进一步说,意味着企业用足够的再筹资能力进行筹资用于归还到期债务。因此,无论是企业债务的总量或是期限上,只要企业有足够的盈利能力,加强经营,提高效益,企业的收支性筹资风险就能降低。

3. 通过合理的利率预期,灵活调整利率

从筹资角度,通过合理的利率预期,灵活调整利率也是提高企业筹资收益的一种可行的方法,因为,它在一定程度上能减少资本成本,从而减轻其利息支付压力。在具体操作时,包括两种形态:

(1)在利率趋于上升时期,可采用固定利率制借入款项,以避免支付较高的利率;

(2)在利率趋于下降时,可采用浮动利率制灵活筹资,以减少付息压力。

4. 实施债务重整,降低收支性筹资风险

当出现严重的经营亏损,收不抵支并处于破产清算边界时,可以通过与债权人协商的方式,实施必要的债务重整计划,包括将部分债务转化为普通股票、豁免部分债务、降低债息率等方式,以使企业在新的资本结构基础上,起死回生,从根本上看,债务重整不但减少了企业的筹资风险,而且在很大程度上降低了债权人的终极破产风险。因为,债权人之所以提出并同意债务重整计划,是出于通过重整使债权人权益降到最低的动机。当重整损失小于直接破产造成的权益损失时,对债权人来说,重整就是有必要的,在经济上也是可行的。

第三章　资本成本与资本结构

第一节　资本的组成

公司要展开生产经营活动,就必须拥有一定数量的资本。公司财务管理中所涉及的“资本”是指为企业的资产和营运所筹集的长期资金。根据投资主体的不同,公司取得的资本可以分为所有者投资和债权人投资。公司资本的组成见表3-1。

表3-1　公司资本的组成

按投资主体分	组成要素	按取得方向分
债权人投资	长期负债	外部取得
所有者投资	普通股股本	
	优先股股本	
	留存收益	内部取得

一、所有者投资

新建的企业必须具有来自所有者的法定资本投入。随着企业的不断经营,一方面所有者会不断地追加投资,另一方面所有者原有的投资会不断增值。因此,通过所有者投资取得的资本有内部资本和外部资本之分。

公司历次发行新股实现的所有者投资即是公司从外部取得的资本,根据股票形式的不同,又分为公司的普通股股本和优先股股本。除了具有赎回特征的优先股外,这类资本公司可以无限期使用,不返还给所有者。公司的经营需要、政府的审批或核准以及资本市场对新股的接受程度等条件影响着这类资本的规模。

公司历年积累的股利分配后的利润即留存收益,它是从公司内部取得的资本。留存收益是股东权益的一部分,实质上是所有者在公司中的持续发展。公司的获利能力和股利政策影响着这类资本的规模。

二、债权人投资

公司从债权人处取得资本的原因是:

(1)所有者的投资终归是有限的,为了满足资金的需要,公司还需从外部借债,获得资本。

(2)公司经营状况良好时,举债经营形成的财务杠杆可以让所有者相对于不举债经营(即全部使用自有资金经营)就能获得更高的收益。公司的经营需要和债权人方面的风险收益评价等条件影响着这类资本的规模。

在资本预算时所讨论的债务成本主要指通过债权人投资取得的资本形成公司的长期负

债,主要形式有长期的银行贷款、融资租入固定资产形成的负债、应付的公司债等。债权人投资的一般有到期日,公司应在到期日将本金返还给债权人。

三、资本结构

资本结构是指公司资本中个人资本要素额占总资本额的比例,或者说,长期负债占总资本额的比例。确定最佳资本结构是公司一项重要的筹资决策,即为实现股票价值最大化而有效组合债务、优先股及普通股。

资本结构的内容在本章第四节有详细介绍。

第二节　资本成本

一、概述

(一)概念

企业筹集和使用资金往往要付出代价,企业为取得这种筹措和使用资金而付出的代价就是资本成本。相对于公司的投资者来说,资本成本就是与他们在公司投资所产生的风险相适应的最低投资报酬率。在这里,资本特指由债权人和股东提供的长期资金来源,包括长期负债与权益资本。

在企业财务管理中,资本成本占据至关重要的地位,这是因为:

(1)企业资产价值最大化要求所投入的全部成本,包括资本成本都必须最小。因此,我们必须估算最小的资本成本。

(2)正确的资本预算决策是以资本成本的估算为依据的。

(3)许多其他决策类型,包括租赁、债券偿还以及营运资本有关的政策制定,都要求进行资本成本的估算。

资本成本包括资本筹集费用和资本占用费用两部分。

1. 资本筹集费用

资本筹集费用是指企业在筹资过程中为获得资本而付出的费用,如向银行借款时需要支付手续费,因发行股票、债券等而支付的发行费用等。

2. 资本占用费用

资本占用费用是指企业在生产经营过程中因使用资金而支付的费用,如向股东支付的股利、向银行支付的利息、向债券持有者支付的债息等。

资本成本可以用绝对数表示,也可以用相对数表示。在一般情况下,如果不作特别说明,资本成本即是相对数表示的成本率。用公式表示为:

$$K = \frac{D}{P - F} \times 100\%$$

或

$$K = \frac{d}{p(1 - f)} \times 100\%$$

式中　K——资本成本,以百分率表示;

　　D——资本筹集总额;

F——资本筹集费用；

f——资本筹集费用率，即资本筹集费用与资本筹集数额的比率。

（二）性质

（1）从资本成本的性质看，它属于投资收益的再分配，属于利润范畴。资本成本的产生是由于资本所有权与使用权的分离，它属于资本使用者向其所有者或中介人支付的费用，构成资本所有者或中介人的一种投资收益。在会计核算中，有的资本成本是计入企业的成本费用之中的，如利息；有的则作为利润分配项目，如股息。

（2）从资本成本的支付基础看，它属于资金使用付费，在会计上称为财务费用，即非生产经营费用。也就是说，这种成本只与资金的使用有关，并不直接构成产品的生产成本。

（3）从资本成本的计算与应用价值看，它属于预测成本。作为规划筹资方案的一种有效手段，计算不同筹资方式下的成本，有利于降低其投资成本，提高投资效益。因此，资本成本计算是规划筹资方案前的一项基础性工作，相应地，其计算结果也仅仅为预测数。

（三）作用

资本成本对于企业筹资及投资管理具有重要意义。

（1）资本成本是比较筹资方式、选择追加筹资方案的依据。企业筹集长期资金有多种方式，通过资本成本的计算与比较，从中选出成本较低的筹资方式。由于企业全部长期资金筹资组合有多个方案可供选择，因此其综合成本的高低将是比较各方案，作出决策的依据。

（2）资本成本是评价投资项目、比较投资方案和追加投资决策的主要经济标准。一般而言，项目的投资收益率只有大于其资本成本率，才是经济合理的。资本成本是企业项目投资的"最低收益率"，或者是判断项目可行性的"取舍率"。

（3）资本成本还可作为评价企业经营成果的依据。只有在企业资本利润率大于资本成本率时，投资者的收益期望才能得到满足，才能表明企业经营有方；否则，被认为是经营不利。

二、计算

资本成本计算按对象分为个别资本成本和综合资本成本。个别资本成本是指按各种长期资本的具体筹资方式来确定的成本，它进一步划分为借款成本、债券成本、股票筹资成本（优先股与普通股）、留存收益成本等。而综合成本则是对上述各项目成本，按比重加权来计算的企业资本成本，它是从总体上计算的成本。

（一）个别资本成本

企业资金从性质上分为债务资金与权益资本，个别资本成本也可分为债务成本与权益资本成本两类。

1．债务成本

债务成本包括长期借款成本、债券筹资成本。由于债务的利息均在税前支付，所以企业实际负担的利息为利息×(1－税率)。

1）长期借款成本

长期借款成本的计算公式为：

$$K_L = \frac{I_L(1-T)}{L(1-f)} \times 100\%$$

或

$$K_L = \frac{R_L(1 - T)}{1 - f} \times 100\%$$

式中 K_L——长期借款成本；

I_L——长期借款年利息；

R_L——借款年利率；

L——长期借款总额，即借款本金；

T——企业所得税率；

其他符号含义同前。

2)债券成本

债券成本与借款成本的主要差别在于：一是其筹资费用较高，不能忽略不计；二是债券发行价格与其面值可能存在差异，从而在计算时要按预计的发行价格确定其筹资总额。其计算公式为：

$$K_B = \frac{I_B(1 - T)}{B(1 - f)} \times 100\%$$

式中 K_B——债券成本；

I_B——年债息，它是债券票面总额与年债息率之积；

T——企业所得税率；

B——债券筹资总额，是按债券发行价格确定的筹资量；

f——债券筹资费用率。

与借款相比，由于债券利息一般高于借款利率，而且债券发行成本高于借款筹资费用，所以债券成本相对要高于借款成本。

2．权益资本成本

权益资本成本包括优先股成本、普通股成本、留存收益成本等。由于这类资本的使用费(即股利等)均从税后支付，所以不存在节税功能。

1)优先股成本

公司发行优先股需要支付发行费用，且优先股的股息通常是固定的。因此，其计算公式为：

$$K_P = \frac{D_P}{P_P(1 - f)} \times 100\%$$

式中 K_P——优先股成本；

D_P——优先股年股息，等于优先股面额乘固定股息率；

P_P——优先股筹资总额，按预计的发行价格计算；

f——债券筹资费用率。

2)普通股成本

从理论上看，股东投资期望收益率即为公司普通股成本。在计算时，常常将此作为计算的依据，主要采用股利折现法、风险收益调整法和资本资产定价模式法。

第一，股利折现法。它是一种将未来的期望股利收益折为现值，以确定其成本率的方法。用公式表示：

$$K_E = \frac{D_1}{P_E(1-f)}g$$

式中　K_E——普通股的成本；

D_1——第 1 年的预计股利额；

P_E——普通股筹资总额，按发行价格计算；

f——债券筹资费用率；

g——普通股股利预计年增长率。

第二，风险收益调整法。它是从投资者的风险收益对等观念出发，来确定发行公司股票成本的方法。

常用的风险收益调整方法有股票—债券收益调整法。这种方法使用两个变量：税前债券成本（K_B）和公司历史上股票与债券成本的差异（$K_E' - K_B'$），其中“′”代表历史资料。用公式表示为：

$$K_E = K_B + (K'_E - K'_B)$$

第三，资本资产定价模式（CAPM）法。即通过对股票—债券收益调整法进行进一步的调整，即可求得，用公式表示为：

$$K_j = R_f + B_j \times (R_m - B_f)$$

式中　K_j——j 公司股票的股票成本；

R_f——无风险证券投资收益率，即国库券利率；

B_j——j 公司股票投资风险系数；

R_m——市场平均投资收益率。

3）留存收益成本

一般认为，留存收益不存在外显性成本，但却存在内含性成本。留存收益可被要求作为股利分给投资者，投资者进行再投资并取得收益。投资者同意将这部分利润再投资于企业内部，是期望从中获得更高的收益，这一收益期望即构成留存收益的机会收益，构成公司留存收益的资本成本。

留存收益成本的计算公式为：

$$K_r = \frac{D}{P} + G$$

式中　K_r——留存收益成本；

D——预期年股利额；

P——普通股市价；

G——普通股利年增长率。

3. 个别资本成本之间的比较

根据风险收益对等观念，在一般情况下，各筹资方式的资本成本由小到大依次为国库券、银行借款、抵押债券、信用债券、优先股、普通股等。

（二）综合资本成本

综合资本成本是指企业全部长期资本成本的总成本，通常以各种资本占全部资本的比重为权数，对个别资本成本进行加权平均确定，它又称为加权平均资本成本。综合资本成本是由个别资本成本和加权平均数两个因素决定的，用公式表示为：

$$K_W = K_i \times W_i$$

式中　K_W——综合资本成本；

K_i——第 i 种个别资本成本；

W_i——第 i 种个别资本占全部资本的比重。

一般情况下，在计算各种个别资本的权数时，可以采用账面值计算确定。当债券和股票的市场价值已脱离账面值很远时，则应采用市场价值权数法或者目标价值权数法来确定其权数。

三、降低资本成本的途径

资本成本取决于企业自身筹资决策和市场环境。降低资本成本具体途径如下。

（一）合理安排筹资期限

资本的筹集主要用于长期投资，筹资期限要服从于投资年限，服从于资本预算。这样既减少资本成本，又减少资金不必要的闲置。

（二）合理利率预期

资本市场利率多变，因此合理利率预期对负债筹资意义重大。如果预期未来利率上升，可发行长期债券；反之，则发行短期债券，等到利率下降时再按下降了的利率发行债券，以新债还旧债，从而节约资本成本。

（三）提高企业信誉，积极参与信用等级评估

只有提高企业信誉，积极参与信用等级评估，才能为以后的资本市场筹资提供便利，才能增强投资者的投资信心，才能积极有效地取得资金，降低资本成本。

（四）积极利用负债经营

在投资收益率大于债务成本率的前提下，积极利用负债经营，取得财务杠杆效益，降低资本成本，提高投资效益。

（五）提高筹资效率

筹资效率的提高有赖于做好以下几项工作：

(1)正确制定筹资计划。

(2)制定、协调各筹资方式的基本程序和具体步骤，以利于节约时间和费用。

(3)组织专人负责筹资计划的具体实施，保证筹资工作的顺利开展。

（六）积极利用股票增值机制，降低股票筹资成本

股东投资总是希望获得收益，而股票投资收益的方式包括股利、资本利得两种。股利是企业真正的现金流出，而资本利得则属于市场社会收益的再分配，与企业现金流出量无关。对企业来说，要降低股票筹资成本，就应尽量用各种方式转移投资者对股利的注意力，而转向市场实现其投资增值，要通过股票增值机制来降低企业实际的筹资成本。

第三节　杠杆原理

一、经营杠杆

（一）经营风险

经营风险是与企业经营相关的风险，是指企业固有的预期的未来经营收益或者利税前收益(EBIT)的不确定性,尤其是指利用经营杠杆而导致息税前利润变动的风险。经营风险极大地影响着企业的筹资能力,是制约资本结构决策、决定企业资本结构的一个重要因素。

经营风险是由许多因素决定的,比较重要的几点如下:

(1)产品需求的变动。在其他条件不变的情况下,对企业产品的需求越稳定,其经营风险越小。

(2)产品销售价格的变动。那些产品售价经常变化的企业要比同类额价格稳定的企业承担较高的经营风险。

(3)投入成本的变化。投入成本非常不稳定的企业往往面临较高的经营风险。

(4)投入资本变化时,企业调整产品价格的能力。其他条件不变时,相对于成本变化而调节产品价格的能力越强则经营风险越小。

(5)固定成本的比重。如果企业的成本大部分是固定成本,并且当需求下降时,企业固定成本并不降低,则经营风险较高。这种作用因素称为经营杠杆,在下面我们要详细讨论。

以上每一因素都部分地由企业的产品特性所决定,同时它们也是在一定程度上可以控制的。例如,大多数企业改变它们的销售政策,采取措施以稳定销售数量和销售价格。但这一稳定措施可能需要企业做大量的广告和做出价格方面的让步,以便保证客户在将来能以固定的价格买到固定数量的商品。

(二)经营杠杆

经营风险部分取决于企业投入经营活动中的固定成本的比重,如果固定成本高,即使销售额下降很少,也会导致企业利税前收益的大幅度下降。所以在其他条件不变的情况下,企业的固定成本越高则经营风险越大。高固定成本一般是与高自动化程度的资本密集型企业和产业相联系的。同样,有些产业雇用熟练程度较高的工人,即使在不景气的时候也仍要雇用他们并付给工资,则相对来说这些产业也有较高的固定成本。

经营杠杆的作用程度通常用经营杠杆系数来表示。它是营业利润的变动率与销售额变动率之比,用公式表示如下:

$$DOL = \frac{\Delta EBIT/EBIT}{\Delta S/S}$$

式中 DOL——经营杠杆系数;

$EBIT$——营业利润,指税前利润;

$\Delta EBIT$——营业收益变动额;

S——销售额;

ΔS——销售变动额。

为了便于计算,还可以将上式作如下推导变换:

因为

$$EBIT = Q(P - V) - F$$

$$\Delta EBIT = \Delta Q(P - V) - F$$

所以

$$DOL = \frac{Q(P - V)}{Q(P - V) - F}$$

或

$$DOL_s = \frac{S - VC}{S - VC - F}$$

式中 DOL——销量为 Q 的经营杠杆系数；

DOL_s——销售额为 S 的经营杠杆系数；

Q——销售数量；

P——销售单价；

V——单位销量的变动成本；

VC——变动成本总额；

F——固定成本总额。

从上述公式可以看出，在一定的销售额和固定成本总额的范围内，销售额越多，经营杠杆系数越小。当销售额处于盈亏平衡点时，DOL 达到最大值，这时如果销售额稍有增加，公司就能取得利润；同样，如果销售额稍有减少，公司就会发生亏损。

二、财务杠杆

财务杠杆是指企业在考虑资本结构决策时对债务筹资的利用程度。运用财务杠杆，企业可以获得一定的财务杠杆利益，同时承受相应的财务风险。

（一）财务风险

财务风险是与企业筹资相关的风险，是指作为财务杠杆的结果（指举债筹资而产生的风险）而由普通股东承担的附加风险，尤其是指由于财务杠杆作用而导致企业破产的风险。由于财务杠杆的作用，当息税前利润下降时，税后利润将下降得更快，从而给企业带来财务风险。

影响财务风险的主要因素有资本供求的变化、利率水平的变动、获利能力的变化以及资本结构的变化（即财务杠杆的利用程度）。其中，资本结构的变化对财务风险的影响最为集中。企业投资者要想获得财务杠杆利益，就需要承担由此引起的财务风险。因此，企业必须在财务杠杆利益与财务风险之间做出合理的权衡。

一般来讲，企业在其经营过程中存在固有的风险，即经营风险。如果某企业举债和发行优先股票（财务杠杆），则将其经营风险集中在普通股股东身上。现举例说明，假设有 4 人决定开办公司，如果公司资本仅是普通股股本，每人占用 25%的股份，则投资者平均分摊经营风险。如果公司资本由 50%的债务和 50%的股本构成，即其中 2 人将其资本作为债务，另 2 人将其资本作为股本，在这种情况下，投资股本的投资者将承担全部经营风险，普通股股东的风险比公司资本仅由股本筹集时的普通风险大一倍。因此，若公司举债，即存在财务杠杆，且公司的全部经营风险由普通股股东承担。

财务杠杆的作用增加了预期股本收益率的风险，即财务风险。为了衡量财务风险，引入财务杠杆系数这一概念。

（二）财务杠杆

从上面可知，财务杠杆的作用固然增加了股东所承担的经营风险，但也给股东带来额外收益。财务杠杆利益的程度，通常用财务杠杆系数来衡量。

财务杠杆系数是指每股利润的变动率相当于税前利润变动率的倍数的一个指标，它可以反映财务杠杆作用的程度，用于估计财务杠杆利益的大小和评价财务风险的高低。财务杠杆系数用公式表示为：

$$DFL = \frac{\Delta EPS/EPS}{\Delta EBIT/EBIT}$$

式中　DFL——财务杠杆系数；

ΔEPS——普通股每股利润变动额；

EPS——普通股每股利润；

$\Delta EBIT$——营业收益变动额；

$EBIT$——营业利润，指息税前利润。

为了便于计算，可将上式变换如下：

因为

$$EPS = (EBIT - I)(1 - T)/N$$

且

$$EPS = \Delta EBIT(1 - T)/N$$

因此

$$\frac{\Delta EPS}{EPS} = \frac{\Delta EBIT(1 - T)/N}{(EBIT - 1)(1 - T)/N} = \frac{\Delta EBIT}{EBIT - 1}$$

所以

$$\frac{\Delta EPS/EPS}{\Delta EBIT/EBIT} = \frac{\Delta EBIT}{EBIT - 1}\bigg/\frac{\Delta EBIT}{EBIT}$$

即

$$DFL = \frac{BEIT}{EBIT - 1}$$

式中　I——利息；

T——公司税率；

N——流通在外普通股份数；

其他符号含义同前。

［例 3-1］　某企业全部资本为 6 000 万元，负债比率为 50%，负债利率为 15%，当销售额为6 000万元，息税前利润为 1 200 万元，则财务杠杆系数为：

$$DFL = \frac{1\ 200}{1\ 200 - 6\ 000 \times 50\% \times 15\%} = 1.6$$

上面情况表明，当该公司的税前利润增加 1 倍时，每股利润提高 1.6 倍。如果公司负债筹资为零，则财务杠杆系数为 1，即息税前利润增加 1 倍，则每股利润也增加 1 倍。

三、复合杠杆

从前述分析可知，经营杠杆是通过扩大销售影响息税前利润的，而财务杠杆则是通过扩大息税前利润影响每股利润的，两者最终都影响普通股收益。如果企业同时存在着固定成本和债务利息，就可以同时利用经营杠杆和财务杠杆，这种复合杠杆的影响就会更大，同时总的风险就会更高。

经营杠杆和财务杠杆共同作用的结果用复合杠杆系数（用 DTL 表示）衡量。它是经营杠杆系数与财务杠杆系数的乘积。用公式表示为：

$$DTL = DOL \times DFL = \frac{\Delta EBIT/EBIT}{\Delta S/S} \times \frac{\Delta EPS/EPS}{\Delta EBIT/EBIT} = \frac{\Delta EPS/EPS}{\Delta S/S} = \frac{\Delta EPS/EPS}{\Delta Q/Q}$$

上述公式显示,复合杠杆系数是每股利润变动率相当于销售额(或销售量)变动率的倍数。

[例 3-2] 某企业的销售额是 80 000 元,经营杠杆系数为 2.2,财务杠杆系数为 1.5,则复合杠杆系数为:

$$DTL = 2.2 \times 1.5 = 3.3$$

复合杠杆的作用在于:

(1)它能用来估计销售量(额)的变动对每股利润所造成的影响;

(2)它能显示经营杠杆和财务杠杆的相互关系。

第四节 资本结构

资本结构是指负债资本和所有者权益资本两部分资金之间的比例关系。在筹资决策中,企业应确定最佳资本结构,并在追加筹资中继续保持最佳结构。企业原来的资本结构不合理,应通过筹资活动,尽量使其趋于合理。

一、资本结构理论

资本结构理论是研究在一定的条件下,负债对企业价值的影响,即负债经营会不会增加企业的价值,以及什么样的资本结构能够使企业的价值最大化的理论学说。资本结构理论可区分为早期资本结构理论和现代资本结构理论。

(一)早期资本结构理论

大卫·杜兰特在 1952 年的研究成果就是早期资本结构理论研究正式开端之一。他提出了三种有关资本结构的见解,分别是净收入理论(NI)、净经营收入理论(NOI),以及处于上述两者之间的传统理论。

三者的不同之处在于投资者如何确定企业负债和股本价值的假设条件。所以先来对比一下在零税率条件下三种理论的假设。

1. 净收入理论(NI)

净收入理论认为:①投资者以一个固定不变的比率(K_a)投资或估价企业的净收入。②企业能以一个固定债券成本(K_b)发行所需的债券。

根据上述假设,K_a 和 K_b 都是固定不变的,所以企业尽可能多地举债,以降低加权平均资本成本。因为债券成本比普通股成本低,所以加权平均资本将趋于下降。进一步看出,如果债务增加而 K_b 下降,那么,企业价值因债务增加而上升。

净收入理论揭示了这样一种关系:当企业的负债由零趋于 100%时,其资本总成本持续下降,价值持续上升。所以,假设净收入理论是正确的,为使企业价值最大化,企业应使用几乎 100%的债务。

如果这种理论的假设真实的话,那么资本结构决策无关紧要,即不存在最佳资本结构问题。

2. 净经营收入理论(NOI)

净经营收入理论认为:①投资者是以固定的 K_a 来估价企业的 $EBIT$。②同净收入理论一样,企业债券成本 K_b 也是固定的。

净经营收入理论的假设前提是:加大成本较低的负债资本同时会增加普通股资本的风险,从而使普通股成本上升,投资者是以固定的 K_a 来估价企业的营业净利的。

3. 传统理论

在20世纪50年代初多数人都采取了一种折中理论,杜兰特称之为"传统理论"。这种理论表明企业在一定限度负债内,普通股和负债风险都不会显著增加,所以 K_a 和 K_b 在某种限度内相当固定。一旦超过此限度,K_a 和 K_b 开始上升,然后达到顶点。因此,根据传统理论,某种负债低于100%的资本结构可使企业价值最大。

(二)现代资本结构理论

上面讨论的三种资本结构理论都是建立在对投资行为假设而非精心构造的理论基础或统计分析上的。目前,最有影响的是由F·莫迪格兰尼(Franco Modiglini)和M·米勒(Mertor Mier)于1958年创立的现代资本结构理论,即MM理论。

1. 莫迪格兰尼-米勒模型(MM理论)

MM理论做了以下假设:

(1)企业的经营风险是可以衡量的,有相同的经营风险的企业即处于同类风险级。

(2)股票和债券在完全资本市场上交易,这意味着:第一,有交易成本;第二,投资者可同公司一样以同等利率借款。

(3)企业和个人的负债没有风险,所以负债利率为无风险利率。

(4)所以现金流量都是固定年金,即企业增长率为零,$EBIT$ 固定不变。

负债企业的价值等于风险等级的无负债企业的价值加上赋税节余的价值,后者等于公司税率乘以负债额:

$$V_L = V_u + T \cdot D$$

式中 V_L——负债企业价值;

V_u——无负债企业价值;

T——所得税税率;

D——负债价值;

$T \cdot D$——抵税利益。

2. 财务危机成本和代理成本

各种资本结构利率和结论都与其初始假设条件有逻辑关系:如果假设条件是正确的,那么结论必然是正确的。但是有些学者和公司财务经理对MM理论有效性表示怀疑。因为实际上没有一家企业采纳MM理论的意见。MM理论的结论是公司应该负债100%,但这种情况在实际生活中是不会出现的。但是,当我们引入财务危机成本和代理成本时,结论就变得大为不同了。

财务危机成本是指与破产和财务困难有关的直接与间接成本总和。它既影响负债,也影响权益。如律师费、法庭收费和顾客、供应商以及资金提供者行为造成的成本称为财务危机的"间接成本"。财务危机只会在有负债的企业发生,无负债企业不会陷入这个泥坑。也就是说,负债越多,固定利息越大,收益下降从而导致财务危机发生的概率越高。财务危机概率高将会降低企业的现值,提高其资本成本。

代理成本是指有关监督管理活动的成本,监督是为了保证管理活动符合管理人员、所有者和债权人之间达成约定协议。代理成本几乎全由企业所有者负担。企业负债越多，这方面费用支出越多，代理成本越高。

现在引入财务危机成本和代理成本分析 MM 理论的结论。

在莫迪格兰尼－米勒理论模型中，随着负债率移向 100%，企业价值也不断地增加。持续增值的 $T \cdot D$ 直接来源于负债利息减税。但考虑由于负债增多，财务危机成本和代理成本也随之增大，V 有可能随负债增加到一定值后开始下降。这样企业价值及其负债之间的关系可表示为：

$$V_L = V_u + T \cdot D - (\text{预期财务危机成本的现值} + \text{代理成本的现值})$$

二、影响资本结构的因素

在实际工作中，影响资本结构的因素很多，除了前已述及的资本成本和财务风险以外，还有考虑下列难以准确衡量但却又很重要的因素。

（一）企业的社会责任

与人们社会生活密切相关的企业有责任持续地向社会提供产品和服务。因此，它们在制定资本结构决策时，对财务杠杆的运用必须保证不影响其长期的稳定经营。

（二）销售额的稳定性

一般而言，对于销售额比较稳定的企业，有能力使用较多的负债和负担较高的固定费用，从而不致影响企业的短期偿债能力；反之，对于销售额不稳定的企业，即使在收入很低的情况下，仍需支付负债成本，可能引发偿债危机，因此不宜保持较高比例的负债资本。

（三）贷款人和信用评级机构

虽然确定资本结构是企业内部的事情，但贷款人和信用评级机构的态度，往往成为决定资本结构的重要因素。在多数情况下，企业在确定其资本结构前都会征求贷款人与信用评级机构的意见，并给予非常慎重的考虑。因为，如果企业提高负债资本的比例，会增大贷款人的风险，因此贷款人只有调高贷款利率，在补偿负债增加后所产生风险的情况下，才可能同意增加贷款。

（四）企业的资产结构

不同性质的企业其资产结构不同。对于经营不动产的企业，一般持有较高比例的负债资本，因为这些企业有适量的资产作为贷款抵押品；反之那些以高科技产品为主的企业，缺少取得贷款的资产作为抵押品，应使用较少的负债。

（五）企业的成长率

在其他因素相同的情况下，发展速度较快的企业需要筹集大量的扩充资金，往往利用资本成本较低的负债资本，因此成长快速的企业比成长缓慢的企业多使用负债资本。

（六）企业的盈利能力

投资报酬率很高的企业，可以利用大量的内部留存收益，使其负债比例维持在相当低的水平上；反之，盈利能力低的企业，经由企业内部产生的资金来源较少，则多依靠外部资金成本较低的负债资金。

（七）所得税因素

利息费用可以抵减所得税，而股利却不能减税，所以企业的所得税率越高，负债经营的好处越大，这在客观上刺激企业利用负债资金。

（八）企业所有者和管理人员的态度

如果企业所有者和管理人员不愿意使企业的控制权旁落，在企业需要资金时，则可能不愿增发新股，而尽量利用债务筹资的方式；相反，如果企业管理人员性格偏好于保守型，不愿承担较多的财务风险，那么其将会尽量减少该企业负债资本的比例。

（九）融资弹性

融资弹性即企业的举债能力。无论在任何时候，或在任何市场状况下，企业只要需要资金，就能筹足所需资金，即举债能力强。举债能力强的企业一般保持较高的债务资本比例；反之，举债能力弱的企业，则维持较低的负债资本比例。

（十）行业差别

不同的行业以及每一行业的不同企业所采取的筹资策略与方法大不相同。制药业和电子类产品制造企业负债不多，因为这些企业通常是高盈利的，所以能够通过留存收益筹资。而那些高风险、需要大量科研经费、而且产品试制周期长的企业，过量运用负债资本则是很不明智的。零售商业、钢铁制造业和公用事业等，一般使用负债资本较多。了解资本结构的行业状况、行业差别及其变动，有助于认识资本结构的行业特点，作为确定最佳资本结构的参考。

三、最佳资本结构的确定

资本结构是负债资本与所有者权益资本之间的比例关系。负债资本是税前费用，可部分抵消所得税，因而负债资本成本低于所有者权益成本。那么企业是否采用负债经营策略甚至负债比率越高，资本结构就越合理呢？理论上讲，企业应当能够根据自身的经营特点，确定其最佳资本结构。但在实务上，企业很难达到理论所要求的理想状态，给确定最佳资本结构带来诸多困难。因此，只有多方面研究影响资本结构的因素，才能确定出相对合理的资本结构。

所谓最佳资本结构，是指企业加权平均资本成本最低，同时企业价值最大的资本结构。最佳资本结构应当作为企业的目标资本结构。

资本结构决策涉及风险与报酬的权衡。因为，使用较多的负债筹资会增大企业风险，同时能够产生较高的预期报酬。高风险会降低股票价格（或公司价值），但高报酬确会升高股票价格（或公司价值），因此两者的作用相互抵消，使风险与报酬保持平衡，并同时能够使公司股票价格（或公司价值）最大化。公司综合资本成本最低化的资本成本即为最佳资本结构。从资本结构的理论分析中可知，公司综合资本成本最低时的资本结构与公司价值（或股票价格）最大时的资本结构是一致的，因此公司的综合资本差别，即加权平均资本成本的高低是确定最佳资本结构的重要标准。

但是，上述的最佳资本结构是一种理论上的最佳资本结构。在实际工作中，最佳资本结构的确定是很复杂、很困难的。一般来说，不同时期、不同地区的不同企业的最佳资本结构是不同的。企业往往是对拟定的融资总额在可以采用的各种融资方式或一种融资方式不同融资数额的组合方案中，选择较好的融资方案，即确定较理想资本结构。

四、资本结构调整

(一)资本结构调整的原因

影响资本结构变动的因素是多种多样的,既有客观的,也有主观的。但是,就某一具体企业而言,直接影响资本结构变动的因素有成本过高、风险过大、弹性不足、约束过严等方面。

1. 成本过高

成本过高指的是原有资本结构的加权平均资本成本过高,从而使利润下降。成本过高是资本结构调整的主要原因之一。

2. 风险过大

虽然负债筹资能降低成本,提高利润,但是风险较大。如果筹资风险过大,以至于企业无法承受,则破产成本会直接抵减因负债筹资而取得的杠杆效益,企业此时也需要进行资本结构调整。

3. 弹性不足

所谓弹性,是指企业在进行资本结构调整时原有结构应有的灵活性,包括筹资期限弹性、各种筹资方式之间的转换弹性等。弹性不足时,企业要调整资本结构也很难。反过来,也正是由于弹性不足,促使企业要进行资本结构的调整。弹性大小是判断企业资本结构是否健全的标准之一。

4. 约束过严

不同的筹资方式下,投资者对筹资方式的使用约束是不同的。约束过严,有害于企业的财务自主权,有损于企业灵活调度和使用资金。在约束过严的情况下,有时企业宁愿承担较高的代价而选择那些使用约束相对较宽的筹资方式。这也是促使企业进行资本结构调整的动因之一。

(二)资本结构调整的方式

1. 存量调整

存量调整是指在不改变现有的资产规模的基础上,根据目标资本结构的要求,对现有资本结构进行调整。

(1)在债务资本过高时,将部分债务资本转化为主权资本。比如可以将可转化债券转移为普通票。

(2)在债务资本过高时,将长期债务收兑或者提前归还,从而筹集到相应的主权资本额。

(3)在主权资本过高时,通过减资并增加相应的负债额来调整资本结构。

2. 增量调整

增量调整是指企业通过追加筹资量从而增加总资产的方式来调整资本结构。具体包括以下几项:

(1)在债务资本过高时,通过追加主权资本投资来改善资本结构,比如直接增资等。

(2)在债务资本过低时,通过追加负债筹资规模来提高负债筹资比重。

(3)在主权资本过低时,通过筹集主权资本来扩大投资,提高主权资本比重。

3. 减量调整

减量调整是指企业通过减少资本总额的方式来调整资本结构。具体方式如下:

(1)在主权资本过高时,通过减资来降低其比重。

(2)在债务资本过高时,利用税后留存归还债务,以减少总资产,并相应减小债务比重。

(三)资本结构调整的方法

调整资本结构意在寻求最优资本结构,使企业综合资本成本最低、企业风险最小、企业价值最大。下面简要介绍三种常用的调整资本结构的方法。

1. 比较综合资本成本

当企业对不同筹资方案作选择时可以采用比较综合资本成本的方法选定一个资本结构比较优化的方案。

2. 比较普通股每股利润

从普通股股东的得益这一角度考虑资本结构的优化可以采用比较普通股每股利润。

3. 无差别点分析

无差别点分析是对不同资本结构的获利能力分析。无差别点是指使不同资本结构的每股利润相等息税前利润点,这一点是两种资本结构优劣的分界点。无差别点分析可称为 *EBIT* - *EPS* 分析。

上述三种优化资本结构的方法都有一定的局限性。首先,它们都仅对有限个方案选出最优方案,因而只能是"较优",不可能是"最优"。其次,它们与财务管理的总目标——股东财富最大化不可能完全一致,在第一种方法下,这资本成本低,并不能保证股东财富最大;在第二、三种方法下,假定普通股每股利润越大,则普通股股价越高,从而股东财富越大,但事实上普通股股价并不仅取决于每股利润,而受很多因素的影响。

上述三种优化资本结构的方法适用于不同的情况。比较综合资本成本适用于个别资本成本已知或可计算的情况;比较普通股每股利润适用于息税前利润可明确预见的情况;无差别点分析适用于息税前利润不能明确预见,但可估测大致范围的情况。

第四章 投资管理

第一节 概 述

一、投资的概念与目的

(一)企业投资的概念

企业投资是指为获得未来收益或者满足某些特定用途需要而进行的资金投入活动。企业可以现金、实物、无形资产或向其他单位投资,也可以购买股票、债券等有价债券的方式向其他单位进行投资。

在社会主义市场经济体制下,企业的经济活动范围越来越广泛,按照市场经济的要求,企业享有投资决策权,可依照法律和国家有关规定,有权以留用土地、资金、实物、土地使用权、工业产权和非专利技术等向国内各地区、各行业的企业、事业单位投资,或购买政府及其他企业额债券、股票;经政府有关部门批准,企业还可以向境外投资,或者在境外开办企业。企业投资活动实质上是企业资产的流动和重新组合的过程,这对于合理配置社会资源,推动和促进产业结构调整,发展横向经济联合和提高经济效益起着重要作用。

(二)企业投资的目的

企业投资的目的也就是企业投资的意图及所要取得的效果。从本质上说,企业投资的目的就是为了获得一定的收益,具体表现在以下几个方面:

(1)获得较高的投资收益。企业进行短期投资活动即源于此目的。

(2)积累一定数额的资金,以备用于特定的整比资金的需要,如偿还长期债务、更新厂房和设备等。

(3)加强与被投资企业的经济联系,以保持稳定的原材料供应来源或维持长期的产品销售。

(4)控制其他单位,发展本企业所经营的业务。

二、投资种类

为了准确把握企业投资的特点及投资规律,必须对企业投资进行科学的分类。企业投资一般可以分为以下几类。

(一)按投资期限分为短期投资和长期投资

短期投资是指企业购入的各种能随时变现、持有时间不超过一年或一个营业周期的有价证券以及不超过一年的其他投资,包括能随时转让、出售的股票、债券和一年以内能收回的以货币资金、实物等向其他单位的投资。

长期投资是指投出不准备在一年以内变现的投资,包括股票投资、债券投资和其他投资。股票投资是指企业以购买股票的形式对外投资;债券投资是指企业以购买债券的形式对外投资;其他投资是指企业以货币资金、实物、无形资产等形式向其他单位投资。

(二)按投资与企业生产经营的关系分为直接投资和间接投资

直接投资是指企业将货币资金、实物和无形资产直接投入到外部被投资的企业,作为生产经营性资产,由被投资企业向投资者出具投资证明书,确认其股权。直接投资主要有联营企业投资、中外合资经营企业投资等,一般不能在短期内收回投资,属于长期投资性质。

间接投资是指企业通过购买被投资企业发行的股票或债券而对被投资企业的投资。股票是股份公司发给股东证明其股权并作为分配股息和红利依据的有价证券。债券是指债券发行人为筹措资金而依法发行,承诺在规定日期以规定的利率发放利息,并按特定期限偿还本金的一种债权证书。股票和债券可以根据投资人的意图作为长期投资,也可以作为短期投资。

(三)按投资物质实体分为有形资产投资和无形资产投资

有形资产投资是指投资主体以货币资金形式和实物资产形式进行的资产投资。有形资产投资的特征是:具有投资实体、投资金额大、投资回收期长、投资风险小、投资报酬率低等。

无形资产投资是指投资主体以专利权、商标权、著作权、土地使用权、非专利技术、商誉等无形资产进行的投资。无形资产投资的特征是:不具有投资实体、投资回收期长、投资风险小、投资回报率高等。

三、投资决策应考虑的因素

投资决策是指企业为了达到某一目的,在可供选择的若干投资方案中选择采用一个最优方案的过程。投资风险和投资收益是企业进行投资决策时需要考虑的因素。

(一)投资风险

投资风险是指由于未来的不确定性,而产生的投入本金和预期收益损失或减小的可能性。例如,进行某项投资,投资者的目的当然是为了获得一定的收益,但也可能无法实现其预期目标,这种可能性即表明风险已客观存在,而且一般认为这种可能性越大,风险就越大。对于企业来说,出于种种原因,其任何投资活动都会处于或大或小的风险之中。

为了将投资决策分析工作建立在科学的基础之上,我们必须对投资风险加以研究,以便将其对企业投资活动的不利影响降低到最小程度。

(二)投资收益

投资收益是指企业进行投资所获得的经济利益。

从表面上看,尽管企业投资的目的有所不同,但从本质上说,企业考虑的是某项投资能给企业带来多少利润,投资收益是否超过资金成本,否则,这项投资就是无意义的、无价值的。

另外,由于"风险反感"(假设两个投资方案的预期收益率相同,而一个风险小些,另一个风险大些,投资者肯定愿意选择前者,这种现象称为风险反感。)现象的存在,这就促使投资者在选择高风险项目时的基本条件是必须有足够高的预期收益率,风险程度越大,要求的报酬率越高,所以,在结合风险进行投资决策中,与风险程度相对应的投资收益也是衡量投资方案是否可行的一项重要因素。

风险和收益是一对相互联系的概念,一般来说,风险越大,收益越大,不存在收益很大而风险很小的投资对象。一个成功的投资者,需要在风险和收益之间相互平衡,以期在一定的风险下使收益达到较高的水平,或在收益一定的情况下,使风险维持在较低的水平上。

四、投资的决策程序

(一)直接投资的决策程序

前面介绍了直接投资属于长期投资,投入金额大,投入时间长,资金周转缓慢,并承担一定的风险。投资决策的失误会严重影响企业的财务状况和现金流量,因此必须建立严密的投资决策程序,充分论证投资项目在技术上的可行性和经济上的合理性,保质保量地完成投资计划。直接投资关系到双方的利益,对投资计划事先应取得一致意向。

1. 投资设计

凡是投资规模较大、所需资金较多的战略性项目,应由董事会或总经理发起设计,由生产、基建、财务等各方面的专家组成小组提出方案,经董事会或总经理批准;凡投资金额小的战术性项目,由主管部门发起设计,有关部门组织人员提出方案,经总经理或其授权部门批准。投资方案在批准执行前必须经过评价审核。

2. 投资方案的评价审核

投资方案制订以后,必须经过认真评价,一般由财务经理会同有关部门进行。其主要内容包括:

(1)审核投资设计是否符合生产经营的需要;

(2)确认投资项目的经济可行性;

(3)列明投资的风险及其防范措施;

(4)写出评价报告。

3. 投资项目决策

投资方案经评价认可以后,须由双方领导作出最后决策。如有需要补充或者修改之处,应由主办部门进行处理;被拒绝执行的方案,应重新进行调查或停止办理。

4. 投资项目的执行

做出实施投资方案的决策后,有关部门要根据计划筹措资金,落实材料,安排工程。在执行工程中要对工程进度、成本和质量严格控制,按质、按时地完成计划。

5. 投资项目的再审核

投资方案付诸实施以后,要经常根据情况的变化,对原有方案作出新的评估。若遇有不尽完善的地方,应及时提出修改意见,作出补救措施;已不适用的方案要停止执行,以免造成不应当的损失。

(二)证券投资的决策程序

证券投资价格变动大,风险大,特别是长期投资,一旦决策失误,就会严重影响企业的财务状况,因此必须按照特定的程序,进行科学的分析和决策。一般有以下几个步骤。

1. 正确投资政策

在证券投资中,由于收益和风险并存,在投资之前,首先要测定投资的金额和投资的目标。投资的金额影响投资的范围,投资的目标决定对投资的风险和预期收益的态度,两者决定于企业的财务能力、风险承受能力和投资者的决策态度。一般的投资决策有两种类型:一种是稳健型投资决策;一种是激进型投资决策。在稳健型投资决策下,对投资风险考虑得多一些,宁愿降低一些投资收入;而在激进型投资决策下,对投资风险考虑得少一些,力争多增加一些投资收入,有时还实行负债投资。

2. 对证券进行分析

证券市场情况复杂，证券种类繁多。在进行投资时，应当注意以下问题：

(1)要分析投资环境和证券市场趋势，看投资时机是否适宜。

(2)要在债券和股票之间进行选择。前者收益比较固定，风险比较小；后者收益可能高一些，但风险比较大。要根据不同的政治、经济环境和企业的投资政策来作出决策。

(3)要在股票或债券中选择收益高、风险小的品种，求得最好的投资收益。

在决定投资前，应当对证券市场进行详尽的分析。分析方法主要有：

(1)市场趋势分析，研究证券市场未来的发展方向。

(2)静态分析，研究发行商的资金实力和偿债能力。

(3)收益分析，研究发行商的净值报酬率、股票市盈率和证券收益率及其他有关资料，以确定当前的股票价格是否符合真实价值。

在证券行业中也有各种不同的分析资料可作为投资参考，要通过各种分析，选择投资的对象和时间。

3. 证券投资组合的构成及修订

在证券投资中，要分散风险，必须实行多样化投资，进行组合投资。要根据分析资料，选择包括高收益、高风险证券和低收益、低风险的证券在内的不同种类的证券，构成一定的投资组合，使其在不同的条件下，都能获得理想的投资效果。投资组合的确定主要是通过对各种类别的资产和不同品种进行分析，在可能的风险和预期收益范围内，找出合理的选择。

进行证券投资以后，可能因为风险和收益发生了变化，投资人需要确定一个新的组合，这就需要对投资组合进行修订，买进一些新的证券，卖出一些老的证券，但是执行时必须考虑经济人的佣金和买卖差价，不要造成过大的交易成本。

4. 投资成果的评价

对证券投资成果的评价有利于巩固成绩、克服缺点，进而继续做好投资管理。评价主要有两个方面：一是考察证券资产平均收益率，通过与证券的平均收益增长率或与典型组合的平均收益率比较，就可以衡量投资管理的好坏。平均收益率计算公式为：

$$平均收益率=\frac{期末市场价值-期初市场价值}{期初市场价值}\times 100\%$$

如果企业于期初或期末之间增加或减少了投入的货币量，可以按时间分段计算，然后转换为季度(或年度)收益率。第二是对风险水平进行测定，一般对证券的总风险水平用标准差进行测量。测量风险水平的方法比较复杂，测量结果也难以说明主观的努力程度，因此必须十分小心，但并不说明可以忽略风险的因素。

第二节　现金流量

固定资产投资决策中所说的现金流量是指与固定资产投资决策有关的现金流入和流出的数量。它是评价投资方案是否可行时必须事先计算的一个基础性指标。一定时期内现金流入量减去包括税金在内的现金流出量以后的差额，称为净现金流量(缩写为 NCF)。

一、现金流量的构成

投资决策中的现金流量，一般由初始现金流量、营业现金流量以及终结现金流量三个部分构成。

(一)初始现金流量

初始现金流量是指开始投资时发生的现金流量,一般包括固定资产上的投资、流动资产上的投资、其他投资费用以及原有固定资产的变价收入等几个部分。

1.固定资产上的投资

固定资产上的投资包括固定资产的购入或建造成本、运输成本和安装成本等。

2.流动资产上的投资

流动资产上的投资包括对材料、在产品、产成品和现金等流动资产的投资。

3.其他投资费用

其他投资费用指与固定资产投资有关的职工培训费、谈判费、注册费用等。

4.原有固定资产的变价收入

原有固定资产的变价收入主要是指固定资产更新时原有固定资产的变卖所得的现金收入。

(二)营业现金流量

营业现金流量是指投资项目投入使用后,在其寿命周期内由于生产经营所带来的现金流入和流出的数量。这种现金流量一般按年度进行计算。这里现金流入一般是指营业现金收入,现金流出是指营业现金支出和缴纳的税金。如果一个投资项目的每年销售收入等于营业现金收入,付现成本(指不包括折旧的成本)等于营业现金支出,那么,年营业净现金流量(*NCF*)可以用下列公式计算:

$$每年净现金流量=每年营业收入-付现成本-所得税$$

或

$$每年净现金流量=净利+折旧$$

(三)终结现金流量

所谓终结现金流量,是指投资项目完结时所发生的现金流量。终结现金流量主要包括固定资产的残值收入或变价收入、原来垫支在各种流动资产上的资金的收回、停止使用的土地的变价收入等。

二、投资决策中使用现金流量的原因

财务会计按权责发生制计算企业的收入和成本,并以收入减去成本后的利润作为收益,用来评价企业的经济效益;而在长期投资决策中则不能以这种方法计算的收入和支出作为评价项目经济效益高低的基础,而应以现金流入作为项目的收入,以现金流出作为项目的支出,以净现金流量作为项目的净收益,并在此基础上评价投资项目的经济效益。投资决策之所以要以收付实现制计算的现金流量作为评价项目经济效益的基础,主要有以下两方面的原因。

(一)采用现金流量有利于科学地考虑资金时间价值因素

科学的投资决策必须认真考虑资金的时间价值,这就要求在决策时一定要弄清每笔预期收入款项和支出款项的具体时间,因为不同时间的资金具有不同的价值。在衡量方案优劣时,应根据各投资项目寿命周期内各年的现金流量,按照资本成本,就由资金的时间价值来确定。而利润的计算,并不考虑资金收付的时间,它是以权责发生制为基础的。利润与现金流量的差异主要表现在以下几个方面：

(1)购置固定资产要付出大量现金，但不计入成本。

(2)将固定资产的价值以折旧或者损耗的形式逐期计入成本时，却又不需要付出现金。

(3)计算利润时，不考虑垫支的流动资产的数量和回收时间。

(4)计算利润时，只要销售行为已经确定，就计算为当期的销售收入，尽管其中有一部分并未于当期收到现金。

可见，要在投资决策中考虑时间价值的因素，就不能利用利润来衡量项目的优劣，而必须采用现金流量。

(二)采用现金流量能使投资决策更符合客观实际情况

在长期投资决策中，应用现金流量能科学、客观地评价投资方案的优劣，而利润则明显地存在不科学、不客观的成分。这是因为：

(1)利润的计算没有一个统一的标准，在一定程度上要受存货估价、费用摊销和折旧计提的不同方法的影响，因而，净利润的计算比现金流量的计算有更大的主观随意性，作为决策的主要依据不太可靠。

(2)利润反映的是某一会计期间“应计”的现金流量，而不是实际的现金流量。若以未实际收到现金的收入作为收益，具有较大风险，容易高估投资项目的经济效益，存在不科学、不合理成分。

三、投资决策中的现金流量分析

在资本预算中，投资项目的现金流量分析是最重要的环节，也是最困难的环节。通过本章的学习，重要掌握相关现金流量概念和种类，掌握初期现金流量、经营现金流量和最终现金流量的计算。在此基础上，学习扩展项目和重置项目现金流量表的编制。最后，了解现金流量估计偏见，保证现金流量分析的合理和正确。

在投资项目的分析过程中，最重要同时也是最难的环节之一就是评估项目的现金流量。现金流量包括项目所需的投资额、项目投入运营后的经营现金流量已经项目终结时的现金流量。在预测现金流量过程中，将会遇到很多可变因素，预测不仅建立在对多种变量的估计基础之上，例如售价、销售量、成本费用额、资本成本等，而且还涉及到公司内众多部门的参与，如销售部门、生产部门、计划部门、会计部门等。投资项目的长期性，决定了协调的必要性。那么，财务管理人员在资本预算中应做到：预防和扼制现金流量的估计偏见，在从各部门收集相关现金流量信息时，保证各部门人员的预测依据相同的估计假设。

在实际经济生活中，投资项目的失败屡见不鲜。既有现金流量估计困难的客观因素的影响，也存在人为因素的影响。例如，缺乏正确的现金流量分析技术、存在现金流量估计偏见等。下面详细讨论有关现金流量的分析方法，以避免或减少我们在预测中的错误。

(一)现金流量的确定

在资本预算中很关键的一点是，决策是严格建立在现金流量的基础上，也就是说，某一决策是建立在一定时期内企业的收益和支出的实际资金数量之上的。而影响资本预算决策结果的现金流量是相关现金流量，因此我们要在现金流量分析中考虑相关的现金流量。

在辨别相关现金流量时，应坚持以下的原则：

(1)明确是现金流量还是会计收益。

(2)相关现金流量是增量的现金流量而非总量的现金流量。

(3)相关现金流量是未来发生的,而非过去发生的,即沉没成本不应考虑在内。

(4)相关现金流量是所得税后的现金流量。

下面我们将有关问题进行详细的讨论。

(二)项目的现金流量与会计收益

在公司财务管理中,我们强调的是现金而不是利润(会计收益),公司在资本预算决策时,主要依据项目的现金流量,而不是项目的利润(或称会计收益),这是因为:

第一,投资项目具有长期性,需要考虑资金的时间价值,要将不同时点上的现金收入或支出调整到同一时点进行汇总和比较;而会计收益的计量则遵循权责发生制原则,在严格的权责发生制下,收入与费用的确认不考虑现金的时间收到和支出的时间。例如,在会计上,购置设备的支出如果一次性发生,在购入当期不确认为当期费用,而是在资本化为资产项目后,在以后的受益期按一定方法摊销为费用。在收到销货款期间,属于现销的确认为收入,属于预收下期的货款确认为负债,属于收到上期赊销款的冲减已拥有的资产——应收账款。

第二,一些影响投资项目的现金流量在会计收益中得不到确认,例如,净营运资本的投资支出额或回收额等。

第三,会计收益的计量有时带有主观随意性。会计上对同一业务的处理可能存在多种方法,比如存货计价方法、固定资产折旧方法等,不同方法的使用导致同一收入或费用项目具有不同的发生额,从而形成不同的会计收益,但是一种业务对现金流量的影响只能有一种结果,以实际收到或付出的款额为准。

在确认项目的现金流量时应注意以下几点。

1.固定资本成本

投资项目初期经常需要较高的固定资产支出,它是现金流出量。在确定固定资产的支出中,除了固定资产买价,还计入了它的运输费和安装费等。正如会计上的资产计价要求一样,购置资产的取得成本包括买价和使其处于可使用状态之前的一切附带支出。例如,公司购得设备一台,买价 1 800 万元,运输费和安装费 80 万元,那么购置这台设备的成本为 1 880 万元。

2.非现金费用

在会计收益计量中,确认的费用有的是现金费用,有的是非现金费用。而在现金流量分析中,由于非现金费用没有引起现金的流出,这些非现金费用不应包括在现金流量分析中。但是,由于这些非现金费用对税收有影响,因此在税前收益中扣除后,应该在税后收益中再加回非现金费用。常见的非现金费用有折旧费和无形资产的摊销费用。

非现金费用对于现金流量有着间接的影响。它的高低首先影响到税前收益的高低,进而影响到所得税支出的高低。当非现金费用增加时,它会使公司节约所得税支出。

3.净营运资本的变化

通常,在一个新项目运营时,需要库存的支持;而销售增加时,也需要产生应收账款;为购置原材料或生产中所需的水电等自发形成各种应付款,从而为项目筹集信贷资金。项目增加的流动资产与增加的流动负债的差额即称为净营运资本的变化。如果净营运资本的变化是正数,则意味着公司对营运资本的投资,公司发生现金流出量;相反,净营运资本的变化为负数,则意味着公司对营运资本的回收,公司发生现金流入量。

净营运资本的变化可以通过初期和期末营运资本的对比计算。一般地,在分析投资项目的现金流量时,需要编制投资项目各年的预计资产负债表。首先,计算各期的净营运资本,即流动资产总额扣除流动负债总额后的余额;然后,比较相邻两期的净营运资本,计算净营运资本的变化额。但是当投资期很长时,这种分析方法很烦琐。

由于营运资本是由生产经营活动引起的,生产经营活动规模的大小最根本的取决于市场的需求,即销售预测。所以,现金流量分析中对各期净营运资本总额的预测一般建立在销售预测基础上。首先,估计当期净营运资本总额于预测销售额之间的比例关系。其次,再根据预测的各期净营运资本总额计算净营运资本的变化额。例如,某项目的第 1 年和第 2 年的销售额预计为 1 000 万元,假定净营运资本额的大小一般是销售额的 20%。那么,第 1 年和第 2 年的净营运资本总额预计为 200 万元和 300 万元,净营运资本额的变化引起的第 1 年和第 2 年的现金流量支出分别为 200 万元(200 - 0 = 200 万元)和 100 万元(300 - 200 = 100 万元)。

净营运资本变化在项目运行中的前几期常会发生,这可以通过它的增加或减少加以反映。然而,一旦经营活动稳定时,营运资本同样也稳定在信贷水平下,并且在此之后不再发生变化,直到项目终结为止。在项目结束时,公司总的营运资本水平应该恢复到未实施项目前的水平。由此可见,在项目结束时收到的现金流量正好等于营运资本的净投资额。

4.现金流量分析中不计入利息费用

投资项目的资金来源主要是两方面:股东投资和债权人投资。当从公司角度,或者说从全体投资者的角度分析现金流量时,利息费用实际上是债权投资者的收益。包括利息在内的现金流量净额,才是全体投资者从投资项目中获取的现金流量。同时,计算投资项目评价指标时,采用的资本成本常是公司的加权平均资本成本,是受到项目不同融资来源影响的综合资本成本。现金流量与资本成本的口径一致,由此得出的评价结果是合理的。否则,在现金流量中扣除利息支出,不考虑债权人从项目中获得的现金流量,但是资本成本采用加权平均资本成本,这种不对称性导致投资项目分析中利息支出的双重计算。因此,在项目评估中,现金流量分析中不计入利息费用。

资本预算也可单从股东角度进行。在现金流量中扣除利息支出和各期债务的变化额,得到股东从此项目中获得的现金流量,然后采用权益资本成本计算评价指标,评价结果应该与常用方法是一致的。这种方法由于操作的烦琐而不经常使用。

(三)现金流量增量

资本预算是一个决策过程,是一个在众多投资项目中选择最优的过程。即使公司只提出了一个投资项目,对于决策者来说,仍然要进行选择,要么接受,要么否决。资本预算中这种比较优劣的过程,要求分析人员不仅关心投资项目各自发生的现金流量,而且更加重视项目间现金流量的比较。在企业作决策时,我们关心的是决策的结果,也就是说,我们应考虑增量的现金流量,即计算时考虑变化的现金流量。

增量的现金流量等于实施这个项目产生的现金流量与不实施这个项目产生的现金流量的差。当我们谈到投资项目的现金“流入”或“流出”时,并没有真正在进行决策。当我们谈到投资项目的现金“节约”或“超支”时,我们俨然已经是一个决策者了。节约即正增量,超支意味着该项目在不实施时现金的“多流入”或“多流出”。

在考虑增量的现金流量时,以下几个特殊问题可能发生,应加以注意。

1.沉没成本不是增量现金流量

沉没成本不是增量成本,这是因为沉没成本是指已经发生的成本。由于沉没成本是过去发生的,它并不因接受或拒绝某个项目的决策而改变。而我们分析的投资项目都是公司可能在将来实施的项目,投资项目未来发生的流量是我们关注的焦点。投资项目中也会使用项目投资前已控制的资产,这些资产的账面价值或者在取得时的支出都是已经付出的沉没成本对投资项目的决策没有直接影响,例如,新项目要用到工厂所有的土地,它的账面价值是100万元,不论土地最初的取得是购置还是投资或捐赠,与投资项目决策是无关的。又例如,某大型连锁店准备在某城市建立超市,1991年花了10 000元请一咨询公司为超市的选址作一分析。2000年,某公司正式进行投资项目分析,那么,这10 000元已经花出去了,不可能收回。这种已经发生的支出都是不可避免的,由此,项目间也不会产生任何现金流量上的差异。

值得注意的是,沉没成本会给投资项目的现金流量带来间接的影响。例如,由于实施投资项目,需要变卖旧资产,资产的账面价值与处理收入之间的差额形成资本利得或资本损失,会影响到公司的所得税支出。

2.机会成本是增量现金流量

有时,相关现金流量不都是项目中实际收取或付出的现金量,还有包括机会成本。机会成本是指由于放弃其他的投资机会所发生的损失,这是一个只有通过比较才会计算出的量,因此它是增量现金流量,在资本预算时应考虑这一成本。例如,前面所提到的新项目利用工厂现有闲置的土地建造新厂房、扩大生产。实施这一项目使这块地皮失去了其他的利用机会,如出租或出售,那么,预计出租的租金收入或出售的净税后收入是利用该块地皮扩大生产项目的机会成本,因此在对新项目的分析时,不能无视这一现金流量的存在。

存在机会成本的资产会在投资项目终结时,重新获得了选取其他机会的自由,如上面所提到的地皮,可以出租、出售或闲置,使公司发生真正的现金流入或流出。

3.投资项目对公司其他方面影响应作为增量现金流量

新项目生产的产品或提供的与公司现有的产品或服务在功能上相关时,也许重叠时,新产品或服务项目会挤掉部分原有产品或服务的市场份额或者争夺原有产品的经营资源,减少原有产品或服务为公司带来的现金流量。相反,互补时,新项目的实施会增加原有产品或服务为公司带来的现金流量。因此,投资项目对公司其他方面的影响是增量的现金流量。

投资项目的这方面的影响尽管很难预测和计量,但必须在资本预算中考虑。

4.现金流量的时间选择

在财务分析中,我们必须要正确地考虑现金流量发生的时间。会计收益表反映的是一年或一月期间的经营状况,而不能精确地反映在此期间的现金收入与现金费用的发生。由于货币具有时间价值,从理论上讲,分析投资项目现金流量应该与其发生时间相一致。而投资项目的现金流量可能会发生在投资期间的任何时点。因此,在大多数情况下,为了方便计算和汇集现金流量,按投资各年归集现金流量时,常假定进行投资的现金流量发生在年初,而经营的现金流量发生在年末。

此外,为使决策更准确,最好进行每日现金流量估计,但是预测中的不确定性和工作量的加大,会导致决策成本过高,所以选择现金流量的估计时间要考虑所得和所费之间的平衡,一般按年分析项目现金流量比较合适。但是,如果有必要和可能,可以月、季或半年为单位进行分析。

第五章　投资管理实务

第一节　证券投资管理

一、证券

(一)概念

证券是指票面载有一定金额,代表财产所有权或债权,可以有偿转让的凭证。证券投资是企业投资管理的重要组成部分,科学地进行证券投资管理,能增加企业收益,减少风险,有利于理财目标的实现。

(二)分类

证券的种类很多,按不同的标准可以作出不同的分类。

1.以发行主体为划分标准

按证券的发行主体,可分为政府证券、金融证券和公司证券。其中,政府证券是指中央政府或地方政府为筹集资金而发行的证券;金融证券则是指由银行或其他金融机构为筹措资金而发行的证券;公司证券又称企业证券,是指由工商企业为筹集资金而发行的证券。政府证券的风险较小,金融债券次之,公司证券的风险则视企业的规模、财务状况和其他情况而定。

2.以到期日为划分标准

按证券的到期日,可分为短期证券和长期证券。其中,短期证券是指到期日短于一年的证券,如短期融资券、银行承兑汇票等;长期证券是指到期日长于一年的证券,如国库券、企业债券等。一般而言,短期证券的风险小,变现能力强,但报酬较低。长期证券的报酬一般较高,但时间长,风险大。长期证券如能转让、流通,亦可用于短期投资。

3.以收益状况为划分标准

按证券的收益状况,可分为固定收益证券和变动收益证券。其中,固定收益证券是指在证券的票面上规定有固定收益率的证券,如债券票面上一般有固定的利息率,优先股票面上一般有固定的股息率,这些证券都属于有固定收益的证券;变动收益证券是指证券的票面不标有固定的收益率,其收益情况随企业经营状况而变动的证券,普通股是最典型的变动收益证券。一般来说,固定收益证券风险较小,但报酬不高,而变动收益证券风险大,但报酬较高。

4.以体现的权益关系为划分标准

按证券体现的权益关系,可分为所有权证券和债权证券。其中,所有权证券又称权益证券,是体现证券持有人和证券发行单位所有权关系的证券,这种证券的持有人一般对发行单位都有一定的管理和控制权。股票是典型的所有权证券,股东便是发行股票的企业的所有者。债权证券是体现证券持有人和发行单位债权关系的证券。这种证券的持有人一般无权对发行单位进行管理和控制。发行单位破产时,债权证券要优先清偿,而所有权证券要在最后清偿,所以,所有权证券的持有人一般要承担较大的风险。

二、证券投资

经济学意义上的投资,是指以收回现金并取得收益为目的的现金流出。例如,购买国债、公司股票和企业债券,开办超市或兴办工厂等,都是进行投资,对于投资人来说,都要形成资金的流出,并希望得到理想的投资收益。购买有价证券也是一种投资行为,但和一般意义上的投资相比,证券投资又有其特殊性。

(一)概述

1. 概念

所谓证券投资,是指资金持有者通过购买有价证券,取得政府或企业的债券、股票,以实现其资金增值的行为。证券投资不涉及资本存量的增加,是一种中长期的信用活动。在发育完善的金融市场体系中,机构投资人和居民个人将证券投资作为最主要的和最基本的投资方式,广泛介入证券投资领域。

证券投资不同于积蓄。积蓄是对消费的推迟,而不会导致财富的增加,在通货膨胀的情况下,甚至还会导致财富的减少。但证券投资一旦成功则意味着财富的增加。

2. 特点

证券具有流动性、收益性和风险性三个特点。

所谓流动性,又称变现性,是指证券可以随时抛售取得现金。

收益性是指证券持有者凭借证券可以获得相应的报酬。证券收益一般由当前收益和资本利得构成。以股息、红利或利息所表示的收益称为当前收益。由证券价格上升(或下降)而产生的收益(或亏损),称为资本利得或差价收益。

风险性是指证券投资者达不到预期的收益或遭受各种损失的可能性。证券投资既有可能获得收益,也有可能带来损失,具有很强的不确定性。

流动性与收益性往往成反比,而风险性则一般与收益性成正比。

3. 目的

简单来说,证券投资是指企业为获取投资收益或特定经营目的而买卖有价证券的一种投资行为。从这个意义上来说,进行证券投资总是基于一定的目的的。不同企业进行证券投资的目的是不同的,比如为了利用闲置资金获取收益等。

(1)充分利用闲置资金,获取投资收益。

企业正常经营过程中有时会有一些暂时多余的资金闲置,为了充分有效地利用这些资金,可购入一些有价证券,在价位较高时抛售,以获取投资收益。

(2)为了控制相关企业,增强企业竞争能力。

企业有时从经营战略上考虑需要控制某些相关企业,可通过购买该企业大量股票,从而取得对被投资企业的控制权,以增强企业的竞争能力。

(3)为了积累发展基金或偿债基金,满足未来的财务需求。

企业如果想在将来扩建厂房或归还到期债务,可按期拨出一定数额的资金投入一些风险较小的证券,以便到时售出,满足所需的整笔资金的需求。

(4)满足季节性经营对现金的需求。

季节性经营的公司在某些月份资金有余,而其他月份资金则会出现短缺。这些公司可在资金剩余时购入有价证券，而在出现资金短缺时将其售出。

4. 程序

1）选择投资对象

选择投资对象是否准确、合理是证券投资成败的关键。企业应根据一定的投资原则，认真分析风险投资对象的收益水平和风险程度，合理选择投资对象，将风险降到最低限度，从而取得较高的投资收益。

2）委托买卖

由于投资者无法直接进场交易，需委托证券商代理买卖证券的业务。代理方式多种多样，企业可通过电话委托、计算机终端委托、递单委托等方式委托券商代为买卖有关证券。

3）成交

证券买卖双方通过中介券商的场内交易员分别出价委托。若买卖双方的价位与数量合适，交易即可达成，这个过程叫成交。

4）清算与交割

企业委托券商买入某种证券成功后，即应解交款项，收取证券。清算即证券买卖双方结清价款的过程。

5）办理证券过户

证券过户只限于记名证券的买卖业务，不记名证券无须办理过户手续。当企业委托买卖某种记名证券成功后，必须办理证券持有人的姓名变更手续。

5. 种类

一般来讲，证券投资可划分为四类，即债券投资、股票投资、组合投资、基金投资。下面，我们对这四类分别加以简要介绍。

1）债券投资

债券投资是指将资金投入包括国债、公司债和短期融资券等在内的各种债券。与股票投资相比，债券投资风险一般较小，而且能获得稳定收益，但特别需要注意的是投资对象的信用等级。

2）股票投资

股票投资是指企业购买其他企业发行的股票作为投资，如普通股、优先股股票。股票投资风险较大，收益也相对较高。

3）组合投资

组合投资是指企业将资金同时投放于债券、股票等多种证券的投资方式。组合投资是企业债券投资的常用投资方式，这样可分散债券投资风险。

4）基金投资

基金就是将众多投资者的资金合在一起，然后专门由基金公司的专家负责管理，用来投资于不同公司的股票或者债券。按基金的受益凭证可否赎回，基金分为封闭式基金与开放式基金。其中，封闭式基金在指信托契约期限未满时，不得向发行人要求赎回的基金；而开放式基金就是投资者可以随时要求基金公司收购所买基金（即赎回），当然条件应该是卖出价高于买入价，同时在赎回的时候要承担一定的手续费。

在基金投资这种投资形式中，投资者的受益主要来自于基金分红。与封闭式基金普遍采取的年终分红所不同，根据行情和基金收益状况的“不定期分红”是开放式基金的主流分红方式。基金投资由于有基金公司的专家负责经营管理,其投资风险相对较小。正是由于基金投资具有投资风险小而收益相对稳定的特点,在现实生活中正越来越受广大投资者的青睐。

6.发展历程

21世纪的经济,既是一种知识经济,又是一种金融经济。金融市场的发展和金融工具的创新促进了高新技术的发展和增长方式的转变,高新技术在现代经济生活中的广泛应用,全面改变着人们的生活与工作方式。随着信息时代的到来,传统的金融方式发生了前所未有的变革,证券投资业率先进入电子时代,并成为电子商务的典范。

1)我国证券投资方式的发展

在我国,随着市场经济体制的建立,证券市场从无到有,发展迅速。1989年12月,我国第一家证券交易所——上海证券交易所正式成立,紧随其后的是深圳证券交易所也于1990年初正式挂牌。证券交易所的成立,大大推动了我国资本市场的发育和证券投资机制的建立。经过10多年的发展,沪、深两地上市公司已经超过1 000家,证券市场股票总市值已达45 000亿元,投资者开户数突破4 000万户,从事证券业务的专门机构已经超过2 500家。

证券市场已经成为我国金融市场体系中不可替代的重要组成部分,在我国经济发展中发挥着越来越重要的作用。特别是对于广大居民来说,储蓄已经不再是货币节余的唯一去向,证券投资越来越成为人们生活的一个重要组成部分。

2)证券交易方式的变革

我国证券市场发展的10多年,也是计算机网络技术全面发展的时期。20世纪90年代以来,计算机网络和通讯技术的飞速发展,全面改变了证券市场的传统操作方式,推动和促进了证券市场的发展。同西方发达国家相比,我国开放证券市场的时间虽然不长,但在操作方式上却紧跟时代潮流,全面运用了计算机网络技术,并毫不逊色于其他发达国家。

随着因特网与电子商务的飞速发展,证券交易方式发生了前所未有的改变,通过Internet进行证券交易已经成为潮流。金融服务与证券投资成为当今电子商务活动中最热门的领域,联机证券交易是我国目前阶段电子商务的典范。

证券计算机网络系统在我国证券市场中扮演一个非常重要的角色,它使传统的手工证券交易系统从单个营业部手工记账的简单交易变成庞大的交易系统网络。它以电脑网络为中心,实现了从手工交易到电脑网络系统的无纸化交易。在这种方式下,投资者所要办理的一切委托手续是通过计算机网路系统来完成的。计算机网路系统大大提高了工作效率,方便了投资者入市交易。如今,一旦离开证券计算机网路系统,整个证券市场就将限于瘫痪,其局面可想而知。

3)证券网络技术的迅速发展

20世纪90年代以来,计算机网络技术的飞速发展,使网络技术在证券交易领域得到了最广泛的应用。

证券计算机网络系统,通常是指证券营业部的计算机网络系统。90年代初期,大多数网络系统是由一台386服务器和几十台286无盘工作站组成。这个时期的网络系统受当时计算机网络系统的影响,往往相应速度慢,技术故障经常出现,造成网络的瘫痪,严重威胁着证券公司或证券营业机构证券交易的正常运行。

1993年下半年至1995年初,证券网络系统的构成有了较大的变化,提升了服务器,采用了增加网段、扩展网络宽带技术，传输速度和交易系统的安全性都有了较大的提高。

1996年以来是我国证券市场蓬勃发展的时期。证券业务规模迅速扩大，对证券交易系统提出了新的要求，新的网络技术与设备在证券交易系统中以最快的速度获得推广和使用。技术更新的结果不仅大大提高了传输速度，增强了网络交易的安全性，而且进一步打破了证券交易方式的种种局限，为投资人提供远程自助委托业务，实现了同城及异地多营业部互联、银行与证券公司互联、资金在银行与证券机构之间互转的"通存通兑"交易方式。

在这个过程中，证券网路系统结构不断得到升级，证券交易行情传送开始从公共数字数据网专线模式转向卫星接收模式。为方便股民进行委托交易，网络系统中还增加了磁卡、条形码等自助委托专用工作站和电话委托交易方式。

总之，计算机网络技术在证券投资领域获得了最及时、最有效的使用，它推动了证券市场的迅速发展，把纷繁复杂的证券交易过程变得轻而易举、迅速快捷、准确安全。人们曾经把现代经济高度概括为技术经济和金融经济，资本市场和证券投资在这方面作出了最好的诠释；离开资金融通，经济的正常运行就难以为继；离开电子网络，证券市场就濒于瘫痪。

(二)证券投资的基本要素

收益、风险及时间构成证券投资的三个基本要素。

(1)收益是指证券投资收入或报酬，包括当前收入和由证券价格的增值(或贬值)所带来的资本利得(或损失)两部分。取得收益是证券投资的最终目的。

(2)风险是指证券投资的风险。一般而言，风险与收益是成正比例变化的，收益越高风险越大，但高风险并不一定意味着高收益；相反，高收益也并不一定产生高风险。不同的投资策略与技巧的实施会产生不同的证券投资效果。

(3)时间是指证券投资者进行投资的时间，是证券投资的重要组成部分。在投资中，时间长短与收益多少、风险大小高度相关。一般地说，投资时间越长，收益就越高，风险也就越大。

(三)投资收益及最低收益率

1.投资收益

证券投资收益来自证券利息收入和证券增值两个方面，并根据不同的计算标准形成不同的收益率。

票面收益率即证券上表明的收益率。例如，某些债券的票面上或发行之初已经确定的利率就构成该种证券的票面收益率。

当期收益率即证券票面收益率与证券买卖价格之比。在证券价格随市场行市不断变化时，票面收益率不能反映证券收益价格，因而必须用当期收益率来计算。

投资收益率即评价投资效果的基本指标。评价一项投资的效益如何，通常是通过证券投资收益(包括股息收入、利息收入、买卖差价等)与投入本金(证券的买入价格)之比计算求得。

例如，某投资者在年初以每股1元的价格购入某公司股票100股，购入后获得股利共5元，年末以每股1.04元的价格售出，故投资收益率为：

$$\text{投资收益率} = (104 + 5 - 100)/100 = 9\%$$

2.投资最低收益率

证券投资的目的在于追求财富的增加，但投资时首先会导致现金的流出，而现金的流入则是在一定的时间以后。这就决定了投资者在投资决策之前必须考虑资金的时间价值,同额货币在不同时点的购买能力、投资风险等的不确定性因素。投资者放弃现在的消费而从事投资活动,其最低投资收益应该能够补偿资金的时间价值、与其通货膨胀所导致的货币购买力下降以及投资风险所带来的额外损失。因此,证券投资的最低收益率由纯粹利率、通货膨胀附加率、风险补偿率三部分组成。

1)纯粹利率

纯粹利率即在无通货膨胀、无投资风险情况下的平均利率。在没有通货膨胀的情况下,国库券的利率往往被视为纯粹利率。纯粹利率的高低受平均利润率、资金供求关系和政府政策意图等因素的影响。

货币是具有时间价值的。如果我们稍加留意就会发现,现时的 1 元钱和一年以后的 1 元钱,其经济价值是不一样的,因为货币具有自然增值的能力,因此现在的 1 元钱要比一年以后的 1 元钱更为值钱。假如一个人将现在的 1 元钱存入银行或借给他人使用,一年后将得到 1.10 元的现金收入,这就是说,随着时间的推移,货币的价值会有所增值,由此构成了货币的收件价值,增加的价值所占的比例就称为纯粹利率。纯粹利率构成证券投资最低投资收益率的基本部分。

2)通货膨胀附加率

由于通货膨胀意味着货物贬值。因此,在进行投资时,除考虑纯粹利率外,还要考虑通货膨胀因素的影响,以弥补通货膨胀带来的货币购买力的损失。因此,所谓通货膨胀附加率即预期通货膨胀率,因为投资在前,投资者只能对此进行预测。

现实生活中的纯粹利率和通货膨胀附加率往往是相互融合、难以区分的,故二者均称为无风险收益率。

3)风险补偿率

从经济学的观点看,既定的 1 元钱收入与不确定的 1 元钱收入,在效用上是不一样的,不确定的收入要承担有可能意想不到的风险。任何投资都要经过一段时间后才能收回,而在此期间往往会碰到许多不确定的因素,这就构成了投资风险。风险越大,投资者要求得到的补偿就越多。风险补偿率是投资者所要求的最低补偿额占投资额的百分比。如果投资的预期收益率低于风险补偿率,投资者就会放弃该项投资。

总之,一项投资的预计效果只有达到最低收益率时,才可能进行。投资者要求的最低收益率用公式表示如下:

最低投资收益率 = 纯粹利率 + 通货膨胀附加率 + 风险补偿率

第二节　对内投资管理

一、资金时间价值的应用

资金时间价值的有关内容在本书第一章中已经做了较为详细的介绍,本节中讲解资金时间价值在财务管理中的应用。

1. 投资机会的选择

[例 5-1]　假设某单位拟以 30 万元资金用于投资,经评议,有甲、乙两个方案可供选择,两个方案的现金流量见表 5-1。问哪个方案更有利?

表 5-1　甲、乙两方案的现金流量　　（单位：元）

年度	现值系数	甲方案		乙方案	
		净利加折旧	现值	净利加折旧	现值
1	0.909	100 000	90 900	60 000	54 540
2	0.826	100 000	82 600	80 000	66 080
3	0.751	80 000	60 080	80 000	66 080
4	0.683	80 000	54 640	100 000	68 300
5	0.621	60 000	37 260	100 000	62 100
合计		420 000	325 480	420 000	311 100

解：甲方案前期的净利加折旧较多，乙方案后期的净利加折旧较多，如果不考虑货币的时间价值，两方案的净利加折旧总额均为 42 万元，是相等的，方案之间不分优劣。

如果考虑货币的时间价值并进行比较，假设贴现率为 10%，则甲方案净利加折旧的价值就要比乙方案大，因此甲方案较乙方案更为有利。具体计算见表 5-1。

2. 偿债基金中的运用

［例 5-2］　假设××单位外借款一笔，期限 6 年，预计到期应归还本利和为 480 万元。为归还借款，拟在各年末提取相等数额的基金，并按年利率 5% 计算利息，各年提取基金的本利和的累计数应等于归还借款得到本利和。试计算每年提取的基金数。

解：因为是在各年末提取相等数额的基金，所以，可视为一笔普通年金，它的终值是 480 万元，那么，可通过如下公式计算：

$$A=\frac{F}{(F/A,i,n)}=\frac{480}{(F/A,5\%,6)}$$

查年金终值系数表，年利率 5%、6 年期的年金终值系数为 6.802，则：

$$A=\frac{480}{6.802}=70.57(\text{万元})$$

即该单位每年末向银行存款 70.57 万元，6 年后，就可归还 480 万元了。

3. 分期付（收）款的现值

［例 5-3］　设××单位拟购置房地产一宗，一次付款 500 万元。如分期付款每年末付 100 万元，10 年付清，贴现率为 10%。试比较上述两方案。

解：由于分期等额付款的年金现值为：

$$100\times\left[\frac{1-(1+10\%)^{-10}}{10\%}\right]=614.50(\text{万元})$$

分期等额付款比一次付款 500 万元多付 114.5 万元（614.5 − 500），可见，一次付款 500 万元更为有利。

4. 减价处理的比较

［例 5-4］　设某单位现存××商品 1 000 件，单位售价 1 000 元。按正常情况，10 年可销完，每年终可得 10 万元，年贴现率为 5%。如果现在按 8.5 折处理，则 1 年即销完。试比较两个方案的优劣。

解：因为按 8.5 折处理，1 年的可得销售收入 85×（1 000×1 000×85%）万元，按贴现率

5%计算现值为80.92(即85×0.952)万元。

而按正常销售,每年等额收入的年金现值为77.22(即100 000×7.772)万元。故以打折处理方案为优。

二、静态评价指标

静态评价指标是指不考虑资金时间价值的评价指标,它包括年平均投资报酬率和投资回收期两项。

(一)年平均投资报酬率

所谓年平均投资报酬率,是指某一投资方案的年平均利润与原始投资额的比率。年平均投资报酬率是反应投资项目的获利能力的一个相对数指标,其计算公式为:

$$年平均投资报酬率=\frac{年平均利润额}{原始投资额}\times 100\%$$

通过测算各投资方案的年平均投资报酬率,来评价投资方案的优劣的方法叫做年平均投资报酬率法。年平均投资报酬率法的决策标准是:只有高于必要的年平均投资报酬率的方案才能入选,而在多个方案选优时则选用平均投资报酬率最高的方案。

年平均投资报酬率法的优点是简单、明了、易于掌握,并能说明各投资方案的收益水平。缺点是:第一,只考虑净收益,没有考虑现金净流量,具有局限性;第二,没有考虑资金的时间价值。

(二)投资回收期

投资回收期是指从原始投资至收回投资后需要的时间(年数)。投资回收期短,可以及早回收投资,承担风险少,经济效果好;反之,则投资回收期长,承担风险大。

通过测算各投资方案的投资回收期,来评价投资方案优劣的方法就叫做回收期法。回收期法的决策标准是,投资回收期最短的方案为最佳方案。回收期的计算方法,因每年现金净流量是否相等而有所不同。

1.每年的现金流量相等

每年的现金净流量相等时

$$投资回收期=\frac{原始投资额}{年现金净流量}$$

2.每年的现金流量不等

每年的现金流量不等时,投资回收期的计算要考虑各年末的累计现金净流量。

投资回收期法的优点是计算简单、直观、容易掌握。缺点是不考虑资金的时间价值,把不同时点上的现金收入和支出进行等值对比,不能真实地反映实际的回收时期和利润水平。

三、动态评价指标

考虑资金时间价值的评价指标称为动态评价指标。它不但计入了资金的时间价值,而且考虑了项目在整个寿命期内收入与支出的全部经济数据。因此,相对而言,它是比静态指标更全面、更科学的评价指标,一般应用于项目最后决策前可行性研究阶段。常用的有净现值、现值指数和内部报酬率三项。

(一)净现值

净现值是指一项投资的未来报酬的总现值超过原投资额的现值的金额。净现值是对投资项目进行动态评价的最重要指标之一。该指标要求考察项目期限内每年发生的现金流量。

任何一项长期投资总是希望未来能获得的报酬的总金额比原投资的金额更多一些,但未来得到的报酬和原投资额发生在不同时期,根据资金时间价值观念,这两项金额必须统一在同一时间的基础上才方便进行对比。因此,必须把未来能获得报酬的总金额,按照资金成本折算成现值,然后再和该项投资的现值进行对比。净现值的计算方法分为以下几个步骤:

(1)计算投资方案的各年现金净流量。公式为:

$$每年现金净流量=每年现金流入量-每年现金流出量=净利润+折扣$$

(2)将各年的现金净流量折成现值。

(3)将固定资产期末残值,或中途变现的价值,以及期末可收回的流动资金,按普通复利折成现值。

(4)将以上两个步骤计算的结果相加,计算未来报酬的总现值。

(5)计算净现值并进行分析,判别投资的可行性。公式为:

$$净现值=未来报酬的总现值-原始投资额$$

净现值的决策标准如下:

(1)如果投资方案的净现值大于或等于零,则该方案是可行方案。

(2)如果投资方案的净现值小于零,则该方案是不可行方案。

(3)如果多个投资方案的投资额相同。且净现值都大于零,则净现值最大的方案是最优方案。

净现值是一种比较理想的投资方案评价方法,它具有以下优点:

(1)考虑了资金的时间价值,增强了投资经济性的评价。

(2)既考虑了现金流量,又反映了项目可获利利润额,体现了流动性与收益性的统一。

(3)考虑了投资风险,因为贴现率的大小与风险大小有关,风险越大,贴现率就越高。

这种方法具有以下缺点:

(1)不能反映各投资方案的投资收益水平,当各项目投资额不同时,仅用净现值是不能确定投资方案优劣的。

(2)相加净流量测算和贴现率确定困难,而它们的正确性对计算净现值有着重要影响。

(3)净现值计算麻烦,且较难理解、掌握。

(二)现值指数

现值指数是指投资方案的未来报酬的总现值与原投资额的现值之比。计算公式如下:

$$现值指数=\frac{未来报酬的总现值}{原投资额}$$

通过测算各投资方案的现值指数来评价投资方案优劣的方法叫做现值指数法。

利用现值指数法进行投资项目决策的标准如下:

(1)如果投资方案的现值指数大于或等于1,该方案为可行方案。

(2)如果投资方案的现值指数小于1,该方案为不可行方案。

(3)在几个方案的现值指数都大于1时,一般来说,现值指数越大,投资方案越好。

(4)在应用现值指数进行互斥方案的选择时,其正确的原则不是选现值指数最大的方案,而是在保值现值指数大于1的条件下,使追加投资所得的追加收入最大化。

现值指数的优缺点与净现值法基本相同,但有一重要区别是,现值指数法弥补了净现值法在投资额不同方案之间不能对比的缺陷,使投资方案之间可直接用现值指数进行对比。另外,现值指数法虽然能反映各方案的获利能力,但是不能体现各投资方案的获利额。

(三)内部报酬率

内部报酬率是指投资项目的净现值等于零时的贴现率(折现率)。

内部报酬率法是指通过测算各投资方案的内部报酬率,来评价投资方案优劣的一种方法。

内部报酬率的计算方法因每期现金净流量是否相等而有所不同。

1. 每期的现金净流量相等

在每期的现金净流量相等的情况下,计算顺序为:

(1)年金现值系数的计算公式为

$$年金现值系数=\frac{原始投资额}{平均每期的现金净流量}$$

(2)查1元的年金现值表,在相同期数内,找出与上述年金现值系数相邻近的较大和较小的两个折现率。

(3)根据上述两个邻近的折现率和已求得的年金现值系数,采用插值法计算投资方案的内部报酬率。

2. 每期的现金净流量不相等

在每期的现金净流量不相等的情况下,计算顺序为:

(1)先估计一个贴现率,并按此率计算未来各期的现金净流量和期末残值的现值,然后加计总数与原投资额的现值比较。如净现值为正数,则表示估计的贴现率小于该方案的实际投资报酬率,应稍稍提高估计的贴现率,再行测试。如果净现值为负数,则表示估计的贴现率大于该方案的实际投资报酬率,应稍稍降低估计的贴现率。如此经过逐次测试,最终找到由正到负的两个邻近的贴现率。以上这种方法叫做“逐次测试法”。

(2)根据上述两个邻近的贴现率采用插值法,计算出该方案的内部报酬率。

内部报酬率法的决策标准是将所测算的各方案内部报酬率与其资金成本对比,如果方案的内部报酬率大于其资金成本,该方案为可行方案;如果投资方案的内部报酬率小于其资金成本,则该方案为不可行方案;如果多个投资方案的内部报酬率都大于其资金成本,且各方案投资额相等,那么内部报酬率与资金成本之间差额最大的方案最好;如果多个投资方案的内部报酬率均大于资金成本,但各方案投资额不同,决策标准应是“投资额×(内部报酬率-资金成本)”,最大的方案为最优方案。

内部报酬率法的优点是非常注重资金的时间价值,真实地反映了投资方案的报酬率。它的缺点是计算麻烦,另外,在各方案投资额不同时,仅用内部报酬率法是不能做出正确决策的。

第三节　投资决策分析

一、独立方案决策分析

独立方案决策分析是指对特定投资方案是否采纳的决策分析。这种决策分析只取决于方案自身的经济价值,不受其他方案是否采纳的影响。从财务角度看,两种独立性投资所引起的现金流量是不相关的。

进行独立方案决策分析时,可采用投资方案评价基本方法的任何一种。因为独立方案决策只有采纳与否决两种选择,所以决策时只需看是否达到可行标准。例如,如果用净现值法进行独立方案决策分析,只要方案的净现值是正的,方案就可采用。

二、互斥方案决策分析

互斥方案决策分析是指两个或两个以上互相排斥的待选方案中,只选择一个方案的决策分析。进行互斥决策分析主要有两种方法,即排列顺序法和增量收益率法。

(一)排列顺序法

排列顺序法,就是对所有待选方案按照某一种或几种投资方案评价基本方法进行降级顺序排列,从中选择最优方案的方法。例如,假设采用回收期法,就是计算各方案的投资回收期,并按回收期长短排列,投资回收期最短的方案最好;采用净现值法就是计算各方案的净现值,并按从大到小的顺序排列,净现值越高,投资方案越好;还可以采用现值指数法、内含报酬率法、年平均投资报酬率法进行降序排列,选择最优方案。

一般地说,按非贴现法,即回收期法和年平均投资报酬率法进行降序排列,选择最优方案的结果是相同的;按贴现法,即净现值法、现值指数法和内部报酬率法进行降序排列,各备选方案排列顺序也一致。但是,在有些情况下,按不同方法进行方案排列,其顺序是不一致的,这是应用排列顺序法进行互斥方案决策分析时应十分注意的问题。

(二)增量收益率法

增量收益率法就是将两个互斥方案的现金流量相减,得出一系列差量现金流量,然后将一系列现金流量(包括差量投资、年差量现金流量、差量残值等)作为一个投资项目,计算它的内部收益率,也就是增量收益率。增量收益率大于资金成本的方案就是可行方案。运用增量收益率进行投资决策的基本步骤是:

(1)计算各备选投资方案内含报酬率。

(2)将各方案内部报酬率与企业的资金成本进行比较,内部报酬率低于资金成本的方案为不可行方案。

(3)将剩余方案按投资额从小到大排列,计算其增量收益率,增量收益率大于等于资金成本的方案是可行的,被保留下来,或者说增量收益率小于资金成本的方案被放弃。再将保留方案与下一方案对比,计算其增量收益率,接着与资金成本对比决定取舍。依此类推,最后保留方案为最优方案。

第四节　证券投资风险与投资组合

一、影响企业投资的因素

影响企业投资的因素很多,但总结起来主要存在以下几种因素:投资收益、投资风险、投资约束条件和投资弹性。

(一)投资收益

企业投资的根本动机是使收益最大化。在企业的投资时,首先要考虑的因素就是投资收益。投资收益包括投资利润和资本利得。投资利润是指投入资金后所取得的收入与发生的成本之差;资本利得是指金融资产的卖价与买价的差值。

企业在选择投资方案时,取舍的首要标准是以投资收益大小去衡量的。因为投资收益是投资者唯一的报酬来源,如果被投资企业连起码的投资收益都不能提供,投资者就必然会丧失投资动机。另外,在投资收益中应当考虑到通货膨胀、税收优惠等影响因素的存在,会让投资者承担一定的风险,被投资企业必须给予相应的报酬作为补偿。这一切促使企业在投资中必须把投资收益放在头等重要的地位,必须重视分析影响投资收益的各种因素,并针对这些因素,对投资项目做出决策,寻求较高和稳定的投资收益。

(二)投资风险

投资风险实际上是一种系统风险或非系统风险。系统风险是指投资内在的、固有的、不可避免的风险,该风险既有可能取得超额投资收益,也有可能带来较大的损失。非系统风险是指可以通过合理的投资组合而避免的风险,其中风险一般被视为现在的损失。一旦投资风险成为现实,企业投资的预期收益就不能得到保证。所以说,投资风险体现了投资收益的不确定性。

投资中考虑风险因素,就是要求企业必须注重投资收益与投资风险的合理搭配,通过对投资风险的预期,确定企业可得到的投资收益;同时要提出防范、规避投资风险的策略,以便将实施的投资项目风险降低到最低程度。

(三)投资约束条件

投资约束条件是指投资企业对接受投资的被投资企业行使限制和制约的权力。这一因素对于企业对外投资具有重要意义。

投资约束与投资风险有着密切的关系。在投资风险大的时候,投资企业对被投资企业约束就会增强;反之,这种约束就会减弱。另外,投资约束与投资目的也有关系。在投资是为取得对被投资企业的控制权时,约束就会比较强;如果投资单纯为了实现预期的高收益,约束就会相对较弱。企业必须从投资风险和投资动机两方面来确定投资约束的内容和方法。

(四)投资弹性

投资弹性涉及两个方面:一是规模弹性,即投资企业必须根据自己的资金供给能力、投资效益或市场供求状况,来调整投资规模;二是结构弹性,即投资企业必须根据市场风险或市场价格的变动,来调整投资结构;在市场经济条件下,由于市场始终处于变动之中,企业经营规模和投资规模、投资结构都必然相应随之调整,而这些调整的前提就是投资具有弹性。

企业投资应考虑的四个因素,实际上可以归结为投资收益和投资风险。投资约束是为了防止投资风险,但在与接受投资的被投资企业的讨价还价中,也会相应降低投资收益;投资弹性也是为了防止投资风险,也要付出一定的代价,结果使投资收益和投资风险处于相对称的状态。

二、证券投资风险

(一)概念

从理论上讲,无风险的投资是理想的投资选择。但是在现实市场经济中,风险性是证券投资不可能完全摆脱的。证券投资风险是指由于各种因素影响,导致证券行市暴跌,给投资者带来遭受损失的可能性。这种可能性包括信用风险、市场风险、利率风险、通货膨胀风险、企业经营风险和期限风险等。

(二)分类

按其来源,证券投资风险可划分为四类,分别是违约风险、利息率风险、购买力风险及流动性风险。

1. 违约风险

因证券发行人无法按期支付利息或偿还本金而引发的风险,称为违约风险。一般而言,政府发行的证券违约风险较低,金融机构发行的证券次之,工商企业发行的证券违约风险较高。

造成企业证券违约的原因有以下几个方面:

(1)政治、经济形势发生重大的变动。

(2)由于自然原因所引起的非常性破坏事件,如水灾、火灾等。

(3)企业经营管理不善,成本高,浪费大。

(4)企业在市场竞争中失败,主要客户遗失。

(5)企业财务管理失误,不能及时清偿到期债务。

2. 利息率风险

由于利息率的变动而引起证券价格下跌,从而导致投资人遭受损失的风险叫利息率风险。证券的价格随着利息率的变动而变动。一般而言,银行利率下降,则证券价格上升;银行利率上升,则证券价格下跌。不同期限的证券利息率风险是不一样的,期限越长,证券投资风险越大。

3. 购买力风险

由于通货膨胀而使证券到期或出售所获得的资金的购买力减少而造成的风险,称为购买力风险。在通货膨胀时期,购买力风险对投资者有着极为重要的影响。一般而言,如果发生通货膨胀,那么变动收益证券比固定收益证券要好。因此,从这个意义上讲,普通股票被认为比企业债券和其他有固定收入的债券能更好地避免购买力风险。

4. 流动性风险

在投资人想出售有价证券获取现金时,有价证券不能立即出售的风险,叫流动性风险。如果一种资产能在较短期内按市价大量出售,那么这种资产就叫做流动性较高的资产。流动性较高的资产的流动性风险较小。与此相反,如果一种资产不能在较短的时间内按市价大量出售,则这种资产叫做流动性较低的资产。流动性较低的资产的流动性风险较大。例如,购买某些不知名公司的债券,想立即出售比较困难,因而流动性风险较大;而若购买国库券,几乎可以立即出售,则流动性风险小。

(三)单一证券投资风险的衡量

衡量单一证券的投资风险对于证券投资者具有极为重要的意义,它是投资者选择合适投资对象的基本出发点。投资者在选择投资对象时,如果各种债券具有相同的期望收益率,显然会倾向于风险低的证券。

衡量单一证券投资风险的方法一般包括算术平均法与概率测定法两种。下面,我们对这两种方法逐一介绍。

1. 算术平均法

算术平均法是最早产生的单一证券风险投资的测定方法。其计算公式为:

$$平均价差率 = \frac{\sum_{i=1}^{n} 各期价差率}{n}$$

式中 各期价差率——(该时期最高价-最低价)/[2(该时期最高价+最低价)];

n——计算时期数。

如果将风险理解为证券价格可能发生的波动,平均价差率则是一个衡量证券投资风险较好的指标。证券投资决策可以根据平均价差率的大小来判断该证券的风险大小,平均价差率大的证券风险也大,平均价差率小的证券风险则较小。

利用算术平均法对证券投资风险的测定,其优点是简单、明了。但是,其测定范围有限,着重于过去的证券价格波动,风险所包含的内容过于狭窄。因此,算术平均法不能准确地反映该证券投资未来风险的可能趋势。

2. 概率测定法

目前,概率测定法是衡量单一证券投资风险使用较为广泛的方法。概率测定法依据概率分析原理,计算各种可能收益的标准差与标准离差率,用以反映相应证券投资的风险程度。

1)标准差

判断实际可能的收益率与期望收益率的偏离程度,一般可采用标准差指标。其计算公式为:

$$\sigma = \sqrt{\sum_{i=1}^{n}(K_i - \overline{K})^2 P_i}$$

式中 $\overline{K}$—— 期望收益率,$\overline{K} = \sqrt{\sum_{i=1}^{n} K_i \times P_i}$;

K_i—— 第 i 种可能结果的收益率;

P_i—— 第 i 种可能结果的概率;

n—— 可能结果的个数;

σ—— 标准差。

一般来说,标准差越大,说明实际可能的结果与期望收益率偏差越大,实际收益率不稳定,因而该证券投资的风险大;标准差越小,说明实际可能的结果与期望收益率偏离越小,实际收益率比较稳定,因而该证券投资的风险越小。但标准差只能用来比较期望收益率相同的证券投资风险程度,而不能用来比较期望收益率不同的证券投资的风险程度。

2)标准离差率

标准离差率又称标准差系数,一般可用来比较不同期望收益率的证券投资风险程度。其计算方式为:

$$q = \frac{\sigma}{K} \times 100\%$$

标准差系数是通过标准差与期望收益率的对比,以消除期望收益率水平高低的影响,可比较不同收益率水平的证券投资风险程度的大小。一般来说,标准差系数越小,说明该证券投资风险程度相对较低;否则,标准差系数越大,说明该证券投资风险程度相对较高。

[例 5-5] 某企业拟对两种证券进行投资,每种证券均可能遭遇繁荣、衰退两种行情,各自的预期收益率及概率如表 5-2 所示。要求:试比较 A、B 两种证券投资的风险程度。

表 5-2 两种证券投资的风险比较

经济趋势	发生概率(P_i)	收益率(K_i)	
		A	B
衰退	50%	-20%	10%
繁荣	50%	70%	30%

解:(1)分别计算 A、B 的期望收益率。

$$K_A = -20\% \times 50\% + 70\% \times 50\% = 25\%$$

$$K_B = 10\% \times 50\% + 30\% \times 50\% = 20\%$$

(2)分别计算 A、B 的标准差。

$$\sigma_A = \sqrt{(-20\% - 25\%)^2 \times 50\% + (70\% - 25\%)^2 \times 50\%} = 45\%$$

$$\sigma_B = \sqrt{(-10\% - 20\%)^2 \times 50\% + (30\% - 20\%)^2 \times 50\%} = 10\%$$

(3)分别计算 A、B 的标准离差率。

$$q_A = 45\% \div 25\% = 180\%$$

$$q_B = 10\% \div 20\% = 50\%$$

由此可以判定,尽管 A 的期望收益率高于 B,但其风险程度也高于 B。

三、证券投资风险的管理

投资风险管理就是对股票投资风险加以识别、评估和控制的过程。投资风险管理的目的,在于通过各种技术方法和经济手段达到规避、分散、减轻、转移、抵补股票投资风险,以保障投资者能够获得最大的收益。股票投资风险管理的全过程,大体分为三个阶段,即风险的识别、风险的评估和风险的控制。

(一)风险的识别

1. 系统风险的识别

股票投资中的系统性风险是由基本经济因素和政治因素的不确定性引起的,因而对系统性风险的识别就是对一个国家一定时期内宏观的经济状况和政治形势做出判断。具体来说,可以从以下几方面的变化中进行分析。

1)国民经济增长率

国民经济增长率是综合反映一国经济活动和经济景气循环状况的最概括、最重要的经济比率。目前世界各国通常用两种指标来衡量国民经济增长率:一是国民生产总值(GNP),它是以货币表示的一个国家(或地区),一定时期内(通常是 1 年),所生产的最终产品和劳务市场的价值总额;二是国内生产总额(GDP),它是指一国领土范围内,1 年所生产的最终产品和劳务市场的价值总额。这两个指标都是以国际流行的国民账户核算体系(SNA)为基础编制的宏观经济统计指标。

2)国内投资动向

经济增长率是一种事后指标,需待一个生产周期结束之后才能有确定的结果,而按投资动向则更直接地反映当前的经济状况。国内投资动向可用国内投资总额,固定资产投资额,以及新厂房和设备的投资额三项指标测定。

3)信贷资金供给

银行的信贷资金是社会资金总供给中的主要组成部分,也是影响货币供应量和物价水平的重要因素,所以,对股票市场的供求和价格变动有重要的影响。

4)消费资金与个人消费支出的变化

消费资金的增减用城镇职工工资和农村个人收入增长率的变动来表示;个人消费支出的变化可以分别用社会商品零售额和居民人均生活消费额两项指标来测算,它们从不同角度反映了居民收入中用于消费的部分所占的比重,从而可以折算出居民储蓄资金的多少,进而计算出股票市场上个人投资的潜力及其对价格的影响。

5)利率与通货膨胀率

利率与通货膨胀率与投资收益之间的相关程度极高,在各种利率中,尤其应注意中央银行的贴现率。央行的贴现率是商业银行向中央银行寻求短期资金融通时接受的利息率,它决定着其他商业银行存贷款利率的高低。而考察通货膨胀率,主要有三个参照指数,即批发物价指数、消费物价指数与国民生产总值平均指数。

6)政府财政收支

政府财政状况可通过每年公布的预算与决算表反映出来,政府财政状况如果不好,不仅会导致国债收益率下降,还会诱发通货膨胀,使整个经济状况恶化。

7)政府经济政策

政府经济政策的变动可以通过多种渠道了解到,如政府工作报告、政府颁布的法令、法规、官方报刊发表的重要经济类文章等。

8)政治因素

一国基本政治因素的状况体现在政治制度的稳定性,政府领导层的素质、政府的政治路线、政策的延续性、高层领导人的健康状况等方面。

2.非系统风险的识别

非系统风险主要是由企业因素和市场因素的不确定性造成的。

1)企业因素分析与分析识别

企业因素的变动会给投资者构成股票投资风险,因而,投资者可以从各种途径去详细了解企业的真实状况。一般来说,最简单的办法就是通过企业发布的各种文件去了解,这些文件包括:公司章程、招股说明书或上市公告书董事会工作报告、公司财务资料审核报告等。

投资者从公司章程中可以了解该企业的行业归属、经营范围、资本实力、董事会和主要管理人员的构成、财务管理和自己可能获得基本权益等方面的大体情况。

从招股说明书和上市公司公告书中,可以了解公司的发展变革、股本构成以及近期的经营实绩,使投资者可以更加深入地掌握企业的资信状况。

从股份公司董事会每年发布的年度报告中,可以了解公司的经营状况、红利分配方案以及有关公司发展的动态信息,了解企业的实际经营能力以及自己的投资回报率。

公司财务资料审核报告一般包括资产负债表和损益表。

经专制的、权威性的会计事务所审核并出具验资报告的上市公司的财务报表，一般来说内容比较真实可信。

2）市场因素分析与风险识别

基本因素、企业因素的变动与股票投资风险之间的因果关系，可以通过各种宏观经济数据、报道、文件资料等反映出来，而市场因素变化与投资风险之间的关系则相对比较复杂。但是，人们在实践中发现，这种关系可以从大量的统计数据变动的轨迹中得到验证，也就是说，借助技术分析方法可以识别股票投资中的市场风险。

（二）风险的评估

所谓风险评估，就是对有可能导致股票投资收益水平减少或可能给投资者造成经济损失的各种不确定因素进行预测。

1. 风险评估的原则

（1）风险评估的目的是预算某种不确定因素导致投资收益减少的程度，但是评估的结果只能是一个大致的参考值，不能指望它可以给出一个十分精确的数学答案，使评估的结果与将来的实际情况完全一样。更多的时候，评估者获得的是比较各种股票风险度的参照值，根据这些参照值，投资者大体了解哪种股票的风险较大些，哪种股票的风险较小一些。

（2）风险评估的结果很可能会发生变化。风险的变异性决定了任何一种股票的风险程度都是可以改变的。而风险程度低的股票可以因为某些原因，如企业经营管理水平的下降而成为风险程度高的股票；反之，对风险程度高的股票也会因为一些因素的变化而成为低风险的股票。所以，对风险的评估要有连续性，要定期地核对、修正其评估结果。

（3）评估风险的方法通常是根据风险变动的一般规律或计量经济学的定理设计的。然而，在不同的时间、不同的地点、发生在不同类型股票上的风险，总有一定的特殊性。所以，在应用风险评估的结果进行投资决策时要注意这一点，避免以简单的形式逻辑推理替代辩证逻辑思维。

2. 风险评估的方法

风险评估的方法有多种多样，投资者可根据评估意图、评估对象和评估条件的不同，做出自己的选择，也可以综合运用多种方式来进行。常用的评估方法主要有专家调查法、经济计量评估法、财务指标评估法等几种。

1）专家调查法

专家调查法的基本特点是以问卷形式向众多的专家个别征求对某事的看法，在此基础之上做出决策。近年来，这种方法被人们普遍运用到股票风险评估之中，投资者利用这种方法广泛地听取有关专家，比如市场分析家、证券咨询人员、证券报刊的专栏撰稿人、证券业管理者和证券从业人员，以及教授、学者等对当前投资利弊与风险度的分析意见，从中归纳出带有某种倾向性的结论，供投资者决策时参考。

2）经济计量评估法

经济计量评估法将计量经济学原理运用到股票投资风险评估中。投资者从事股票投资时，对未来的收益状况都有自己的预期，而未来实现的收益与预期收益之间往往存在着差异，即实际收益可能大于或小于预期收益，预期收益呈负方向变动的可能性及其变动的幅度，就是股票投资风险。股票投资的预期收益变动的可能性及其变动幅度，可以借助数理统计中概率发布和标准差的概念来描述。

3)财务指标评估法

对于大多数股票投资者来说,财务指标评估法是一种比较容易掌握的直观风险评估方法,它主要用来评估股票的非系统性风险。常用的财务指标一般有三类:第一类是股票盈利能力指标,它包括每股收益、派息率、每股股息、市盈率和投资收益率等;第二类是企业偿债能力指标,包括流动比率、速度比率、现金比率、应收账款周转率、存货周转率、自有资金比率、负债比率、股东权益对总资产比率、负债对股东权益比率、周转资金比率等;第三类是市场价格趋向指标,其中主要的指标是股票价格指数。通过对上述指标的综合分析来判断企业真正的收益能力,以便做出正确的投资决策。

(三)风险的控制

所谓风险控制,就是指投资者运用一系列投资策略和技术手段把承受风险的成本降到最低限度。

1.风险控制的目标及原则

风险控制的目标包括两层含义:一是确定风险控制的具体对象如行业风险、企业风险、市场风险等;二是确定风险控制的程度。投资者如何确定自己的目标取决于自己的主观投资动机,也决定于股票的客观属性。

在对风险控制的目标做出选择之后,接下来要做的是确定风险控制的原则。根据实践的经验,风险控制可以遵循四大原则,即回避风险、减少风险、留置风险和分散风险。

1)回避风险原则

所谓回避风险,是指事先预测风险发生的可能性,分析和判断风险产生的条件和因素,在经济活动中设法避开它或改变行为的方向。在股票投资中的具体做法是:放弃对风险性较大的股票的投资,转而投资其他金融资产或不动产,或改变直接参与股票投资的做法,求助于共同基金,间接进入市场,等等。相对来说,回避风险原则是一种比较消极和保守的控制风险的原则。

2)减少风险原则

减少风险原则是指人们在从事经济活动的过程中,不因风险的存在而放弃既定的目标,而是采取各种措施和手段,设法降低风险发生的概率,减轻可能承受的经济损失。在股票投资过程中,投资者在已经了解到投资于股票有风险的前提下,一方面,不放弃股票投资动机;另一方面,运用各种技术手段,努力抑制风险发生的可能性,削弱风险带来的消极影响,从而获得较丰厚的风险投资收益。对于大多数投资者来说,这是一种进取的、积极的风险控制原则。

3)留置风险原则

留置风险原则是指在风险已经发生或已经知道风险无法避免和转移的情况下,正视现实,从长远利益和总体利益出发,将风险承受下来,并设法把风险损失减少到最低程度。在股票投资中,投资者在自己力所能及的范围内,确定承受风险的程度,在股价下跌,自己已经亏损的情况下,果断"割肉斩仓"、"停损",自我调整。

4)分散风险原则

在股票投资中,投资者借助于各种形式的投资群体合伙参与股票投资,以共同分担投资风险。这是一种比较保守的风险控制原则。它使投资者承受风险的压力减轻了,但获得高收益的机会也少了,遵循这种原则的投资者一般只能得到平均收益。

2. 风险控制计划的制定

投资者确定了风险控制的目标与风险控制原则后，就应当依据既定的原则制定一套具体的风险控制计划，以便减少行为的盲目性，确保控制风险的目标得以实现。风险控制计划与投资计划往往是同时制定的。投资计划是落实风险控制原则和实现风险控制目标的必要条件，同时，它又受后两者的制约。现有的投资计划大体上可以分为趋势投资计划、10%投资计划、公式投资计划三类。

1)趋势投资计划

趋势投资计划是一种长期的投资计划，适用于长期投资者。这种投资计划主要以道氏理论为基础，认为投资者在一种市场趋势形成时，应保持自己的投资地位，待主要趋势逆转的讯号出现时，再改变投资地位，市场主要趋势不断变动，投资者可以顺势而动，以取得长期投资收益。

2)10%投资计划

10%投资计划是由美国著名投资家哈奇先生发明的，其基本内容是：投资者对某段时期(通常以月为单位)股票价格平均值与上段时期的最高值或最低值进行比较，平均值高于最高值10%时卖出，低于最低值10%时买进，其中月平均值采用周平均值之和的算术平均数计算。

3)公式投资计划

公式投资计划是一种按照定式投资的计划。它遵循减少风险、分散风险和转移风险等风险控制原则，利用不同种类股票的短期市场价格波动控制风险，获取收益。具体有等级投资计划、平均成本投资计划、固定金额投资计划、固定比率投资计划、可变比率投资计划等。

3. 风险控制的主要措施

在确定了风险控制的原则和计划之后，采取什么样的具体控制措施，就成为投资者需要解决的实际问题。

1)保持理性投资

所谓理性投资，对于投资者而言就是在股票投资中，要保持自己冷静的思考和平常的心态。几乎所有的投资者在投资股市之前，总是认为自己会取得成功，然而，事实却往往并不遂人愿，这其中很大程度上就是由于投资者自我认识和评价上出了偏差，要正确认识和评价自己，关键是要客观地分析自己以下几方面的准确情况：一是投资动机；二是资金实力；三是股票投资知识和阅历；四是心理素质。这四个因素综合在一起，决定了投资者是否该参与投资活动以及对投资风险的承受能力。投资者必须按照自己对风险的承受力来决定自己的投资行为和投资组合，才能避免亏本给自己造成的严重打击。

2)及时掌握信息

信息对股票投资具有重要意义，充分及时掌握各种股票信息是投资成功的法宝。掌握信息的关键在于获取信息、分析处理信息和利用信息。涉及股市的信息范围很广，有反映系统性风险的宏观信息(如总体社会政治、经济、金融状况信息)和反映系统性风险的微观信息(如上市公司经营状况信息、股市交易与价格信息、证券管理信息等)。投资者应针对自己的投资目的或风险控制目标，有选择地收集各种信息，对这些信息进行处理，判断信息的准确性以及可能对股市产生的影响，做出自己的投资决策。在这过程中，信息的准确与否十分重要，否则不仅不能规避风险，反而会加大风险，造成不必要的损失。

3)培养市场感觉

所谓市场感觉,是指投资者对股票市场上影响价格和投资收益的不确定因素的敏感程度,以及准确判断这些因素变动方向的"灵感"。市场感觉好的人,善于抓住战机,从市场上每一细小的变化中揣摩价格趋势变动的信号,或盈利、或停损;市场感觉不好的人,机会摆在眼前,也可能熟视无睹,任其溜掉,甚至于因此而蒙受经济损失。要培养良好的市场感觉,必须保持冷静的头脑,逐步积累经验并加以灵活运用,同时要有耐心,经常进行投资模拟试验,相信自己的第一感觉。

4.风险的控制方法

1)风险控制的基本前提

对于投资者来说,防范证券投资风险的基本前提有以下几项。

(1)掌握必要的证券专业知识。证券市场本身包含了广泛而深奥的学问,若想成为一个稳健而成功的投资人,就必须认真学习和研究证券投资基本知识。假如只想碰运气赚大钱,即使凭运气获得了暂时的收益,也不可能保证长久的收益。经验证明,盲目投资必然会遇到大的风险。

(2)审慎地选择投资时机。股市的波动与经济环境、政治环境息息相关。政治安定、经济繁荣,股价必然上涨;反之情况相反。在不了解股市大势的情况下盲目买卖,往往会事与愿违。因此,选择买卖时机比选择股票种类更重要。在进入股市之前对投资的大环境和宏观趋势进行分析,选择有利的时机以避免逆势操作,对防范投资风险具有重要意义。

(3)选择合适的投资方式。进行证券投资,可根据不同的情况选择不同投资方式。如果投资者的重要目的是想获得公司红利或参加公司经营,而不是赚取市场差价,宜采用长期投资方式;如果投资者本身有职业,没有太多时间前往股票市场,而又有相当积蓄及投资经验的,则可采用中期投资方式;对于时间较空闲,有较丰富经验,反应灵活的人,可选择短线操作的投资方式。

从理论上讲,证券的短期投资利润最高,其次为中期投资,再次为长期投资。但经验证明,短期操作中很少有人每次都能准确地把握买卖的最佳时机,所以就平均获益能力而言,中期和长期投资的收益并不逊色于短期投资。

(4)制定周详的资金运作计划。股票投资人一般都将注意力集中在市场价格的涨跌之上,用大量的时间去打探市场消息,研究基本因素以预测价格走势,研究技术指标以预测买卖时机。但却常常忽略了对资金本身的调度和计划。经验证明,资金的调度和计划以及运用策略是分散风险的重要手段。分散投资风险并不等于将拥有的全部资金,分别投资在不同的股票之上,是分散投资风险的一个重要经验。

通过资金计划分散风险,概括地说就是不要一次性把所有可用资金悉数投入股市。在具体操作上,可将资金分为三份:第一份作为第一次投入的先锋队,第二份作为筹码,第三份作为补投资金。例如10万元的资金可分为4万元、3万元、3万元三份,在选择适当品种投入第一份资金4万元开仓交易后;当行情如预测一样走势时,随即投入第二份资金3万作为筹码,逐渐加码,并随即选定获利点获利离场;当行情走反,朝着不利方向发展时,此时第二份资金3万配合做摊平操作;而最后一份资金3万元可以灵活运用,在行情大好时追杀,在行情大坏时当成反攻部队,弥补损失。

(5)正确选择投资对象。选择适当的投资对象是投资前必须考虑的一项工作,对象选对了可获得超常的利润,一旦选错了股票,情况可想而知。至于选择何种股票为好,应根据当时的市场情况、品种特点、个人偏好及有关经验而定。一般而言,股市经验丰富的人往往喜欢买卖涨跌幅度较大的热门投机股;而涉世未深的人则应投资获利能力较强、涨跌幅度稍缓而流动性仍然很大的优良热门股。

2)风险控制的主要方法

(1)技术分析法。所谓技术分析法,是指投资者根据股票的市场价格和交易量变动的趋势及两者之间的联系,对市场未来行情作出预测,择机买卖股票以期免受价格下跌造成的损失并谋取投资收益,这种技能的主要依据是统计数据和图表。

(2)投资组合法。投资组合法是最能体现分散风险原则的投资技巧。投资组合又称资产组合或资产搭配,是指投资者将资金同时投入收益、风险、期限都不相同的若干种资产上,借助资产多样化效应,分散单个资产风险进而减少承受的投资总风险。有效的投资组合应当具备以下三个条件:

①所选择的各类资产,其风险可以部分的相互冲抵。

②在投资总额一定的前提下,其预期收益与其他组合相同,但可能承受的风险比其他投资组合小。

③投资总额一定,其风险程度与其他投资组合相同,但预期的收益相对要比其他组合高。

为了使自己所进行的投资组合满足这三个条件,投资者应当使投资多元化。投资多元化包括股票品种多元化、投资区域多元化和购买时间多元化。

(3)期货、期权交易。股票指数期货交易是一种新的金融交易品种,运用股票指数期货进行保值交易的话,可以为投资者大大地减少投资风险。

四、投资组合

(一)投资组合的意义

投资组合是指投资者为提高投资收益水平、弱化投资风险,将各种不同的投资有机结合在一起的过程,即将投资总额在各种投资方式之间有机的分配。

证券投资的盈利性吸引了众多投资者,但证券投资的风险性又使许多投资者望而却步,如何才能有效地解决这一矛盾呢?科学的投资组合就是一个比较好的证券投资的方法。一般证券投资的风险分为可分散风险与不可分散风险。通过有效地进行证券投资组合,便可以消减甚至消除可分散风险,达到降低风险的目的。

投资风险普遍存在于各个国家的各种证券中,风险随经济环境的变化而不断变化,变化趋势不稳定,有时大有时小,此消彼长。投资组合就是要求“不要把鸡蛋放在一个篮子里”。如果仅仅把资金全部投向一种证券,便要承受巨大的风险,一旦失误,就会全盘皆输。在实际证券投资中,投资并没有固定的组合方式,也没有一个标准规格,完全根据投资者的经验和经济实力而定。有效证券投资组合是证券投资的重要武器,它可以帮助投资者全面捕捉获利机会,降低投资风险。

(二)投资组合的策略

在证券投资组合理论发展的过程中,形成了不同的组合策略,也形成了各种各样的派别,现介绍其中最常见的几种。

1. 保守型策略

保守型策略认为,最佳证券投资组合是要尽量模拟市场现状,将尽可能多的证券买进,以便分散掉全部可分散风险,期待得到与市场所有证券的平均报酬同样的报酬,仅要求投资报酬率高于通货膨胀率或高于定期存款率就满足了。1976 年,美国先锋基金公司创造的指数信托基金,便是这一策略的最典型代表。这种基金投资于标准与普尔股票价格指数中所包含的全部 500 种股票,其投资比例与 500 家企业价值比重相同。这种投资组合有以下好处:

(1)能分散掉全部可分散风险。

(2)不需要高深的证券投资的专业知识。

(3)证券投资的管理费比较低。

但这种组合获得的报酬不会高于证券市场上所有证券的平均报酬。因为这种策略属于报酬不高、风险不大的策略,故称之为保守型策略。

2. 冒险型策略

冒险型策略认为,与市场完全一样的组合不是最佳组合,只要投资组合做得好,就能击败市场或超越市场,取得远远高于平均水平的报酬,追求获得最大的投资收益。在这种组合中成长型的股票比较多,而那些低风险、低报酬的证券不多。另外,其组合的随意性强,变动频繁。采用这种策略的人都认为,报酬就在眼前,风险大一些没有关系,何必死守苦等。对于追随市场的保守派,他们是不屑一顾的。因为这种策略报酬高、风险大,故称其为冒险型策略。

3. 适中型策略

适中型策略认为,证券的价格,特别是股票的价格,是由特定企业的经营业绩来决定的,市场上股票价格的一时沉浮并不重要,只要企业经营业绩好,股票一定会升到其本来的价值水平。采用这种策略的人,必须具备丰富的投资经验,拥有进行证券投资的各种专业知识,善于对证券进行风险分析,如行业分析、企业业绩分析、财务分析等,通过分析,选择高质量的股票和债券,组成投资组合。适中型策略如果运用得好,可获得较高的报酬,而又不会承担太大的风险。能熟练运用这种组合的人往往是这方面的专家。由于这种投资策略因风险不太大,但报酬却比较高,所以是一种常见的投资组合策略。各种金融机构、投资基金和企事业单位在进行投资时一般都采用此种策略。

(三)投资组合的方法

进行证券投资组合的方法有很多,但最常见的方法通常有以下几种。

1. 选择足够数量的证券进行组合

这是一种最简单的证券投资组合方法。在采用这种方法时,一般是随机地选择证券,而不是有目的地进行组合,随着证券数量的增加,可分散风险会逐步减少,当数量足够时,大部分可分散风险都能被分散掉。根据投资专家估计,在美国纽约证券市场上,随机地购买 40 种股票,其大多数可分散风险都能分散掉。为了有效地分散风险,每个投资者拥有股票的数量最好不要少于 12 种。

2. 把风险大、风险中等、风险小的证券放在一起进行组合

这种组合方法又称为 1/3 法,是指把全部资金的 1/3 投资于风险大的证券,1/3 投资于风险中等的证券,1/3 投资于风险小的证券。一般而言,风险大的证券对经济形式的变化比

较敏感,当经济处于繁荣时期,风险大的证券则获得高额报酬,但当经济衰退时,风险大的证券却会遭受巨额损失;相反,风险小的证券对经济形式的变化则不十分敏感,一般都能获得稳定报酬,而不致遭受损失。因此,这种 1/3 投资组合法,是一种进可攻、退可守的组合法,虽不会获得太高的报酬,但也不会承担巨大的风险,是一种常见的组合方法。

3. 把投资报酬呈负相关的证券放在一起进行组合

一种股票的报酬上升而另一种股票的报酬下降的两种股票,称为负相关股票。把报酬呈负相关的股票组合在一起,能有效地分散风险。例如,某企业同时持有一家汽车制造公司的股票和一家石油公司的股票,当石油价格大幅度上升时,这两种股票便呈负相关。因为油价上涨,石油公司的报酬会增加,但油价的上升会影响汽车的销售,使汽车公司的报酬降低。只要选择得当,这样的组合对降低风险有十分重要的意义。

(四)投资组合的期望收益率

$$\overline{K_p} = \sum_{i=1}^{n}(K_i \times W_i \times P_i) = \sum_{i=1}^{n}(\overline{K_i} \times W_i)$$

式中 $\overline{K_p}$——证券组合投资的期望收益率;

$\overline{K_i}$——第 i 种证券的期望收益率;

W_i——第 i 种证券价值占证券组合投资总价值的比例;

n——证券组合中的证券种类数量。

(五)投资组合的风险

证券组合投资的期望收益率可由各个证券期望收益率的加权平均而得,但证券组合投资的风险并不是各个证券标准差的加权平均数,即

$$\sigma_p \neq \sum_{i=1}^{n}(\sigma \times W_i)$$

证券组合投资理论研究表明:理想的证券组合投资的风险一般要小于单独投资某一种类证券的风险,通过合理的证券投资组合可以规避各证券本身的非系统性风险。

证券组合投资中各个证券投资收益率的变动方向呈负相关和正相关两种情况。大多数证券一般表现为正相关,但又不是完全正相关。因此,投资组合可在一定程度上降低投资风险,但不能完全消除投资风险。一个证券投资组合的风险不仅与该组合中各种证券本身的个别风险有关,而且与该组合中各种证券之间的相关关系有关。

(六)系统性风险的衡量

系统性风险是由于政治、经济及社会环境的变动影响整个证券市场上所有证券价格变动的风险。它使证券市场平均收益水平发生变化,但是,每一种具体证券受系统性风险的影响程度并不相同。β 值就是用来测定一种证券的收益随整个证券市场平均收益水平变化程度的指标,它反映了一种证券收益相对于整个市场平均收益水平的变动性或波动性。如果某种股票的 β 系数为 1,说明这种股票的风险情况与整个证券市场的风险情况一致,即如果市场行情上涨了 10%,该股票也会上涨 10%;如果市场行情下跌 10%,该股票也会下跌 10%。如果某种股票的 β 系数大于 1,说明其风险大于整个市场的风险;如果某种股票的 β 系数小于 1,说明其风险小于整个市场的风险。

单一证券的 β 值通常会由一些投资服务机构定期计算并公布,证券投资组合的 β 值则可由证券组合投资中各组成证券 β 加权计算而得,其计算公式如下:

$$\beta_p = \sum_{i=1}^{n} w_i \beta_i$$

式中　β_p——证券组合的 β 系数；

w_i——证券组合中第 i 种股票所占的比重；

β_i——第 i 种股票的 β 系数；

n——证券组合中股票的数量。

（七）投资组合的风险与收益

1. 证券投资组合的风险与收益

投资者进行证券投资，就要求对承担的风险进行补偿。股票的风险越大，要求的收益率就越高。由于证券投资组合的非系统性风险可通过投资组合来抵消，投资者要求补偿的风险主要是系统性风险。因此，证券投资组合的风险收益是投资者因承担系统性风险而要求的、超过资金时间价值的那部分额外收益。其计算公式为：

$$R_p = \beta_p \times (K_m - R_f)$$

式中　R_p——证券组合的风险收益率；

β_p——证券组合的 β 系数；

K_m——市场收益率，证券市场上所有股票的平均收益率；

R_f——无风险收益率，一般用政府公债的利率来衡量。

在其他因素不变的情况下，风险收益取决于证券投资组合的 β 系数：β 系数越大，风险收益率越大；β 系数越小，风险收益率越小。

2. 证券投资的必要收益率

证券投资的必要收益率等于无风险收益率加上风险收益率，即

$$K_i = R_f + \beta(K_m - R_f)$$

式中　K_i——第 i 种股票或证券组合的必要收益率；

β——第 i 种股票或证券组合的 β 系数；

K_m——市场收益率，证券市场上所有股票的平均收益率；

R_f——无风险收益率。

这是资本资产计价模型（CAPM）。

第三篇

资 产 管 理

第六章　流动资产管理

第一节　概　述

一、概念

流动资产是企业生产经营活动中的主要资产，是企业资产的重要组成部分。企业在财务管理活动中，必须根据自身的特点，对流动资产的性质及运动规律，进行深入细致的研究，并且按照财务制度的规定，加强流动资产的管理，提高流动资产的使用效果。

流动资产是指可以在一年内或者超过一年的一个营业周期内变现或者运用的资产。这里实际上概括了作为流动资产的两个条件：

一是该项资产可以在一年内变现。例如工业企业的产成品在正常情况下一年内可以销售出去，收回现金，因而它不属于一项流动资产。

二是该类资产的使用期限为一年内或者超过一年的一个营业周期内，也就是说，其实物形态只是在一年内或者超过一年的一个营业周期内保持不变，超过这个时间界限，其原形态不复存在。如构成产品实体的原材料，当经过一个营业周期后，它由实物形态转化为货币资金等。

流动资产包括货币资产、短期投资、应收及预付款项、存货等具体形态，其原始形态是货币资产。

流动资产是企业资产的重要组成部分。流动资产变现快，周转快，一个生产经营周期就可以周转一次。从这个意义上讲，流动资产相当于企业的血液。流动资产非常容易流失和沉淀，加强流动资产管理，减少流动资产的流失，加快流动资产周转是流动资产管理的中心课题。

二、特点

（一）周转期较短，动态性强

周转期较短，动态性强包含流动性大和波动性大两个含义。

流动性大指的是流动资产是企业资产中最具有流动性的一类，它在企业再生产过程中是不断循环着的，它的循环变现在流动资产各种占用形态的统一。了解认识流动资产流动性大的特点，有助于合理地配置各种流动资产占用形态，提高流动资产的变现能力，加速流动资产的周转。

波动性大指的是流动资产在企业再生产过程中，随着供产销的变化，占用的数量有高有低，起伏较大，具有波动性大的特点。研究流动资产的这一特点，有利于企业综合考虑流动资产的资金来源和供应方向，合理安排资金的供需，做到供需平衡。

（二）流动资产循环的各个阶段具有继起性和并存性

继起性指的是流动资产随着企业生产经营过程的进行，不断地由一种形态转化为另一种形态;完成一次生产经营周期,流动资产也完成一次循环。认识到流动资产这一特点,有助于人们通过合理组织生产经营过程,来实现加速流动资产的周转,发挥流动资产流动性大的特点,促进生产经营活动的顺利进行。

并存性指的是各种形态的流动资产,同时并列地存在于企业再生产过程中的各个阶段上。各种形态流动资产的并存是由于它们的相继进行引起的。并存性表明流动资产的占用,是流动资产的静态表现。

(三)流动资产的概念是相对的

同一种资产,无论价值大小,形态如何,作为企业生产经营的对象和企业的产品时,就是该企业的流动资产;作为企业劳动手段或劳动资料时,则是该企业的固定资产。如机床厂生产的机床,对于机床厂来说是该企业的产品,属于流动资产,但对于使用该机床的企业,则是劳动手段,属于固定资产。当然也有例外,如低值易耗品虽可以多次参加生产经营活动而不改变其原有实物形态,具有劳动资料的性质,但是由于其使用年限短,单位价值低,因此将它视同流动资产管理。

三、分类

企业流动资产的形态多种多样。为了说明不同形态的流动资产的特性并便于加强对其的管理,通常用不同的标准对流动资产进行分类。流动资产的分类方法有多种,主要有以下几种分类方法。

(一)按资产占用的形态分类

按资产占用的形态,流动资产可分为现金、短期投资、应收和预付款项及存货。这是企业中最常用的分类方法。

1.现金

现金即货币资金,是可以立即用来购买物品、支付各项费用或用来偿还债务的交换媒介或支付手段,主要包括现金、银行存款、其他货币资金等。现金是流动资产中流动性最强的资产,可直接支用,也可以立即投入流通。拥有大量现金的企业具有较强的偿债能力和承担风险的能力。

2.短期投资

短期投资是指企业持有的能随时变现的有价证券,或时间不超过一年的其他对外短期投资。有价证券是指可以给持有人定期带来一定的收益,并且可以像商品一样买卖的证券,主要指股票和债券等。

3.应收和预付款项

应收和预付款项是指企业生产经营过程中所形成的应该收而尚未收的或预先支付的款项。它属于企业债券性资产,包括应收票据、应收账款、其他应收款、预付货款等。

4.存货

存货指的是企业在生产经营过程中为销售或者耗用而储备的各种资产,它包括各种原材料、燃料、包装物、低值易耗品、在产品、外购商品、协作件、自制半成品、产成品等。

(二)按资产变现的快慢分类

按资产变现的快慢,流动资产可以分为速动资产和非速动资产。

流动资产具有较强的变现能力,这是就总体而言的。流动资产中的不同项目,其变现速度也是不相同的。流动资产中变现能力最强的是货币资金,因其本身就是货币形态;其次是短期投资,因为是可以上市交易的有价证券,可以随时经交易变现;应收票据、应收账款作为企业的结算资产,已经完成销售,进入款项待收阶段,在正常情况下,其变现时间屈指可数,而且应收票据还可以背书转让,抵押、贴现,其变现能力强于应收账款等“记账信用”。相对而言,流动资产中的存货变现速度比较慢。

根据上述分析,将流动资产中变现速度快,变现能力强的资产称为速动资产。主要包括现金、短期投资、应是票据、应收账款等。不能迅速转化为现金的流动资产称做非速动资产,主要有存货等。

(三)按在生产经营过程中的作用分类

按在生产经营过程中的作用,可以把流动资产划分为生产领域的流动资产和流通领域的流动资产。这种划分主要是在工业企业等制造行业中应用。

生产领域的流动资产是指在生产过程中发挥作用的流动资产,如原材料、辅助材料、备品配件、低值易耗品、在产品、自制半成品等。

流动领域的流动资产是指在商品流通过程中发挥作用的流动资产,如产成品、现金、外购品等。

第二节　现金管理

一、概述

货币资金是企业所拥有的处于货币形态的经营资金,是企业流动资产的重要组成部分。货币资金包括现金、银行存款以及其他货币资金。

现金是指存放在企业,随时可以动用的那部分货币资金。现金主要包括存放在企业的库存现金和存放在企业各部门为了支付零星开支的备用金。银行存款是指企业存放在开户银行的那部分货币资金,其收支需要经过银行结算,包括各种存款。

现金是企业流动资产的重要组成部分。对现金的管理主要是运用现金收支预算,保证现金收入,控制现金支出,节约现金占用量。

现金在流动资产中有其突出的特点:

(1)有着极强的流动性,在企业经济活动中,有一大部分经营业务涉及现金的收支,也就是现金在企业持续经营过程中随时有增减的变化。

(2)现金收支活动频繁。

(3)在一定程度上现金的收支数额大小反映着企业业务数量多少和企业规模大小。

(4)通过现金的收支能反映企业收益和损失以及经济效益。

企业现金的来源包括创建企业之初投资人以各种形式向企业投入的现金、在企业经营期间的营业收入等。企业现金的支出主要包括购置财产物资、支付劳动报酬、支付各项费用等。

由于现金的流动性大,而且它又涉及各方面经营管理活动,国家为了从宏观上控制社会的货币流通量,制定了现金管理办法和内部控制系统,以严格控制和监督企业的货币收支。这些规定和办法都是企业在现金收支活动中所必须遵守的。

二、企业持有现金的动机和现金管理的目的

(一)企业持有现金的动机

在生产经营过程中,企业一般都保存一定数量的货币资金。企业领导人在看本企业财务报表时,往往关注企业有无银行存款和银行存款的多少。企业之所以要持有一定数量的现金,主要是未来满足交易性需求、预防性需求和投机性需求,即交易动机、预防动机和投机动机。

1. 交易动机

交易动机又称支付动机,是指企业日常现金收支不同步,而必须保存一定数额的现金,来满足生产经营活动中各种支付需要。这是企业持有现金的主要动机。企业在生产经营中,要购买原材料,支付工资等费用,缴纳税款,支付利息、股息,这些都需要用现金支付。企业经营中的资金是不断循环周转的,如果企业在生产经营过程中能做到现金的收入与支出在时间上和数量上同步,也就是说,当企业需要支付一定数量的现金,正好企业收回相同数量的现金,则企业为应付支付动机的现金可以减到最少。当然,这一点在企业生产经营的实际中是很难做到的。现金收入与支出总是存在差额,企业不可能不保留一部分现金以应付支付动机的需要。但是,这给我们以启示,即在企业安排现金收支中,尽量做到收支同步,以减少交易所需要的现金。

2. 预防动机

预防动机是指企业为了预防某些意外事件而必须保持的一定数量的现金。企业预计的现金需要量一般是指正常情况下的需要量,但是企业有时会出现意想不到的开支,会影响企业现金的收入与支出,现金流量的不确定性导致企业必须准备必要的现金。例如自然灾害、安全事故,国家某些政策的变化,市场需求的突然变更,等等,都有可能使企业额外支付更多的现金。企业如果事先有这样的一笔机动资金,便可以使企业更好地应付这些意外事件。

3. 投机动机

投机动机是指企业保存现金用于不寻常的购买机会,期待从有价证券或原材料等物资的价格波动中得到好处,而持有现金。这里讲的投机实际上就是短期投资。企业的现金存入银行,可以得到较少的利息收入。如果企业经营者对证券市场上证券价格的波动规律有所掌握,而且能较准确地判断其价格走势,则可以在低价位时买进股票或债券,在高价位时将其卖出,从中获利。随着市场体制的建立,各种原材料等物资的价格也会经常出现波动,企业也可以在低价位时买进,待其价格升高时再卖出,赚取价差。

(二)现金管理的目的

现金管理的目的是在保证企业生产经营正常运行的情况下,使持有现金的总成本最低,实现企业价值的最大化,即把现金的数量控制在尽可能低的水平上,并从暂时闲置的现金中获得最多的利息收入。

一般来说,企业的现金是一种非盈利或低盈利的资产。企业的库存金额基本上不会产生收益,而银行存款虽然会有一定的利息收入,但通常是按活期存款利息计息,利息率很低,这些资金不能投入周转而无法取得盈利而遭受损失,降低企业盈利水平。如果企业现金不足,也会直接影响企业生产经营的正常运行,使企业蒙受损失。所以企业要计算和确定合理的现金数量,并努力保证达到所需要的现金数量。而当企业的现金数量较多时,要积极地寻

找合适的短期投资方式,使多余的现金得到较大的收益。

三、现金收支预算管理

现金收支是企业财务活动中的重要内容,它影响和决定企业资金周转的状况和成本费用的高低。企业资金运动都是从货币形态开始,又最后回到货币形态,因此现金收支状况反映了资金运动状况。企业的各项成本费用实际上也是从现金支出开始的,当然现金支出不一定马上都计入成本费用,但是现金支出或迟或早都要转化为费用成本,因此现金收支也直接影响企业成本费用的高低。正因为现金收支对企业财务有重要作用,所以企业应十分重视对现金收支的管理。其有效的方法是进行预算管理。

(一)现金收支预算的格式和内容

现金收支预算也叫现金收支计划,是预计未来一定时期企业现金收支状况、进行现金平衡的计划,是企业财务管理的一个重要工具。

现金收支预算编制方法有多种,但主要有两种:收支预算法和调整净收益法。不同的方法采用的表格形式不同,现以收支预算法为例,列出现金收支预算的内容及格式。见表6-1。

表6-1 现金收支预算 (单位:万元)

序号	现金收支项目	上月实际	本月计划
1	(一)现金收入		
2	(1)营业现金收入		
3	现销和当月应收账款的收回		700
4	以前月份应收账款的收回		500
5	营业现金收入合计		1 200
6	(2)其他现金收入		
7	固定资产变价收入		90
8	利息收入		50
9	租金收入		90
10	股利收入		70
11	其他现金收入合计		300
12	(3)现金合计收入 (3)=(1)+(2)		1 500
13	(二)现金支出		
14	(4)营业现金支出		
15	材料采购支出		600
16	当月支付的材料采购支出		400
17	本月付款的以前月份材料采购支出		200
18	工资支出		100
19	管理费用支出		80
20	销售费用支出		60

续表 6-1

序号	现金收支项目	上月实际	本月计划
21	财务费用支出		40
22	营业现金支出合计		880
23	(5)其他现金支出		
24	厂房设备投资支出		200
25	税款支出		60
26	利息支出		40
27	归还债务		50
28	股利支出		80
29	证券投资		50
30	其他现金支出合计		400
31	(6)现金支出合计 (6)=(4)+(5)		1 360
32	(三)净现金流量		
33	(7)现金收入减现金支出 (7)=(3)-(6)		140
34	(四)现金余额		
35	(8)期初现金余额		120
36	(9)净现金流量		140
37	(10)期末现金余额 (10)=(8)+(9)		260
38	(11)最佳现金余额		160
39	(12)现金多余或短缺		100

现金收支预算中各项目说明如下:

(1)现金收入。现金收入包括营业现金收入和其他现金收入两部分。

营业现金收入主要指产品销售收入,其数字可从销售计划中取得。在根据销售计划编制现金预算时,需要注意两点:首先必须把现销与赊销分开;其次必须考虑企业收款中可能出现的有关因素,如现金折扣、销货退回、坏账损失等情况。

其他现金收入通常包括设备租赁收入、证券投资的利息收入和股利收入等。

(2)现金支出。现金支出主要包括营业现金支出和其他现金支出。

现金支出主要有材料采购支出,工资支出和管理费用、销售费用、财务费用等各项支出。

材料采购支出是企业现购和以前月份赊购而本期支付的货款,本期末支付货款的赊购不列在其中。

销售费用和管理费用主要根据以往发生额进行分析,合理预测。

其他现金支出主要包括固定资产投资支出,偿还债务本金和利息支出,所得税支出、股利支出和上缴利润等。

(3)净现金流量。净现金流量是指现金收入与现金支出的差额。计算公式如下:

净现金流量=现金收入-现金支出

=(营业现金收入+其他现金收入)-(营业现金支出+其他现金支出)

(4)现金余缺。现金余缺是指计划期期末现金余额与最佳现金余额(又称管理现金余额)相减后的差额。如果期末现金余额大于最佳现金余额,说明现金有多余,应考虑投资或归还债务;如果期末现金余额小于最佳现金余额,则说明现金短期,应运行筹资予以补足。期末现金余缺额的计算公式为:

$$\text{现金余缺额}=\text{期末现金余额}-\text{最佳现金余额}$$
$$=\text{期初现金余额}\pm\text{净现金流量}-\text{最佳现金余额}$$

(二)最佳现金余额的确定

编制现金收支预算时,要确定现金余额。现金余额是计划期现金期末余额与最佳现金余额的差额。由于现金是一种非盈利或低盈利的资产,现金过多,会使企业盈利水平下降;而现金太少,有可能出现现金短缺,影响生产经营的正常运转,因此企业要在风险和报酬之间权衡,确定最佳的现金余额。

最佳现金余额的确定方法很多,下边介绍几种常用的方法。

1.现金周转模式

现金周转模式是按现金周转期来确定最佳现金余额的模式。现金周转期是指现金从投入生产经营开始,到最终转化为现金的过程。影响现金周转的有三个因素:

(1)存货周转期,是指将原材料转化成产成品并出售所需要的时间。

(2)应收账款周转期,是指应收账款收回变现所需要的时间。

(3)应付账款周转期,是指从收到材料开始到现金支出之间所用的时间。

三个因素与现金周转期的关系如下面的公式:

$$\text{现金周转期}=\text{存货周转期}+\text{应收账款周转期}-\text{应付账款周转期}$$

根据现金周转期,可以确定最佳现金余额为

$$\text{最佳现金余额}=\frac{\text{年现金需求总额}}{360}\times\text{现金周转期}$$

[例6-1] 某企业预计存货周转期为70天,应收账款周转期50天,应付账款周转期为20天,预计全年需要现金360万元,求最佳现金余额。

现金周转期 $=70+50-20=100$(天)

最佳现金余额 $=\frac{360}{360}\times100=100$(万元)

2.因素分析模式

因素分析模式是根据上年现金占用额和有关因素的变动情况,来确定最佳现金余额的一种方法。其计算公式如下:

$$\text{最佳现金余额}=(\text{上年现金平均占用额}-\text{不合理占用额})\times(1\pm\text{预计销售收入变化百分比})$$

影响企业现金余额高低的最基本因素是销售量或销售收入的增减变化,因此因素分析模式主要以销售收入变化为主要因素,来测算最佳现金余额。

[例6-2] 某企业上年平均占用现金为1 650万元,其中有150万元的不合理占用额,本能销售收入预计比上年增长10%,则本年的最佳现金余额为:

最佳现金余额 $=(1\ 650-150)\times(1+10\%)=1\ 650$(万元)

3.存货模式

存货模式确定最佳现金余额的前提是企业的现金不足,通过变卖有价证券获得,所以最佳现金余额的确定,实际上是如何安排现金资产与有价证券之间的最佳分割比例。

存货模式是要求找到使现金管理总成本降低的现金量。现金余额储备主要包括现金持有成本、现金转换成本两个方面。

1)现金持有成本

现金持有成本是指持有现金而放弃的报酬,是持有现金的机会成本,这种成本通常是指有价证券的投资报酬率,它与现金余额大小成正比例变化。

2)现金转换成本

现金转换成本是指现金与有价证券互相转换所发生的费用,包括委托买卖佣金、手续费、印花税等。这种成本与交易的次数有关,进行证券交易的次数越多,相应的转换成本就越大。

如果现金余额大,则持有现金的机会成本就高,转换成本相对较少;如果现金余额小,则持有现金的机会成本低,而转换成本则要上升。最佳现金余额是两种成本之和最低时的现金余额。现金管理总成本计算公式如下:

现金管理总成本=持有成本+转换成本

$$TC = \frac{Q}{2}R + \frac{A}{Q}F$$

式中 A——预算期现金需要总量;

Q——最佳现金余额;

R——有价证券利率或报酬率;

F——平均每次证券变现的固定费用,即转换成本;

TC——现金股利总成本。

现金管理总成本与持有成本、转换成本的关系如图 6-1 所示。

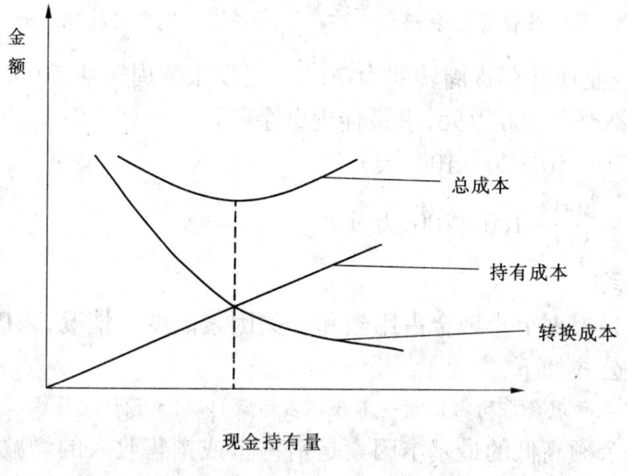

图 6-1 现金管理总成本与持有成本、转换成本的关系

从图 6-1 可以看出,现金管理总成本持有量呈凹形曲线关系,通过求导,可以确定出最佳现金余额及最低现金管理总成本。

最佳现金余额为

$$Q = \sqrt{\frac{2AF}{R}}$$

证券变现次数为

$$证券变现次数 = \frac{A}{Q}$$

最低现金管理总成本为

$$TC = \sqrt{2AFR}$$

［例 6-3］ 某企业预计全年需要现金 200 万元，现金与有价证券的转换成本为每次 0.1 万元，有价证券的利息率为 10%，则最佳现金余额为：

$$Q = \sqrt{\frac{2 \times 200 \times 0.1}{10\%}} = 20(万元)$$

证券变现次数 $= \frac{800}{20} = 40$(次)

最低现金管理总成本 $TC = \sqrt{2 \times 200 \times 0.1 \times 10\%} = 2$(万元)

(三)现金收支预算制定和执行程序

企业在制定现金收支预算和运用现金收支预算对现金进行管理时，一般要遵循一套科学的程序，现以月度现金收支预算为例，介绍预算制定和执行的程序。

1.预算方案的编制

现金收支预算方案通常采用由下而上、由上而下反复多次的方法。

(1)各部门、各单位编制本部门、本单位的现金支出预算。企业各部门、各单位在制定生产经营计划和各项工作计划的同时，编制出现金支出预算，报到企业财务管理部门。各基层部门在编制支出预算时，必须强调要详细，要按有关的标准、定额逐项核算编制，力求“精打细算”。如果预算编制过于粗略，过于笼统，则在实施时无法进行控制，就会失去预算的作用。对预算的质量，财务部门要把关，要求编制不详细的单位重新编制。

(2)财务部门会同销售部门，根据销售计划或销售预测，编制现金收入预算。现金收入预算是整个现金收支预算的基础，通过编制现金收入预算，明确地将回收款项的任务落实到销售部门及其销售人员身上。因为销售货款的回收存在着很多不确定性因素，所以企业在制定现金收入预算时，应当适当地给予优惠，比如打一定的折扣。

(3)由厂长或经理主持，财务部门牵头，各有关方面负责人参加，编制全厂(全公司)的现金收支预算方案。厂长或经理主持的目的是要提出预算编制的总体思路，即明确现金支出的基本原则，以便财务部门会同各部门负责人，进行综合平衡，编制出符合现实的现金收支的初步方案。

2.预算方案的审核、批准

经厂长或经理主持下编制的现金收支预算方案，还需要经过审核批准程序。一般来说年度预算方案要经过董事会，以及股东大会讨论通过，月度的预算方案通常经过厂长、经理办公会或厂预算委员会讨论通过即可。

(1)预算方案的审核。审核的目的是查看预算是否做到收支平衡，各项现金支出是否合理，能否保证企业生产经营的正常运行，是否做到了保证重点、兼顾一般，是否做到节约使用和占用资金，预算是否具有可操作性等。通过审核程序，可进一步提高预算的质量水平。

(2)预算方案的批准。对审核后的预算，经过厂长或经理办公会讨论通过，定为企业(公司)具有约束性的文件，作为标准下发执行。讨论通过的作用是赋予预算以“法律”效力，即预算一旦通过，任何人不得随意修改，包括厂长、经理也不得随意修改。

3. 现金收支预算的执行

(1)在预算期内,各部门、各单位凡是有现金支出的,必须按预算规定的项目、金额、时间进行开支。哪个部门开支,哪个部门领导签字、谁签字谁负责。预算内的开支一般不需要经过厂长、经理签字。

(2)对没有列入预算的开支项目,财务部门有权拒绝开支,坚持没有预算不开支的原则。对确实是由于意外原因造成的预算外支出,必须经过厂长、经理批准,编制补充预算,并经过审核后才能开支。

(3)计划期末对预算执行情况要进行检查考核,对超预算开支的要追究当事者的责任。

第三节　应收款项管理

应收账款是指企业因对外销售产品、材料、供应劳务及其他原因,应向购货单位或接受劳务的单位及其他单位收取的款项,包括应收账款、其他应收款、应收票据等。

随着市场竞争的加剧,企业为了维持和增加销售,而采用了赊销、分期付款等销售方式向客户提供了商业信用,而产生了应收账款。应收账款管理是企业流动资产管理的难点。随着企业赊销范围的扩大,应收账款的成本会越来越沉重。企业通过制定信用政策,把应收账款的管理由事后转变为事前,减少应收账款的坏账损失。

一、应收账款成本与管理目标

(一)应收账款成本

企业通过赊销、分期付款等方式推销商品,可以扩大销售量,增加利润,但是相应的应收账款增加,造成应收账款的成本增加。应收账款的成本有以下几种。

1. 应收账款的机会成本

这是指应收账款占用资金而失去的收益。应收账款的机会成本等于应收账款平均占用额乘以资金利润。

2. 应收账款的管理成本

这是指应收账款的各项管理费用,包括:

(1)调查费用。调查费用是指企业为了调查客户的信用情况而发生的费用,这是企业提供赊销的必然要发生的费用。

(2)信息费用。信息费用是指企业为了收集客户的相关信息、记录应收账款情况的费用。

(3)收账费用。收账费用是指企业为了回收应收账款时发生的费用,主要是追要逾期应收账款时产生的费用。

3. 坏账损失成本

坏账是指企业无法收回的应收账款。因为债务人死亡或破产,其遗产或破产财产无法清偿的债务;逾期3年仍未收回的应收账款,都属于坏账。在社会信用水平低下的情况下,应收账款的坏账损失成本往往非常大。

(二)应收账款管理目标

应收账款的管理目标是:强化竞争能力,扩大、刺激销售功能,将应收账款控制在适当的水平上,不使应收账款占用过多的资金;同时,在发挥应收账款的同时,尽可能降低由于赊销带来的机会成本、坏账损失和管理成本,最大限度地提高流动资金的利用效果。

二、信用政策

信用政策是指企业在给客户提供赊销时,应遵循的原则、标准、条件、程序和对策等。企业通过制定和执行信用政策,可以实现对应收账款的事后管理转向事前管理。信用政策主要包括信用标准、信用条件和收款政策等内容。

(一)信用标准

信用标准是顾客可以获得企业的交易信用所规定的标准,如果顾客达不到信用标准,便不能享受企业的信用或只能享受较低的信用优惠,企业通常以预期的坏账损失率作为判别标准。

企业在制订信用标准,通常是在对客户进行调查了解,并对客户进行信用评估后,再确定是否给客户提供赊销,提供多少赊销。

1.5C 评估法

对客户进行调查和评估,通常从品德、能力、资本、抵押品、条件五个方面进行,称做5C评估法。

1)品德

品德指客户的信誉,即履行偿债义务的可能性,主要是指客户有没有按期偿还货款的诚意。市场经济是法制经济,也是信用经济,经营者不仅要受到法律的约束,同时也要受到收益道德的制约,能否遵守信义,是否认真履行自己的承诺,是商业道德的重要表现,因此是评价信用的首要因素。企业必须设法了解顾客过去的付款记录,看其是否有按期如数付款的一贯做法及与其他供货企业的关系是否良好。企业愿意向将具备起码商业信誉的客户作为提供赊销的对象。

2)能力

能力是指客户偿还债务的能力,即其流动资产的数量和质量以及流动负债比例。企业给客户提供赊销,虽然提供的是商品,但实际上是借给客户一笔钱,是一笔短期贷款。客户能否及时付款,取决于客户自身的偿债能力。对客户的偿债能力的判断主要是通过分析客户以往经营活动中的支付行为和客户的自称负债状况,看其资产负债比率、流动比率、速度比率等财务指标。

3)资本

资本是指客户的财务实力和财务状况,表明顾客可能偿还债务的背景。主要根据客户的资本金、所有者权益以及有形资产净值的大小来判断。

4)抵押品

抵押品是指客户拒付款项或无力付款时,能被用做抵押的资产。对于不知道其底细,或信用状况有争议的客户,就要考虑是否有足够的抵押品,作为提供赊销的重要条件,如果这些顾客能够提供足够的抵押,就可以考虑向他们提供相应的信用。

5)条件

条件是指可能影响客户付款能力的经济环境条件。主要是在经济状态发生变化或一些特殊的经济事件发生,会对客户的付款能力产生说明影响,需要了解顾客在过去困难时期的付款历史。

2. 调查了解客户信用状况的渠道

要调查和了解客户的信用情况，需要有一定的信息渠道。调查了解客户信用状况的渠道主要有：

(1)通过与客户有经济来往的各个企业和机构的调查访问来了解客户的信用状况；

(2)借助一些中介机构，如社会调查机构，信用分析评估机构来了解客户的信用状况；

(3)在合法和得到许可的情况下，从客户的银行了解有关资料；

(4)根据企业自身积累，通过建立用户档案，随时记录反映客户的信用情况。

3. 制定信用标准和具体运用的步骤

企业制定信用标准和具体运用包括以下三个步骤。

(1)设定信用等级的评价标准。根据对客户信用情况的调查了解，找出评价信用优劣的数量标准。可以在查阅各个客户过去若干年的信用资料，以一组具有代表性，能够说明付款能力的财务状况的若干比率(如流动比率、速度比率、应收账款周转率、存货周转率、资产负债率、付款履约情况等)作为信用风险指标，根据数年内最坏年景的情况，分别找出信用好和信用坏的两类客户的上述比率的平均值，依此作为比较其他客户信用状况的标准。

按照上述方法找出的信用标准见表 6-2。

表 6-2　信用标准

指标	信用标准	
	信用好	信用坏
流动比率	2.3:1	1.4:1
速动比率	1.1:1	0.7:1
现金比率	0.4:1	0.2:1
资产负债比率	30%	75%
应收账款周转率	10 次	4 次
存货周转率	8 次	2 次
总资产息税前利润率	35%	15%
赊购付款履约情况	及时	拖欠

(2)根据各个客户的财务报表资料，计算各个客户的指标值，与上述标准比较。

比较评价方法是：若客户的某项指标等于或低于信用差的指标值，则该客户的坏账损失率大；当客户的某一指标等于或高于信用好的指标值时，则该客户的这一对应指标项目无坏账损失风险；当客户的某一指标值介于信用好和信用差的指标值之间时，则要根据客户实际指标值与信用好的指标值的差额，并依据对应的指标对应收账款发生坏账损失的影响程度大小，分析计算该指标的坏账损失率。将各项指标的坏账损失率累加，即是该客户发生坏账损失的总比率。

一般某项指标等于或低于信用坏的指标值，则客户的坏账损失率增加 10%，介于两者之间的增加 5%，并根据实际值与信用好和信用差的两个指标值差额的比重为权数加以计算确定，即：

$$介于信用好与信用坏两者之间的指标坏账损失率=\frac{|信用好的指标值-实际指标值|}{|信用好的指标值-信用差的指标值|}\times 5\%$$

[例6-4] 某客户的各项指标值及坏账损失率见表6-3。

表6-3 某客户的有关数据

指 标	指标值	坏账损失率
流动比率	2.1:1	0
速动比率	1.02:1	0
现金比率	0.3:1	2.5%
资产负债比率	50%	2.2%
应收账款周转率	10.2次	0
存货周转率	6次	1.65%
总资产息税前利润率	30%	1.25%
赊购付款履约情况	及时	0
累计坏账损失率		7.6%

该客户的流动比率为2.1:1,虽然低于信用好的指标值,但是处于理想的流动比率水平,因此坏账损失率为0。同样,速度比率为1.02:1,也处于理想状态,其坏账损失率为0。现金比率为0.3:1,按介于两指标之间的指标坏账损失率的计算方法,其坏账损失率为:

$$\frac{|0.4-0.3|}{|0.4-0.2|}\times 5\%=2.5\%$$

同样,资产负债率的坏账损失率为:

$$\frac{|30\%-50\%|}{|30\%-75\%|}\times 5\%=2.2\%$$

存货周转率的坏账损失率为1.65%,总资产税前利润率的坏账损失率为1.25%。应收账款周转率与赊购付款履约情况的指标高于信用好的指标值,坏账损失率为0。累计坏账损失率为7.6%。

(3)进行风险系数排队,并确定各有关客户的信用等级。根据分析计算的客户赊销的坏账损失率进行分组,将坏账损失率转换成分析等级系数,见表6-4。

表6-4 风险等级系数

风险等级系数	坏账损失率(%)	风险等级系数	坏账损失率(%)
1	0	2	超过0~2.5
3	超过2.5~5	4	超过5~10
5	超过10~15	6	超过15~20
7	超过20		

客户累计坏账损失率为5%以内为A级客户,5%~15%之间是B级客户,15%以上为C级客户。对不同信用等级的客户,分别采用不同的信用对策。对信用好、风险等级系数小

的客户，按通常的信用条件提供赊销；对信用较差、风险等级系数大的客户，则要采取比较严格的信用条件，以至拒绝给其提供赊销。

对信用标准进行定量分析，有利于企业正确地做出是否提供或提供多少赊销的决策。但是由于实际情况错综复杂，同一指标往往存在较大的差异，很难按统一标准进行衡量，因此在制定信用标准和执行信用标准时，要注意运用以往的统计数据和实际经验，对各项指标进行具体的分析、判断，不能机械地照搬书本。

（二）信用条件

这是指企业对客户提供赊销所规定的条件，也就是要求客户支付赊销款项的条件，主要包括信用期间、现金折扣和折扣期间三个组成部分。

1.信用期间

信用期间是指企业允许顾客从购货到付款之间最长的时间间隔。信用期间太短，不能吸引顾客，从而不能达到促销的目的。信用期间越长，客户享受的信用条件越优惠，客户可以在较长时间里无偿地占用企业的应收账款，实际上等于无代价地筹集了一部分资金，因此较长的信用期间对客户有较大的吸引力。对提供赊销的企业来说，延长信用期间，可以获得增加销售量的好处，但同时带来了增加应收账款占用资金的问题，使应收账款的机会成本、管理成本增加，增大了坏账损失的风险。所以企业在确定信用期间时，要考虑延长信用期间增加的边际收入与由此增加的边际成本之间的对应关系，确定合适的信用期间。

2.现金折扣与折扣期间

现金折扣是企业为促使客户及时付款而在商品价格上给予的优惠。折扣期间是为客户规定的可享受现金折扣的付款时间。

现金折扣是对客户提供的比较优惠的信用条件，采用现金折扣方式有利于刺激销售和回款，但同时也需要付出一定的成本代价，即由于现金折扣造成的价格损失。因此，企业在制订现金折扣方案，确定折扣期间时，必须与加速收款所得到的收益与付出的现金折扣成本结合起来考虑。如果加速收款带来的机会收益能够大大超过现金折扣成本，企业就可以采取现金折扣；如果加速收款的机会成本不能补偿现金折扣成本，则企业应考虑取消现金折扣。

现金折扣与信用期间结合使用，确定最佳方案。信用期间、现金折扣、折扣期间等信用条件的基本表现方式是："2/10，*n*/30"，意思是如果客户能在发票开出 10 日内付款、可以销售 2%的现金折扣；如果不想取得折扣，这笔货款必须在 30 内付清。在这里，30 日是信用期间，10 日为折扣期间，2%为现金折扣。

（三）收款政策

收款政策是指企业采取各种措施催收过期的应收账款时所应遵循的原则、程序、方法和对策等。

企业在制定收款政策时，要统计分析过去历年来拖欠账款的客户的情况，进行分类，对不同类型的客户采用不同的对策，从而明确在什么情况下发信，什么情况下打电话，什么情况下派人催收，什么情况下起诉打官司，以及在各种不同情况下的收款策略。

企业催收过期的应收账款通常应采用的程序是：当客户拖欠或拒付账款时，企业首先检查现有的信用标准及信用审批制度是否存在漏洞，然后重新对违约客户的资信等级进行调查、评价。对信用品质差的客户从企业信用名单中清除，对其所拖欠的款项可以通过信函，电话,以至派人进行催收,态度可以逐渐强硬,直至提出警告。当这些措施都无效时,再诉诸法院。为了提高诉讼效果,可以联合其他被该客户拖欠的企业共同向法院起诉。对信用记录一向正常的客户,在去电、去函的基础上,可以派人与客户进行协商,以利沟通意见,达成谅解妥协,找出较为理想的解决拖欠账款的问题。只有当双方无法取得谅解时,才付诸法律解决。

应收账款长时间拖欠,不仅仅是客户的问题,往往与企业自身的经营管理有很大关系。如企业的产品不适销对路,品质低劣,即使派出再多的人员去催讨货款,也不会有成效。企业要从根本上防止过期账款,必须不断地调整企业的经营观念和经营方式,使企业的产品或服务能满足用户和消费者不断发展变化的需求。

(四)应收账款信用政策决策

应收账款信用政策决策就是企业依据市场竞争的需要,作出是否改变信用标准、信用条件、收款政策的决策。

1.信用标准决策

企业的信用标准较严,只对信誉很好、坏账损失率很低的客户给予赊销,则会减少坏账损失,减少应收账款的机会成本,但是,这会使销售量减少;反之,如果信用标准较宽,虽然会增加销量,但会相应增加坏账损失和应收账款的机会成本。因此,企业需要根据企业外部条件的变化,确定是否改变原有的信用标准和选择什么样的信用标准。决策的基本思路是,通过比较信用标准改变前后的收益与成本的变动,遵循边际收入大于边际成本的原则,进行信用标准的决策。

2.信用条件决策

如同信用标准一样,较优惠的信用条件能够增加销售量,但会使应收账款机会成本、坏账损失成本以及现金折扣成本增加,因此企业在制定和改变信用条件时,也面临选择决策问题。

3.收款政策决策

企业应采用积极的收款政策,可能会减少应收账款占用额,减少坏账损失,但会增加收账成本。如果采用消极的收款政策,则可能增加应收账款投资,增加坏账损失,但会减少收款费用。这样一来,企业在制定收款政策时,也必然有一个合理的选择问题。

一般而言,收款费用支出越多,坏账损失越少,但两者并不一定存在线性关系。两者关系一般表现为:开始时,花费一些收款费用,应收账款和坏账损失只有小部分降低;随着收款费用的继续增加,应收账款和坏账损失明显减少;但是当收款费用达到某一限度时,应收账款和坏账损失的减少就不再明显了,这个限度称为饱和点。收款费用和坏账损失的减少就不再明显了,这个限度称为饱和点。收款费用与坏账损失的关系如图 6-2 所示。

企业在制定和选择收款政策时,要权衡增加收款费用与减少应收账款和坏账损失之间的得失。

以上介绍的是单项的信用政策的决策,企业在制定实际的信用政策时,是需要把信用标准、信用条件和收款政策综合在一起,将信用政策中各组合因素的变化对销售额、应收账款机会成本、坏账损失成本、收款成本的影响通盘考虑。综合决策的计算更加复杂,而且计算中的多个变量实际上都是预计的,在企业经营实践中都存在着相当大的不确定性。因此,企业在制定信用政策时,不仅需要有一定的数量分析,更重要的是,还应注意日常经营活动中

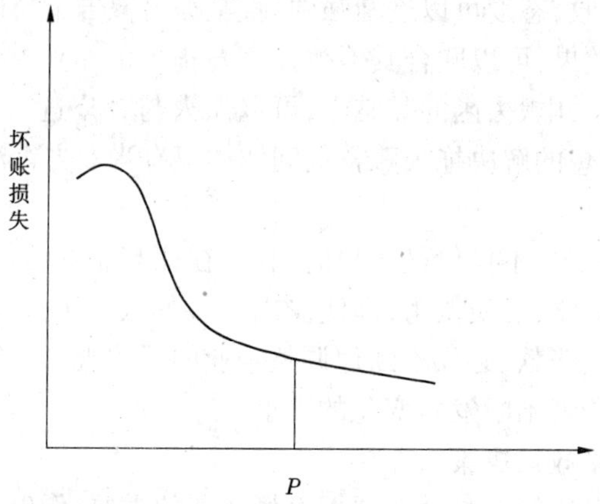

图 6-2　收款费用与坏账损失的关系

的数据统计和经营管理的经验。

（五）应收账款日常管理

1. 客户信用要求的审批管理

企业在生产经营过程中，会不断拓展经营方向，并不断来往新的客户。当新客户提出赊销的信用要求时，通常要履行一定的审批手续。根据与客户直接联系的销售人员提供客户的各种有关资料，包括客户经营状况，信用状况，即品德、能力、资本、抵押品和条件等相关资料，由销售部门经理审核批准后，决定是否给客户赊销，以及赊销金额的大小。

值得注意的是，对一次性赊销数额较大的，即使是老客户，也要经过重新的审核批准手续，必要时要经过厂长经理的亲自审核批准，以防止意外的坏账损失。

2. 应收账款的信息反馈管理

企业给客户提供赊销以后，除在会计账面上做明确的记录外，还要对应收账款的情况进行跟踪调查，并依照一定的标准，对应收账款进行统计分析，反映应收账款的质量账款。

对应收账款的跟踪调查，主要是针对那些赊销金额大，或信用品质较差的客户。企业应当及时地了解这些客户的偿债能力的变化，以便采取有效的收款对策，保证货款的及时回收，同时也为企业调整赊销数量和信用条件提供依据。

对应收账款的统计分析，主要是定期地进行应收账款的账龄分析。对企业发生在外的应收账款按其时间长短排列，并计算不同账龄的应收账款占应收账款总额的比重，来分析判断企业整体的应收账款的质量状况，并对拖期的应收账款的原因进行调查分析，提出有针对性的收款对策。

3. 应收账款收款的责任管理

应收账款是企业在销售产品或提供劳务后发生的，企业销售部门的销售人员是直接的责任者，因此应收账款的责任必须具体地落实到销售人员身上。在应收账款的回收上，要坚持谁销售谁负责收款，并按回款额计发销售人员的工资和奖金。对超过规定的信用期间的应收账款，除监督销售人员及时催款、收款外，还要对销售人员有一定的奖惩措施。如超过信用期间的应收账款，应收账款发生了坏账损失，由销售人员按比例承担损失费用。同时对应收账款回收及时，坏账损失率低于规定标准的销售人员给予适当的奖励。总之要运用各种手段，落实应收账款的收款责任。

4.应收账款的计算机管理

计算机已经在企业中广泛配置,为企业记录信息,分析数据资料,提供了便利的条件。企业应当积极地运用计算机记录客户的各种信用资料,并运用计算机进行应收账款的管理。

企业的全部应收账款资料都可以输入计算机记录系统,为企业管理者提供应收账款的当前信息。计算机可以记录和反映:应收账款的具体客户、所欠金额、客户最大信用额度、过去的付款记录以及拖欠客户的拖欠额。利用计算机可以提供应收账款的汇总表和有关应收账款的各种分析,包括平均应收账款周转时间、拖欠款所占比重以及每个销售人员的具体回款情况。可以使企业经理及时地掌握应收账款的各种信息。

第四节　存货管理

存货是企业流动资产中比重较大的项目,一般占到流动资产的40%～60%。存货管理的好坏,存货周转的快慢,对企业的获利能力和财务状况影响很大。

存货是企业流动资产中变现速度相对较慢的资产,存货管理的根本任务是控制存货数量、加速存货周转、减少存货损失。通过制定存货资金定额,加强存货的数量和质量控制,是完成存货管理任务的主要措施。

一、概述

1.存货的性质

存货是企业生产经营过程中为销售或耗用而持有的各种有形资产,包括商品、在产品、半成品、产成品及各类材料、燃料、包装物、低值易耗品等。与其他资产相比,存货具有如下特点:

(1)存货是有形资产。商标权、专利权等无形资产虽也为企业所持有且耗用,但不属于存货。

(2)存货是流通资产。它通常能在一年或一个经营周期内被销售或者耗用而转换为新的资产。因此,存货经常处于不断销售、重置或耗用、重置之中,具有较强的变现能力,但其流动性又低于现金、应收账款等其他流动资产。

根据我国《企业会计准则——存货》的规定,存货在同时满足以下两个条件时,才能称为存货:

(1)该存货包含的经济利益很可能流入企业。

(2)该存货的成本能够可能地计量。

按照以上特点来判断某项资产是否归入存货时,还应考虑该项资产所属企业的性质。因为同一资产在不同性质的企业有不同的变现。例如,生产产品用的设备应列入固定资产,但对于设备生产的企业来说,生产出来的设备则应列为产成品存货;同样,一般企业作为固定资产的房屋建筑物,在经营房产的企业则是一项存货。

2.存货的范围

存货会计的主要问题是存货数量与价值的确认与计量。因此,必须合理界定存货的范围,以便确定企业存货的正确数量。界定存货范围的基本原则是:凡是在盘存日法定所有权属于企业的一切物品,不论其存放地点,都应作为企业的存货,应在资产负债表内予以反映。因此通过判断其法定所有权是否发生转移,是确定一项物品是否属企业的存货的关键所在。

存货所有权的转移不能根据存货实体所在的空间位置变化来决定，而应根据企业存货购销的权利和义务来确定。其重要的标准是，根据购销合同和有关法律文件，企业是否取得或丧失因购买或销售存货而产生的收取现金的权利或支付现金的义务。典型的情况有以下几种：

（1）凡依照购销合同已经售出，其所有权已经转移（已收取现金或取得收取现金的权利）的存货，就不应再列作销货方的存货，而应作购货方的存货，即使该存货尚未运离销货方。

（2）凡存货的所有权没有发生转移，即购货方尚未取得现金的权利，即使该物品已经运离销货方，仍应列作销货方的存货，不应列作购货方的存货。

（3）对于盘存日的在途存货，其所有权的转移应视交易条件而定。如果按"起运点交换"方式发运，在盘存日只要已经起运，其所有权就转移给购货方，因而作为购货方的存货；如果按"目的地交货"方式发运，但在盘存日尚未到达目的地，其所有权仍属于销货方，因而应作为销货方的存货。

（4）在委托代销业务中，在盘存日尚未售出的代销商品，其所有权仍属于委托企业，因而应列作委托企业的存货。

3.存货的分类

存货的类别视企业的性质不同而有所不同。

服务性企业的存货主要是各种物料用品，如办公用品、家具等。

商业性企业也有少量的物料用品，但它最主要的存货是库存准备对外销售的各种商品，称为"库存商品"。

制造企业以生产产品为主，故其存货的构成最为复杂，存在于生产经营过程的各个阶段，一般分为以下几类：

（1）原材料。原材料是指各种直接或间接用于产品生产的物资。它们或者形成产品实体的一部分，或者有助于产品的形成。一般包括原材料及主材料、辅助材料、外购半成品、修理用备件、燃料等。

（2）低值易耗品。低值易耗品是指不能满足固定资产条件的各种劳动资料，如办公用品、工具、劳动保护用品等。

（3）包装物。包装物是指为包装企业产品而储备的和在销售过程中周转使用的各种包装容器，如箱、桶、罐等。

（4）在产品。在产品是指正在生产各阶段进行加工或装配的尚未完工的产品。

（5）自制半成品。自制半成品是指已经过一定生产过程，并已验收合格交付半成品库，但仍需进一步加工的中间产品，也可单独对外销售。

（6）产成品。产成品是指已经完成全部生产过程，并已验收入库，可以对外销售的产品。

4.存货管理的重要性

在大多数企业特别是商业和制造业中，存货在流动资产中甚至在全部资产中占很大的比重，而且它们经常处于不断销售、耗用或重置之中，流动性极强。因此，必须加强对存货的管理与控制，既要保持适量的库存，避免存货过多而占用资金和存货过少而影响生产与销售，又要防止偷盗侵占等事件的发生，确保存货的安全。

及时准确地反映存货收入、发出和结存的数量和金额，有利于企业管理者对存货的计划与控制。存货不仅是资产负债表流动资产的一个重要项目，也是利润表中销售成本的来源，存货计量的正确与否，直接影响到企业的财务状况和经营成果能否得到正确反映。所以说，正确开展存货的会计核算，是存货管理与控制的一个重要方面。

存货会计核算中的存货科目往往按照存货的类别设置，主要科目有："物资采购"、"原材料"、"库存商品"、"自制半成品"、"材料成本差异"、"包装物"、"低值易耗品"、"委托加工材料"、"委托代销商品"、"分期收款发出商品"、"存货跌价准备"等。

二、存货管理目标

存货管理目标涉及到存货的功能，由存货功能产生的存货收益与存货成本等因素。

(一)存货功能

存货功能是指存货在生产经营中所发挥的重要作用。存货的功能主要包括以下几个方面。

1.保证生产经营的正常进行

企业一般很难随时购入所需的材料，或者在需要销售时能立即生产出产品，企业为了保障生产的连续性，在其生产经营活动中必须要保持一定数量的原材料、在产品的存货，即使采用无库存的准时生产法，生产过程中也必须有足够的在产品、原材料存货。实际上在市场供应状况不稳定、市场需求变化很快的情况下，企业实行准时生产法存在很大的难度。为了保证生产经营正常进行，企业必须要储备一定数量的原材料和在产品存货。

2.有利于满足销售需要

企业在批量购进商品物资时，往往能销售价格上的优惠。企业从节约采购成本的目的出发，一般需要成批采购。企业储备必要数量的产成品存货，能满足用户订货的要求。尤其当市场需求突然增加时，企业有足够的产成品储存，才能及时满足用户成批采购的需要，才能提高企业的销售量。

3.防止意外事件造成的损失

企业在生产经营过程中，总难免发生一些意外事件，如原材料误期到货，生产设备故障，天灾人祸等，因此企业需要一定的保险储备，减少因存货不足带来的机会损失。

(二)存货成本

存货成本是指企业为保存一定数量的存货，而支付的相关费用。存货成本一般包括下列几项。

1.采购成本

采购成本是指存货本身的价值，由买价、运杂费等构成的。为降低采购成本，企业要研究材料供应情况，广泛地收集材料供应信息，在保证质量的前提下，在价格上货比三家，以采购质量好、价格低的材料物资。

2.订货成本

订货成本指企业为取得订单而产生的成本，包括：订购过程中发生的差旅费、谈判费用、邮资、电报电话以及货物检查、验收入库等费用。订货成本一般与每次订货的数量无关，而与订货的次数有关，如差旅费、邮资等。因此，要降低订货成本，主要是减少订货次数。在物资年需用量一定的情况下，减少订货次数就是要相应地增加每次订货的数量。

3.储存成本

储存成本是指为保持存货而在储存过程中发生的各种费用，主要包括：仓储费、搬运费、保险费、存货占用资金的利息费用以及存货的变质与过期损失费用等。储存成本与存货数量有关,储存成本等于平均存货数量与单位储存成本的乘积。企业要降低储存成本主要措施是采用增加订货次数,小批量订货的方式,以便减少存货的储存数量。

4.缺货成本

缺货成本是指由于存货供应中断,不能满足生产经营需要而产生的损失,包括:材料供应中断造成的停工待料损失、产成品库存缺货造成延迟交货的罚款损失、企业信誉降低而丧失销售机会的损失等。缺货成本是一种机会成本。

(三)存货管理目标

企业存货的需要原因如下:

首先保证生产或销售的经营需要。企业持有充足数量的存货,不仅有利于生产过程的顺利进行,节约采购费用与生产时间,而且能够及时地满足客户各种订货的需要,为企业的生产销售提供较大的机动性。其次,出自价格的考虑。零购物资的价格往往较高,而整批购买在价格上常有优惠。但是,过多的存货必然要占用更多的资金,并且会使企业增加较多的储存成本和管理费用,影响企业的获利能力的提高。

这就决定了企业在存货的管理上,要考虑存货成本于存货功能及其收益之间的利弊,选择合理的组合。因此,企业存货管理的目标是,在充分发挥存货功能的基础上,努力控制存货的数量,降低存货成本,加速存货资金的周转。

三、存货资金的定额管理

资源存货管理的重要内容是加速存货周转,减少存货资金的占用,从而达到提高资金利用效果的目的。因此,企业采用制定存货资金定额,运用定额对存货资金加以管理和控制。

(一)存货资金定额的制定方法

由于企业存货种类不同,因此制定存货资金定额的方法也有所不同。

1.周转法

周转法又称定额日数法,是根据各种存货平均每日周转额(占用额)和资金周转天数来确定定额的一种方法,计算公式如下:

$$资金定额=平均每日周转额(占用额)\times 资金周转天数$$

这种方法通常适用于原材料,在产品、产成品资金定额的制定。

2.因素分析法

因素分析法是以上期资金的实际占用额为基础,考虑计划期各项因素变化对资金占用的影响,通过调整计算,确定资金定额的方法,计算公式如下:

$$资金定额=(上期资金实际平均占用额-不合理占用额)\times (1\pm 计划期产量增减百分比)\times (1-计划期加速周转百分比)$$

这种方法主要适用于品种繁多、规格复杂和价格较低的材料物资。对应产销量变化不大的中小企业,也可用此法计算全部存货资金定额。

3.比例计算法

比例计算法是根据存货资金与有关因素之间的比例关系来测定资金定额的方法。通常是以销售收入资金率或产值资金率计算,计算公式如下:

$$资金定额=计划销售总数\times 计划期销售收入存货资金率$$

$$计划销售收入存货资金率=\frac{上期存货资金平均余额-不合理占用额}{上期实际销售收入总额}\times(1-计划期资金周转加速率)$$

这种方法适用于辅助材料、修理用备件等资金定额的测定，也可以用来测算企业全部存货资金定额。

(二)各种存货资金定额的测试公式

1.储备资金定额

储备资金定额是指企业从用现金购买各种原材料物资开始到把它们投入生产为止的整个过程所占用的资金。

储备资金定额=原材料物资平均日消耗量×单位价格×原材料资金周转日数

原材料资金周转日数=在途日数+验收日期+整理准备日数+供应间隔日数+供应间隔系数+保险天数

2.生产资金定额

生产资金定额是指从原材料投入生产开始，直到产品制成入库为止的整个过程所占用的资金，主要是在产品占用资金。

在产品资金定额=在产品日均产量×单位产品计划成本×在产品成本系数×生产周期

在产品成本系数=在产品成本/完工产品成本

3.产成品资金定额

产成品资金定额是指从产成品制成入库开始，直到销售出去取得货款为止的整个过程占用的资金。

产成品资金定额=产成品日均产量×单位产成品计划成本×产成品资金周转日数

产成品资金周转日数=在库日数+发运日数+结算日数

上述资金定额均采用周转法，也可以采用因素分析法和比例法来计算，这里不再详细介绍。

(三)各类资金定额的执行和管理

资金定额是控制资金占用量、加速存货资金周转的有效工具，也是衡量企业各类存货资金占用情况的尺度。但是，这些工具还需要企业认真地贯彻执行，加强管理。

1.资金定额的细化

由于企业生产经营过程耗用的原材料种类很多，产品品种也较多。因此，除了制定企业三项资金定额外，还要针对具体的原材料、在产品、产成品制定分项的资金定额，以便各个部门、各个环节控制资金占用。各项具体资金定额的制定，要采取上下结合的方法，由财务部门提出定额制定的方法和要求，发动各资金占用单位，根据本部门的实际情况，制定各自的资金定额，然后由财务部门组织汇总、审核、批准。

2.资金定额的应用

资金定额的应用要与现金收支预算管理相结合，在编制计划期现金支出预算时，要以资金定额为标准，衡量企业各个环节的资金占用状况。如果某个环节的资金占用超过了资金定额，要分析其产生的原因，以便及时控制对这个环节的资金投入。

3.资金占用的考核

资金占用的考核是指资金占用控制责任具体落实到各个单位和个人，实行分级控制管理。对资金占用情况要逐月检查，逐月考核，并与奖惩挂钩，对资金占用控制在定额以内的要给予奖励，对超定额占用资金的，要有适当的惩罚。

四、存货控制

存货控制包括存货数量控制和存货质量控制。

(一)存货数量控制

存货数量控制是指企业根据生产经营计划,在日常生产经营活动中,对各种存货的使用和周转状况进行组织、调节,将存货数量保持在一个合理水平上。

存货数量控制的方法有很多种,下边介绍一下经济批量法和订货点法。

1.经济批量法

经济批量法是从存货成本角度考虑,进行存货数量控制的方法。

存货成本由存货的采购成本、订货成本、储存成本和缺货成本构成。由于采购成本与年需用量和材料(或商品)单价有关,在年需用量一定的情况下,与存货数量大小和订货次数多少无关,因此从控制存货数量角度可以不考虑采购成本。与存货数量有关的成本主要是订货成本和储存成本。存货数量越多,则储存成本大,而订货成本小;相反则订货成本大,而储存成本小。经济订购批量就是定储总成本最小时的订货批量。

$$T_C = \frac{D}{Q} \times S + \frac{Q}{2}H$$

式中 T_C——定储总成本;

D——某种材料(商品)的年需求总量;

Q——一次订购数量;

S——一次订货费用;

H——单位存货的储存成本。

对上式求导,得

$$\frac{\mathrm{d}T_C}{\mathrm{d}Q} = \frac{-DS}{Q^2} + \frac{1}{2}H = 0$$

则经济批量为

$$Q_0 = \sqrt{\frac{2DS}{H}} = \sqrt{\frac{2 \times \text{年需用量} \times \text{一次订货成本}}{\text{年单位存货储存成本}}}$$

[例 6-5] 某企业对某种物资的年需用量为 1 000 吨,一次订购费用 500 元。该种物资每吨价格 2 500 元,储存成本为单价的 4%,经济订购批量为:

$$Q_0 = \sqrt{\frac{2DS}{H}} = \sqrt{\frac{2 \times 1\,000 \times 500}{2\,500 \times 4\%}} = 100(\text{吨})$$

运用经济订购批量法对物资或商品的每次订货数量进行控制,也就控制了存量数量,并保证了存货成本保持在一个较低的水平上。

2.订货点法

订货点法就是订购下一批存货时,本批存货的存储量。也就是说,当库存存货到达订货点库存量时,就要准备订购下一批存货。

订货点法既控制了订货数量,也控制了订货时间。订货点储备量通常受订货周期、每日消耗量和保险储备等因素影响。

$$R = d \times L + B$$

式中　d——每日消耗量；

L——订货周期，从开始订货到材料或商品入库所需要的时间；

B——保险储备量。

［例 6-6］　企业某种材料的日平均消耗量为 400 公斤，订货周期 5 天，材料保险量为 1 200 公斤，则该种材料的订货点储备量为：

$R = d \times L + B = 400 \times 5 + 1\,200 = 3\,200$（公斤）

当该种材料库存量降至到 3 200 公斤时，就应当组织订货。订货点法可以与经济订购批量法结合使用，每次订货数量按经济批量来确定。

（二）存货质量控制

1. 存货质量分析

从财务管理的角度来说，存货质量是指存货的流动性与收益性，即存货的销售情况。

存货根据销售状况及盘存记录可以分为畅销、平销及有问题三类。前两类统称适销存货，后一类属于不适销或积压有问题存货。有问题存货又分为销小存大、冷背呆滞、质次价高、残损霉变等多种情况。

通过存货数量的分析，可以了解企业存货的质量水平，掌握适销存货与有问题存货的金额、比重及变动趋势，以便积极地采取措施，优化存货结构，加速存货资金周转，提高企业经济的效益。

2. 存货质量管理措施

存货质量管理采取的措施，主要应采用严把进货关，加强仓储管理，定期盘点检查存货状况。这些措施是一般企业都注意的常规措施，这里不再介绍，下面主要介绍一下对有问题的存货的处理问题。

1）权衡利弊，合理地进行削价处理

很多企业对不适销的存货，常常采取挂账方式而不予处理，这样做表面上不会减少当期收益，但对企业是非常不利的。因为存货一旦积压滞销，企业无论处理与否，损失都已经事实形成，削价损失都是客观存在的。往往拖延的时间越长，需要降价的幅度会更大，推销的难度也会越大，造成的损失实际会更多。采用挂账方式，积压存货占用的资金不能及时盘活，不能投入企业资金周转增值过程，从而形成机会损失。占用资金还需要支付利息费用，仓储的积压存货还要支付储存费用。因为存货损失不能处理，使企业利润虚增，增加企业税收，导致现金流出量增加。因此，企业要从盘活资金的角度出发，积极地处理有问题的存货。

企业各种积压有问题存货无论采取什么样的推行方式，一般都无法按正常市价销售出去，采取削价政策是不可避免的。在对有问题存货进行削价处理时，要根据具体情况，分析机会损益，分别对待。

对于冷背呆滞、残损霉变的存货，其削价幅度的确定，应以能否销售出去为原则。因为这类存货几乎无销路可言，只要能销售出去，削价幅度可以很大，否则，错失机会，企业将会遭受更大的损失。

对于那些过季积压或预计未来某一时间能够由滞转畅的存货，企业需要通过机会损失分析，来确定有无必要降价处理，以及降价的幅度。机会损失分析是用削价处理后的损失额减去盘活资金的再投资收益的净损失额与储存待销所增加的成本费用比较。

削价处理的净损失额＝削价损失－削价后盘活资金的再投资收益

用公式表示为：

$$M = K \times X - K(1 - X)R \times D$$

式中 M——存货削价处理的净损失额；

K——存货成本；

X——削价幅度；

R——再投资的日收益率；

D——待机销售的储存天数。

待机销售的成本费用增加额 = 借款利息 + 保管费用 + 存货损耗

用公式表示：

$$N = K(L + P + S) \times D$$

式中 N——待机销售的成本费用增加额；

L——日借款利息率；

P——日保管费用率；

S——日存货损耗率；

D——待机销售的储存天数。

当削价处理的净损失额小于待机销售的成本费用增加款时，可以考虑进行削价处理，否则应当待机销售。通常也可以用损益分界点来判断。所谓损益分界点，即削价处理的净损失等于待机销售的成本费用增加额时的削价率。

令 $M = N$ 则

$$KX - K(1 - X)R \times D = K(L + P + S) \times D$$

整理得：

$$X = \frac{(R + L + P + S) \times D}{1 + R \times D}$$

当 $X < \frac{(R + L + P + S) \times D}{1 + R \times D}$ 时，应当削价处理；

当 $X > \frac{(R + L + P + S) \times D}{1 + R \times D}$ 时，应当继续储存以待未来销售时机。

［例 6-7］ 某企业一月末甲存货 500 万元已过时令，要到 4 月初才能进入下一销售旺季，年借款利率 10%，年保管费用率 1.5%，年损耗率 0.5%，现有客户拟以 350 万元价格买下全部甲存货，企业年平均投资收益率 20%，企业是否接受这一削价订单？

损益分界点削价率：

$$X = \frac{(20\% + 10\% + 1.5\% + 0.5\%)/360 \times 240}{1 + 20\%/360 \times 240} = 18.8\%$$

企业实际削价幅度为(500 - 350)/500 = 30%，大于损益分界点削价率，对企业不利，企业应拒绝这一削价订单。

上述分析是以存货未来能够销售出去为前提的，没有考虑可能发生的销售不出去，或部分销售不出去的情况，因此在实际工作中，还要在对未来销售情况进行概率分析的基础上，对削价与否及幅度大小作出合理的判断。

2)完善存货质量控制制度

企业对积压有问题的存货进行削价处理是迫不得已的举措，削价处理总会给企业带来或多或少的经济损失。存货积压的情况一般情况下是难以完全避免的，但是企业如果采取有效的管理措施，严格控制存货数量和质量，还是可以降低或防范积压存货情况的发生。

这些管理措施包括：

(1)建立、健全存货进、存、销、责任制度，以销定购，以销定存。

(2)建立、健全存货验收、监督、检查和反馈制度，及时分析反馈存货质量信息，并通过资金分配环节进行控制、调节，以减少积压存货数量及资金占用额。

(3)建立存货管理的奖惩制度，对已出现的积压有问题的存货，要查明原因，明确责任。对因积压存货造成重大经济损失的情况，对其责任者要给予适当的惩罚，对及时发现有问题的存货，采取措施挽救减少损失的情况，对发现人要给予一定的奖励。

第七章 固定资产管理

第一节 概 述

一、概念及其性质

固定资产是使用年限超过一年以上,单位价值较高,并且能反复周转使用,价值逐渐转移,在使用过程中实物形态保持不变的资产。它是企业进行生产经营的主要手段,包括厂房建筑物、机器设备和运输工具,等等。

企业中固定资产判定标准通常有三项:首先,使用期限在一年以上;其次,单位价值在一定标准之上;第三,是用于生产经营活动,而不是为了出售。企业应按照规定标准,结合本单位的具体情况,如经营规模、业务范围的不同,制定相应的固定资产目录,作为核算依据。未作为固定资产管理的工具、器具等,均列为低值易耗品。

由于在我国土地所有权归国家所有,企业对占用的土地只有使用权,土地不得买卖、转让和抵押,本身也不具有价值,因此土地不能列为固定资产。企业使用的土地可以有两种处理方法:

(1)按期向政府缴纳场地使用费,缴纳的费用直接列为各会计期的期间费用。

(2)是以场地使用权的形式作为企业的一项无形资产。

二、特征

固定资产与企业的其他资产相比,一般具有如下特征。

(一)收益能力高,风险较大

固定资产是企业生产经营主要劳动资料,主要包括厂房和机器设备,使用时间长,是企业创造财富的主要手段,它和无形资产共同被称为长期经营资产。固定资产的固定不仅表现在其实物形态长期不变,还表现为它所内含的技术形态的相对固定,进而使其用途也较为固定。这些资产的用途不易改变,因此使用固定资产所生产的产品使用价值具有相对的稳定性。固定资产投资风险较大的原因是由于固定资产使用期间较长,在这个较长时期内所生产的产品使用价值也很难改变,即固定资产的投资具有不可逆转性,但人们对产品的需求却在不断变化,固定资产生产出来的产品往往面临着不适应市场需求的风险。事实上,固定资产投资的回收期限越长,市场需求的变化越大,投资的风险也就越大。此外,当固定资产所生产的产品不适合社会需求时,如果处理和变卖固定资产,其价值也因固定资产的使用功能丧失而十分廉价,因此存在残余价值不能得到补偿的风险。

由于固定资产投资风险较大,相应地,它的投资也会比较高。主要是因为:固定资产的投资一般是具有战略性和创新性的一项决策。战略性会给企业带来长期收益,创新性会给企业带来高额利润。

因此,固定资产投资一旦成功就会取得高收益,一旦失败,就会造成很大损失。在财务管理中必须权衡风险和收益的关系，通过强化固定资产投资的可行性论证，尽可能避免风险，实现收益。

（二）价值双重存在

在企业生产经营过程中，随着固定资产价值的转移，其价值的一部分脱离实物形态，转化为进入营运资金的货币准备金，而其余部分则继续存在于实物形态之中，直到固定资产丧失全部功能。固定资产在全部使用年限内，束缚在实物形态上的价值逐渐减少，而脱离实物形态转化为货币准备金的价值逐年增加，直到固定资产报废时，垫支在固定资产上的资金才实现全部价值的补偿，实物也需要更新。这时，货币资金又同固定资产完全统一起来，重新开始另一个周期的循环。固定资产在使用过程中价值的双重存在这一事实告诉我们，企业的各种固定资产折旧程度不同，实物更新时间不同，人们就可以在某些固定资产需要更新以前，用折旧的货币准备金进行投资，以充分发挥这一货币准备金的作用。在财务上，使用这一货币准备金的合理界限是：确保在固定资产更新改造时，有足够的资金来进行固定资产更新再生产，充分发挥资金的使用效能。

尽管固定资产不断地提取折旧，价值不断减少，但固定资产仍以整体实物形态进行运转，这就要求加强固定资产实物的管理，确保固定资产实物的生产和经营能力不致下降或下降有限。

（三）资金占用的稳定性和实物运用能力的可变性

固定资产投资一经完成，在资金占用数上保持相对稳定，而不像流动资产投资那样经常变化，而且固定资产的实物运用的最大能力也被确定。在相关业务范围内，实际固定资产营运能力的增加和减少，并不需要相应增加和减少固定资产投资，因此一般企业在固定资产的管理上，总是充分挖掘固定资产的使用能力，使固定资产处于满负荷运行状态。

（四）投资的集中性和收回分散性

固定资产的投资通常采取一次性投资和分次性投资两种方式。即使是分次性投资，也是在固定资产投资使用前的较短时间内发生，所以固定资产的投资具有集中性；另一方面固定资产的投资回收是通过折旧逐渐提取的，它要经过固定资产投资的整个使用寿命期才能收回，不像流动资产那样，一次性垫付，一次性收回。

固定资产投资的集中性，要求在进行固定资产投资时，必须考虑现金流出和流入的合理关系，有计划地筹措和安排资金的使用，特别是不要因为固定资产投资而影响正常的营运资金需要，更不能因此而导致到期不能偿债，而使企业陷入破产境地。

固定资产收回分散性，要求考虑资金时间价值。通过折旧收回投资是按时间顺序分期收回的，从资金时间价值角度看，越是提前收回的货币资金，其价值越大，反之价值越小。

折旧所能形成的货币资金的时间价值包括两部分：一是提前折旧收回的货币资金的时间价值，二是提前折旧收回货币资金从而延期纳税使现金暂时多余而带来的资金时间价值。考虑固定资产使用后，折旧分期进行而带来的时间价值差异，也必须将其与投资初始日进行价值同口径计算，这要求企业不仅要合理选择投资的投出时间，也要通过折旧方式的选择，合理确定折旧的时间和折旧数额。

三、固定资产的分类

企业的固定资产产品种类繁多，规格不一，为加强管理，根据不同的管理需要和不同的分类标准可以对固定资产进行不同的分类。固定资产管理的核心问题是使用效率，而使用效率的高低决定了固定资产投资的风险大小和收益水平的高低。所以固定资产一般都围绕这一核心进行分类。

（一）按经济用途为划分标准

固定资产按其经济用途分为生产用固定资产和非生产用固定资产。

1.生产用固定资产

生产用固定资产，是指直接参加生产过程或直接服务于生产过程的各种固定资产，如厂房、机器、工具、动力设备、运输设备等。这种固定资产能提高生产经营和服务的能力，同时能提高收入。这里的收入是指由产品和劳务提供于市场所获得的收入。因此，可以认为这类资产是提供收入的资产。

2.非生产用固定资产

非生产用固定资产，是指不参加或不直接服务于生产过程的固定资产，如职工宿舍、招待所、学校、幼儿园、俱乐部、食堂、浴室、医院等单位旨在用于职工文化教育、医疗卫生等职工福利方面的建筑物、设备等。这类资产不会带来收入增加，只会增加折旧成本。但是这类资产在企业中又必不可少，如果没有这类固定资产，企业职工的积极性和劳动效率会被影响，以致使生产用固定资产不能达到最佳营运状态。所以，这类资产在企业中既不可没有，又不可过多，关键是确定它在固定资产中的合理比重。

那么如何判断这个比重的合理性呢？只有当增加非生产固定资产而使边际固定资金利润不低于未增加前的平均固定资产利润率时，这种增加才是合理的。

（二）以使用情况为划分标准

按固定资产的使用情况，可以分为使用中的固定资产、未使用的固定资产、不需用的固定资产和租出固定资产四种。

1.使用中的固定资产

使用中的固定资产，是指正在使用中的各种经营性和非经营性固定资产，包括生产用、销售用和生活福利用的固定资产。由于季节性和大修理等原因暂时停用的，存放在生产部门、销售部门、科研开发部门等备用的机器设备，也属于使用中的固定资产。

2.未使用的固定资产

未使用的固定资产是指尚未使用的新增固定资产，调入尚待安装的固定资产，进行改建、扩建停止使用的固定资产和其他原因停止使用的固定资产。

3.不需用的固定资产

不需用的固定资产是指企业在生产经营中不再使用，需要处理的固定资产。

4.租出固定资产

租出固定资产，是指以收取租金的方式租给外单位使用的固定资产。

一个企业要提高固定资产使用效率，必须首先将固定资产全部投入使用，不得闲置。固定资产一旦闲置，必然使得闲置固定资产的折旧由使用中的固定资产所带来的收入分摊，从而使企业净收入下降。从理论上讲，一项固定资产是否停止使用，必须以该项固定资产所生产产品的单位收入是否大于单位变动成本为界。当单位收入价格大于单位变动成本时，该项固定资产必须继续使用,反之应立即处理。

(三)按所有权分类

1.自有固定资产

自有固定资产,是指企业享有占有权、处置权的固定资产,自有固定资产可供企业长期使用,是企业全部资产的重要构成部分。

2.租入固定资产

租入固定资产,是指企业通过支付租金取得使用权的固定资产,其租入方式分为经营性租入和融资性租入两类。经营性租入的固定资产一般在备查簿中登记,而融资租入的固定资产应作为资产入账,在日常使用中与自有资产相区别,需要单独设立明细账进行核算。

(四)以运行效率为划分标准

按固定资产的运行效率,可将其分为满负荷运行的固定资产和运行不足的固定资产两种形式。

1.满负荷运行的固定资产

满负荷运行的固定资产,是指投入生产经营和服务中使用的固定资产,完全按照设计能力进行营运,其生产经营和服务能力达到最大的固定资产。这类固定资产的特征就是再增加一个边际产量或单位服务,就必须增加新的同样的固定资产。

2.运行不足的固定资产

运行不足的固定资产是指投入生产经营和服务中使用的固定资产,为按照设计能力进行营运,其生产经营和服务能力未达到最大的固定资产。这类固定资产的特征就是如果再增加一个边际产量或单位服务,无需要增加一个同样的固定资产。

一个企业要提高固定资产的使用效率,不仅要使固定资产全部投入使用,而且必须使投入使用的固定资产能充分发挥效力,达到最佳运行状态。而这还与相应的产品或劳务的价值实现相联系。以此为出发点,固定资产是否满负荷运行,其标准是:固定资产使用后所提供的最后一个单位可售出产品和劳务的边际收入等于边际成本时,固定资产运行所提供的市场可以实现的利润最大。

第二节　固定资产的日常管理及管理原则

一、固定资产日常管理

在日常的使用管理中应该保证固定资产安全与完整,使固定资产处于正常的营运状态,以确保固定资产使用效率的正常发挥。因此,必须做好对固定资产的日常管理工作。固定资产的日常管理主要是以固定资产实物为管理对象,具体包括固定资产归口分级管理、固定资产管理的基础工作、固定资产报废与清理管理等方面。

(一)固定资产归口分级管理

企业通行的固定资产管理制度是归口分级责任制,即在企业经营者的统一领导下,按照固定资产的类别,由有关职能部门负责归口管理,然后,根据固定资产的使用情况,由各级使用单位具体负责,进一步落实到班组或个人,并同岗位责任制有机地结合起来。

企业通常包括若干经营管理层次,各经营管理层次又设立若干职能机构或职能人员。厂部是企业经营管理层的最上层,是企业行政指挥和经营决策的中心,企业财务管理的主要权力应集中在最上层。对车间、班组、仓库、后勤等内部单位要赋予一定的固定资产管理权限,从而建立固定资产分级管理责任制。企业的各项固定资产要按内容、性质归口各职能部门负责管理,然后,按固定资产的使用情况分解为各部门、单位、个人的责任指标,由财务部门和有关职能部门定期考核各职能部门、各责任单位的固定资产使用保管情况,奖优惩劣,以调动企业内部各单位、个人当家理财,管好用好固定资产的积极性。

从内容方面来看,固定资产归口分级管理包括固定资产的归口管理和固定资产的分级管理两个方面。

1.固定资产的归口管理

固定资产的归口管理是按照固定资产的使用性质或类别归口给有关职能部门负责管理,如财务部门为固定资产价值的管理部门,生产技术部门是固定资产实物动态管理和技术管理的职能部门,资产使用部门为资产实物保管部门。各部门主要职责如下:

(1)财务部门负责资产增减、调拨等会计核算工作,正确进行资产价值的核算、折旧的计提;会同有关部门建立、健全固定资产卡片,并要求技术部门与使用部门对建立的资产卡片加以确认,保证资产卡、物一致;会同有关部门确定公司固定资产更新改造及添置规模,参与固定资产投资项目计划的审定;配合技术管理部门定期做好固定资产的清查、清理、报废等工作。

(2)生产技术部门负责固定资产的实物动态管理和建立设备台账;组织固定资产清查,保证卡、物相符;负责审查各项固定资产的出售,系统内调拨、报废、停用、租赁等鉴定工作。

(3)资产使用部门保证资产的完整、安全;配合生产技术部门和财务部门做好固定资产的清查、报废、停用、转移等工作,做到卡、物一致。

各归口部门负责对经营的固定资产进行合理使用、维护和管理,定期对固定资产的使用保管情况进行检查,并经常与财会部门保持密切的联系。

2.固定资产的分级管理

在归口管理的基础上,按照固定资产使用地点将各类固定资产分别交由企业内部各级单位管理,一直具体落实到责任人,这样就可以做到层层负责和物物有人管。

为了进一步健全固定资产的责任制,固定资产的归口管理还必须明确规定各有关方面的权、责、利关系,并加以具体化,形成相应的规章制度,做到使用有权限、管理有责任、考核有尺度、奖惩有标准。

实行归口与分级相结合的管理形式,各分级企业、各归口管理部门分工明确,职责落实,以便形成科学的管理网络体系。

(二)固定资产管理的基础工作

企业财务部门是固定资产管理的综合部门,它应全面组织和切实保证固定资产的安全保管和有效使用。财务部门应会同各有关职能部门制定固定资产管理制度和财务管理办法,规定各类固定资产的增减变动、维修更新、清理报废的手续,组织监督有关单位执行。具体包括以下内容:

(1)建立、健全固定资产账卡和记录,为管好、用好固定资产提供准确、详细的资料。为此,应加强与财产管理和使用部门的协作,设置各项固定资产的总账、明细账和台账,详细记载固定资产的编号、类别、名称、规格、使用单位等情况。固定资产构建、调入、内部转移、出租、调出和清理报废等变化都必须经过一定的审批程序,及时准确记入固定资产卡片、总账和明细账。任何单位和个人,未经批准不得擅自拆除、调出、挪用、外借、变卖固定资产。

(2)建立、健全固定资产实物变动的手续制度。要求实物变动手续必须至少经过两个不同的部门之手,也要求实物变动的手续至少要经过两个不同的层次之手。实现审批与经办分离,实物管理与账务管理分离。

(3)定期清查盘点固定资产。企业应定期对固定资产进行盘点,至少每年盘点一次,并应形成制度。对于盘点情况以及盘点中发现的问题,应由负责保管和使用的部门查明具体原因,并写出书面报告,经企业主管人员或有关部门批准后及时进行处理。对没用估价入账的固定资产,应按新旧程度、质量,参照同类固定资产价格估价入账。对已满使用年限不能再继续使用的固定资产或技术性能落后、消耗高、效率低的固定资产应经审批后及时处理;对因责任事故造成的财产损失要追究经济责任。

(三)固定资产报废、毁损

固定资产因磨损、技术进步等原因而报废,表明固定资产已丧失了它的使用价值,这将造成企业固定资产价值的减少。企业财务部门要严格掌握固定资产的报废、毁损,做好这项工作。

(1)认真履行固定资产报废的审批手续,把好固定资产报废审批关。只有固定资产已超过规定的使用年限,或者因火灾、水灾、风灾、震灾等遭受严重毁损无法修复使用等情况,方可申请固定资产报废、毁损。

(2)财务部门根据了解报废固定资产的实际情况与原因,并且确认符合报废的规定之后,提出处理意见,报请领导审批。只有经领导批准以后,方可进行固定资产清理。对确已丧失使用价值的固定资产的报废,必须经过审查鉴定。对专业性较强的专用设备报废,必须由专业技术人员审查、鉴定,取得技术鉴定书,申明详细理由,按规定程序报上级主管部门批准,基层单位一律不得擅自报废处理。

(3)在批准固定资产进行清理之后,财会部门应配合有关部门正确估计报废资产的残值,监督清理费用开支,并将变价收入及时入账,并入营业外收入,由企业统一安排使用。

(4)对报废、毁损和清理后的固定资产实物,要按照残余材料重新办理入库登记,加强实物的库存管理。对固定资产报废后的剩余材料进行变卖时,要按照销售程序办理有关手续。

二、固定资产的管理原则

正如前述,固定资产管理的核心是使用效率,它是指通过使固定资产满负荷运行,并尽可能用于生产经营和服务领域,使固定资产运用后所取得的产出效益最大。为了达到这一目标,必须遵循一些基本原则。

(一)充分使用原则

充分使用原则要求企业必须将固定资产全部投入使用,不能出现闲置不用的固定资产。为此,必须做到以下几点:

(1)对于新增未使用固定资产,应注意在固定资产构建计划中做好投入生产经营和服务营运的准备工作。

(2)对于季节性闲置不用的固定资产,尽可能开发利用其多用途的功能,进行其他生产经营和服务业,使固定资产闲时不闲。

(3)对于转产的固定资产发生闲置时,应尽可能将停产与转产时间衔接,减少以致避免转产闲置。

(4)对于不需用的固定资产，应尽可能将固定资产清理变卖，变死资金为活资金。

(二)满负荷运行原则

满负荷运行原则要求企业使用的固定资产都能按照设计能力高效率运转，使固定资产的营运能力不致闲置。为此，必须做到以下几点：

(1)只要市场不受限制，固定资产必须以其相关业务量范围的最高点作为营运目标，使固定资产运用后的业务量达到最高。

(2)如果市场需求受限，固定资产的生产能力以最后提供的单位业务所带来的边际收入等于边际成本时总业务量为限，这时固定资产的获利水平最高。

(3)确因市场需求受限而导致的营运能力过剩，企业必须通过固定资产的使用用途的拓展，充分利用其过剩营运能力。

(三)生产最大可能原则

生产最大可能原则是指固定资产尽可能多的使用于生产经营和服务领域，使直接创造收入或提供收入的固定资产所占比重最大。为此，必须做到以下几点：

(1)在企业初创和迅速发展时期，企业需要集中资金扩大生产经营和服务规模，这时，应尽可能将资金投放于生产经营和服务领域。

(2)在企业发展处于相对稳定时期，如果资金充裕，可根据实际需要将一部分资金用于非生产经营和服务领域，但要留有余地，使企业面临发展机遇时，有一定的资金迅速投放于生产经营和服务领域。

(3)在市场和企业处于衰退时期，应首先缩小非生产经营和服务的固定资产规模，以减缓其对企业收入的冲抵效应。

(4)企业增加非生产经营和服务的固定资产应以边际固定资产利润率有所提高或至少不能降低为前提，这样，可以真正体现非生产经营和服务所用固定资产对企业产生的积极作用。

(四)实物负责原则

实物负责原则是指固定资产应实行分级归口管理，也就是在企业财务部门的统一协调下，使固定资产的类别，由企业各职能部门负责归口管理，按各类固定资产的使用地点，由各级使用单位负责具体管理，并进一步落实到班组和个人。实物负责的原则，从根本上要保证固定资产实物的运行状况良好、运行效率不断提高以及固定资产实物的安全、完整。

(五)更新年限的经济性原则

固定资产的更新是指对固定资产的整体补偿，它有完全按照原样进行更新和在先进技术基础上的更新两种基本形式：

(1)完全按照原样进行更新，是指按原来的技术基础、原来的规模、原来的结构和原来的用途进行更新，以实现固定资产的更新再生产；

(2)在先进技术基础上的更新，是指以先进、效率和性能更好的、能产生更大经济效益的设备，更换陈旧落后的设备，不断提高企业的技术水平。

首先，企业究竟采用何种更新方式，必须根据经济合理的原则，以所选择的那种更新方式所能提供的整体经济效益最大为标准进行选择。其次，企业何时更新固定资产，也应按经济原则进行决策。一项固定资产只有到使用期满后更新，从成本角度看似乎是节约的，但是如果较早地用新固定资产代替，不仅可能使成本尤其是单位成本相对节约，而且，由于其效率的提高,会带来更大的经济效益。

第三节 固定资产折旧

一、折旧与折旧政策的概念

固定资产折旧是指固定资产在使用过程中逐渐损耗(有形损耗和无形损耗)而转移到商品或费用中去的那部分价值,也就是企业在生产经营过程中由于使用固定资产而在其使用年限内摊销的固定资产耗费。这是从固定资产价值的角度对折旧所做的定义。由于固定资产价值的双重存在,一部分价值仍然停留在固定资产上,在会计上称为固定资产净值;另一部分价值转移到产品或劳务中,通过产品或劳务的出售而收回,称为转移价值或折旧价值。

固定资产折旧的依据是损耗程度。损耗程度是固定资产有形损耗和无行损耗的综合反映。有形损耗是指固定资产在使用过程中由于使用磨损和自然力的作用引起使用价值和价值的损耗;无形损耗是指由于科学技术进步和劳动生产率的提高而引起的固定资产价值的贬值和损耗。

由于企业日常的理财活动主要是对企业现金流量的规划安排,因此折旧额的多少在一定程度上可以调节企业日常理财松紧。折旧越多,企业处于更新准备状态的现金越多,企业可用现金也越多,以此为基础企业承受风险的能力会加强,对风险的偏好程度也会随之改变。

固定资产折旧的原则是:计提固定资产折旧额,固定资产折旧数额的多少取决于企业选择的折旧政策,应以固定资产的利用状况以及科学技术进步和劳动生产率提高等实际情况为基础,并根据企业自身的财务状况及其变化趋势,对固定资产的折旧方法和折旧年限所作出的选择。折旧方法就是对固定资产损耗的计量方法,也就是在使用年限内的分配方法。折旧年限的确定损耗分配的时间范围问题。不同的计算方法和长短不一的摊提范围构成了不同的折旧政策。应注意以下几方面:

(1)折旧政策与企业财务状况及其变动趋势密切联系在一起,也就是说,采用什么样的折旧政策不仅受制于企业的财务状态及其变动趋势,而且,通过折旧政策也可以调整和改善企业的财务状况。所以折旧政策的选择往往与一定的理财目标相联系。

(2)折旧政策的中心内容就是确定折旧方法和折旧年限,从而最终确定某一时期内折旧数额的多少,它对企业财务状况影响很大。

(3)折旧政策表现为一个选择过程,由于企业财务状况不会总是稳定不变的,所以折旧政策也会相应作出调整。

值得注意的是,各企业应该在固定资产折旧政策符合国家政策的前提下,制定本企业的折旧政策。国家折旧政策实际就是税法中有关对计提固定资产折旧的固定资产范围、固定资产折旧分类以及固定资产折旧的方法和年限的规定。显然,国家折旧政策是为了实现纳税目标、稳定税收而设立的,它具有普遍的适应性和相对的稳定性。由于国家折旧政策的制定也会涉及纳税所得的确定,而这也会对企业的现金流量产生重要影响,所以,它对企业财务也构成直接影响。

二、折旧政策对企业财务的影响

折旧政策是指对固定资产的折旧方法和折旧年限作出的规定，它对企业财务具有非常重要的影响。

（一）对企业筹资和现金流量的影响

折旧准备金是企业更新固定资产的一个具有主权资本性质的重要来源。在一特定的会计期间内，不同的折旧政策决定着这一来源的规模。折旧提得越多，意味着企业留下的现金越多，或者说为固定资产更新准备的现金越多，随着企业可利用自有资金的增多，对外筹资的规模相应降低。对外筹资数量的下降会使企业的边际成本以及新筹资后的企业综合资本成本都相对降低。那么，可以说折旧政策在一定程度上决定着企业对外筹资的规模和成本。因此，折旧政策的选择应根据企业未来期间的资金需求和将要面临的筹资环境而定。另一方面，折旧额的多少直接影响着企业的现金流转。折旧越多，企业处于更新准备状态的现金越多，企业可用现金也越多。

（二）对企业投资的影响

影响固定资产投资决策的一个重要因素是可利用的资金规模，而折旧政策的选择会影响某一具体会计期间的可利用的资金规模。由于折旧政策影响着自有资金的规模，那么它也间接地影响着企业的投资活动。可利用的资金越多，而且成本相对较低时，就会刺激企业的投资活动。

另外，折旧政策不仅从规模上影响投资活动，它还会影响固定资产更新投资的速度。如采用快速折旧，折旧年限短，固定资产的更新也会加快；反之，采用慢速折旧，折旧年限长，固定资产的更新就会较慢。

（三）对分配的影响

折旧政策的选择，直接决定进入产品和劳务成本中的折旧成本的多少。在其他因素不变的情况下，不同的折旧政策会使企业同一时期的可分配利润金额有所不同。选择的结果如果是提高折旧成本，在其他因素不变时，企业可分配利润减少；选择的结果如果是降低折旧成本，在其他因素不变时，企业可分配利润增加。

同时，同一折旧政策也会使不同期间，即使经营成果相同，投资者可得到的收益也有所不同。由于利润收入与企业价值的相关性，折旧政策间接地会影响企业市场价值的波动。

（四）对固定资产风险—收益关系的影响

固定风险是指固定资产投资难以收回的风险，它与固定资产的使用时间相联系，即使用时间越长，未来市场的变动越多，对它的预测也就越困难，从而使固定资产使用后形成的产品和劳务的市场实现不确定性增大。也就是说，投资收回的风险随着时间的延长逐渐增加。因此，固定资产折旧年限越长，固定资产投资收回面临的风险就会越大；反之亦然。不同的折旧政策对风险的防范能力是不一样的，当然对收益的影响也不一样。如果将固定资产风险与相应的收益联系起来，则有以下结论：

(1)当采用快速折旧、折旧年限短的折旧政策时，固定资产投资风险小，相应的净收入也较低。

(2)当采用直线折旧、折旧年限长的折旧政策时，固定资产风险会加大，相应的年净收入较高。

因此，固定资产折旧政策的改变，会自动调整固定资产的风险—收益等关系。

三、影响折旧政策的因素

固定资产折旧政策的选择不仅受到企业会计原则的约束，还要受到企业财务目标、会计目标的支配。不同的企业应根据自身及外部环境不同的特点，要为企业管理提供正确的信息，从多个角度依据不同的选择标准进行分析。

总而言之，在制定固定资产折旧政策应考虑固定资产的磨损状况、企业获利能力、企业一定时期的现金流动状况、纳税义务的考虑、资金保全与技术更新的考虑、企业的市场价值高低等几点。

(一)固定资产的磨损状况

固定资产折旧其实是反映了固定资产的磨损价值。因而，固定资产折旧计提数量的多少、折旧年限的长短主要依据的就是它的磨损状况。固定资产的磨损包括有形磨损(或物理磨损)以及无形磨损(或精神磨损)。有形磨损一般与固定资产的被使用程度及时间成正比关系，而无形磨损则与技术的进步及劳动生产率的提高直接相关。对于技术含量较高的固定资产，无形损耗是计提折旧的主要依据。制定固定资产折旧政策时，应该充分考虑资产的实际使用状况以及科技进步的影响。在这两项因素中，尤其是无形损耗快的固定资产，应当采取快速折旧的方法，在较短的时间里进行折旧。在选择固定资产折旧政策时，应当充分考虑科学技术的进步。

(二)企业获利能力

从企业获利能力角度分析，折旧政策选择的总标准就是：

(1)在企业赢利水平不断提高时，可以选择长时间平均折旧。这样，可以使各期可分配利润不致下降，或者可因赢利水平提高，可分配利润上升。

(2)在企业赢利水平呈下降趋势或先高后低时，可以选择短时间快速折旧和长时间快速折旧。这样，可以使各期的分配利润不致下降，或者可以因折旧减少速度超过赢利水平的下降程度，而使各期可分配利润略有上升。

因此，把折旧政策与财务目标结合起来，使财务报表所揭示的利润信息或获利水平显示出稳定增长的趋势，企业的市场价值也会同样稳定。

(三)企业一定时期的现金流动状况

在实际工作中，财务管理部门大部分精力都是放在对现金流量的管理上，主要因为现金支付风险很容易因一些细小的疏忽而降临企业，使企业陷入一种财务困境。财务管理部门对现金净流量的关心远胜于对会计利润的关心，许多日常的财务决策也是从这个角度作出的。

根据计算现金净流量的简略公式：

$$现金净流量=税后利润+折旧$$

可以得出，折旧作为现金流量的一个增量，它的多少是能够调节企业的现金流动状况的。从长期来看，无论采用什么折旧方法，在设备使用年限内所提供的现金流入量总额是相等的。但从短期来看，加速折旧法可以提早提供可供利用的资源。而且，由于资金的时间价值，加速折旧法比其他的方法提供较大的折现后的现金流入量。因此，在制定折旧政策时应利用折旧的成本特点，与企业的现金状况结合起来考虑。

企业一定时期的现金流入可能大于现金流出，出现现金盈余；也可能出现现金流出大于现金流入，出现现金短缺，以至于财务支付困难。当现金盈余较多时，可以选择直线折旧、折旧年限较长的折旧政策；当现金短缺时，应选择快速折旧、折旧年限较短的折旧政策。

（四）纳税义务的考虑

由于折旧政策的选择直接影响着企业应纳税所得额的多少，国家对折旧政策的选择是有所管制的，企业只能在国家折旧政策的弹性范围内作出一种有限的选择，即在国家税收政策允许的条件下，通过折旧政策的选择，以期延期纳税，从中获得资金时间价值的好处。同时，国家为了鼓励一些产业的发展，也会通过国家折旧政策予以引导，比如采取加速折旧法，给予企业因资金时间价值带来的好处。

（五）资金保全与技术更新的考虑

资本保全是财务管理的一个基本目标，只有资本在价值和实物上都得到保全，企业才能追求进一步的增值。一般来讲，固定资产在全新时工作效率较高，提供的收益较大，企业选择折旧政策应考虑这些特点，而使企业能够尽早收回大部分投资，减少物价变动造成的货币贬值，保全实体生产能力。而且如果固定资产无形损耗较大，则折旧年限可短一些，反之可长。在目前技术不断进步，设备更新换代加快以及物价变动较大的情况下，为保全企业原始投资，体现资本保全原则，采用加速折旧法是较为合适的。

（六）企业的市场价值高低

一定时期内企业市场价值高低与企业利润分配水平、现金分配数量密切相关。就企业而言，如果企业的赢利水平较高，而且现金分配数量较大时，其他条件不变，企业股份必然上升，反之则下降。企业为了树立良好的财务形象，需要企业市场价值相对稳定，并逐步提高。为此，企业必须解决好两方面的问题：

（1）受市场波动的影响，应选择合适的折旧政策，确保利润水平稳定。

（2）如果增加利润，就必须减少折扣，相应减少现金准备量。

如何确保两者的平衡，进而既实现利润水平对股价的有利影响，又实现现金分配对股价的有利影响，也必须选择合理的折旧政策。

此外，投资者的风险偏好也影响折旧政策，偏好风险者因不害怕未来市场变动对固定资产价值收回的影响，可能选择较长的折旧期；厌恶风险者可能选择较短的折旧期。

四、折旧政策的类型与选择

（一）折旧政策的种类

折旧政策从根本上讲就是怎样确定折旧方法和折旧的期间。折旧的方法有两种基本类型，就是快速折旧和慢速折旧，折旧的时间有长期和短期两种。这两者似乎一致，就是快速折旧必然是折旧期间短，直线折旧必然是折旧期间很长。但事实上并不完全一致，表现在快速折旧可以是折旧时间并不缩短，而只是折旧数额前期多，而后期少；慢速折旧在理论上也可以认为是折旧时间并不延长，而只是折旧数额前期少，而后期多。这样，企业折旧政策可以归纳为四种类型。

1.短时间快速折旧政策

短时间快速折旧政策是指折旧在较短时期里提取完毕，而折旧数额的时间分布可以是各年等额，也可以是先多后少。

2. 长时间快速折旧政策

长时间快速折旧政策是指折旧的提取依时间顺序先后多少，使固定资产投资收回先期较多，而后期较少，在折旧时期上并不缩短。

上述两种折旧政策相比较，短时间快速折旧政策不考虑固定资产的实物磨损程度，只考虑无形磨损，在折旧提前完毕后，固定资产还可以继续无偿使用；长时间快速折旧政策既考虑固定资产的实物磨损程度，也考虑无形磨损，在折旧提前完毕后，固定资产一般不可以继续无偿使用。

3. 长时间慢速折旧政策

长时间慢速折旧政策是指折旧提取的时间较长，并且依时间顺序提取的折旧数额先少后多，这就使固定资产投资收回数额先期较少，而后期较多。

4. 长时间平均折旧政策

长时间平均折旧政策是指折旧提取的时间较长，并且，折旧期内各期提取的折旧数额是相等的，这就使固定资产收回的数额均匀分布在折旧期。

(二)折旧政策的选择

选择折旧政策的时候，所选择的折旧政策既不能使企业市价降低，还应尽可能地实现企业特定时期的理财需要。在此基础之上，折旧政策的选择应遵循以下原则：

(1)在企业赢利水平不断提高，现金流入较多时，可以选择长时间慢速折旧和长时间平均折旧。这样，可以使各期可分配利润不致下降，或者可以因赢利水平提高，而可分配利润上升。

(2)在企业赢利水平呈下降趋势，或先高后低，且现金相对短缺时，可以选择短时间快速折旧和长时间快速折旧。这样，可以使各期分配利润不致下降，或者可以因折旧减少速度超过赢利水平的下降程度，而使各期可分配利润略有上升。

可以看出，两种选择的结果是使折旧的变动与企业赢利水平的变动成同相运动，与现金流量水平成反向运动。因此，将折旧政策与财务目标结合起来，使财务报表所揭示的利润信息或获利水平显示出稳定和稳步增长的趋势，同时其现金流入量也能实现平衡，企业的市场价值也会同样稳定。应当注意的是，企业在进行折旧政策的选择时，还应考虑其他的因素，有些因素对折旧政策的影响与企业价值的影响方向还可能出现矛盾。例如，当企业需要以增加折旧来增加可用现金、延期纳税时，会导致企业可分配利润减少，影响企业市价。因此，考虑到这些特殊因素，折旧政策的选择标准就应作适当调整。

总的来说，折旧政策的选择应从企业的实际情况出发，充分认识折旧的财务意义，认识到折旧与财务状况之间的辩证关系，综合考虑各种影响因素后，谨慎作出。

第四节　生产设备利用管理

企业中生产设备直接用于产品的生产过程，是生产力的重要构成因素，是企业进行生产活动的物质技术基础。加强设备管理，有利于提高企业生产经营的经济效益。由于生产设备直接用于完成产品的生产过程。因此，产品的数量、质量、消耗、成本在很大程度上取决于设备的技术状况。同时，由于生产设备日趋大型化、精密化、电子化、自动化，在设备方面的投资越来越多，与生产设备有关的费用，如折旧费、维修费等在产品成本中的比重也不断提高。因此，加强设备管理，提高生产设备的利用效果，是改善企业成果的重要环节。

一、生产设备数量的利用

在设备统计中,企业通常将生产设备在一定时期内按其使用情况分为现有设备数、已安装设备数、使用设备数(可分为计划使用数和实际使用数)。

(一)反映设备数量利用程度的指标

1.现有设备利用率

一般企业拥有的设备数同已安装的设备数应是一致的。着重分析的内容是现有设备已投入使用的部分。办法是将使用设备数同现有设备数相比较,计算出现有设备利用率指标,即:

$$现有设备利用率=\frac{使用设备数}{现有设备数}\times 100\%$$

公式中的“使用设备数”,是指在报告期内使用过的设备,而“现有设备数”,除包括使用设备数,还包括未安装的设备,或已安装但本期没有开动的设备。对企业而言,尽可能减少未安装的设备、已安装的设备及停开的设备,会有助于提高现有设备利用率。

在通常情况下,设备未使用的原因包括:设备停工检修、设备发生事故、设备多余不用、设备不适用、材料供应不足等,应结合实际情况,采取相应措施以减少停用或闲置的设备,提高现有设备利用率。

2.现有设备安装率

$$现有设备安装率=\frac{已安装的设备数}{现有设备数}\times 100\%$$

主要用于反映未安装设备的比重。公式中“已安装的设备”是指已安装在生产现场、经检验合格可投入使用的设备(不需要安装的设备,以检验合格为准)。

3.已安装设备利用率

$$已安装设备利用率=\frac{使用设备数}{已安装设备数}\times 100\%$$

这个指标主要用于反映停开设备和预备设备在数量上所占的比重。

(二)设备数量变动对产量的影响

分析生产设备对产量的影响,要根据企业设备生产的特点来决定。例如生产单一产品的设备,可以采用实物量或标准实物量;生产多品种的主设备,可以采用价值量或定额工时产量指标。

生产设备和产量的关系,可以用公式表示:

$$产品产量(或产值)=生产设备数量\times 单台设备生产率$$

由于种种原因,企业实际拥有的设备数量比计划增加,但它并不能说明现有设备的利用状况。还要看企业已安装的设备是否均投入生产使用,需要根据设备利用的资料进一步分析。

每台设备产量的增减反映设备生产率的水平,除受现有实际投入运转的设备数量影响外,重要在于设备能否充分利用,即设备运转时间的长短和单位时间内产量高低的影响。

二、生产设备时间的利用

生产设备时间利用指标主要有:

(一)日历台时数

日历台时数是按日历时间计算的生产设备应工作的台时数。日历时间一年为 365 天，每天 24 小时，一台设备的日历总时间为：

$$365\text{天}\times 24\text{小时/天}=8\ 760\text{小时}$$

(二)制度台时数

制度台时数是按应工作的天数和每天规定的轮班工作时数计算的应工作的时数。对于不需要每天连续运转的设备，制度规定的工作天数，一般就是日历天数扣除星期例假和法定假日的天数。全年制度天数即为 365 天扣除星期六、日和法定假日，为 241 天。假定每天设备的制度台时数为每班按 8 小时计算：

开一班时：241×8=1 928 小时

开二班时：241×16=3 856 小时

开三班时：241×24=5 784 小时

(三)计划台时数

计划台时数就是编制生产计划时，预计生产设备可能开动的台时数。确定计划台时数是在生产设备制度台时数的基础上扣除停工台时来规定。其计算公式为：

$$\text{生产设备计划台时}=\text{生产设备制度台时}-\text{计划停工时}$$

(四)实际运转台时

生产设备实际运转台时，就是统计记录的生产设备实际运转的时间。如果发生计划外的停工，则实际运转的台时就达不到计划的要求。

生产设备时间的利用，主要是考核计划台时利用率，即：

$$\text{计划台时利用率}=\frac{\text{实际运转台时数}}{\text{计划台时数}}\times 100\%$$

对某些生产必须连续作业的企业，其生产设备时间的利用，可根据日历时间来考核，计算日历时间利用率。例如钢铁厂的高炉、平炉等就是利用这个指标进行反映的。

$$\text{日历时间利用率}=\frac{\text{实际作业昼夜数}}{\text{日历作业昼夜数}}\times 100\%$$

当高炉、平炉发生停工检修时，实际作业昼夜数就会小于日历作业昼夜数。

三、生产设备能力的利用

各种生产设备生产能力利用情况，一般都是通过生产设备单位时间平均产量的变动及其变动的原因分析。在不同企业往往有不同的表示方法。就机械工业企业来说，一台机床加工多种零件，一般是按额定工时计算的产量来反映每台设备单位时间的生产量，也说是台时产量。其计算公式如下：

$$\text{生产设备单位时间产量(台时产量)}=\frac{\text{总产量}}{\text{生产设备运转时数}}$$

上列计算公式中的总产量，可以用金额表示、实物单位表示，或者用定额工时表示。

四、生产设备时间和能力利用对设备生产率的影响

设备生产率指标用以评价单位生产设备利用的综合效果。设备生产率是生产设备时间利用指标和生产设备能力利用指标的乘积，它是以单台生产设备的平均产量来表示的。其

计算工时如下：

单台生产设备产量=每台设备运转时间×每一台时产量

（综合利用指标）　（时间利用指标）　（能力利用指标）

从上述计算公式可以看出，生产设备运转时间和单位时间产量的变化，对设备生产率发生一定影响。

五、生产设备利用效率对劳动生产率的影响

为了加速实现提高产品质量、扩大市场份额和利润的目的，需要用现代化的新技术来准备工业企业，即用不断地增加先进设备和更新换代的办法来提高生产能力，这固然重要，但往往受到资金、技术等条件的限制，而且从经济上考虑并不合算，现有设备基本上达到上述目的的立足点和出发点，但如何充分利用现有设备，在很大程度上取决于生产者运用的生产设备。因此，劳动生产率与生产设备的关系，可以用下列公式表示：

工人劳动生产率=每个工人装备的生产设备数量×单位设备生产率

每个企业有各自的特点，工人开动生产设备的情况不同，反映设备生产率的指标也不一样，可以按照上述公式的原理，将上列公式转化为下列形式：

$$\text{总产值工人人数}=\frac{\text{生产设备总价值}}{\text{工人人数}}\times\frac{\text{总产值}}{\text{生产设备总价值}}$$

即：

工人劳动生产率=工人生产设备装备系数×生产设备生产率

从上述公式可以看出，工人劳动生产率的高低取决于两个因素：其一，决定于工人生产设备装备系数，即每个工人拥有的以价值表现的设备数量的多少；其二，决定于按价值表现的生产设备的生产率的高低。上述计算公式的加速内容，是用最一般的、抽象的价值形式，表明生产设备利用与劳动生产率的关系，对一般企业来说，均可使用。

第八章　无形资产管理

第一节　概　述

一、概念

无形资产是指企业可以在较长时期内为生产商品或者提供劳务、出租给他人或为管理目的而特有的、没有实物形态的非货币性长期资产。它与有形资产一样，能使企业拥有某些权利，或使企业具有竞争能力，并可以为企业带来一定的经济效益。无形资产分为可辨认无形资产和不可辨认无形资产。可辨认无形资产包括专利权、非专利技术、商标权、著作权、土地使用权等；不可辨认无形资产是指商誉。企业自创的商誉，以及未满足无形资产确认条件的其他项目，不能作为无形资产。

二、特征

企业无形资产是一种特殊的资产，其特征表现为以下几个方面：

(1)无形资产不具有物质实体，但又依托于物质实体，这是无形资产最基本的特征。不具有物质实体是指无形资产的使用价值是看不见摸不着并且不能直接感触到一种隐形存在的资产。但它又不能单独存在并发挥作用，必须依托于一定的物质实体，大多是法律或合同赋予的特殊权利，或是一种不寻常的获利能力。如土地使用权依托于土地实体，商誉内含于企业整体之中。无形资产的依托性，导致其价值受经营环境的影响。无形资产是以企业正常的生产经营为前提的，企业的经济效益与无形资产价值成正比，效益越好，价值越高。

(2)独占性，也称垄断性，且受法律保护，或销售上的优势，其他企业无法利用。有形资产可以大批生产制造，但无形资产的产生是单一的，仅与特定的主体有关。而专利拥有的法定权利，未经允许他人不得侵占或使用；商誉是企业自身发展形成，只能给本企业带来收益；特许权表现为一种独占权利。

(3)无形资产将在较长的时期内为企业提供经济利益。由于有效期不同，各种无形资产提供的经济利益的期限也不一样。无形资产也可以出卖多次，如品牌就可以将使用权卖给不同的企业，实物商品只能一次性买卖。

(4)资产价值和收益水平有很大不确定性，难以预计，难以同其他资产带来的收益相区分。无形资产提供的经济利益一般难以准确计量，而且某些无形资产的有效期间也是无法确定的。无形资产带来收益的不确定性，给管理工作带来较大的风险。

(5)无形资产属于非货币性长期资产，使用期限很难确定，通常由法律或合同固定期限，一般都在一年以上。

无形资产首先存在替代风险。当企业投入大量资金研制某项技术并获得成功之前，如果市场上已出现类似或更先进的技术专利时，该企业研制的这项技术无法转让，即使研制成功，也不能够作为专项技术评估。因此，评估人员在对无形资产进行评估时，首先应对评估的资产的先进性和不可替代性进行鉴定，然后进行评估，以此避免替代风险。

其次是收益确认风险。无形资产种类很多，对企业创造的收益方式也不同，不同无形资产的存在价值有较大的差别，应选择适当的方法对不同的无形资产采用不同的方法进行评估，避免收益确认上的偏差。

三、分类

按不同的标准，无形资产可进行多种分类。

（一）按存在形态划分

按存在形态，无形资产分为技术型无形资产和非技术型无形资产。

技术型无形资产是指含有技术内容的无形资产，主要指专利、工业产权和专有技术。专利是指由政府的专门机构（如专利局），根据发明人的申请，经审查认为其发明符合法律规定的条件，从而授予发明人的一种独占的权利。在我国，专利包括发明、实用新型和外观设计三类。专有技术是指享有一定价值，可以利用的，为有限范围的专家知道，未在任何地方公开过其完整形式和不作为工业产权取得任何形式保护的技术知识、经验、数据、方法或者上述对象的组合。专利和专有技术虽然都是知识产权，都具有有用性和垄断性，但受分类保护的方式不同。前者是受分类保护并有一定的产权年限，后者不受法律保护并没有保护年限的限制。因而技术型资产带来的新增收益又受资产本身的技术先进性、垄断性、成熟程度、受法律变化程度及保密性的影响。

非技术型无形资产是相对于技术型无形资产而言，它包括商标、商誉、著作权、租赁权和特许权等，它们是法律认可的、权利型的、非实物型的资产。非技术型资产属于经营管理技术型资产，虽然与技术型资产无直接关系，它们可能从技术型资产中派生出来。非技术型资产价值与技术型资产价值一样，其前提是能为企业带来经济效益。

（二）按有无固定使用年限划分

按有无固定使用年限划分，即按有效期限划分，无形资产可分为有期限无形资产和无期限无形资产。

有期限无形资产是指法律或合同约定有使用年限的无形资产，例如专利权、商标权。我国专利法和商标法分别规定，发明专利权有效期限为 15 年，注册商标使用权为 10 年。

无期限无形资产是指法律或合同约定有使用年限的无形资产，如商誉。

四、内容

无形资产种类较多，主要包括专利权、商标权、著作权、土地使用权、非专利技术、商誉等内容。

（一）专利权

专利权是指国家授予发明者在一定期限内对某一个产品的造型、配方、结构、制造工艺或程序享有独家制造、销售或处理的特殊权利。它给予持有者独家使用或控制某项发明的特殊权利。也就是说，专有、独占、排他是专利权的重要特征。

专利权的表现形式有两种，即发明性专利与新型实用和外观设计专利。发明性专利是指发明人利用自然规律或现有技术成就某一技术领域中的技术课题所提出的创造性解决方案，并申请取得专利。新型实用和外观设计专利是指对产品的形态、构造或者其结合所提出的适于实用的技术方案和对产品的形状、图案、色彩或者其组合所作出的富有美感并适用于工业上应用的新设计,这也必须取得专利。

专利权的期限,即专利保护期,即发明人被专利主管机关所授权专利效力的时间期限。我国专利法规定了专利保护期,其中发明性专利的期限为15年,新型实用和外观设计专利期限为5年,期满前专利人申请经过审核可以延续3年。

(二)商标权

商标权是用来辨认特定的商品或劳务的标记,它一般由文字、图形或者是文字、图形的结合体。商标经过注册登记,就获得了法律上的保障。商标权是指持有人在其制造、销售的商品上对其经核准使用的注册商标拥有的排他的专有使用权。商标权具有专有性、地域性和时间性等法律特征。为了加强商标管理,保护商标专用权,我国商标法明确规定,经商标局核准注册的商标,为商标持有人独有,受到法律保护。商标使用权能为其拥有者带来获利能力。按商标法规定,商标权可以转让,但受让人应当保证使用该商标的产品质量,以维护其商标的价值。

(三)著作权

著作权即版权,是指作者、法人对其创造的文学、艺术和科学作品等依法享有的专有权利。著作权的持有人可以是个人,也可以是法人单位,或者非法人单位。著作权具有人身权和财产权。人身权是指作者对自己创作的作品享有权利,包括发表权和署名权等。财产权是作者在自行使用和被他人使用而享有的物质利益的权利。

作为著作权对象的作品,是人的智力劳动成果,它主要包括文学、艺术作品和自然学、社会科学、工程技术等作品。具体表现为:文字作品;口述作品;音乐、戏剧、曲艺舞蹈作品;美术摄影作品;电影、电视、录像作品;工程设计、产品设计图纸及其说明;地图、示意图等图形作品;计算机软件;其他作品。

(四)土地使用权

土地使用权是指土地经营者对依法取得的土地在一定期限内进行建筑、生产或其他活动的权利。其基本特征有:

(1)具有相对的独立性,在土地使用权存续期间,其他任何人,包括土地的所有人,不得任意收回土地和非法干预使用权人的经营活动。

(2)使用内容的充分性。使用人在法定范围内有对土地实行占有、使用、收益和处分的权利。

(3)土地使用权是一种物权,即物的请求权。如可能丧失占有时,有返还请求权;正常使用受到侵害时,有除去妨害的请求权;在发生被妨害的危险时,有防止请求权。

(五)非专利技术

非专利技术也称专有技术、技术秘密、技术诀窍,指运用的先进的、未公开的、未申请专利、可以带来经济效益的技术及诀窍。其主要内容包括工业专有技术、商业(贸易)专有技术以及管理专有技术。

1.工业专有技术

工业专有技术是指在生产上已经被采用,仅限于少数人知道,不享有专利权或发明权的生产、装配、修理、工艺或加工方法的技术知识。

2. 商业专有技术

商业专有技术指具有保密性质的市场情报、原材料价格情报以及用户、竞争对象的情况的有关知识。

3. 管理专有技术

管理专有技术就是生产组织的经营方式、管理方法、培训职工方法等保密知识。

非专利技术的法律特征就是不为专利法所保护，一旦泄密或被人窃取，不得依据专利法请求保护，其独占权只有依靠自我保密的方式以合同的约定来维持，但可以用来投资和转让，转让方和被转让方均有保守秘密的义务。非专利技术的转让是通过签订技术合同进行的。转让方有权索取转让费，有义务提供有关技术资料，提供必要的技术指导。

(六)商誉

商誉是指一家企业由于所处地理位置优越，或者由于信誉好而获得了客户的信任，或者由于组织得当、生产经营效益好，或者用于历史悠久，积累了丰富的从事本业的经验，或由于技术先进、掌握了生产的诀窍等原因而形成的无形价值。这种无形价值具体表现在一家企业的获利能力超过了一般的获利水平。商誉的特点主要表现为：

(1)商誉与作为整体的企业有关，不能单独存在，也不能与企业的可辨认的各种资产分开出售。

(2)对于有助于形成商誉的各个因素，不能用任何方法或公式进行单独的计价。它们的价值，只有在把企业作为一个整体来看待时才能按总额加以确定。

(3)在企业合并时可确认的商誉的未来利益，可能和建立商誉的个别因素及建立商誉过程中所发生的成本没有关系。商誉的存在，未必一定有为建立它而发生的成本。

第二节　无形资产的管理

一、管理原则

随着市场经济的迅速发展，科技成果逐步商品化、产业化、国际化，无形资产逐渐成为企业的资产要素，并在资产总额中所占比例及发挥的作用越来越大。因此，加强对无形资产的管理，深入认识无形资产，在无形资产日常管理中是十分必要的。

(一)正确认识无形资产的收益与风险

企业要管好、用好无形资产，首先要正确认识并充分重视无形资产，要明确无形资产对企业成败的利害关系。无形资产与有形资产相比，其取得与回收都非常复杂和艰巨。外购无形资产通常都价值较大，而企业内部自创无形资产大多是企业经过多年的苦心经营，创造积累得来的。无形资产一旦丧失，则对企业的影响远比有形资产更深远、更重大。这是因为无形资产的丧失，一方面会影响企业的长期经营成果；另一方面，企业往往需要花费较长的时间和更大的代价才能使原有的无形资产得到恢复和弥补。因此，在无形资产投资决策中，一定要考虑到它的风险性，谨慎选择。

(二)重视有形资产的有效经营，为无形资产的形成和作用提供基础

无形资产的形成，一方面得益于有形资产的经营业绩；另一方面，无形资产要形成效益，也必须以有形资产作为基础。有形资产经营的好坏直接影响着无形资产的形成和收益能力。因此，企业必须高度重视有形资产的经营，并在此基础上，再形成和发展无形资产。

（三）重视对无形资产的投资，积极创造和积累无形资产

无形资产具有使用价值和价值的属性，就决定了取得或形成它必然要付出代价。企业应当像重视有形资产投资一样，重视无形资产的投资。确定无形资产的投资方向和投资规模，应该从提高经济效益和提高产品的竞争能力、开拓市场、吸引顾客出发。由于企业的无形资产种类繁多，所以创立无形资产的工作也是多方面和多项目的。有些方面不仅平时要进行一些小的投资，有时还要进行一些大的投资。为此，对无形资产的投资要作出安排，列入企业的必要经营支出。要遵循投入与产出、企业长远利益与眼前利益相结合的要求，切实做好无形资产投资的可行性研究，进行充分的技术经济论证，认准目标，积极投入。此外，要注意投资的时间选择和空间选择，追求无形资产投资的最佳效益，尽量减少盲目性，防止浪费。

（四）讲究计价策略，准确进行无形资产计价

无形资产也是商品，同时具有使用价值和价值，其计价不能套用有形资产的计价方法。应该充分考虑无形资产的成本、收益、寿命、风险等因素，从实际情况出发，针对不同无形资产的不同性质和特点，采用不同的计价原则和方法。

（五）把握无形资产耗费摊销

无形资产虽然有价值，但其价值最终会丧失。价值丧失的原因无非是由于使用而引起的预期经济效益的减少，以及由于市场变化对预期经济效益的影响。因此，无形资产应该从使用之日起，在有效使用期内摊销。通过摊销，可以反映出各种条件的变化对无形资产价值减少的影响程度。无形资产的摊销同固定资产折旧一样，同样会影响企业一段期间的应缴税金、利润水平以及现金流动状况。因此，合理计提无形资产摊销额十分重要。

（六）提高利用无形资产的技能，提高无形资产利用效果

无形资产投资的基本目的是取得最大经济效益。因此，应当充分利用自身的无形资产，主动开拓以下各项业务：

(1)利用无形资产尽可能多和尽可能快地筹集资金，如从银行贷款、发行股票、发行债券等。

(2)充分利用企业的商誉，在商品购进、货源占有、价格、结算方式等方面取得优惠。

(3)充分利用商标权和专利权，积极发展横向联合。

(4)对现有无形资产实行有偿转让。

（七）保护和发展无形资产

形成和积累无形资产的过程是漫长而艰巨的，保护和发展无形资产则需要付出更大的代价。保护和发展无形资产，需要对不同的无形资产采取不同的措施。比如，对专用权的保护重点是防止在法定期限内被窃；对商标权保护的重点是应及时登记注册，并注意其有效期及其续期；对非专利技术，因无法律保护，就应严守秘密，防止失窃。对于社会上不法行为者盗用企业商标或声誉谋取利益的，应坚决运用法律手段，维护企业自身的利益。

总之，当今企业的无形资产越来越成为其重要的资产之一，它会使企业的整体价值不断增加。为了使企业无形资产价值不断升值，企业必须要加强无形资产的投入、维护、积累和使用的管理。

二、计价原则

由于无形资产的各自特殊性，以及其取得途径的多样性和无形资产的不可确定性，无形资产的计价比较复杂。依据有关制度的规定，无形资产应当按照取得时的实际成本计价。无形资产的具体计价大体情况如下：

(1)企业购入的无形资产，按照购入时实际支付的价款计价。

(2)企业接受投资者投入的无形资产，按照评估确认或者合同、协议约定的金额计算。

(3)自行开发并按法律程序申请取得的无形资产，按依法取得时发生的注册费、聘请律师费等费用，作为无形资产的实际成本。在研究与开发过程中发生的材料费用、直接参与开发的人员的工资及福利费，以及开发过程中发生的材料费用或借款费用等，直接计入当期损益。

需要注意的是，已经计入各期费用的研究与开发费用，在该项无形资产获得成功并依法申请取得权利时，不得再将原已计入费用的研究与开发费用资本化。

(4)接受捐赠的无形资产，应当按以下规定确定其实际成本：捐赠方提供了有关凭据的，按凭据上表明的金额加上应支付的相关税费，作为实际成本；捐赠方没有提供相关凭据，而同类无形资产存在于市场的，按同类或类似无形资产的市场价格的金额，加上应支付的相关税费，作为实际成本；捐赠方没有提供相关凭据，而同类无形资产也未存在于市场的，按接受捐赠的无形资产的未来预计现金流量现值，作为实际成本。土地使用权按照为取得这一权利实际支付的价款计价；商标权按照实际购入价计价，广告费用不作为商标权的计价成本；商誉只有是购入的才进行计价，并应当经法定评估机构确认。

一般来讲，鉴于各类无形资产的不同性质和特点，估计其价值(这种估计价值不一定完全等同于其入账价值)必须遵循一定的原则。无形资产的计价原则有成本计价原则、效益计价原则、行业对比计价原则以及合同随机计价原则、技术寿命计价原则等。

(一)成本计价原则

成本计价原则就是以无形资产形成或取得过程中支出的实际成本作为计价的原则。如土地所有权等以实际支付的土地使用费计价。

(二)效益计价原则

效益计价原则即以该无形资产使用后在若干年内可能实现的收益额(广义)作为其估计价值。对有些无形资产，如专利权、非专利技术、商标权等，以其在使用之后可以在近期及未来期创造的收益来计价。

(三)行业对比计价原则

行业对比计价原则即通过同行业相同无形资产的不同计价水平的对比、分析，从中测定出适合该类无形资产的计价水平。某些无形资产，如商誉、商标权等，与企业及产品的知名度、历史长短等因素有关，应与国内外同行业进行对比分析，合理确定其价值。

(四)合同随机计价原则

合同随机计价原则即对合同双方提出的该无形资产的不同有效期、不同收益额等，依据其出现的概率来测定其价值。在中外合资、中外合作、技贸结合等技术引进中，对引进的某项技术，根据国际商业信息，选择适当时机，通过双方谈判确定工业产权或专有技术的价值。

(五)技术寿命计价原则

即以该无形资产的合理技术寿命为基本依据来确定其经济价值。

必须指出的是，由于无形资产具有不确定性的特点，为了谨慎起见，只有能够确认为无形资产的支出才能作为无形资产的成本入账。否则，即使为企业所拥有的无形资产，也不能作为无形资产入账。如商标权，对于外购的商标权，企业可以根据外购该商标的实际支出作为该项无形资产(即商标权)的计价成本；对于自创的商标权，企业所发生的费用如广告费用等，则可直接作为期间费用，计入当期损益。

三、估价资料

为了保证无形资产的估计价值尽可能的准确，应充分收集和运用估价所依据的各种资料和数据，具体包括以下几种：

(1)无形资产的取得方式、时间及成本。

(2)无形资产的使用期限及收益能力。

(3)无形资产(如专有技术)在国内外发展及其被更新替代的速度。

(4)无形资产转让后，转让方失去的市场和损失的利润。

(5)无形资产承接方的吸收能力和承受能力。

(6)同行业相同无形资产的计价标准和依据等。

四、估价方法

无形资产的估价，基本方法主要有绝对值估价法、相对值估价法以及混合估价法等三种。

(一)绝对值估价法

绝对值估价法是指转让方根据无形资产形成过程中所耗费的实际成本及期望获取的收益，再结合承接方引进该项资产将要付出的代价及预期的收益能力等，通过双方报价还价，共同确认并一次性结算其估计价值的方法。这种方法，价值确定比较准确，但测算比较复杂，工作量大，而且转让方对承接方能否确实收到预期效益不承担任何风险，所以不利于调动转让方的积极性。属于自创自用或接受捐赠的无形资产，可以直接根据有关资料按其形成过程中的实际成本或者取得时的市价确定。

(二)相对值估价法

相对值估价法是指以承接方实现的年利润额、销售净额或成本降低额等收益额为基数，用法定或双方商定的计提比例和年限计算的提成额作为该无形资产的估计价值并分次偿付的方法。其计算公式是：

$$\text{无形资产评估价值} = \sum(B \times E)$$

式中　B——计提年限内与引进的无形资产有直接关系的年收益额；

　　E——计提比例。

这种方法比前一种方法更为合理，有利于调动各方面的积极性，且计算简便，易于实行。无法采用“绝对值估价法”估价的自创自用和接受捐赠的无形资产，也可以比照上述方法估价。

(三)混合估价法

混合估价法是绝对值估价法和相对值估价法的结合运用，即在承接方引进无形资产时，先有一次性偿付，再在经营年度内，按法定或双方商定的“基数”和比例逐年提成和偿付。

对于上述方法，在实际工作中，应按照有关的计价原则，并结合具体情况灵活使用。如有必要还应考虑“时间价值”因素。

五、转让

企业转让无形资产的方式有两种,一是转让其所有权,二是转让其使用权。这里的所有权是指企业在法律规定的范围内对其无形资产所享有的占有、使用、收益、处分的权利;而使用权则是指按照无形资产的性能与用途加以利用,以满足生产经营的需要,它是所有者所享有的一项独立的权利。实际中,所有权与使用权可以分离,无形资产可以由非所有者享有,并根据法律和合同的规定,按指定的用途加以使用。无形资产的所有权与使用权的适当分离,是生产社会化与市场经济发展的必然要求。

在财务处理上,我国财务制度规定,转让无形资产所取得的收入应当作为企业的营业外收入和其他业务收入处理。转让无形资产的所有权和转让使用权的成本确定是不一样的,转让所有权时,应将企业的该项无形资产的摊余价值作为转让无形资产的成本;转让使用权时,则将履行出让义务而发生的费用作为转让无形资产使用权的转让成本。

六、摊销

无形资产计价入账后,应从受益之日起,在一定的期限内平均分摊。实际上,无形资产摊销的关键在于确定摊销期限。对此问题,我国财务制度规定如下:

(1)合同规定受益年限但法律没有规定有效年限的,摊销年限不应超过合同规定的受益年限。

(2)合同没有规定受益年限但法律规定有效年限的,摊销年限不应超过法律规定的有效年限。

(3)合同规定了受益年限,法律也规定了有效年限的,则摊销年限不应超过受益年限和有效年限中较短者。

合同没有规定受益年限,法律也没有规定有效年限的,则摊销年限不应超过 10 年。根据财务制度的规定,无形资产摊销计入当期的管理费用,同时减少无形资产价值。

第四篇

财务成果管理

第九章　成本费用管理

第一节　概　述

一、成本的概念与作用

(一)成本的概念

所谓成本,是指为了达到某一特定目的,企业在生产经营活动中发生的人力、物力和财力的耗费总额。其实质是以货币表现的、为生产成品所消耗物化劳动的转移价值与活劳动的转移价值之和。我们从马克思主义政治经济学可知,产品的价值包括三个部分,分别为生产中消耗的生产资料的价值(C)、劳动者为自己的劳动所创造的价值(V)以及劳动者为社会创造的价值(m),而产品的成本就是前两个部分之和(C+V)。

根据上述成本的概念,可知成本构成包括以下几个方面:

(1)制造产品所耗费物化劳动的转移价值,包括已消耗的用料及主要材料、燃料等劳动对象的价值。

(2)劳动者活劳动的转移价值,包括支付给职工的工资、福利费、奖金、津贴、补贴等。

(3)劳动者活劳动创造的上缴国家的价值,包括上缴给国家的税金等。

随着市场经济的发展,成本的内涵和外延处于不断地发展变化之中。在不同的目的、不同的条件和不同的要求下,成本的内容有着不同的含义。如按照成本的职能,可以将企业的成本分作制造成本和期间费用;按照成本习性的要求,为进行成本预测和成本决策,可将成本分作变动成本和固定成本;按成本的责任,可将企业的成本分为可控成本和不可控成本等。

(二)成本的作用

因为成本的作用是由其经济实质决定的,所以成本的作用取决于成本的经济内容。成本的经济实质是指企业在生产过程中的劳动耗费及其补偿价值。成本是反映和控制企业生产经营管理工作的综合性指标,企业生产经营管理工作的得失成败都可以从产品成本中反映出来。通过成本计算,可以对企业生产经营管理过程中发生的各项费用进行控制和监督。

1.产品成本是生产耗费的补偿尺度

为了保证企业能够不断地进行再生产,必须对生产耗费进行补偿。企业自负盈亏,其生产耗费必须用自己的生产成果(即销售收入)进行补偿。那么,究竟应从销售收入中拿出多少份额来补偿才算合理、合适呢?这就需要有一个客观的尺度,而衡量补偿份额多少的客观尺度就是产品成本。产品成本是以货币形式对某项经济活动的劳动耗费的衡量。通过产品成本计算,可以明确企业为某项经济活动耗费了多少资金,为维持企业的简单再生产而进行资金补偿的标准。如果没有这种补偿,企业就不能在原有的规模上进行简单再生产,更谈不上扩大再生产。

企业在生产经营中,通过销售产品,不断地取得销售收入,如果在扣除销售税金和弥补资金耗费后还有余额，则称为利润。如扣除销售税金外的销售收入不足以抵补成本，其差额称为亏损。企业利润或亏损的发生主要决定于成本的高低，所以成本作为补偿尺度的作用对经济发展具有重要影响。

2.产品成本综合反映了各种劳动耗费

企业在生产产品的过程中，必须对物化劳动和活劳动的耗费进行准确、如实的反映和控制。产品成本是综合反映用于某一经济活动有关活劳动和物化耗费的重要指标。通过成本计算，可以对产品生产过程中的各种状态作出直接或间接反映，如生产工艺过程是否合理、企业劳动生产率的高低、固定资产的利用程度、原材料的使用是否节约、生产设备利用是否充分、产品设计的好坏、产品产量高低、企业生产经营管理水平高低等，都能通过产品成本直接或间接地反映出来。因此，产品成本是反映企业经营管理水平的一个综合性指标。

3.产品成本是制定产品价格的重要因素

产品的价值不能直接计算，只能通过计算产品成本从而间接、相对地加以计算。产品价格是产品价值的货币表现，产品价格应当符合其价值。制定产品价格，要考虑许多方面的因素。在社会主义市场经济条件下，制定产品价格应遵循价值规律的要求，使产品价格大体符合产品价值。因此，制定产品价格应当以产品成本为最低限度，即产品成本是制定产品价格的重要因素。

需要指出的是，除此之外，制定产品价格时，还要遵守国家的价格政策、税收政策、信贷政策等，并考虑各种产品的市场形势和市场竞争的态势等因素。

4.产品成本是企业进行经营决策的重要依据

提高企业经济效益，是企业经营管理的核心，是经营管理的出发点和归宿。企业要提高经济效益，必须进行正确的生产经营决策，从若干个可行的方案中选出最佳方案。企业生产经营过程中，对重大问题决策时，必须全面地进行技术经济分析，衡量利弊得失。其中，决策方案的经济效果是技术经济分析的重点，而产品成本是考察和分析决策方案的经济效果的主要指标，决策的诸多因素，例如产量、质量、品种等都与成本有直接关系。

由此可见，产品成本是考察和分析决策方案经济效益高低的重要经济指标，是企业进行经营决策的主要依据。

二、分类

通常在制造成本法下，成本是按经济内容和经济用途进行分类的。

（一）按成本的经济内容分类

企业从事生产经营活动所发生的各种费用，按其经济性质进行分类，即将费用分为若干因素，分别反映劳动对象、劳动手段和活劳动方面的损耗。具体可分为外购原料、外购燃料、外购动力、工资、提取的应付职工福利费、利息支出、税金、其他支出等项。

1.外购原料

外购原料是指企业为进行生产经营而耗用的一切由外单位购进的原料及主要材料、半成品、辅助材料、包装物、修理用备件和低值易耗品等。

2.外购燃料

外购燃料是指企业为生产经营而耗用的一切由外单位购进的各种固体、液体和气体燃料。

3. 外购动力

外购动力是指企业为生产经营而耗用的一切由外单位购进的各种动力。

4. 工资

工资是指企业应计入费用成本的职工工资。

5. 提取的应付职工福利费

提取的应付职工福利费是指企业根据规定按工资总额的一定比例计算提取的职工福利费。

6. 利息支出

利息支出是指企业计入费用成本的银行借款利息减利息收入后的净额。

7. 税金

税金是指计入费用成本的各项应缴税金。如房产税、车船使用税、土地使用税、印花税等。

8. 其他支出

其他支出是指不属于以上各要素的费用支出。如差旅费、租赁费、外部加工费以及计入本期费用成本的待摊费用和预提费用等。

成本按经济性质划分可以反映企业在一定时期内各种费用的发生情况,对计算国民收入很有好处,也可以作为核对流动资金定额的计算依据,但一般均用统计方法求得,在会计业务上不作反映。

(二)按经济用途分类

企业的成本费用按其经济用途的不同可分为生产成本和期间费用两大类。

1. 生产成本

生产成本亦称制造成本,由企业的生产费用构成。产品生产成本(生产费用)按其用途可分为直接材料、直接工资、制造费用等几项。

1) 直接材料

直接材料是指直接用于产品生产并构成产品实体的各种原料、主要材料和外购半成品,以及有助于产品形成的辅助材料。

2) 直接工资

直接工资是指直接制造产品的生产工人的工资。

3) 制造费用

制造费用是指为组织和管理生产车间生产所发生的各项间接费用。包括生产车间管理人员的工资及福利费、车间固定资产折旧费和修理费、办公费、水电费、物料消耗、劳动保护费等。

除直接材料和直接工资外,还有其他一些直接费用,如产品生产过程中直接耗用的燃料动力费、成品外部加工费以及制造某种产品耗用的专用工具等。其他直接费用也应直接在各成本核算对象进行归集,而不应把它们归入制造费用之中。

企业的直接材料、直接工资、其他直接费用和制造费用,构成了产品的生产成本,随着产品的销售,它将转化为产品的销售成本。

2. 期间费用

期间费用是指在企业的生产经营过程中发生的,与产品生产活动没有直接联系的各项费用。这些费用比较容易确定它们发生的期间，但不容易确定它们所应归属的成本计算对象。因此，期间费用不计入产品成本，而是直接计入当期损益。期间费用包括管理费用、营业费用、财务费用等几项。

1)管理费用

管理费用是指企业行政管理为组织管理生产经营活动而发生的各项费用。具体包括以下内容:公司经费、工会经费、职工教育经费、劳动保险费、待业保险费、董事会会费、咨询费、诉讼费、税金、土地使用费、技术转让费、研究开发费、无形资产摊销、业务招待费、坏账损失等。

2)营业费用

营业费用是指企业在销售产品(或劳务)过程中发生的各项费用。主要包括根据销售条件规定应由企业负担销售产品的各项费用。如运输费、包装费、装卸费、保险费、销售佣金和代销手续费、广告费、展览费、租赁费、专设销售机构经费等。

3)财务费用

财务费用是指企业在生产经营过程中发生的一般财务费用。主要包括利息支出、汇兑损失和银行手续费等。

三、内容

成本管理的主要内容由成本预测、成本决策、成本计划、成本控制、成本核算、成本分析以及成本考核七部分组成。

1.成本预测

成本预测是指在认真分析企业内在和外在条件变化的基础上，根据现有成本资料，运用一定的专门方法对未来一定时期产品成本进行的预计和测算。成本预测是确定目标成本和选择达到目标成本最佳途径的重要手段，是进行成本决策和编制成本计划的基础。通过成本预测可以寻求降低成本、提高经济效益的途径。

2.成本决策

成本决策是在成本预测的基础上，根据内部潜力，制订优化成本的多种可行性方案，运用决策理论和方法，对多种方案进行比较分析，从中选择最优方案，决定应达到目标成本及其执行过程。作出最优化的成本决策，是制定成本计划的前提，也是提高经济效益的重要途径。

3.成本计划

成本计划是在成本预测和决策基础上，为保证成本决策所确定的目标成本的实现，通过一定的程序，运用一定的方法，以货币形式规定计划期产品的生产耗费和各种产品的成本，并以书面文件的形式下达各单位和部门，作为计划执行和考核的依据。工业企业的成本计划通常包括:按照生产要素确定的生产耗费编制生产费用预算，按照生产费用的经济用途，即产品成本项目编制产品单位成本计划和全部商品产品成本计划，以及提出降低产品成本和保证计划实现的主要措施和方案。

4.成本控制

成本控制是指为了实现标准成本而进行的成本规划、成本预算和成本差异分析及评价等各种提高效率、降低成本的管理活动。从企业整个经营过程来看，成本控制包括产品投产前的事前控制、生产过程控制和事后控制。成本的事前控制是从建厂、改建、扩建、技术组织措施、新产品设计、研制、老产品改选,直到产品正式投产前所进行的一系列降低产品成本的活动。事前控制是整个成本控制活动中最重要的环节,直接影响以后产品制造成本和使用成本的高低。生产过程控制包括从生产计划安排,原材料采购,生产准备,生产工艺过程,直到产品完工入库整个过程中对原材料、人工、劳动工具的耗费,以及其他支出的控制等方面。事后成本控制是对过去成本控制的总结,通过总结积累经验,揭示问题,找出差距,扬长避短,为更好地控制成本指明方向。

5.成本核算

成本核算是按照企业的生产工艺和生产组织特点以及对成本管理的要求所确定的成本计算对象,采用与成本计算对象相适应的成本计算方法,按规定的成本项目,通过一系列的生产费用的归集与分配,正确划分各种费用界限,从而计算出各种产品的实际总成本和单位成本。成本核算是成本会计工作的核心,成本核算提供的成本资料可以反映成本计划完成的情况,为编制下期成本计划,进行未来成本的预测和决策提供资料,还可为制定产品价格提供依据。

6.成本分析

成本分析主要是利用成本核算资料和其他相关资料,将本期实际成本与目标成本、上年实际成本、国内和国外同类产品的成本进行比较,用以了解成本的升降变动情况,系统地研究影响成本变动的因素和原因,以及应负责的单位和个人,并提出积极建议,以采取有效的措施,进一步挖掘增产节约、降低产品成本的潜力。成本分析的内容主要包括:全部产品计划完成情况分析、可比产品计划完成情况分析、单位产品成本分析、生产费用预算执行情况分析、主要及经济指标变动对成本影响的分析、国内外同类产品成本对比分析等。

7.成本考核

成本考核是定期对成本计划及有关指标实际完成情况进行总结和评价。成本考核要以各责任者(部门、单位和执行人)为对象,以其可控制成本为界限,并按责任的归属来核算和考核其成本指标完成情况,评价其工作业绩和决定其奖惩。其目的在于鼓励先进、激励后进,进一步完善成本管理责任制,督促企业各部门、各单位和职工个人,更好地履行经济责任,提高企业成本管理水平。

第二节　成本控制

从上一节的内容可知,成本控制是指为了实现标准成本而进行的成本规划、成本预算和成本差异分析及评价等各种提高效率、降低成本的管理活动。成本控制活动中,要充分运用以成本会计为主的各种方法,预定成本限额,按限额开支成本费用,以实际成本和成本限额比较,衡量经营活动的业绩和效果,以提高工作效率,实现乃至超过预期的成本限额。

一、分类

成本控制内容的划分可以按照不同的内容划分为不同的控制分类。按照成本控制的时间性,可将成本控制分为成本事前控制、成本事中控制和成本事后控制。

1.成本事前控制

成本事前控制是指在产品投产前,对未来生产经营活动中可能发生的成本进行规划、审核、监督和管理活动。成本事前控制属于成本控制的设计阶段,是最有效控制成本的关键环节。

1)成本预测

成本预测是指在企业经营目标既定的条件下,对影响成本的有关因素进行分析研究,采用专门的方法,对未来成本水平及变动趋势进行预测。

2)成本决策

成本决策是指从提高企业经济效益出发,通过对各方案中成本预测水平的对比分析,选择最优成本决策方案,并制定目标成本。

3)成本计划

成本计划是指将成本和生产经营其他方面的计划进行综合平衡后,编制成本计划并将成本指标进行分解,形成责任成本,落实到各部门、单位、个人,以此作为成本控制和考评的依据。

4)建立、健全成本管理制度

建立、健全成本管理制度包括建立成本管理系统、确定责任成本负责人、拟定责任成本考评和奖惩办法、编制费用预算、确定标准成本,以及制定材料消耗定额、工时消耗定额等。

2.成本事中控制

成本事中控制是指在产品形成过程中,对实际发生的各项成本开支进行限制、指导和监督,以保证目标成本实现的日常成本管理活动。这是属于成本控制的执行控制。对材料消耗、若干耗费、费用开支等控制的依据,主要是消耗定额、工资率标准和费用预算等。

3.成本事后控制

成本事后控制是指在成品成本形成后,根据标准成本与实际成本的差异对成本进行考核评价的过程。这一过程既是对本期成本计划的考核评价,又是总结经验、制定下期成本计划的过程。因此,成本控制的事后控制阶段也必不可少。

二、原则

成本控制的原则主要有全面成本控制原则、成本最低原则、成本责任制原则、成本效率原则、科学化原则五个方面。

1.全面成本控制原则

为了保证不断降低产成品成本,达到成本最低化的目的,必须实行全面成本控制。全面成本控制是指全员、全过程的成本控制活动。

全员控制指成本控制的群众性,即企业领导干部、技术人员、管理人员和工人,人人都要参与成本控制活动,不断降低成本,提高经济效益。

全过程控制是指成本控制的完整性,即从产品研究设计、物资采购、生产制造、产品的销售,一直到用户使用,都要进行成本核算,讲求经济效益。也就是生产经济活动的全过程,都要进行成本核算。

全员、全过程的成本控制是一个相互联系的有机整体,并按照一定的程序进行。全面成本控制基本程序包括决策计划阶段、控制计划执行阶段、计算核实阶段、评价考核阶段等四个阶段。

1)决策计划阶段

决策计划阶段的具体工作有:

(1)根据企业的经营目标进行预测,并确定企业总的目标。

(2)拟定若干个可行的备选方案,通过决策活动,从中选择最佳方案,以确定目标成本。

2)控制计划执行阶段

控制计划执行阶段的具体工作有:

(1)根据企业制定的目标成本,层层分解成本指标。

(2)根据成本预算开支标准,对生产费用进行调节控制。

3)计算核实阶段

计算核实阶段的具体工作有:

(1)计算实际发生的成本支出。

(2)对实际的成本支出和生产费用的发生进行审查,检查成本开支的合理性和合法性。

4)评价考核阶段

评价考核阶段的具体工作有:

(1)通过成本分析,揭示成本差异,从中找出差异的原因,根据责任范围,或是予以纠正或是反馈到其他部门。

(2)综合考核评价成本指标的完成情况,提出修改方案和措施,以利于下一期计划的制定。

成本控制程序是随生产经营活动进行的,要做到时时刻刻、方方面面都根据程序要求进行控制,从而达到最低成本的目的。

2.成本最低原则

成本控制的根本目的就是通过各种方法,努力降低成本。因此,成本控制的任务就是在一定条件下,分析并寻找降低成本的途径,制定可能实现的最低目标成本,并以此为依据进行有效的控制和管理,是实际执行结果达到目标成本最低的要求。

实际成本最低原则要求全面研究降低成本的可能性和现实性。要降低成本,使成本最低原则实现,就要研究降低成本的潜力,分析成本构成因素,使可能性变为现实性。既要研究成本降低的外部环境,如厂址的选择、企业的规模、资源及运输状况、工艺路线和技术装备水平、专业化协作水平、厂址所在地的经济发达程度及职工文化素质高低等,又要探讨成本降低的内部环境,如企业产品的选择、设计试制水平、品种、产量状况、质量要求、合格率、原材料、工时和设备的利用率、资金周转率高低、费用开支的多少等。

3.成本责任制原则

为了保证全面成本会计活动的开展,必须以分层的成本责任制作保证。做到成本指标分解到全厂各个部门,由部门再落实到班组或个人,并定期检查落实成本目标的情况,建立奖惩制度。

4.成本效率原则

1)用尽可能少的成本投入,取得最大的收益

成本会计的目的是为了不断降低成本,获得最大的产出。管理工作可以通过决策、计划、组织、指挥、监督、协调和控制,取得最大的经济效益。

其具体表现在:

(1)要做出正确的决策和计划。

(2)要全面分析控制成本超支的因素,采取必要措施,加强协调控制。

(3)要及时发现问题,解决问题。

2)讲究工作效率

讲究工作效率是指以较少的人力、物力、财力投入,完成较多的管理工作,借以提高工作效率,完成降低成本的任务。

提高成本控制工作效率的途径主要有以下几种:

(1)制度控制,即通过实行成本责任制,使成本控制工作有法可依,有章可循。

(2)经济利益控制,即将成本责任与其经济利益紧密结合起来,做到完成其责任,落实其利益。

(3)教育引导。

5.科学化原则

科学化就是将管理科学的方法引入成本控制工作中,使成本控制规范化。其具体方法主要有目标管理、价值工程、系统工程、线性规划和网络技术、规划控制论、可行性研究等。

三、生产成本控制的基本方法

成本控制的基本方法是进行成本差异的计算与分析。所谓成本差异是指实际成本偏离标准成本的差额。标准成本的制定是以价格标准和数量标准为基础,成本控制也主要是对成本的价格差异和数量差异进行计算和分析。

成本差异按照成本项目可分为以下几种:

(1)直接材料的价格差异和数量差异。

(2)直接人工的价格差异和数量差异。

(3)变动制造费用价格差异和数量差异。

(4)规定制造费用的耗费差异、效率差异和生产能力利用差异。

实际成本高于标准成本,称为不利差异(或称逆差);实际成本低于标准成本,称为有利差异(或称顺差),成本差异应向各级劳动阶层报告,以便按“例外管理原则”进行分析、控制,这是标准成本制度的重要特点之一。

四、期间费用的控制

期间费用包括管理费用、销售收入和财务费用。期间费用的控制分为管理费用的控制、销售费用的控制和财务费用的控制。

(一)管理费用的控制

1.管理费用

管理费用是指为生产经营活动的正常进行而发生的各项费用,包括公司经费、工会经费、职工教育经费、劳动保险费、待业保险费、董事会费、咨询费、审计费、诉讼费、排污费、绿化费、税金、土地使用费、土地损失补偿费、技术开发费、技术转让费、无形资产摊销、业务招待费、坏账损失、存货盘亏、毁损和报废以及其他费用。它与产品有很大的不同,具有以下特点:

(1)管理费用从成本习性来看,其大部分是属于固定费用性质,从成本责任制来看,属于不可控成本。

(2)管理费用是为组织整个企业生产经营活动而发生的费用,它的高低大都由企业规模和管理水平决定,职工个人对其无太多的约束力,是企业整体的一次费用支出,而不像制造成本中的直接材料、直接工资和制造费用那样可以通过"价格差异"和"数量差异"的分析来控制其发生。

(3)由于管理费用的固定性,其发生主要体现在企业高层管理人员的决策,容易被人们忽视而失去控制。

2.管理费用的控制方法

对于管理费用的控制主要采用两种方法,即预算控制法和审批控制法。

1)预算控制法

企业应对某一时期发生的管理费用事先做出预算,然后根据情况控制其支出。制定管理费用预算时,一方面需要与整个企业业务和赢利计划相配合,另一方面是为了便于成本的控制。

由于管理费用具有以上特点,为了便于控制应将各项管理费用进行分类整理,一方面按其费用开支的范围,将各项管理费用开支落实于部门或个人;另一方面,按照成本习性将管理费用分作变动性费用和固定性费用两类,分别制定预算。这是因为变动性费用控制的重点在于控制单位产品负担的费用额,而固定性费用的控制则注重总额大小。这部分预算编制时应以过去资料为基础并考虑到企业未来发展的规模。

管理费用预算编制如表9-1所示。

表9-1 管理费用预算编制

××年度

(单位:万元)

项目	供应		技术		劳资		后勤		财务		教育		合计	
	固定费用	变动费用	固定费用	变动费用	固定费用	变动费用	固定费用	变动费用	固定费用	变动费用	固定费用	变动费用	固定费用	变动费用
工资														
福利费														
办公费														
差旅费														
折旧费														
修理费														
业务招待费														
开发费														
技术转让费														
劳保费														
职工培训费														
坏账损失														
无形资产摊销														
税金														
合计														

从表 9-1 中可见该企业各个管理部门的费用开支预算情况。但该表只是在企业生产规模相对稳定的前提下适用，当企业某一时期业务量发生较大变化时，就很难反映企业实际。为了弥补这一缺陷，通常采用编制弹性预算的办法，有关"弹性预算"的编制方法，这里不再叙述。

2)审批控制法

控制管理费用的方法还可以采用主管领导审批制度。特别是管理费用预算编制完成后，通过审批制度来控制管理预算的执行情况。审批核准的依据就是预算额，即各项费用开支不能超过预算数。如有超预算开支的，必须事先上报上级部门负责人审批。

(二)销售收入的控制

1.销售收入的特点

销售收入是指企业为销售产品、自制半成品、提供劳务过程中支付的各种费用，以及专设销售机构的各项经费，包括应由企业负担的运输费、装卸费、包装费、保险费、委托代销手续费、广告费、展览费、租赁费、销售服务费、员工工资、福利费、差旅费、办公费、折旧费、修理费、物资消耗、低值易耗品摊销以及其他经费等。它与产品成本有着很大不同，具有以下特点：

(1)销售收入大多具有变动费用性质。与管理费用相比，销售收入中具有更多的变动费用性质。如销售收入中的运输费、委托代销手续费、包装费、支付中介的佣金等。这些费用随着产品销售量的增减而增减，从成本控制的角度来看，变动费用一般通过控制其单位变动成本支出并结合销售量来进行控制，因此销售收入更易控制。

(2)销售收入支出逾期销售绩效相联系。由于销售收入是因销售产品(货商品)而发生的费用，且一般常发生于企业非销售业务部门，作用于销售业务，因此将销售收入的支出与取得的销售绩效联系起来，以销售绩效来衡量销售收入支出的合理性和有效性，借以激励销售人员降低费用，节约开支。

2.销售收入的控制方法

对于销售收入的控制主要采用三种方法，即预算控制法、审批控制法和绩效法。

1)预算控制法

销售收入采用的预算控制法同管理费用的预算控制法大体相同，重视费用中的变动性部分。

销售收入预算表的编制如表 9-2 所示。

销售收入预算表也是按同一业务量水平编制的，若为适应企业业务量的变化，也可以编制弹性预算。

2)审批控制法

销售收入的审批控制法与管理费用相同，也是分层分级负责，其依据或标准在于销售收入预算数额。

3)绩效法

把销售部门的销售收入支出与销售绩效联系起来，可以进一步表达出费用支出对企业赢利的贡献。如果努力扩大了销售额，降低了销售收入，那么销售绩效就大，创造的赢利就越大；反之，则销售绩效就小。为了鼓励销售机构多创造销售绩效，则可采用预先规定销售收入等指标，并建立指标之间的关系，借以作为将来评价销售收入的基础。

表 9-2　销售收入预算表

××年度　　(单位:万元)

项　目	营业本部		营业分部		合计	
	变动费用	固定费用	变动费用	固定费用	变动费用	固定费用
运输费						
装卸费						
包装费						
保险费						
委托代销手续费						
广告费						
佣　金						
工　资						
办公费						
差旅费						
折旧费						
修理费						
合　计						

(三)财务费用的控制

财务费用是指企业为筹集资金而发生的各项费用,包括企业生产经营期间发生的利息支出(减利息收入)、汇兑净损失、金融机构手续费以及为筹集资金发生的其他财务费用等。由于财务费用是从管理费用中独立出一项费用,其控制方法可采用管理费用的有关方法,这里不再赘述。

五、企业成本控制的主要问题及应对措施

(一)企业成本控制的主要问题

1. 成本控制观念落后

成本控制观念落后主要表现在成本控制的范围、目的与手段等方面的认识存在差异。传统成本控制主要通过一是规模效益,二是增强与供应商及分销商的谈判能力,以期达到转移成本的目的。这些落后的观念已经不适应竞争日益激烈的经济环境。如在今天日趋公开的市场环境下,过分的成本转移将使企业失去好的合作伙伴。

2. 成本控制基础薄弱

成本控制基础薄弱表现在以下方面:

(1)各项定额管理、原始记录还不健全。

(2)计量基础工作不到位,水等资源"跑、冒、滴、漏"的现象还很严重。

(3)生产用料大手大脚。

(4)在原材料、物资采购等方面存在一定的质量及浪费问题。

(5)只重视生产过程成本控制,忽视供应、销售过程成本控制。如物资采购中"暗箱"操作现象严重,采购成本居高不下。

3. 企业管理效率低下

分工过细,人浮于事,员工成本意识淡薄,感受不到市场压力,导致企业管理的协调成本过高,不利于企业管理效率的提高,从而为企业带来一定的低效率成本,并造成直接经济损失或人力资源的严重浪费,并在一定程度上导致信息的损耗和失真。

4. 成本管理治标不治本

在现有企业成本控制中,以降低成本为主要目的,节约成了降低成本的基本手段,这种成本降低是治标不治本,属于降低成本的一种初级状态,局限于企业内部。而对企业的供应与销售环节则考虑不多,对于企业外部价值链更是视而不见,使企业未能获得全面的发展竞争战略,不能形成系统的成本控制方法体系,缺乏战略管理的思维。

5. 资金管理不规范

资金管理中存在资金入不敷出,资金缺口严重,资金被挪用、被占用,应收账款居高不下,坏账损失严重等问题,造成资金成本上升。

6. 成本资料管理松懈

部分企业管理者因受谋取私利或小团体利益等不良利益动机驱动,任意调整或编造成本资料,造成成本信息失真日趋严重。

(二)应对措施

1. 坚持标准,明确责任

标准是成本控制的依据,必须严格遵守。为了有效地实施成本控制,要围绕目标成本,逐级落实经济责任制,建立目标责任制、质量目标责任制、技术目标责任制、物资供应目标责任制、销售目标责任制、成本目标责任制和财务成果目标责任制。

2. 增强成本观念,实行全员成本控制

企业的一切成本控制活动应以现代成本效益理念为指导思想,要认识到成本优势的取得绝对不限于成本本身,应从管理的高度去挖掘成本降低和获取效益的潜力。要及时、全面地向管理人员提供成本信息,借以提高员工对成本控制的认识,增强成本观念。通过成本分析,评价管理人员的业绩,促进管理人员采取相应的措施。现代企业需要寻求新的降低成本的方法,力图从根本上避免额外成本的发生,为企业获得更好的经济效益。

3. 加强三项基础工作

1)加强成本控制的基础工作

加强成本控制的基础工作,包括合理制定原材料、燃料、辅助材料等物资费用的定额,严格健全计量、检验和物资收发领退制度,健全产品、产量、品种、质量、原材料消耗、工时考勤和设备使用等原始记录,建立企业内部的结算价格体系,对内部各部门使用的材料、产品和相互提供的劳务等都按合理的计划价格结算。

2)要加强成本核算的基础工作

要加强成本核算的基础工作,如制定严格的成本开支范围和标准、正确划分各种费用界限、采用适当的成本计算方法等。

3)要做好控制例外事项的基础工作

成本控制要对企业生产经营过程的全过程进行控制,但是又要有重点地进行。成本控制人员要把注意力集中在那些不正常、不符合常规的关键性差异上,追本溯源,查明原因,并及时反馈给有关责任中心。一般来说,对于那些与标准成本偏离10%以上的项目,都可以考虑作为例外开展项目。为此,对于企业长期获利能力有重大影响的项目也应给予重视。

4.完善成本控制组织的经济责任制

1)建立科学、合理的成本控制系统

建立健全一个有经营、财会、供应、销售、生产、技术等部门负责人参加的成本控制小组;各相关部门也要配备兼职人员,开展如统计、考勤、质检、保管、核算、分析等工作。要对成本控制人员经常进行专业培训、知识更新再教育,借以提高成本控制方面的专业知识,开辟降低成本的广阔途径。

2)完善成本控制的经济责任制

一是制定成本控制规章制度,如各项基础管理、成本约束制度等;二是明确各项成本的经济责任,将责任落实到部门或个人;三是实行奖惩兑现。

5.采用现代科学的成本控制方法和手段

1)采用现代的成本控制方法和计算机管理

传统的成本控制只是被动地计划、记账、算账。在市场经济条件下,成本控制不能局限于产品的生产过程,而应将视野向前延伸到产品的市场需求分析、相关技术的发展态势分析以及产品的设计;向后延伸到顾客的使用、维修及处置。按照成本全程管理的要求,会涉及到产品的信息来源成本、技术成本、后勤成本、生产成本、库存成本、销售成本,以及对顾客的维修成本、处置成本等成本范畴。对所有这些成本内容都应运用严格、细致的科学手段进行管理。随着企业经营活动多元化和经营管理的复杂化,对信息处理的准确性、时效性的要求也越来越高,因此利用计算机来进行成本控制的优越性也显而易见。

2)要抓好企业成本控制几个环节的工作

事前要抓好成本预测、决策和成本计划工作;事中要抓好成本控制和核算工作;事后要抓好成本的考核和分析工作。

3)着重抓好降低产品成本的重点工作

抓好降低产品成本的重点工作,如对主要原材料、物资采购实行比价采购制度,以降低采购成本。

4)提高资金运作水平

首先,要开源节流,增收节支;其次,要对资金实施跟踪管理,加强资金调度与使用,做到专款专用,防止资金被挪用;第三,要加大应收账款的催收力度,降低应付款比例,加速货款回笼;第四,降低存货比例,加强存货管理。通过以上措施减少资金占用,优化资金结构,合理分配资金,加速资金周转,降低筹资成本。

6.坚持“三结合”

1)坚持日常控制和定期控制相结合

日常控制的特点是具有及时性和针对性,时效性强。定期控制的特点是具有全面性和系统性,综合性强。日常控制是定期控制的基础,定期控制是日常控制的深化。

2)坚持单项控制和综合控制相结合

要实现成本目标,必须对每个成本项目进行控制,单项成本目标都实现了,整个企业的成本目标的实现就有了保证。同时,还要全面研究各种因素对成本水平的影响,实施综合控制。

3)坚持专业人员进行的成本控制和群众参加的控制相结合

专业控制是各车间、部门的专业人员对成本实施的控制,它能对产品形成过程进行连续、系统、全面的控制。群众控制是广大职工对成本实施控制,它能对每个具体环节进行及时、具体、有效的控制,把两者结合起来就能形成一上下结合、纵横交错的成本控制网络。

7.加强战略成本观念

现代成本控制的目的应该是以尽可能少的成本支出,获得尽可能多的使用价值,从而为赚取利润提供尽可能好的基础,从而提高成本效益。在经济环境发生剧变、市场竞争变得异常激烈的情况下,成本优势的取得对于一个企业的生存是至关重要的。应密切关注整个市场和竞争对手的动向来发现问题,调整和改变自己的战略战术。从加强战略成本控制出发,企业在产品开发、设计阶段要加大科技含量投入,通过重组生产流程来避免不必要的生产环节,对产品全生命周期成本进行管理,实现成本的持续性降低,达到成本控制的目的。

8.进行工作流程的整合,减少不必要的分工

企业在分析自身的竞争优势、确定企业的目标和任务后,应合理组织生产要素,撤销与此不相关的环节,减少不必要的层次,使其在达到必要的环节的同时减少不必要的停滞,保证必要环节运作的畅通和有效。

9.采取有效措施,确保成本信息的有效性

政府部门首先要特别强调把好成本开支范围这个关,加强执法力度。制度的制定,关键在于落实和实施,只有做到有法必依、违法必究、执法必严,才能扭转社会不良风气,弘扬正气。其次要改革财会人员管理体制,实行会计独立体制。另外,要提高企业管理者和会计人员的职业道德素养,增强法制意识和道德自律意识,保持职业良知,从而保证会计信息的真实性。

第三节　成本分析

一、成本分析的意义

成本是反映企业经济工作质量的综合指标。经营一个企业不仅要生产出产品,而且要不断降低成本。这是因为企业生产过程中,产品产量的多少,质量的好坏,劳动生产率的高低,材料、能源消耗的节约或浪费,以及设备利用效果,管理费用的多少,资金运用的好坏等都对成本高低产生一定的影响。所有这些因素都会直接或间接地在产品成本中反映出来。因此,产品成本是一个反映企业各方面工作质量的综合性指标,是检查和分析企业生产经营管理,评价企业经济效果的重要指标。

不断降低产品成本,对企业来说,意味着在生产过程中节约了人力、物力、财力的消耗。这样,在同样的人力、物力、财力的条件下,就可以生产出更多的产品。在价格水平不变的条件下,产品成本越低,企业赢利就越多。所以,不断地降低产品成本是企业的重要任务之一。

企业降低产品成本,就必须重视成本管理,把加强成本管理作为保证降低成本的重要手段。在企业所支出的各项费用中,有相当一部分具有相对的稳定性。当产品增加,单位产品中分摊的这类费用就下降;当产品减少,单位产品中分摊的这类费用就升高。就这部分费用来说,产量的增减,对成本的升降发生着决定性的影响。因此,成本管理的首要任务是把生

产迅速地搞上去，才能把成本中的这一部分费用降下来。

其次，要把生产中的消耗降下来。我们知道，企业的生产过程，同时也是生产消耗的过程。企业为了生产和销售产品所支付的各种费用，是物化劳动和活劳动消耗的节约。一般来说，物化劳动的节约，就是节约物资消耗，要着重抓好提高产品质量，开展综合利用，改革产品设计，改进生产工艺，实行材料代用和修旧利废，以及搞好清仓查库调剂余缺等。企业中节约活劳动消耗，就是人力的节约。节约人力消耗，就是不断提高劳动生产率，即用同样多的劳动时间生产更多的产品，或者生产同样多的产品，使用更少的劳动时间。提高劳动生产率可以为社会创造财富，扩大社会再生产，同时，在劳动生产率提高的幅度大于平均工资增长的条件下，还可以降低单位产品的工资费用，因而也是降低产品成本的重要途径。

为能达到不断降低产品成本的目的，需要对成本进行有效管理。除了做好成本的计划控制，正确计算产品实际成本外，还要进行产品成本的分析，要通过产品成本分析，全面了解企业成本的升和降、生产费用支出和节约或超支等情况，分析影响成本升、降，生产费用节约或是超支的因素，查明这些因素影响的方式。通过分析可以肯定成绩，找出差距，总结经验，改进工作。

二、全部商品产品成本计划完成情况的分析

分析企业产品成本计划完成情况，是从分析全部商品产品开始的。企业的全部商品产品，包括可比产品和不可比产品两大部分。可比产品是指企业以前年度曾经正式生产过并有成本资料的产品，它的实际成本可与计划成本比较，考核成本计划完成的程度；可与上年的实际平均成本比较，考核报告期实际成本较上年成本降低的幅度和数额，借以改进企业的实际成本资料。所以，它的实际成本只能同计划成本相比较。

由于全部商品产品包括不可比产品成本，所以对于全部产品成本的分析，只能以实际总成本和计划总成本相比较，以确定其实际成本与计划成本的降低额和降低率。

确定成本降低任务，要编制成本计划后予以确定。编制成本计划的基本程序大致可分为三个阶段：

第一个阶段是收集和整理资料阶段。这个阶段的主要工作是为编制成本计划收集、整理资料，主要包括：

(1)计划上年的预计平均成本；

(2)计划年度的各项计划指标和成本降低任务；

(3)计划年度的生产、供应、劳动工资和技术组织措施计划中的主要指标；

(4)计划年度的物资消耗定额、劳动定额和工资水平；

(5)了解本企业的实际成本和各种消耗的历史先进水平；

(6)获取同行业先进单位的成本和定额资料等。

第二个阶段是进行全厂成本指标的试算平衡阶段。首先由财务会计部门根据上述资料进行初步试算平衡，然后发动群众提措施、挖潜力，确保成本降低的完成。

第三个阶段是编制成本计划阶段。经过试算平衡达到成本降低任务的预期要求后，即可着手编制成本计划。在成本计划中，包括生产费用预算、全部商品产品成本计划、可比产品成本降低计划、主要产品地位成本计划。在成本计划中，除规定全部可比产品成本的总降低率和降低额外，还对主要的可比产品成本，分别规定个别降低率和降低额。

全部商品产品成本计划完成情况的分析，一般是在季度和年度终了，利用成本报表、成本核算资料和调查研究中的“活”资料进行分析。工业企业的“商品产品成本表”提供了分析的基础数据。表中的计划总成本和上年实际总成本，都是以分析期的实际产量为基础进行汇总，以保证其可能性。

值得注意的是，不可比产品有时会有严重的超支现象。对此，应认真分析不可比产品成本超支的具体原因，掌握成本核算和成本计划的有关资料，结合生产实际作具体深入分析。一般来说，不可比产品是企业首先正式生产产品，生产管理和材料消耗的正常规律还在试验摸索之中，其成本计划带有一定的估计程度，偏高或偏低的可能性是存在的。通过检查分析后，应及时纠正成本计划中落后保守或不切合实际的情况。在成本核算方面，首先要检查成本计算方法能否保证成本计算上的相对准确性，共同费用在不同产品之间的分摊标准是否符合实际情况，是否将应该列入可比产品成本的费用而有意列入了不可比产品成本等，应有针对性地检查成本分摊和成本计算方面存在的问题，以便对不可比产品成本超支现象作出可靠的分析和及时加以改正。

三、产品单位成本的分析

（一）分析的资料依据

对全部产品成本计划完成情况的分析和可比产品成本降低计划完成情况的分析，属于从总体上说明成本计划的完成情况，是一般性的综合分析。为深入分析研究成本升降的情况和原因，还必须在综合分析的基础上，对主要产品单位成本进行深入细致的分析，这也是成本分析的重点。

产品单位成本分析的依据主要有“主要产品单位成本表”和成本核算的有关消耗定额资料、单位成本历史资料和同行业企业间同种产品单位成本的实际资料等。

［例 9-1］ 某企业主要产品单位成本表简化格式如表 9-3 所示。

表 9-3 主要产品单位成本表

产品名称：××产品　　　　××年××月　　　　（单位：元）

成本项目	历史先进水平	上年实际平均	本年计划	本月实际	本年累计实际平均
原材料	（略）	（略）	1 800	1 740	（略）
燃料和动力			140	135	
生产工人工资			500	504	
制造费用			170	174	
其他费用			120	147	
生产成本			2 730	2 700	
主要技术经济指标	用量	用量	用量	用量	用量
1. A 材料消耗（kg）	（略）	（略）	1 570	1 500	（略）
2. B 材料消耗（kg）			460	400	
3. 工时消耗（h）			2 000	2 100	
4. …					

以本年(月)实际单位成本同计划单位成本比较,还要编制单位成本及各项目的升降分析表,其资料如表 9-4 所示。

表 9-4　某产品单位成本升降分析表

成本项目	计划成本	实际成本	实际比计划		各项目变动对成本合计的影响
			降低额	降低率	
原材料	1 800	1 740	60	3.33%	2.2%
燃料和动力	140	135	5	3.57%	0.18%
生产工人工资	500	504	-4	-0.8%	-0.15%
制造费用	170	174	-4	-2.35%	-0.15%
其他费用	120	147	-27	-22.5%	-0.98%
生产成本	2 730	2 700	30	1.1%	1.1%

(二)产品单位成本升降情况

根据主要产品单位成本表的数据,将实际成本同计划成本比,同上年成本比,同历史最好的成本比,作出单位成本项目的一般分析。现选用同计划成本进行对比分析。

从表 9-4 可以看出,某产品每件实际工厂成本比计划降低了 30 元,降低率为 1.1%。从各成本项目看,造成该产品单位成本降低的主要原因是:原材料消耗实际比计划降低了 60 元,为计划的 3.33%。燃料和动力一项实际比计划降低了 5 元,为计划的 3.57%。其他各项目的实际成本都比计划成本有不同程度的上升。上升最多的项目是其他费用,上升了 27 元,为计划的 22.5%。其次是制造费,上升了 4 元,为计划的 2.35%。各成本项目的升降,对该产品单位成本的影响也不尽相同。原材料成本降低使单位成本下降 2.2%。单位产品的其他费用提高,使单位成本上升 0.98%。制造费用提高,使单位成本上升 0.15% 等。通过对单位成本的一般分析,可以确定该产品项目分析的重点应当是原材料、其他费用,以此寻求影响成本升降的具体原因。

(三)生产费用支出和产量对单位成本的影响

1. 生产费用总支出分析

工业企业的生产活动是从投入原材料开始,发生各项生产费用支出,最终取得一定数量的产品,生产技术和工艺操作方法等,也影响产量的多少和单位成本的高低。计算成品单位成本通常采用下列计算公式:

$$\text{产品单位成本}=\frac{\text{生产费用支出总额}}{\text{产品总量}}$$

从上列计算公式可以看出,当生产费用支出总额不变时,生产的产品产量增加,产品单位成本就能降低;反之,产量减少,成品单位成本就会提高。同样的理由,当产品产量不变时生产费用支出总额增加,成品单位成本就会提高;反之成品单位成本就会降低。生产活动中,生产费用支出总额和产量,总是同时都发生变化,它们对产品单位成本所产生的影响,也是交织在一起的。这样分析时,应运用连环替代法,分别计算它们的各自影响程度。

计算产量变动对成品单位成本的影响,可以按下列公式计算(对实际与计划比较时):

$$\frac{\text{计划生产费用支出总额}}{\text{实际产量}}-\frac{\text{计划生产费用支出总额}}{\text{计划产量}}$$

计算生产费用支出总额变动对产品单位成本的影响，则按下列公式计算：

$$\frac{实际生产费用支出总额}{实际产量}-\frac{计划生产费用支出总额}{实际产量}$$

［例 9-2］ 设某企业生产费用支出总额和产量资料如表 9-5 所示。

表 9-5 某企业生产费用支出总额和产量资料

项 目	计划数	实际数
产品产量(t)	2 000	2 200
生产费用支出总额(元)	420 000	440 000
产品单位成本(元/t)	210	200

上面资料表明，产品单位成本计划是每吨 210 元，实际是每吨 200 元，每吨产品成本降低 10 元。产品单位成本降低，同产量变化和生产费用支出总额变动有关系，现分析计算如下：

(1)产量变动的影响。计划产量 2 000 吨，实际产量比计划产量增加，在生产费用支出总额不变(保持计划水平)的情况下，产品单位成本能够降低：

$$\frac{420\ 000}{2\ 200}-\frac{420\ 000}{2\ 000}=190.91-210=-19.09(元)$$

(2)生产费用支出总额变动影响。实际生产费用支出总额为 440 000 元，比计划生产费用支出总额增加，因而生产的产品产量，都要负担一部分费用，将使产品单位成本提高：

$$\frac{440\ 000}{2\ 200}-\frac{420\ 000}{2\ 200}=200-190.91=9.09(元)$$

两个因素发生变动所产生的影响，总共使单位成本降低 10 元(19.09－9.09)。通过上述分析，该企业产品单位成本降低的主要原因，是因为产量的增加。如果企业的生产费用支出总额不增加，仍然能够保持计划水平时，则产品单位成本可以降低的数额会更多。因此，对企业生产费用支出总额增加的原因，还需要作深入的分析。

2. 区分变动费用和固定费用的分析

大多数企业的生产费用支出中，有一部分费用是随产量的多少而变动的，生产的产品数量多，则费用支出就多，如生产产品耗用的原材料，生产工艺过程消耗的燃料、动力等。对于这部分生产费用，一般称为变动费用(或可变费用)；另外一部分生产费用则不会因生产产品数量的多少而变动，一般称为固定费用(或不变费用)。由于客观上可以区分这两种不同性质的生产费用，所以产品产量变动对产品单位成本的影响，就有不同的反映。区分变动费用和固定费用计算产品单位成本，可用下列计算公式表示：

$$产品单位成本=产品单位变动费用+\frac{固定费用总额}{产品数量}$$

生产每单位产品耗费的变动费用，主要决定于生产管理、工艺操作、生产技术、与产品数量的多少无关。但每单位产品负担的固定费用，除取决于固定费用支出总额外，却与产品产量的多少有联系。当产量增加时，单位产品负担的固定费用减少；当产量减少时，单位产品负担的固定费用则增加。

根据上列公式，也可运用连环代替法原理，分析计算有关因素变动对产品单位成本的影响。

［例 9-3］ 某企业生产 A 产品，产量和生产费用支出的资料如表 9-6 所示。

表 9-6 某企业产量和生产费用支出资料

项 目	计划数	实际数
产品产量(件)	3 000	3 300
固定费用总额(元)	6 000	6 360
单位产品变动费用(元)	3	2.8

根据表 9-6 中的资料，计算 A 产品的单位成本如下：

计划单位成本 $$3+\frac{6\ 000}{3\ 000}=5(\text{元})$$

实际单位成本 $$2.8+\frac{6\ 360}{3\ 300}=4.7(\text{元})$$

通过比较，实际单位成本比计划单位成本下降 0.3 元（5－4.7）。影响产品单位成本降低的因素为：

(1)单位产品变动费用的影响。单位产品的变动费用，计划为 3 元，实际为 2.8 元，节约 0.2 元，因此将使产品单位成本降低 0.2 元。

(2)产量变动的影响。计划产量 3 000 件，产量增加，如果固定费用支出总额不变，单位产品负担的固定费用就会减少，其减少的数额为：

$$\frac{6\ 000}{3\ 300}-\frac{6\ 000}{3\ 000}=1.82-2=-0.18(\text{元})$$

(3)固定费用支出变动的影响。实际支出的固定费用总额为 6 360 元，比计划支出数额增加，这就会使单位产品负担的固定费用增加，增加的数额为：

$$\frac{6\ 360}{3\ 300}-\frac{6\ 000}{3\ 300}=1.93-1.82=0.11(\text{元})$$

以上计算三个因素变动的影响，使产品单位成本降低 0.27 元（0.2＋0.18－0.11）。通过分析可以看出，A 产品每件成本降低 0.27 元，主要是由于每件产品变动费用的降低，其次是由于产量增加，致使每件产品负担的固定费用减少，但因固定费用实际支出总额超过计划，每件产品又多负担一些费用，使 A 产品的成本降低受到一些影响。就企业来说，对于单位产品费用的节约，固定费用支出总额的超支，应结合生产技术管理和生产经营管理进行深入研究，查明具体原因。

(四)原材料项目分析

1.影响产品材料成本的因素

原材料费用是产品成本的重要构成项目之一。节约材料不仅是降低成本的重要途径，而且对于促进进一步增加生产也有重大的积极意义。产品单位成本中原材料费用的大小，取决于耗用原材料数量的多少，以及消耗的原材料的价格的高低。它们的关系可用下列公式表示：

单位产品原材料成本＝单位产品原材料耗用量×原材料单价

因此，单位产品的原材料成本，要受原材料的消耗量和原材料价格两个基本因素的影响。在分析时，可以运用连环代替法的原则，就每一种材料，按项目的公式，分别计算原材料耗用量变动和原材料价格变动，对单位产品原材料成本的影响。

原材料耗用量变动(用量变动)对成本的影响:

(实际耗用量－计划耗用量)×计划单价

原材料价格变动(价格变动)对成本的影响:

(实际单价－计划单价)×实际耗用量

按上面公式计算出的材料耗用量变动对成本的影响数额,简称为“量差”;价格变动对成本的影响数,简称为“价差”。

[例 9-4]　现仍以表 9-3 产品为例,来说明分析原材料成本项目的方法,并假定从成本计划及成本计算中,取得有关该产品原材料耗用量单价的资料,如表 9-7 所示。

表 9-7　某企业生产费用支出总额和产量资料

项 目	计划数			实际数		
	耗用量(kg)	单价	金额	耗用量(kg)	单价	金额
A 材料	1 570	1.0	1 570	1 500	1.04	1 560
B 材料	460	0.5	230	400	0.45	180
合 计	—	—	1 800	—	—	1 740

从表 9-7 的有关资料可看出,生产该产品耗用的 A、B 两种材料,其实耗用量均低于计划,但从材料价格的观察,B 材料的实际单价比计划下降;A 材料的实际单价又高于计划。综合这些因素对产品的材料成本会产生不同的影响。

2.材料耗用量变动的原因

影响材料消耗量变动的原因很多,分析工作要深入实际具体调查研究,查明造成量差的主观与客观原因,联系有关部门,分清责任,并针对不同原因,采取相应的改进措施。一般情况下影响材料消耗量变动的主要因素有产品设计的原料配方、材料的质量和规格、下料和生产工艺、产生废品量和废品废料回收利用、材料代用和原材料的综合利用等。

1)产品设计的原料配方

有的企业的产品设计结构不尽合理,而设计结构的变化会影响原材料的消耗。如机械工业产品,其产品、零件设计的体积、重量、毛坯的重量(设计的加工余量)就会影响原材料的消耗。改进产品设计,缩小体积,减轻重量,减少毛坯加工余量,在提高产品性能、保证产量的前提下,简化产品结构,省去不必要的部件和装置,就可以节省原材料。有的企业的产品是采用多种原材料,用一定的配方来生产的,配方的改变往往影响产品的原材料用量。这是成本管理的重要课题。

2)材料的质量和规格

企业生产所用的原材料质量如何,不仅影响产品质量,也常常影响原材料的耗用量。例如矿石品位的高低,会影响金属冶炼的矿石消耗;燃料的含热量和灰分,会影响生产中燃料的耗用量;原棉含杂质的多少,会影响纺纱用棉量。有时材料质量不好,就会多出废品,不仅增加废品损失,也会增加合格品的材料耗用量。

材料规格不合生产需要,必然造成大材小用,长材短用,优材劣用,也会造成多耗用材料。

3)下料和生产工艺

下料是否合理,直接影响产品的材料消耗。一定面积或长度的材料下料量,如何套裁,大小零件搭配，是充分利用材料，提高材料利用率的关键。对于化工、冶金行业，生产工艺是否合理，常常是决定原材料耗用的关键。工艺落后，往往要多耗许多的原料、燃料、动力。例如全国各地的许多化肥厂，其材料消耗差距很大，分析原因大多是因为工艺技术上的差别引起的。设备的性能也是造成原材料消耗不同的原因。例如运输车辆、锅炉的性能不同，它所耗的燃料就会有显著区别。

4）产生废品量和废品、废料回收利用

生产的废品多，合格品就少。使用同样数量的原材料，经济效益就不一样。生产技术水平和生产的组织管理水平的高低，是决定废品多少的关键。提高技术，加强生产管理，以减少和消灭废品，也是节约原材料消耗、用相同的原材料生产更多的产品的重要途径。生产过程中的废品、废料的重新使用，对于产品耗用原材料数量也有直接影响。

5）材料代用和原材料的综合利用

在不影响产品质量的前提下，采用代用材料，也是使生产取得较好经济效益的途径。

原材料的综合利用，目的在于物尽其用，用相同的原材料，生产更多的使用价值，创造更多的价值。原材料综合利用，虽然多数情况下，不会直接体现生产产品耗用原材料的节约，但它会明显地降低产品成本。因为原材料综合利用生产出产品后，应从产品的原材料成本中扣除一定的价值。

3.材料价格变动的原因

材料价格因素，在实际工作中常常笼统地把它看做是客观原因造成的，这种观点是片面的。材料价格变动固然大多数情况下与企业本身的工作无关，但不少因素是与企业的生产、经营、管理工作有联系的。为此应通过具体分析来揭示这方面的问题，并研究改进措施。

材料价格的变动，一般是由于采购价格的变动、运输费用的变动、运输途中材料的损耗、配料成分的变化等原因引起的。

1）采购价格的变动

采购价格变动又包括国家规定价格的调整，生产物价的浮动，不同地方采购的原材料的地区差价等原因。

2）运输费用的变动

企业购进材料的价格，一般是按采购价格加上运输费用来计算的。运输费用的变动，又包括运价的调整、采购原材料的地区距离、货运方式（车、船）等原因。

3）运输途中材料的损耗

材料在运输途中发生数量短少，入库时只按实收数量计价，这就相应提高了材料的价格。

4）配料成分的变化

有些企业生产产品，是使用多种原料配合投料，在计算成本时又采用混合单价，这种混合单价，就受配料成分变化的影响。例如棉纺织厂生产的棉纱，需要用配棉，这就要按每种配棉成分来计算“配棉单价”，配棉成分变动，配棉单价也就相应地变化。

上面这些影响材料原料和材料价格变动的原因中，有些是主观因素，有些是客观因素，在分析中应着重研究主观因素形成的原因，以便针对这些原因，采取改进措施，纠正不合理使用材料的现象，消灭生产中材料的浪费和损失。

(五)生产工人工资项目的分析

1.影响产品工资成本的因素

工资是产品成本的重要组成部分,对这个成本项目也要进行具体分析。单位产品成本中的工资数额,除取决于企业工资总的支出数额外,还与工资的分配方法有关。在成本计算中,各种产品分摊的工资额,有按生产工人工时分配的,有按产量分配的,所以,对工资项目分析时要结合这两种工资分配方法来进行。

(1)按产量分配法分摊工资,工资费用成本的分析。生产单一产品的企业,劳动生产率高低对单位产品工资成本的影响,表现为产量的多少对单位产品工资成本的影响,它们之间的关系用下列计算公式表示:

$$单位产品工资成本=\frac{生产工人工资总额}{产品产量}$$

上述计算公式表明,当生产工人人数不变时,提高劳动生产率,产品产量必然增加,而工资的支出一般不变,这样单位产品的工资成本就会减少;若劳动生产率下降,则产量减少,单位产品工资成本就会上升。

(2)按工时分配法分摊工资,工资成本的分析。在企业生产多种产品时,工资在各种产品之间的分配,一般按照生产工时消耗的比例分配计入产品成本的。单位产品的工资成本,可用下列公式计算:

$$单位产品工资成本=单位产品工时/工资分配率$$

这说明影响单位产品成本中的工资成本变动的因素,可以区分为工时变化和工资分配率(即小时的平均工资)变化两方面的因素。根据连环代替法的原理,在分析时可按下面公式计算它们的变动对成本的影响。

单位产品工时数量变动对成本的影响:

$$(单位产品实耗工时-单位产品计划工时)\times 每小时计划平均工资$$

小时平均关系(即工资分配率)变动对成本的影响:

$$(每小时实际平均工资-每小时计划平均工资)\times 单位产品实际工时$$

[例9-5] 现仍以某产品表9-7的资料为例来说明。假定从成本计划和成本计算中取得有关某产品工时消耗和工资分配率的资料,如表9-8所示。

表9-8 某产品工时消耗和工资分配率资料

项 目	计划数	实际数	差异
产品工资成本(元)	5 000	5 040	+40
单位成本工时消耗(h)	2 000	2 100	+100
每小时平均工资(元)	2.5	2.4	-0.1

从表9-8可以看出,单位产品的工资成本,实际比计划增加40元。单位产品工时消耗,计划为2 000小时,实际是2 100小时,增加100小时。生产产品多耗费了工时,其工资成本必然增加。另外,每小时平均工资(即工资分配率)计划是2.5元,实际是2.4元,下降了0.1元。工资分配率下降,必然影响产品成本随之降低。按照前面的公式计算如下:

(1)工时消耗变动的影响:

$$(2\,100-2\,000)小时\times 2.5元=250元$$

(2)小时平均工资变动的影响：

$$(2.4-2.5)\text{元}\times 2\ 100\text{小时}=-210\text{元}$$

上面分析的结果表明，产品由于工时消耗实际比计划增加，使成本提高250元，而由于工资分配率(即小时平均工资减少)，使成本降低210元，两项正负因素相互抵消后，使成本上升了40元。

单位产品工时消耗增加，表明企业劳动生产率下降；反之，单位产品工时消耗下降，则表明劳动生产率提高。以上所举例中某产品在生产上还存在一定问题，应结合生产实际深入分析这些问题，找出造成生产某产品的劳动生产率下降、多消耗工时的具体原因。

2. 消耗工时变动的原因

产品生产中消耗工时的变动，一般可以从生产组织是否良好、生产工艺和操作方法、生产工作的质量、材料和半成品的质量与规格、设备的性能、工人技术熟练程度和劳动态度等几个方面来分析。

1)生产组织是否良好

企业内部生产活动的计划性、生产调度的水平，对于节约人力，提高劳动生产率有很大的影响。

2)生产工艺和操作方法

采用新的生产工艺、先进的操作方法，就可以节省劳动力，提高工效，提高劳动生产率。因此，要组织职工开展技术革新，广提合理化建议，推广新技术、新工艺、新操作法。

3)生产工作的质量

生产废品、不合格品，就要进行补废和返修，因而多耗费工时。实行全面质量管理，提高每个生产环节的生产质量，减少废次品，就可以节约工时，提高劳动生产率。

4)材料和半成品的质量与规格

供应的材料、半成品质量不好，规格不符，往往也是造成多耗用工时的原因。例如材料硬度太高，往往加工多耗费工时；铸锻件毛坯或钢材的毛重超过标准，加工余量过大，就会增加加工时间。在生产实践中，利用废料生产产品，往往比利用好料生产产品要多费工时。这时就要全面地衡量生产经济效益。

5)设备的性能

使用机械操作的工序，设备的性能和运转状况，也会影响生产工时的耗费。高效率的设备，就可能节约工时，提高劳动生产率。

6)工人技术熟练程度和劳动态度

先进的技术要靠人去掌握，才能变成现实的生产力。掌握先进技术，并使先进技术充分发挥其效率，则取决于人们的知识和技术水平、对生产的熟练程度。加强对企业职工的技术培训，提高他们的技术和熟练程度，就有利于节约工时，提高劳动生产率。再者，企业职工的劳动态度也是影响工时变动的重要因素。

3. 每小时平均工资变动的原因

每小时平均工资是根据消耗工时总数和生产工人工资总数来计算的。由于成本计算方法不同，每小时平均工资可以按全厂计算，也可以分车间计算。其计算的基本方法如下：

$$\text{每小时平均工资}=\frac{\text{生产工人工资总数}}{\text{消耗工时总数}}$$

消耗工时总数在这里只是计算分配工资的依据，不具有考核的意义。对工时的利用情况，可根据职工出勤和工时记录，另外进行统计分析。

每小时平均工资变动的分析，主要是分析生产工人工资总额变动的影响。生产工人工资总额增加，每小时平均工资也就上升，就会提高产品成本。反之，生产工人工资总额减少，小时平均工资也就降低，就可以降低产品成本。从提高经济效益来说，工资增长应当同生产的增长，劳动生产率提高相适应。具体地说，就是劳动生产率的提高，一定要超过工资的增长，只有这样，才能保证职工的工资有所增加的情况下，降低成本。因此在分析时，应将生产工人工资增长的比例同生产增长比率，或者同劳动生产率增长的比率相比较，以说明增长是否合理。

第十章　收入管理

第一节　概　述

一、销售收入与折扣

（一）销售收入的概念及特点

销售收入是指企业在销售商品、提供劳务及他人使用本企业的资产等日常活动中所形成的经济利益的总流入，但代收的账款（如增值税等）除外。企业的销售收入包括产品销售收入和其他业务收入两部分。产品销售收入是指企业销售产成品、自制半成品、提供劳务等所取得的收入，其他业务收入是指企业材料销售、固定资产出租、外购商品销售、无形资产转让、提供非劳务等所取得的货币收入。

销售收入是反映企业生产经营成果的一项重要财务指标，是已经实现的产品价值的货币表现。销售收入有以下特点：

（1）销售收入从企业的日常活动中产生，而不是从偶发的交易或事项中产生。有些偶发的交易或事项也能为企业带来经济利益，但不属于企业的日常活动，其流入的经济利益不是销售收入。例如出售固定资产，因固定资产是为使用而不是为出售而购入的，将固定资产出售并不是企业的经营目标，也不属于企业的日常活动，出售固定资产取得的收益不作为销售收入核算。

（2）销售收入可能表现为企业资产的增加，如增加银行存款、应收账款等；也可能表现为企业负债的减少，如以商品或劳务抵偿债务；或者二者兼而有之，例如商品销售的货款中部分抵偿债务、部分收取现金。这里所指的以商品或劳务抵债不包括债务重组中的以商品抵债。

（3）实现销售收入是加速企业资金周转的重要环节。企业销售收入的取得，意味着产品资金转化为货币资金，说明流动资金完成了一次循环。在流动资金占用额相对不变的条件下，流动资金周转速度的快慢取决于销售收入的多少。销售收入取得速度越快，数量越多，流动资金周转的速度也就越快，企业就可以用较少的钱办较多的事，创造出较好的经济效益。

（4）实现销售收入是实现企业纯收入的前提，销售收入能导致企业所有者权益的增加。如上所述，销售收入能增加资产或减少负债或二者兼而有之。因此，根据“资产－负债＝所有者权益”的公式，企业取得了销售收入一定能增加所有者权益。但销售收入扣除相关成本费用后的净额，则可能增加所有者权益，也可能减少所有者权益。这里仅指销售收入本身导致的所有者权益的增加，而不是指销售收入扣除相关成本费用后的毛利对所有者权益的影响。因此，我国会计准则将销售收入定义为“经济利益的总流入”。

（5）销售收入只包括本企业经济利益的流入，不包括为第三方或客户代收的款项，如增值税、代收利息等。代收的款项一方面增加企业的资产，另一方面增加企业的负债，因而不增加企业的所有者权益,也不属于企业的经济利益,从而不能作为本企业的销售收入。

(二)折扣

折扣分为现金折扣和商业折扣两类。

1.现金折扣

现金折扣是指债权人为鼓励债务人在规定的期限内付款,而向债务人提供的债务扣除。现金折扣通常发生在以赊销方式销售商品及提供劳务的交易中。企业为了鼓励客户提前偿付货款,通常与债务人达成协议,债务人在不同的期限内付款可享受不同比例的折扣。现金折扣一般用符号"折扣/付款期限"表示。例如买方在30天内付款可按售价给买方5%的折扣,用符号"5/30"表示,在50天内付款按售价给予2%的折扣,用符号"2/50"表示,在60天内付款,则不给折扣,用符号"*n*/60"表示等。

2.商业折扣

商业折扣是指企业为促进销售而在商品标价上给予的扣除。商业折扣主要用于照顾购买大商品的顾客,处理冷背、残次的商品等实行的一种促销行为。例如,企业为鼓励买主购买更多的商品而规定购买500件以上者给15%的折扣。

3.现金折扣和商业折扣的区别

现金折扣与商业折扣相比,主要有两点区别:

(1)目的不同。现金折扣是为鼓励客户提前付款而给予的债务扣除;商业折扣是为促进销售而给予的价格扣除。

(2)发生折扣的时间不同。现金折扣在商品销售后发生,企业在确认营业销售收入时不能确定相关的现金折扣,销售后现金折扣是否发生应视买方的付款情况而定;而商业折扣在销售时即已发生,企业销售实现时,只要按扣除商业折扣后的净额确认营业销售收入即可,不需作账务处理。

(三)销售折让

销售折让是指企业因售出商品的不合格等原因而在销售价格上给予的减让。企业将商品销售给买方后,如买方发现商品在质量、规格等方面不符合要求,可能要求卖方在销售价格上给予一定的减让。

销售折让可能发生在企业确认销售收入之前,也可能发生在企业确认销售收入后。发生在销售收入确认之前的销售折让,其处理相当于商业折扣。我国销售收入准则所指的销售折让是指销售收入确认之后发生的折让。

(四)完工百分比法

完工百分比法是指按照劳务的完成程度确认销售收入和费用的方法。我国销售收入准则中完工百分比法仅适用于提供劳务的交易。当劳务的开始和完成分属不同的会计年度,为准确反映每一会计年度的销售收入、费用和利润情况,企业应在资产负债表日按劳务的完成程度确认销售收入和相关费用。

二、销售收入管理的基本要求

(一)分清收益、销售收入和利得

企业在会计期间内增加的除所有者投资以外的经济利益通常称为收益,收益包括销售收入和利得。销售收入是指企业在销售商品、提供劳务及让渡资产使用权等日常活动中所形成的经济利益的总流入，包括商品营业销售收入、劳务销售收入、利息销售收入、使用费销售收入、股利销售收入等。日常活动是指企业为完成其经营目标而从事的所有活动，以及与之相关的其他活动。因此，销售收入属于企业主要的、经常性的收入。销售收入和相关成本在会计报表中应分别反映。

利得是指销售收入以外的其他收益，通常从偶发的经济业务中取得，属于那种不经过经营过程就能取得或不曾期望获得的收益，如企业接受捐赠或政府补助取得的资产、因其他企业违约收取的罚款、处理固定资产净损益、流动资产价值的变动等。利得属于偶发性的收益，在报表中通常以净额反映。

（二）准确确认和计量销售收入

确认是指记录销售收入，计量是指确定销售收入的金额。我国销售收入准则对销售收入的确认标准规定得比较原则，比较注重交易的经济实质。例如，在商品销售的交易中，要求企业在确认销售收入时要判定商品所有权上的风险和报酬是否转移给买方，而并不注重表面上商品是否已经发出；要求企业判断商品的价款能否收回，而并不注重形式上是否已取得收取价款的权利，等等。这样就要求企业针对不同交易的特点，分析交易的实质，正确判断每项交易中所有权上的主要风险和报酬实质上是否已转移，是否仍保留与所有权相关的继续管理权，是否仍对售出的商品实施控制，相关的经济利益能否流入企业，销售收入和相关成本能否可靠计量等重要条件。只有这些条件同时满足，才能确认销售收入。否则，即使已经发出商品，或即使已经收到价款，也不能确认销售收入。

（三）及时结转与销售收入相关的成本

1.结转成本时间性要求

为了正确反映每一会计期间的销售收入、成本和利润情况，根据销售收入和费用配比原则，企业应在确认销售收入的同时或同一会计期间结转相关的成本。

结转成本时应注意两个问题：

（1）在销售收入确认的同一会计期间，相关的成本必须结转。

（2）如果一项交易的销售收入尚未确认，即使商品已经发出，相关的成本也不能结转。

2.结转成本的方法

商品采用实际成本计价的，结转的商品实际成本应采用先进先出法、加权平均法、移动平均法、个别计价法、后进先出等方法计算确定。

商品采用计划成本或售价核算时，还应结转售出商品负担的成本差异或进销差价，将计划成本或售价调整为实际成本。

（四）准确记录销售收入和相关成本、税金

企业销售收入的种类很多，如商品营业销售收入、劳务销售收入、利息销售收入、使用费销售收入等。要取得这些销售收入，均需发生相关的成本和税金。为了便于管理与分析，应严格按规定做好成本和税金的记录工作。

三、销售收入范围

（一）按主次不同分类

按照主次不同，销售收入可以划分为主营业务收入和附营业务收入。

1. 主营业务收入

可根据营业执照上注明的主要经营范围确定,也可根据其收入在总收入中所占的比例确定。

工业企业的主营业务收入是指产品销售收入,包括销售产成品、自制半成品和工业性劳务供应等取得的收入。

商品流通企业的主营业务收入是指商品销售收入,包括自购自销商品的销售收入、接受其他单位委托代销商品的销售收入,以及代购代销手续费收入。

施工企业的主营业务收入是指承包工程实现的工程价款结算收入和向发包单位收取的各种索赔款。

房地产开发企业的主营业务收入,是指对外转让、销售、结算和出租开发产品等所取得的收入。

运输(交通)企业的主营业务收入,指沿海、内河、远洋和汽车运输企业经营旅客、货物运输业务所发生的运输收入,海河港口企业和经营装卸收入,企业经营仓库、堆场业务发生的堆存收入,企业经营各种代理业务发生的代理收入,海河港口企业的港务管理收入。

旅游、饮食服务企业的主营业务收入,是指饭店、宾馆、旅店、酒楼、餐馆、理发、浴池、照相、洗染、修理和咨询等服务收入。

2. 附营业务收入

附营业务收入是指主营业务收入以外的日常活动收入,如销售材料、包装物出租收入、转让无形资产收入等。附营业务收入的特点是:每笔业务金额一般较小,收入不十分稳定,服务对象不大固定,占营业收入的比重较低。

区分主营业务收入和其他业务收入时应注意:某些营业收入在不同行业的会计制度中,主营和附营是相互交叉、相互转化的。例如,加工、装配在工业企业为主营业务收入,在其他企业为附营业务收入;运输业在运输(交通)企业为主营业务收入,在其他企业为附营业务收入;服务在旅游、饮食服务企业为主营业务收入,在其他企业为附营业务收入;房地产开发在房地产开发企业为主营业务收入,在其他企业为附营业务收入等。

因此,判断企业的某种业务是主营业务还是附营业务,不应以这种业务的经营方式为标准,而应以该种业务收入占全部营业收入的比重和该种业务的经常性程度来判断。比如工业企业为生产产品、商品流通企业为经营商品购销、施工企业从事建筑施工、运输企业从事旅客及货物运输、旅游及饮食服务企业为人民生活提供服务等,由此所取得的收入就作为主营业务收入,这些企业从事本业以外的附营业务取得的收入就作为附营业务收入。

当然,主营业务收入和附营业务收入的划分是相对的,随着企业经营方式的改变,二者常常有所变动;特别是在目前形式下,企业的经营方式多元化,其主营业务收入与附营业务收入的界限很难划分清楚,必须具体问题具体分析。

(二)按来源不同分类

根据《企业会计准则——收入》的规定,按照来源不同,销售收入可以划分为销售商品取得的收入、提供劳务取得的收入和他人使用本企业资产取得的收入等三个方面。

1. 销售商品取得的收入

1)销售商品的范围

销售商品的范围主要是指取得货币资产方式的商品销售,以及正常情况下的以商品抵偿债务的交易,不包括非货币交易、期货、债务重组中的销售商品交易。这里的商品主要包括企业为销售而生产或购进的商品,如工业企业生产的产品、商品流通企业购进的商品等,企业销售的存货如原材料、包装物、低值易耗品等也视同商品。但是企业以商品进行投资、捐赠或自用等,均不作为商品销售处理,应按成本结转。

2)销售商品取得的收入的确认标准

企业销售商品时,如同时符合以下四个条件,即可以确认其为销售商品取得的收入:

(1)企业已将商品所有权上的主要风险和报酬转移给买方。

这里的风险主要指商品由于贬值、损坏、报废等造成的损失。这里的报酬是指商品中包含的未来经济利益,包括商品因升值等给企业带来的经济利益。如果一项商品发生的任何损失均不需要本企业承担,带来的经济利益也不归本企业所有,则意味着该商品所有权上的风险和报酬已移出该企业。

判断一项商品所有权上的主要风险和报酬是否已转移给买方,需要视以下不同情况而定:

a.在大多数情况下,所有权上的风险和报酬的转移伴随着所有权凭证的转移或实物的交付而转移。

b.有些情况下,企业已将所有权凭证或实物交付给买方,但商品所有权上的主要风险和报酬并未转移。企业可能在以下几种情况下保留商品所有权上的主要风险和报酬:

第一,企业销售的商品在质量、品种、规格等方面不符合合同规定的要求,又未根据正常的保证条款予以弥补,因而仍负有责任。

第二,企业销售商品的收入是否能够取得,取决于买方销售其商品的收入是否能够取得。如代销或寄销商品,在代销或寄销的情况下,委托方应在受托方售出商品,并取得受托提供的代销清单时确认收入。

第三,企业尚未完成售出商品的安装或检验工作,且此项安装或检验任务是销售合同的重要组成部分。

第四,销售合同中规定了由于特殊原因买方有权无条件退货的条款,而企业又不能确定退货的可能性。

试用期内的新产品,在这种情况下,该企业尽管已将商品售出,也已收到价款,但由于是新产品,无法估计退货的可能性,商品所有权上的风险或和报酬实质上并未转移给买方,该企业在销售时不能确认收入。只有当买方正式接受商品时或退货期满时才能确认收入。

c.企业已将商品所有权上的主要风险和报酬转移给买方,但实物尚未交付。这时应在所有权上的主要风险和报酬转移时确认收入,而不管实际是否交付。

(2)企业既没有保留通常与所有权相联系的继续管理权,也没有对已售出的商品实施控制。

企业将商品所有权上的主要风险和报酬转移给买方后,如仍然保留通常与所有权相联系的继续管理权,或仍然对售出的商品实施控制,则此项销售不能成立,不能确认相应的营业收入。

(3)与交易相关的经济利益能够流入企业。

经济利益是指直接或间接流入企业的现金或现金等价物。在销售商品的交易中,与交易相关的经济利益即销售商品的价款。销售商品的价款能否有把握收回,是收入确认的一个重要条件,企业在销售商品时,如估计价款收回的可能性不大,即使收入确认的其他条件均已满足,也不应当确认收入。

销售商品的价款能否收回,主要依据企业以前和买方交往的直接经验,或从其他方面取得的信息,或正负的有关政策等进行判断。

企业在判断价款收回的可能性时,应进行定性分析,当确定价款收回的可能性大于不能收回的可能性时,即认为价款能够收回。

一般情况下,企业售出的商品符合合同或协议规定的要求,并已将发票交付买方,买方也承诺付款,即表明销售商品的价款能够收回。如企业判断价款不能收回,应提供可靠的证据。

(4)相关的收入和成本能够可靠地计量。

收入能否可靠地计量是确认收入的基本前提。收入不能可靠计量,则无法确认收入。企业在销售商品时,售价通常已经确定。但销售过程中由于某种不确定因素,也有可能出现售价变动的情况,则新的售价未确定前不应确认收入。

根据收入和费用配比原则,与同一项销售有关的收入和成本应在同一会计期间予以确认。因此,成本不能可靠计量,相关的收入也不能确认,即使其他条件均已满足。如已收到价款,收到的价款应确认为一项负债。

企业销售商品应同时满足上述四个条件,才能确认收入。如任何一个条件没有满足,即使收到货款,也不能确认收入。

3)商品销售收入的计算

商品销售收入的金额应根据企业与购货方签订的合同或协议金额确定,无合同或协议的,应按购销双方都同意或都能接受的价格确定。

企业在销售商品过程中,有时会代第三方或客户收取一些款项,如企业代国家收取增值税,这些代收款应作为暂收款即企业的负债,不作为企业的收入处理。

企业在确定商品销售收入金额时,不考虑各种预计可能发生的现金折扣、销售折让。现金折扣实际发生时计入当期财务费用,销售折让在实际发生时冲减发生当期商品销售收入。

2.提供劳务取得的收入

1)提供劳务收入的范围

提供劳务的收入主要有提供旅游、运输、饮食、广告、理发、照相、洗染、咨询、代理、培训以及产品安装等所获取的收入。

2)提供劳务收入的确认和计量

提供一项劳务取得的总收入,一般按照企业接受劳务时签订的合同或协议的金额确定。如有现金折扣的,应在实际发生时计入财务费用。

提供劳务的种类很多,如旅游、运输(包括交通运输、民航运输等)、饮食、广告、理发、照相、洗染、咨询、代理、培训、产品安装等。提供劳务的内容不同,完成劳务的时间也不等,有的劳务一次就能完成,且一般均为现金交易,如饮食、理发、照相等;有的劳务需要花较长一段时间才能完成,如安装、旅游、培训、远洋运输等。对于一次就能完成的劳务收入,其确认方法比较简单,在劳务完成时即确认收入。而对于需要较长时间才能完成的劳务,可能存在跨越一个会计年度的情况,为了准确确定每一会计年度的收入及相关的成本费用,我国的收入准则规定,企业在资产负债表日,如能对提供劳务的交易结果可靠计量,应按完工百分比法确认相关的劳务收入。但如一项劳务的开始和结束均在同一会计年度,则应在劳务完成时确认收入。这样可能会出现同一项劳务由于所处的期间不同,所采用的方法也不同。

因此,劳务收入应区别下列情况进行确认和计量:

(1)对于一次就能完成的劳务,或者在同一会计年度内开始完成的劳务,应在劳务完成时确认收入,确认的金额为合同或协议总金额,确认方法可参照商品营业收入的确认原则。

(2)如劳务的开始和完成分属不同的会计年度,且在资产负债表日能对该项交易的结果作出可靠的估计,应按完工百分比法确认收入。

(3)如资产负债表日不能交易的结果作出可靠估计,应按已经发生并预计能够补偿的劳务成本确认收入,并按相同金额结转成本;如预计已经发生的劳务成本不能得到补偿,则不应确认收入,但应将已经发生的成本确认为当期费用。

提供劳务的交易结果能否可靠估计,应依据以下条件进行判断。如同时满足以下条件,则交易的结果能够可靠地估计。

(1)合同总收入和总成本能够可靠地计量。合同总收入一般根据双方签订的合同或协议注明的交易总额确定。随着劳务的不断提供,可能会根据实际情况增加或减少交易总金额,企业应及时调整合同总收入。

合同总成本包括至资产负债表日已经发生的成本和完成劳务将要发生的成本。企业应建立完善的内部成本核算制度和有效的内部财务预算及报告制度,准确提供每期发生的成本,并对完成剩余劳务将要发生的成本作出科学、可靠的估计,且应随着劳务的不断提供或外部情况的不断变化,随时对估计的成本进行修订。

(2)与交易相关的经济利益能够流入企业。只有当与交易相关的经济利益能够流入企业时,企业才能确认收入。企业可以从接受劳务方的信誉、以往的经验以及双方就结算方式和期限达成的协议等方面进行判断。

(3)劳务的完成程度能够可靠地确定。劳务的完成程度可以采用以下标准确定:

a.已完成工作的测量。

b.已经提供的劳务占应提供劳务总量的比例。

c.已经发生的成本占估计总成本的比例。

企业在资产负债表日,如不能可靠地估计所提供劳务的交易结果,亦即不能满足上述三个条件中的任何一个,企业就不能按完工百分比法确认收入。这时,企业应正确预计已经收回或将要收回的款项能弥补多少已经发生的成本,按已经发生并预计能得到补偿的劳务成本金额确认收入,同时按相同的金额结转成本;发生的成本中预计不能得到补偿的部分不确认收入,但部分发生的成本应确认为当期费用。

3)完工百分比法在确认劳务收入中的运用

完工百分比法是指按劳务的完成程度确认收入和费用的方法。企业资产负债表日如能对提供劳务的交易结果作出可靠的估计,应采用完工百分比法确认收入,同时结转相应的成本。

完工百分比法下,收入和相关的费用应按下列公式计算:

本年确认的收入=劳务总收入×本年末止劳务的完成程度-以前年度已确认的收入

本年确认的费用=劳务总成本×本年末止劳务的完成程度-以前年度已确认的费用

在劳务总收入和总成本能够可靠计量的情况下,关键是确定劳务的完成程度。企业应根据所提供的劳务的特点,在下列三种方法中选择一种。

(1)已完成工作的测量。这是一种比较专业的测量法,由专业测量师对已经完成的工作或工程进行测量,并按一定方法计算劳务的完成程度。

(2)按已经提供的劳务量占应提供劳务总量的百分比确定。这种方法主要以劳务量为标准,确定劳务的完成程度。

(3)按已经发生的成本占估计总成本的比例确定。

3.他人使用本企业资产取得的收入

1)他人使用本企业资产的收入的范围

他人使用本企业资产的收入是指企业让渡资产使用权所获取的收入,主要包括以下几种形式:

(1)因他人使用本企业现金而收取的利息收入。这主要是指金融企业存、贷款形成的利息收入及同行业之间发生往来形成的利息收入等。

(2)因他人使用本企业的无形资产(如商标权、专利权、专营权、软件、版权)等而形成的使用费收入。他人使用本企业的资产取得的收入应包括因债券投资取得的利息收入及进行股权投资取得的股利收入等。

(3)出租固定资产取得的租金收入。

2)他人使用本企业资产的收入的确认标准

他人使用本企业资产的收入应按下列标准进行确认:

(1)与交易相关的经济利益能够流入企业。这是任何交易均应遵循的一项重要原则,企业应根据对方的信誉情况、当年的效益情况以及双方就结算方式、付款期限等达成的协议等方面进行判断。如果企业估计收入收回的可能性不大,就不应确认收入。

(2)收入的金额能够可靠地计量。利息收入根据合同或协议规定的存、贷款利率确定;使用费收入按企业与其资产使用签订的合同或协议确定。当收入的金额能够可靠地计量时,企业才能进行确认。

四、销售收入的披露

根据国家关于销售收入管理与分析的要求,企业应在年度财务报告中披露以下两方面的内容。

(一)确认收入时所依据的法规、政策

这些法规、政策主要包括以下三个方面:

(1)在各项重大的交易中,企业确认收入时采用的确认原则。企业应在财务报告中披露收入确认的具体标准,以反映企业是如何具体运用收入准则规定的收入确认原则确认收入的。

(2)能否采用分期付款法确认。

(3)确认劳务的完成程度所采用的方法。

(二)每一重大收入项目的金额

每一重大收入项目的金额具体包括商品营业收入、劳务收入、利息收入。不同的企业,其收入项目一般并不完全相同。企业应根据自身的营业范围,披露每一项重大收入的数额。

第二节 销售情况分析

一、产品销售计划完成情况的分析

分析全部产品销售计划的完成情况，要重点分析企业主要产品销售计划的完成情况。在实际工作中，通常是根据会计报表中反映的实际产品营业收入同销售计划中的计划产品营业收入相比较。但应当指出的是，计划营业收入是以计划价计算，实际营业收入是以实际价格计算，由于客观原因调整价格时，如果利用以上两个指标计算产品销售量计划完成百分比，包括了价格变动因素的影响，这样就不能真实地反映产品销售量计划的完成程度。因此，在分析销售量计划完成情况时，就必须用按计划价格计算的实际营业收入同计划营业收入进行比较，并确定其完成计划的百分比。其计算公式为：

$$产品销售计划完成率=\frac{按计划价格计算的产品实际营业收入}{产品计划营业收入}\times 100\%$$

销售量和销售价格对营业收入影响，可以用下列因素分解式表示，用连环代替法（或差额计算法）分析。

已知：

$$营业收入=销售数量\times 产品单位售价$$

因此，销售数量对营业收入的影响为：

$$(实际销售数量-计划销售数量)\times 计划单位售价$$

销售价格对营业收入的影响为：

$$(实际单位售价-计划单位售价)\times 实际销售量$$

对于销售量的变化，要结合生产计划的完成情况和产品结存数量的变化来分析。销售量同产量、产品结存量的关系如下：

$$销售量=生产量+期初产品结存量-期末产品结存量$$

产品销售计划完成情况的分析，还需在以上分析的基础上，进一步查明影响销售计划完成情况诸因素的具体原因。

首先，超额完成产品生产计划是超额完成销售计划的前提条件，只有多生产才能多销售。

其次，期初、期末产品结存量的变化也对销售量有影响。在有大量库存产品的情况下，减少库存产品，多安排销售，可以超额完成销售计划，并有利于加速流动资金的周转。

最后，若产量增长而不能及时组织销售，就足以使期末产品结存量增长，既会影响企业营业收入，也使企业流动资金周转缓慢。

综上所述，影响产品销售量计划完成的原因是多种多样的，分析销售计划的完成情况，应以生产计划完成情况的分析为基础，有效利用各种核算方法和其他有关分析资料，深入调查研究，查明各因素形成的具体原因，以便制订消除弱势方案，从而使各方面存在的缺点尽快得到克服。

二、销售合同执行情况的分析

产品销售合同是制定和执行销售计划的基础，也是安排生产的依据。企业应及时同有关用户签订销售合同，具体规定产品的品种、规格和质量标准，产品的数量与交货日期，产品的包装要求与运输条件，产品的销售价格与货款的结算条件，技术服务条件，双方的经济责任等。销售合同签订后，企业必须加强合同的管理和分析工作，双方严肃执行合同所规定的各项条款，以保证购销双方的合法经济利益。

通过销售合同执行情况的分析，可以全面地说明企业报告期中销售工作的质量。销售合同执行情况分析，包括日常分析和定期分析两个方面。日常分析主要是查明企业是否对每一合同按品种、按规格、按质量、按批量、按期限全面地履行其合同任务，保证满足对方需要。分析所依据的资料是合同执行情况登记簿，内容包括按产品名称、型号规格设置账页，登记合同编号、订货单位、计划发货期和数量、工作号令、实际发货款和数量等。据此检查合同的执行情况，发货的及时性，发货的数量、质量，货款的结算等是否遵守合同的条款；了解对违反合同现象的处理及所承担的经济责任是否合理。对于尚未到期的合同，应结合生产的库存情况，研究企业能否按期发出商品，如果发现问题，应及时采取相应措施。

定期分析销售合同的执行情况，可以结算合同数量完成率、合同任务交货率和合同任务按期交货率等指标。计算公式如下：

$$\text{合同数量完成率}=\frac{\text{实际完成合同分数}}{\text{签订合同分数}}\times 100\%$$

$$\text{合同任务交货率}=\frac{\text{产品合同累计交货数}}{\text{产品合同累计订货数}}\times 100\%$$

$$\text{合同任务按期交货率}=\frac{\text{产品合同累计交货数}-\text{补交累计数}-\text{本期预交数}}{\text{产品合同累计订货数}}\times 100\%$$

上面两个交货率指标的计算公式，应根据分析的目的而定。其内容可按当期数字计算，可以按累计数字计算；可分产品计算，也可就全部产品计算；可用实务单位计算，也可用货币单位计算；等等。同时还应注意计算交货率要保持子项与母项在时期上的一致性。

上面指标计算的结果，其数值愈高说明企业销售合同执行愈好。为了考察企业在履行合同方面的变化趋势和改进情况，可用这些指标的实际数同上期、上年同期进行动态分析。

三、销售后反映的产品质量情况

企业生产的产品，总的要求是物美价廉，质量优良，但有些产品质量问题，要在销售后通过各种渠道和形式，主动收集用户对产品的意见和要求，如在产品的功能、设计、商标、包装、服务、价格和用户的购买动机等方面的反映。

在分析时，要查明售后服务费用发生状况，并要结合销售反馈，结合产品退换、返修情况，分析市场情况的变化，提出建议，采取措施，改进产品，改进经营管理，作出决策，修订计划，改进工作，提高产品质量，以减少这方面的支出。

第十一章　利润分配管理

第一节　概　述

一、利润

(一)利润的概念

利润是企业在一定期间内全部深入抵减全部支出后的余额。它主要反映企业生产经营活动各方面的效益,是企业生产经营的最终财务成果,是衡量企业生产经营管理的重要综合指标。就利润的基本性质而言,是企业净资产的增值。利润额若为正数,则表示该企业盈利;若为负数,则表示该企业亏损。企业利润包括销售利润、投资净收益(减投资损失)以及营业外收支净额。其计算公式为:

利润＝销售利润＋投资净收益＋营业外收入－营业外支出

净利润是指企业缴纳所得税后的利润。其计算公式如下:

净利润＝利润－所得税

(二)利润的分类

企业利润按照不同的标准可以作出不同的分类。

(1)按形成原因分。利润可以分为主营业务利润、其他业务利润、营业利润、投资收益、营业外收支净额等。

(2)从税收的角度分。利润可以分为税前利润和税后利润。其中,税前利润一般包括营业利润、投资净收益和营业外收支净额三部分。税后利润必须按照国家和企业的利润分配政策进行分配。

(3)从经济学角度分。可以分为会计利润和财务利润。利润额是一定时期内企业的收入与成本的差额。其中,如果所用的成本是会计成本,那么计算出来的利润是会计利润,反映的是企业实际有多少净收入,目的是向外界报告企业的损益情况;如果所用的成本包括机会成本(也称财务成本),那么计算出来的利润是财务利润,反映的是企业的资金投资于某一用途所得到的利润比投资于其他用途可能多得到的利润有多少,是形成财务决策的基础。

(4)从计算目标的角度分。可以分为账面会计利润和应税利润。账面会计利润是企业会计师根据一般公认会计标准的要求计算出来的、列报在损益表上的总受益(或总亏损),应税利润是企业依照国家的税务法规确定的、列报在纳税申报表上的应缴纳所得税的利润额(或亏损额)。

(三)核算利润的意义

在市场经济条件下,一个企业努力开拓市场,加强管理,不断增加利润,具有多重意义。

(1)利润是国家财政收入的主要源泉。企业上缴的利润是国家财政收入的主要源泉,是进行社会主义积累的重要方式。只有不断增加企业的利润,才能保证国家财政收入的稳定增长,从而保证国民经济发展对资金的需要。

(2)利润是企业经营所追求的目标。在重视风险因素评估、符合企业长远利益和有充足的资本及其他资源的前提下,企业追求利润最大化,通过对利润的考核、分析,以评价企业的经营效率、经营业绩以及实现经营目标的能力。

(3)利润是企业分配的基础。就某一特定时期来说,利润水平一般代表可供分配的最高限额,因而是分析、确定利润分配关系的重要依据。

(4)利润是企业扩大再生产的重要前提。随着多年的经济体制改革,企业资金的供给制度发生了巨大的改变。企业只有不断增加利润,才能进行扩大再生产。尤其是在激烈的市场竞争中,企业要生存、要发展,就要改善经营管理,采用先进的科学技术,实现企业的自我改造、自我发展,以大力增加企业的利润,增强企业发展的后劲。

(5)利润是投资人和债权人进行投资决策和信贷决策的重要依据。投资人投资的主要目的在于获得既定风险条件下的最大投资报酬率,而债权人则要求保证其贷出款项的安全性。这些都要求企业必须具备较好的获利能力,而利润额正是表现企业获利能力大小的主要指标。

二、利润的构成

利润是由营业利润、投资净收益、营业外收支等组成。

(一)营业利润

营业利润是指企业在日常经济活动中产生的利润。营业利润是企业利润的主要来源,主要由主营业务利润和其他业务利润(副营业务利润)构成。其计算公式如下:

营业利润 = 主营业务利润 + 其他业务利润 - 管理费用 - 财务费用 - 营业费用

这一公式的特点是,公式中的主营业务利润和其他业务利润近似于"毛利"的概念,减去管理费用、营业费用和财务费用之后,得出的营业利润近似于"净利"的概念。从顺序上讲,上述公式把管理费用、营业费用和财务费用作为营业利润的扣减项目,意味着不仅产品销售应负担管理费用、营业费用和财务费用,其他业务也应负担管理费用、营业费用和财务费用,计算公式逻辑关系是严密的。

1.主营业务利润

主营业务利润是指企业经营活动中主营业务所产生的利润,其计算公式为:

主营业务利润 = 主营业务净收入 - 主营业务成本 - 主营业务税金及附加

主营业务净收入 = 主营业务收入 - 销售退回 - 销售折让 - 销售折扣

主营业务税金及附加是指已销售产品缴纳的消费税、城市维护建设费以及资源税、教育费附加。其中,企业收到的出口产品退税以及减免税退回的税金,作为减少主营业务税金处理。

2.其他业务利润

其他业务利润又称为副营业务利润,是指企业主营业务以外的其他业务所产生的利润,其计算公式为:

其他业务利润 = 其他收入 - 其他业务成本 - 其他业务税金及附加

公式中的其他业务税金及附加是指其他业务所缴纳的营业税、城市维护建设费以及教育费附加。

（二）投资净收益

投资净收益是指企业投资收益扣除投资损失后的净额。投资收益减去投资损失后的数额，作为企业利润总额的构成项目。

投资收益是指企业对外投资所取得的收益。投资收益包括对外投资分得的利润、股利收入以及债券利息收入，投资到期收回或者中途转让取得款项高于账面价值的差额，以及按照权益法核算的股权投资在被投资单位增加的净资产中所拥有的数额等。

投资损失是指企业对外投资所发生的损失。投资损失包括对外投资到期收回或者中途转让取得款项低于账面价值的差额，以及按照权益法核算的股权投资在被投资单位减少的净资产中所分担的数额等。

对外投资分得的利润是指现金、实物、无形资产等进行投资分得的利润，以及联营、合作分得的利润。

股利是指以购买股票形式的投资（包括优先股和普通股）分得的股息和红利收入。

债券利息是指以购买债券形式投资取得的利息收入。

所谓投资到期收回或者中途转让取得款项高于账面价值的差额，是指投资到期收回的款项或者中途转让取得的款项与投资账面价值的差额。

所谓按照权益法核算的股权的收益或损失，是指按照权益法计价的长期投资的增加额或减少额。

（三）营业外收支

营业外收支是指与企业的生产经营活动无直接关系的各种收支。企业营业外收入是与营业外支出相对应的，虽然与企业的生产经营活动没有直接因果关系，但与企业又有一定联系的收入。

1. 营业外收入

营业外收入是指与企业生产经营活动无直接关系的各种收入。营业外收入并不是由企业耗费经营资金而产生的，不需要企业付出代价，实际是一种纯收入，需要与营业收入区别开来。

按我国现行财务制度的规定，列入营业外收入的项目主要有固定资产的盘盈和处置固定资产净收益、罚款收入、因债权人原因确实无法支付的应付款项、资产再次评估增值、债务重组收益以及教育费附加的返还款等。

其中，盘盈的固定资产的净收益是指按照原价减去估计折旧后的差额；出售固定资产净收益是指转让或者变卖固定资产所取得的价款减去清理费用后的数额与固定资产账面净值的差额。企业出售固定资产的净收益之所以作为营业外收入，这是因为企业的固定资产是企业的劳动手段，固定资产是为“用”而买的，而不是为“卖”而买的，所以不能作为营业收入，而应作为营业外收入。

罚款收入是指企业取得的因对方违反国家有关行政管理法规而按照规定支付的罚款，包括供货单位不履行合同而向其收取的赔款，以及因购买单位不履行合同支付货款而向其收取的赔偿金、违约金等各种形式的罚款收入。

因债权人原因确实无法支付的应付款项主要是指因债权人单位变更或撤销等而导致发生的无法支付的应付款项等。

资产再次评估增值是指企业对长期股权投资进行再次评估，所发生的评估增值转回原评估贬值已计入损益的金额。

债务重组收益是指按照国家关于债务重组会计处理的规定，应当计入营业外收入的债务重组收益。

教育费附加的返还款是指自办职工子弟学校的企业，在缴纳教育费附加后，教育部门返还给企业的所办学校经费补贴。

2. 营业外支出

营业外支出包括固定资产盘亏、报废、毁损和出售的净损失，非季节性和非大修理期间的停工损失，职工子弟学校经费和技工学校经费，非常损失，公益救济性捐赠，赔偿金和违约金等。其中，固定资产盘亏、毁损是按照原价扣除累计折旧、过失人及保险公司赔款后的差额，固定资产报废是指清理报废的变价收入减去清理费用后与账面净值的差额。

非季节性和非大修理期间的停工损失是相对于季节性和大修理期间的停工损失而言的，季节性和大修理期间的停工损失计入制造费用，非季节性和非大修理期间的停工损失则计入营业外支出。

职工子弟学校经费是指企业按照国家规定自办的职工子弟学校支出大于收入的差额；技工学校经费是指根据国家规定，发生的自办技工学校的经费支出。按照我国财务管理规定，新建职工子弟学校的资金应列入资本金支出，不得列入营业外支出。

非常损失是指自然灾害造成的各项资本净损失(扣除保险赔偿款及残值)，还包括由此造成的停工损失和善后清理费用。

公益救济性捐赠是指国内重大救灾或慈善事业的救济性捐赠支出。

赔偿金和违约金是指企业因未履行经济合同、协议而向其他单位支付的赔偿金、违约金、罚息等罚款性支出。

三、利润预测

利润预测是对企业未来一定时期利润的实现情况进行的一种科学估计和科学推测，它是编制利润计划、分解落实利润指标的前提。进行利润预测一般包括确定目标利润、测算计划年度利润和试算平衡三个步骤。

所谓目标利润，是指企业计划在一定时间内争取达到的利润目标，是企业计划期的奋斗目标之一。它是反映着一定时间财务、经营状况的好坏和经济效益高低的预期经营目标。目标利润管理是目标管理原理和方法在利润管理中的具体运用。它要求企业通过科学方法确定企业在一定时期所要实现的目标利润额，并根据目标利润的要求，测定为完成目标利润额的各项经营收支的目标，并列出日程、归口分级进行分解、落实，有效实施日常控制，严格考评，确保目标利润额的实现。

从整个企业的财务管理来说，利润管理只是企业财务管理这个系统(该系统又是企业管理的子系统)中的子系统；但从它所处的地位来说，则是整个企业财务管理的核心，因为利润是企业继续经营的必要条件——企业没有盈利，是不可能生存的。利润管理制约着其他方面的管理，为其他方面的运行提供物资保障。当然，其他方面管理的经济效果，也会在利润上得到体现，影响企业的经济效益。

1. 制定目标利润的基本要求

目标利润的制定是财务管理筹划和控制企业未来的重要内容，它关系到今后一定时期内整个企业生产经营活动的顺利进行，决定着企业各项计划的质量水平。企业都应根据其经营目标的具体要求，切实做好制定目标利润的各项工作。制定目标利润的基本要求是：

(1)既要积极先进，又要留有余地。目标利润的确定应该是充分挖掘增加利润的潜力，但不能脱离实际和可能，要充分考虑企业面临着复杂多变的外部环境及其风险程度，允许留有余地。

(2)内部环境与外部环境相适应。制定目标利润要充分考虑企业内部环境和外部环境。企业内部环境基本上是企业可以控制的、制约的，但内部环境的改善，必须朝着适应外部环境的方向进行。制定目标利润必须平衡资源条件，协调内外关系。

(3)实现综合平衡。在制定目标利润时，一方面要全面考虑经营范围、经营规模、毛利润、费用开支等因素对利润变动的影响，为目标利润的确定提供科学依据。另一方面要与企业的购销计划和其他财务计划反复平衡，企业其他计划要服从目标利润计划。如经过初步平衡之后，确实无法服从和实现目标利润时，要重新考虑目标利润，最终使其他计划成为实现目标利润的坚实基础。

2.目标利润的制定程序

目标利润一般是在考虑企业发展战略、市场需求状况、同行业有关企业平均利润水平、本企业未来发展对利润的特定要求的前提下，经过一系列的分析、计量之后予以确定。一般来说，目标利润的制定过程大体包括下列步骤：

(1)考察上期利润计划的完成情况，分析下期利润影响因素的变动。通过对上期的计划利润和实际利润进行比较，弄清该期利润计划完成情况的好坏和盈利水平的高低，并尽可能把握以前年份，尤其是上年的经营情况对下期利润的影响。还要根据市场调查、销售预测的有关资料，测定和分析影响利润的诸因素对未来目标利润的影响方向和程度。

(2)确定初步的利润目标。初步的利润目标是通过目标利润预测工作来完成的。在工作中，一般利用目标利润的预测值，参照过去企业利润增长的实际情况或同行的平均实际利润水平，并分析预测将来的利润需要和用途，确定一个基础性的利润数据，再按可预测的其他条件进行粗略的修正，作为初步利润目标定下来。

(3)通过综合平衡，决策出最终的利润目标。最终利润目标是建立在综合考虑各因素基础上的目标，要考虑各种环境条件的变化、市场对商品的需求、各种改革的可能、可能出现的各种风险，以及必要的对策。要区别可控因素和不可控因素。决策目标利润首先应考虑处理可控因素，计算其对目标利润的影响之后，再考虑不可控的外部因素，经过全面评价和综合平衡，得出最终的利润目标。

以上是对目标利润制定业务程序的说明，实践中，还必须明确目标利润制定的组织程序，即企业各部门、各级组织在制定目标利润的过程中如何相互协调配合，制定出科学合理的目标利润。目标利润对企业未来的经营活动起指导作用，是具有较强综合性的指标。目标利润的实现需要包括采购、生产、销售以及财务等企业各部门的通力合作、积极参与。因此，制定目标利润时也需要有上述部门的参加，否则，目标利润就成了制定部门的一厢情愿，而在执行过程中得不到其他部门的有力支持，最终无法得以实现。一般来说，目标利润制定的组织程序可简单概括为：

(1)各利润中心制定目标利润并上报目标利润制定部门。如企业销售部门即可按照上述业务程序制定目标利润，上报财务管理部门。

(2)目标利润制定部门审核、汇总各部门上报的目标利润额。这部分工作通常由企业财务部门或计划部门来完成。

(3)目标利润制定部门向企业决策部门上报汇总后目标利润,由决策部门决定最终的利润目标。决策部门往往是企业最高管理当局,如公司的董事会或企业的厂长等。经过决策后目标利润即可用以层层分解,下达到各个利润中心。

值得说明的是,目标利润并非是可以一蹴而就的,而是需要仔细斟酌、反复磋商的,往往需要经过从上到下、从下到上多次循环才得以最终制定出来的。也就是说,在目标利润制定的过程中使企业上下能够了解企业目标利润,使目标利润的分解到最终的实现得以顺利进行。

3.目标利润的制定方法

测算目标利润的方法很多,其中最基本、最常用的方法有通过资产收益率确定和通过资本利润率确定两种。

1)通过资产收益率确定

通过确定资产收益率和资产占用规模确定目标利润,用公式表示为:

目标利润=资产收益率×资产占用规模

因此,目标利润的确定,应从目标资产收益率和目标占用规模两方面的规划入手。

(1)企业在确定资产收益率时,首先,要以市场(社会或行业)资产的平均收益率为基准,使资金收益率的目标值不低于市场的平均水平。只有这样,才能保证企业在市场竞争中的必要地位,并最终实现所有者的期望报酬率。其次,要以市场(社会或行业)的先进水平作为确定目标资产收益率的参照依据。这样可以激励企业不断向上,发展壮大。

(2)企业确定目标占用规模应当考虑其有效性。这种有效性不仅需要考虑企业谋取平均优势市场竞争所必需具备的基本占用规模,而且还必须以企业各项经济资源的素质、潜能等的承荷能力为依托。换句话说,企业确定目标占用规模时,必须掌握规模适度,不能太大,也不能太小。就一般规律而言,在市场竞争约束与既定的企业承荷能力下,随着占用规模的增长,资产收益率将呈抛物线变化。在最高资产收益率下的占用规模即为最佳占用规模。当然,企业应当根据自身条件和外部环境来最终确定目标占用规模。企业在确定目标资产利润率和目标占用规模之后,就可以确定目标利润了。

2)通过资本利润率确定

通过确定目标资本利润率和权益资本规模,从而确定目标利润,用公式表示:

目标利润=资本利润率×权益资本

一般情况下,企业的权益资本不会有太大变化,因此用这种方法来确定目标利润的关键是目标资本利润率。这里的资本利润率指的是税后利润率。企业资本利润率的制定应参照资本市场的平均报酬率或行业的平均水平,至少不低于资本市场无风险的国债利率,否则,投资者宁愿把钱投资国债获得稳定的收益。在确定了目标资本利润率之后,就可以用公式计算出目标利润。从企业经营理财的最终目标来讲,无论是销售利润的实现、资产增值的取得、资本结构的安排以及税收筹划等的实施,归根结底还是为了保证资本保值与增值目标,即期望资本报酬率的实现。因此,以期望资本报酬率为目标确定目标利润对企业具有很强的约束力。

在企业的实际经济活动中,通常利用上述原理和方法,采用上加法的方式来确定目标利润。

上加法是指企业根据自身发展和自我积累、改善集体福利、增加投资分红等需要，粗略计算企业税后利润，倒算利润总额。

$$目标可分配利润=未分配利润+利润分红$$

$$目标税后利润=\frac{目标可分配利润}{1-公积金与公益金提取率}$$

$$目标利润(税前)=\frac{预计税后利润}{1-所得税税率}$$

[例11-1] 某企业税后利润中法定盈余公积金提取率为12%，公益金为9%，计划以实收资本金的15%向投资者分配利润，安排未分配利润500万元，企业实收资本10 000万元，所得税率33%。

$$年目标可分配利润=10\ 000\times15\%+500=2\ 000万元$$

$$年目标税后利润=\frac{2\ 000}{1-12\%-9\%}=2\ 531.65万元$$

$$年目标利润总额=\frac{2\ 531.65}{1-33\%}=3\ 788.58万元$$

第二节 利润分配

企业年度决算后实现的利润总额，要在国家、企业所有者和企业之间进行分配。因为利润分配关系着国家、企业、职工及所有者各方面的利益，是一项政策性较强的工作，所以必须按照国家制定的法规和制度严格进行。利润的分配形成了国家的所得税收入、投资者的投资报酬和企业的留用利润等不同的项目，其中企业的留用利润是指盈余公积金、公益金和未分配利润。由于国家财税法规具有强制性和严肃性，缴纳税款是企业必须要履行的义务，从这方面看，财务管理中的利润分配主要指企业的净利润分配，其实质就是确定给投资者分红与企业留用利润的比例。

一、利润分配的基本原则

(一)依法分配原则

企业利润必须要依法分配。为规范企业的利润分配行为，国家制定和颁布了若干法规，这些法规规定了企业利润分配的基本要求、一般程序和重大比例。首先，根据我国的有关法律规定，企业在利润分配前，应当依法纳税，履行纳税义务；然后，按照法律规定的分配程序和比例对税后利润进行分配。这点分配原则是正确处理企业各项财务关系的关键所在。

(二)分配与积累并重原则

企业是将税后利润全部分配给投资人，还是留存一部分作为再投资？这关系到企业的利润分配时如何正确处理长期利益和近期利益这两者关系的问题。按照规定，企业除了提取法定盈余公积金以外，还可以适当留存一部分利润作为积累，这部分未分配利润仍归企业所有者所有。这部分积累的净利润不仅可以作为企业扩大生产时的筹措资金，增强企业发展能力和抵抗风险的能力，同时还可以在下一年度进行分配时，起到以丰补歉、平抑利润分配数额波动、稳定投资报酬率的重大作用。

(三)同股同权、同股同利原则

企业利润分配应当体现“谁投资，谁收益”、收益大小与投资比例相适应，即投资与收益对等原则,它必须坚持同股同权、同股同利,不得"以权谋私"。这是正确处理企业与投资者利润关系的立足点。投资者因投资行为,以出资额依法享有利润分配权,就要求企业在投资者分配利润时,要遵守公开、公平、公正的"三公"原则,不搞幕后交易,利润分配方案要提交股东大会讨论并决议,不帮助大股东侵蚀小股东利益,一视同仁地对待所有投资者,任何人不得以在企业中的其他特殊地位牟取私利,这样才能从根本上保护投资者的利益。

(四)兼顾职工利益原则

企业的净利润归投资者所有,是企业的基本制度。但企业职工不一定是企业的投资者,净利润就不一定归他们所有,而企业的利润是由全体职工的劳动创造的,他们除了获得工资和奖金等劳动报酬以外,还应该以适当的方式参与净利润的分配,如在净利润中提取公益金,用于企业职工的集体福利设施支出。公益金是所有者权益的一部分,职工对这些福利设施具有使用权并负有保管之责,但没有所有权。

(五)无利不分原则

只有当企业有税后盈余时,方可分配利润。因此当企业出现亏损时,特别是在出现连续亏损时,企业不得分配股利或进行投资分红。但在特殊条件下,也可以用以前年度的积累进行分配,但要有一定的比例限制。

二、利润分配的一般顺序

利润分配顺序是指企业根据法律、法规或规定,对企业在一定时期内实现的净利润进行分配时必须要经过的先后顺序。

(一)非股份制企业的利润分配顺序

根据我国《公司法》等有关规定,非股份制企业当年实现的利润总额应按照国家有关税法的规定作相应的调整,然后依法缴纳所得税。缴纳所得税后的净利润按下列顺序进行分配:

(1)被没收财务损失,违反税法规定支付的滞纳金和罚款。

(2)弥补企业以前年度的亏损。按我国财务和税务制度的规定,企业的年度亏损可以由下一年度的税前利润进行弥补,下一年度税前利润如不够弥补的,可以由后年度的利润继续弥补,但用税前利润弥补以前年度亏损的连续期限不得超过5年。5年内仍弥补不足的,用本年的税后利润弥补。本年净利润加上年初未分配利润为企业可供分配的利润,只有可供分配的利润大于零时,企业才能继续后面的分配。

(3)提取法定盈余公积金。可供分配的利润大于零是提取法定盈余公积金的必要条件。法定盈余公积金以净利润扣除以前年度亏损为基数,按10%提取,即企业年末未分配利润为借方余额时,法定盈余公积金提取基数为:本年净利润-年初未分配利润(借方)余额;若企业年初未分配利润为贷方余额时,法定盈余公积金提取基数为本年净利润,未分配利润贷方余额在计算可供投资者分配的净利润时计入。当企业法定盈余公积金达到注册资本的50%时,则不用再提取。法定盈余公积金主要用于弥补企业的亏损和按规定转增资本金,但在转增资本金后的法定盈余公积金一般不低于注册资本的25%。

(4)提取法定公益金。法定公益金是以法定盈余公积金相同基数的5%~10%提取的职工公共利益资金,在这一幅度范围内,由企业做出决策,主要用于企业职工的集体福利设施支出。

(5)向投资者分配利润。企业本年净利润扣除弥补以前年度亏损、提取法定盈余公积金和公益金后的余额,加上年初未分配利润贷方余额,即为企业本年可供投资者分配的利润,按照分配与积累并重的原则,确定应向投资者分配的利润数额。

(二)股份制企业的利润分配顺序

股份制企业在分配利润时,应当遵循以下顺序:

(1)弥补以前年度亏损。

(2)提取法定盈余公积金。

(3)提取法定公益金。

(4)按规定的股息率支付优先股股息。一般地,优先股按事先约定的股息率取得股息,不受企业盈利与否或多少的影响。

(5)提取任意盈余公积金。任意盈余公积金是根据公司发展的需要自行提取的公积金,其提取基数与提取盈余公积金的基数相同,提取比例由股东大会根据需要决定,其目的是对投资者分利加以限制和调节。

(6)支付普通股股利。是指按"同股、同权、同利"的原则,向普通股股东支付股利。

从以上利润分配顺序看,股利来源于企业的税后利润,但净利润不能全部用于发放股利,股份制企业必须按照有关法规和公司章程规定的顺序、比例,在提取了法定盈余公积金、公益金后,才能向优先股股东支付股息,在提取了任意盈余公积金之后,才能向普通股股东发放股利。如果股份公司当年无利润或出现亏损,原则上不得分配股利。但为维护公司股票的信誉,经股东大会特别决议,可以用盈余公积金支付股利,按股票面值较低比率、最高不超过票面价值的6%的比率向股东分配股利,但在支付股利后,留存的法定盈余公积金不得低于注册资本的25%。

三、利润分配需注意的问题

在利润分配顺序中,需要注意以下几个问题:

(1)当年若无利润,企业不得向投资者分配利润。其中,股份有限公司当年无利润时,原则上不得分配股利,但在用盈余公积金弥补亏损后,经股东会特别决议,可以按照不超过股票面值6%的比率用盈余公积金分配股利;在分配股利后,企业法定盈余公积金不得低于注册资本的25%。之所以作出这样的规定,其目的是维护企业股票的信誉,避免股票价格大幅度波动。

(2)提取任意公积金。企业提取任意公积金是指企业出于经营、管理的需要,在向投资者分配利润前,按照公司章程或股东会议决议提取留存收益。这是为了控制向投资者分配利润的水平,以及调整各年的利润分配的波动,通过提取任意公积金的形式对向投资者分利施加限制。

(3)提取盈余公积金。盈余公积金包括法定盈余公积金和任意公益金,可以用于弥补亏损或者用于转增资本金,但转增资本金后,企业的法定盈余公积金一般不得低于注册资本的25%。公益金主要用于企业的职工集体福利设施支出。根据我国目前的实际情况,企业仍需向职工提供集体福利设施,有必要明确从税后利润中提取一部分资金,用于职工集体福利设施支出。

第三节　股利政策

股利政策是关于股份有限公司的管理者对公司的各类与股利有关的问题做出原则性的规定。股利即公司发放给股东的投资报酬。公司发行的股票一般包括优先股与普通股。优先股股利是固定的,因此股利政策仅指普通股股利的各项决策。其主要内容包括以下几项:

(1)决定是否发放股利。

(2)确定最佳股利政策。

(3)股利的发放形式。

(4)股利的支付程序等。

一、股利

普通股股利是公司净利润的一部分,是普通股股东按其出资份额享有的投资报酬。股利的主要来源是公司当年盈余,即公司当年的经营收入扣除全部支出以后的利润,上年的未分配利润可与当年净利润合并使用。

股份有限公司发放给股东的股利一般有四种类型:现金股利、股票股利、财产股利与负债股利。根据我国的相关规定,大多数企业采用现金股利和股票股利。

1. 现金股利

现金股利是公司以现金方式发放给股东的投资收益。它是股份有限公司支付股利的一种最主要的方式。支付现金股利要求公司必须有足够的净利润外,还要有足够的现金,而且要考虑公司是否有良好的投资机会而需用现金。因此,公司在支付现金股利前,必须做好公司的财务预算,综合分析投资机会、筹资能力等各方面因素,以便有足够的现金支付股利。

2. 股票权利

股票权利是公司以自身发行股票的方式代替现金向股东支付的投资收益。发放股票权利的结果是公司资本(股本)增加了,相应地减少了公司净利润,因此股票权利只是资产负债表中股东权益项目下由向普通股支付股利转移到股本项目。它对公司的资产、负债、股东权益毫无影响。股票股利不直接增加股东的财富,但对股东和企业有特殊的益处。

发放股票权利一般是按现有股东持有股份的比例进行分配的;对于不足一股的股利,经股东会决议,仍以现金支付。这样,得到股票权利的股东,在公司权益中占有的份额并没有改变,只是股东持有的股票数比发放股票股利前增加了,因此也增加了市场上流通的股票数量。对于股份有限公司来讲,因为增加了股本,因此要经过股东大会决议,并按法定程序办理增资手续。

3. 财产股利

财产股利是指公司将其拥有的其他公司的有价证券(如股票、债券)或其他资产作为股利发给股东。

4. 负债股利

负债股利是指公司以增加负债的形式发放股利。在不得已的情况下发放给股东公司债券抵付股利。以公司债券代替支付现金,可以达到延期支付的目的,使企业在一定时期内有部分可以运作的资金,但是由此也承担了负债。

现金股利与股票股利的比较。现金股利与股票股利是股份制公司股利支付的基本形式。公司股利政策的选择受到公司投资机会、公司资本结构及内部资金结构的影响。当现金股利的分配增加时，则可用于投资的留存收益减少，意味着公司要更多地依赖于外部筹资，从而导致公司需要权益资本时，必须增发新股，将使加权平均资本成本上升。而现金股利是投资者已实现的投资收益，减少了投资者承担的风险，是股东实现投资回报的直接方式。当公司出于高度发展阶段，管理层实行的扩张政策前景乐观时，留存收益作为公司发展的内部储备就必须发挥应有的作用，在投资机会较多时，则现金股利的支付减少。但管理层在利用留存收益继续投资决策时必须考虑投资回报率是否满足股东的要求，当缺乏收益率高于投资者要求回报率的投资机会时，分发现金股利仍是符合投资者利益的。

作为公司支付的一种主要方式，股票股利同时对公司和对股东发挥作用。对于公司的作用体现在：公司无须动用现金分配股利。公司实行股票股利分配后，从会计核算的角度来看，不影响资产负债或股东权益总额，而只影响公司股东权益的内部构成，扩大了总股本，实际上摊薄了每股收益，将引起股票下跌。一方面将吸引更多的投资者，另一方面也会引起现有的持股者的不安，投资者可能认为公司资金周转不畅而不支付现金股利从而降低投资信心。因此，发放股票股利的市场效果有一定的风险性。对股东的作用体现在：股东所持股份增加，而股东个人所持股份的比例不变。总股本的增加使每股收益摊薄，股价下跌。当股价下降的幅度小于股票股利发放的比例，股东仍可以从股票总价值相对上升中得到实惠。

二、股利的基本理论

股利理论可以分为三个不同的学派：股利的相关理论、股利的无关理论和税差理论。

(一)股利的相关理论

该理论认为股利支付与股票市场有较大的相关性。有以下几种观点。

1.“一鸟在手”理论

“一鸟在手”理论的核心是，在投资者心目中，股利收入要比由留存收益带来的资本收益更为可靠，所以投资者偏好股利，即在投资者心目中，1 元预期股利收入的价值比 1 元预期资本收益的价值要高。这种理论建立在人们谨慎的心理基础之上，即投资者对投资风险有天生的抵触情绪，宁愿现在收到较少的股利，也不愿意待未来再收回风险较大的股利。因此，在这种理论鼓励公司定期向股东支付较高的股利，以使企业的价值最大。

2.股利传播信息论

股利传播信息论认为，股利之所以会对普通股票的每股价格产生影响，是因为投资者将股利作为衡量企业未来的经营成果的一个信息，即股利给投资者传播了企业管理层预期未来发展前景(未来收益率)的信息。如果公司的目标股利支付率在过去长时期内很稳定，而现在却有所变动，投资者将会把这种现象看做公司管理层即将改变公司未来收益率的信号。因此，股价将会对股利的这种变动有所反应。

3.偏爱本期收益论

偏爱本期收益论认为，由于存在各种不确定因素，股票行情经常波动，某些投资者就可能不满意于按照经常波动的价格出售股票去取得收益，他们将偏爱本期收益。除股票售价变化无常外，投资者对于为了按期取得收益而出售一小部分手头持有的股票，也会感到很不方便。可能仅仅由于这个缘故，就足以使某些投资者宁愿拿本期股利而不愿要资本收益了。

(二)股利的无关理论

股利的无关理论认为股利的支付与股票的价格无关,它并不影响股东财富。有以下几种观点。

1.完整市场论

完整市场论包括下列基本观点:

(1)股利政策对企业的股票价格或资本成本没有影响。公司的其他筹资办法对股东财富的影响恰好抵消了公司支付股利对股东财富的影响。例如,一个公司可以通过增发股票,又可以通过保留盈余的方式来满足投资对资金的需求。如果既支付了股利,又发行新股票来融通资金,那么,股利支付而引起的价格上升,完全被外部融资削弱产权而下降的部分所抵消。

(2)股票价格和公司的价值完全由公司资产的盈利能力或其投资政策所决定。

(3)在一系列特定的假设条件下,假如某企业发放给股东以较高的股利,那么该企业就必须发行更多的股票,其数额正好等于公司支付的股利。

无关理论的提出以下列五个假设条件为前提:

(1)市场完整无缺。

(2)无筹措资金的费用。

(3)无任何个人或公司所得税。

(4)企业投资政策不变。

(5)企业投资回收没有风险。

2.股利剩余论

股利剩余论认为股东不关心企业股利的分配,所以股利支付率的大小不会对企业的价值产生影响。公司的股利支付应由投资计划的报酬来决定。如果一个公司有较多有利可图的投资机会,则不应发放现金股利,而采用保留盈余的形式以满足投资所需的资金;反之,则应将所有盈余分配给股东。如果公司的盈余满足了所有有利可图的投资机会后还有剩余,则把剩余的盈余以现金股利的形式分配给股东。剩余理论认为,投资者不会计较股利与资本收益的差别。

(三)税差理论

根据税差理论,我们知道,股利的税率高于资本收益的税率。此外,继续持有股票可以延缓资本收益的获得而推迟资本收益纳税的时间。即使资本收益和股利收入的税率相同,这种递延特性依然存在。考虑到纳税的影响,投资者对具有较高收益的股票要求的税前权益要高于低股利收益的股票。因此,公司应当采取低股利政策,以实现其资本最小化和价值最大化。

由此可见,以上三种理论是相互矛盾的:"一鸟在手"理论认为应实行高股利政策。无关理论认为股利大小无关紧要,或者说最优股利政策并不存在,所有的股利政策都是等价的。而税差理论则认为低股利是最佳选择。因此,判断股利政策理论的优劣是十分困难的,公司应视客观经济环境和企业本身的实际经营情况而定。

三、股利支付程序

公司向股东支付股利有一定顺序,主要包括股利宣告日、股权登记日、除息日和股利支付日。当股利政策确定以后,在公司决定向股东分派股利的情况下,应当正确理解和运用这一股利支付程序,以避免不必要的混乱和误解。一般而言,公司每年向股东支付一次股利。由于股票可以自由买卖,因此公司的股东经常变换,一定时期的股利应当由哪些股东享有,必须确定某些必要的日期界限,比如宣布日、股权登记日、除息日、股利支付日。

1.宣布日

即公司董事会决定发放股利的日期。公司在股利宣告日召开董事会,颁发发放股利的说明书,说明股利宣布日、每股股利额、股权登记日、股利支付日等事项。

2.股权登记日

股权登记日即决定哪些股东能够获得本次股利的日期界限。一般情况下,宣布日与股权登记日应相隔两周至一个月,凡是在股权登记日之前列为股东,能够获得本次分派的股利;而在股利登记日之后才列入股东名册的股东,不能获得本次股利。因此,在股权登记日之后买卖的股票将因股利而影响股票价格。

3.除息日

在股权登记日之前持有该股票的股东将在这日获得股利,实现领取股利的权利,即股票除去股利的日期。自除息日起,公司的股票交易不含股利,称做除息交易,这种股票称做除息股。因为股票买卖的交易日与办理过户手续之间要相隔数日,公司要确定本次股利的享有股东,因此规定在股权登记日前进行的股票交易的股东才是股利的享有股东,才可以领取本次股利。除息日期的股票价格会略有降低,其差额就是股利额。

4.股利支付日

股利支付日即将股利正式支付给股东的日期。股利支付日与股权登记日一般相隔两至三周。公司从股利发放日起,在几天之内将通过汇款、签发支票等多种形式,将股利支付给股东。

四、股利分配政策

企业根据客观经济环境和企业本身的实际经营情况确定自己的股利分配政策,因此有许多类型的股利政策,按不同的分类标准一般包括以下几种。

(一)按股利分配占公司净收益的比例

1.全额发放政策

全额发放政策是将公司的税后净利润全部发放给股东的政策。这种政策并不多见,而且有关法律政策也不允许这样。一般在公司现有留存收益十分充裕,又无可行的投资机会才会采用。

2.高股利政策

高股利政策是把公司的税后净利润的大部分(一般在50%左右)以现金形式发放给股东的政策。一般公司主要是为了满足注重现实收益的股东愿望,或维护和提高公司的股价采用这种政策的。我国有不少的上市公司就采用这种政策。

3.低股利政策

低股利政策是指仅将较少比例的净收益发放给股东的政策。一般公司保留较多的留存收益要么是为下一步投资扩张做准备,要么是因为公司现金不足而采取的无奈之举。

4.无股利政策

公司采用无股利政策并不都是因为企业盈利能力差而不能支付股利,也有因为企业迅速发展,为免予向外界筹措资金,而用自身的盈利再投资才长期不付股利。股东们大部分期望将来股票可以涨价。该政策只有在企业管理层有充分理由解释为什么要保留此项盈余,并为股东同意时方可采用。但多数股东不愿意长期不发放股利,故该股利政策是一种不能持久使用的股利政策。

(二)按股利分配的具体形式

1.现金形式

现金形式即用货币资金来分配股利。这种最常见、最普通的股利形式,增加了企业支付货币资金的压力,与企业保留货币资金以备购置固定资产或再投资的发展要求相抵触。但是满足了大多数投资者希望得到一定数额的现金这种实在的投资收益的需求。

2.财产形式

财产形式是指用现金以外的资产分配股利。其具体方法有实物股利、证券股利。

1)实物股利

实物股利即发给股东实物资产或实物产品,多用于额外的股利形式。这种方式不增加货币资金的支出,多在公司现金支付能力不足的情况使用,但是减少公司的资产净值,所以这种方式不常使用。

2)证券股利

证券股利即以其他公司的证券代替货币资金发放给股东作为股利。由于证券的流动性及安全性均较好,仅次于货币资金,投资者(股东)也愿意接受。对公司来说,把证券作为股利发给股东,不但实际保留了对其他公司的控股权,也发放了股利。

3.公司债股利

公司用自己的债券发放给股东作为股利。股东又成为公司的债权人。发行方式以公司债券和本公司开出的票据两种。两种办法都是附带息的票据,并有一定的到期日。对股东来说,到期还本收到货币股利的时间要延长,但可获得额外的利息收入。对公司来说,公司资产总额不变,负债增加,资产净值减少,增加了支付利息的财务压力。因此,这种形式只是公司已宣布并必须立即发放股息而货币资金不足时采用的一种权宜之计。

4.股票股利

股票股利即公司以增发股票作为股利的支付方式,按股东持股比例分给股东作为股息。股票股利不直接增加股东的财富,不导致公司资产的流出或负债的增加。具体形式有送股、配股等。

1)送股

送股是指公司将红利或公积金转为股本,按增加的股票比例派送给股东,发行新股票时进行无偿增资,即股东以不缴纳任何现金和实物的形式,无偿取得公司发行的股票的一种增资做法。如2%的股票股利是指持100股的股东可无偿分到2股。公司虽未收到现金,但公司资本仍然增加,相应地减少公司的公积金(或公司盈利减少)。

送股具体又有以红利送股和以公积金送股两种。其中,以红利送股即红股,处于成长阶段的上市公司需要带来资金开拓新产品、新市场、扩大经营规模,因而保留上一年的可分配利润,将红利以面值折算成红股派送给股东。这种方式对股东而言实际是一种再投资。股东即可不交股利所得税，还可通过市场获得资本收益。另一种送股是以公积金送股，这种方式的实质就是把净资产拆细，送股的资本来源于股东权益本身，从财务意义而言，这种送股并不直接增加股东收益和权益。公司动用企业的盈余公积金进行送股，不属利润分配，企业的股本虽然扩大了，但盈余公积金却相应地减少了，而企业的净资产并未得到丝毫的增加，上市公司的资金实力也未增加，未来年份的盈利水平也将不会因为所谓的送股而受到什么影响。但是，公司送股之后，每股资产净值降低且股本总量增大，在未筹得新增资本的前提下，过多的送红股，必定会增加每股的创利难度，难以维持因送红股而过快增长的股本总量所要求的新增利润，出现送股过多而效益降低的情况，绩优股势必成为劣质股，出现恶性循环。

2)配股

配股是指公司在增发股票时，以一定比例按优惠价格配给老股东股票。配股和送股的区别在于：

(1)配股是有偿的，送股是无偿的。

(2)配股成功会使公司现金增加。

(3)配股实质上是给予老股东的补偿，是一种优惠购买股票的权利。这种做法的目的之一在于保护原有股东对公司的控制权。

所以股票股利只是在形式上分到股票，其实并没有得到股利，股票股利的目的是筹措资金。股票股利牵涉到企业和投资者之间的利益关系，具有特殊作用与经济意义。

5.股票回购

股票回购是指公司在证券市场上重新购买一定数额的发行在外的股票。把已发行的普通股重新收购的股票称为库藏股，企业收回了部分普通股，发行在外的普通股股数就相应减少，每股收益则必然会提高，从而导致企业股票市价上涨，由股价上涨所得的资本收益就可以代表股利收入，所以股票回购也被认为是支付股利的方式之一。

股票回购的原因有以下几种：

(1)公司认为股票价格偏低，回购股票减少公司流通在外的股票数量，以提高每股收益和股票价格。

(2)反收购和反馈制是一个重要的回购结构，回购可以消除潜在被控制的威胁。

(3)为了改变企业资本结构，提高负债比率得到节约税负的好处，并降低企业综合资本成本。

但是，股票回购会收缩资金规模，错过投资机会，影响经济增长，使企业声誉和股价都受到不利影响。

在我国上市公司的股利分配形式中，多采取用一部分股票股利和一部分现金股利相结合的方法来分配股利。

(三)按股利分配的稳定程度

1.定额股利政策

定额股利政策是不管盈余多少，都维持一定股利，这是每股股利的发放数额相对稳定不变的政策。在这种政策下，即使公司出现意外影响收益或宏观经济环境变化，都要保持股利支付的稳定。其“固定”的含义是指在一定时期(几年)内保持不变。

这种股利政策的主要优点是：

(1)股利额稳定,投资风险较小,有利于稳定股票价格,树立良好的公司形象,并增强投资者的信心;

(2)有利于投资者合理安排收入与支出。

其缺点是:

(1)不能很好地与盈利情况相结合,当公司有良好的投资机会时,仍要按期发放股东股利,增加了公司对外筹资的成本;

(2)当公司经营出现意外事件,严重影响公司盈利时,也必须按期发放固定股利,可能会出现资金短缺,财务恶化的后果。

因此固定股利政策多被盈利状况良好、稳定且逐步增加的公司广泛采用。

2.递增(减)股利政策

递增(减)股利政策是公司确定一个较低的固定股利,其每股股利数额一般低于定额股利政策中的固定股利额,不管公司各年盈利如何都保证给付。然后视公司盈利以及公司对资金的需求情况确定各年的额外股利。额外股利发放额的多少和有无,完全根据公司的盈利状况决定,是不固定的。

这种股利政策的主要优点是:

(1)固定股利部分,虽然低于定额股利数额,但其作用与定额股利相同,保证股利支付的稳定。

(2)使股利和盈余得到较好的配合,利润增长幅度大时,多发放额外股利;反之,少发放或不发放额外股利。

其缺点是:

(1)额外股利可有可无,可多可少,对公司形象会有一定程度的影响;

(2)额外股利会助长股东的高股利欲望,一旦连续几年未发放额外股利,会动摇股东对公司的信心。

这一政策适用于各年盈利增长幅度变化较大的公司。

3.灵活股利政策

灵活股利政策,每股股利随盈余的多少而变化的政策。这一政策其股利支付比率,永远按股利占盈利的固定比率支付,盈余与股利的支付能力能够很好的配合,盈利额越大,股利额增多、盈利额下降,股利额降低,因此会引起股票价格的波动,影响公司形象。

4.延迟发放股利政策

延迟发放股利政策,是指在很长一段时间不发放股利,或者首先将净利润用于公司投资,有剩余净利润时就发放股利,无剩余净利润就不发放股利的政策。这一政策一般适用于发展中的公司,这类公司存在预期收益较高的投资机会,充分利用公司内部资金,节约对外筹资的资金成本;增加公司资本后,提高股票价格,给股东带来资本收益。这一政策需要取得股东的理解和支持,否则会影响公司形象,使股东失去信心。

五、股利分配政策的影响因素

影响股利政策的主要因素包括公司内部因素与公司外部因素两个方面。

(一)公司内部因素

公司应将净利润中的多大比例用于支付股利,主要受公司内部经营财务情况的影响,包括公司盈利能力、筹资能力、资产的流动性及偿债能力、投资机会、股东意愿等。

1. 公司赢利能力

如果公司的盈利状况稳定，且逐步增长，其股利支付比率不会很低；反之，如果公司盈余状况欠佳，利润变动幅度较大，股利支付率不会很高。

在确定股利支付率时，既要根据损益表与利润分配表记录的税后净利润额的大小，也要根据资产负债表上现金余额的多少。因为有盈余并不一定有足够的现金用于支付股利，或者说，并不是盈余越多，现金余额越多。税后净利润与现金余额的差异性，是由于它们各自遵循不同的会计原则。现金余额是按照收付实现制的原则记录，核算现金的实际收入和实际支出；而净利润核算则遵循权责发生制原则。因此，会计期末进行利润分配之前，若公司发生了大量的销售业务，因结算方式的缘故，销售已确认，款项均在下年第一季度收回，同时还因购买材料等存货支付了大量货款，公司虽然实现净利润，但是现金余额不足，也不能支付股利。

同样，购置固定资产的支出属于资本性支出，不可能反映在利润表的成本和费用项目中，但是却也实际支出了现金；在以后的会计期间未实际支出现金，却因固定资产折旧计入成本和费用又按期从收入中收回现金，从而造成净利润与现金余额的不一致。因此，公司在制定股利政策时，必须合理预计现金收入和支出，以便制定合理的股利政策。

2. 公司筹资能力

净利润在未分配之前，已经形成公司的内部资金来源。内部资金来源与公司对外发行股票或债券筹资相比，可以节省筹资费用。由此，如果公司有较多的投资机会，便可将税后净利润的较高比例留在公司用于投资。这样不仅增加了公司的资本，降低了债权人的风险，而且按照国际惯例，股东还可获得纳税上的收益。因为，如果公司将净利润作为股利全部分配给股东，股东缴纳股利所得的税率，明显高于净利润留于公司引起股票价格上涨，股东所得资本利得的税率。因此，一般而言，新成立或处于发展中的公司对外筹资能力有限，又急于需要资金，扩充规模，便可利用内部资金来源，降低股利支付率；而信誉卓著的大公司，随时能够筹集到所需资金，能够维持比较稳定的股利支付率。

3. 资产流动性及偿债能力

如果公司现金充足，支付能力强，那么支付股利的能力也会比较强；反之，如果公司因扩充规模、购置设备、偿还债务等，现金余额较少，便不宜支付较高的现金股利。

公司的偿债能力包括短期偿债能力和长期偿债能力。短期偿债能力一般可用流动比率和速动比率衡量。如果公司的流动比率、速动比率适当，而且在生产经营活动中合理占用流动资产、速动资产，则资产的变现力强，说明公司的短期偿债能力强。长期偿债能力受公司盈利能力制约，如果公司盈利状况稳定或逐步增长，说明长期偿债能力强，公司便可维持较高的股利支付率；反之，公司盈利能力低、偿债能力弱，不宜维持较高的股利支付率。

4. 投资机会

有着良好投资机会的企业需要有强大的资金支持，因而往往少发现金股利，将大部分盈余留存下来进行再投资；缺乏良好投资机会的企业，保留大量盈余的结果必然是大量资金闲置，于是倾向于支付较高的现金股利。所以，处于成长中的企业，因一般具有较多的良好投资机会而多采取低股利政策，许多处于经营收缩期的企业，则因缺少良好的投资机会而多采取高股利政策。

5.股东意愿

股东在避税、规避风险、稳定收入和股权稀释等方面的意愿,也会对企业的股利政策产生影响。毫无疑问,企业的股利政策不可能使每个股东财富最大化,企业制定股利政策的目的在于对绝大多数股东的财富产生有利影响。

1)避税考虑

企业的股利政策不得不受到股东的所得税负影响。在我国,由于现金股利收入的税率是20%,而股票交易尚未征收资本利得税,因此低股利支付政策,可以给股东带来更多的资本利得收入,达到避税目的。

2)规避风险

"双鸟在林,不如一鸟在手。"在一部分投资者看来,股利的风险小于资本利得的风险,当期股利的支付解除了投资者心中的不确定性。因此,他们往往会要求企业支付较多的股利,从而减少股东投资的风险。

3)稳定收入

如果一个企业拥有很大比例的富有股东,这些股东多半不会依赖企业发放现金股利维持生活,它们对定期支付现金股利的要求不会显得十分迫切。相反地,如果一个企业绝大部分股东,属于低收入阶层以及养老基金等机构投资者,他们需要企业发放的现金股利来维持生活或用于发放养老金等。因此,这部分股东特别关注现金股利,尤其是稳定的现金股利发放。

4)股权稀释

企业必须认识到高股利支付率会导致现有股东股权和盈利的稀释,如果企业支付大量现金股利,然后在发行新的普通股以融通所需资金,现有股东的控制权就有可能被稀释。另外,随着新普通股的发行,流动在外的普通股股数增加,最终将导致普通股的每股盈利和每股市价的下降,对现有股东产生不利影响。

(二)公司外部因素

影响股利政策的外部因素主要包括以下几方面。

1.法律因素

为了保护债权人、投资者和国家的利益,有关法规对企业的股利分配有如下限制。

1)资本保全制

资本保全制规定,企业不能用资本发放股利,其目的在于使公司能有足够的资本保护债权人的权益。如我国法律规定:各种资本公积准备不能转增股本,已实现的资本公积只能转增股本,不能分派现金股利;盈余公积主要用于弥补亏损和转增股本,一般情况下不得用于向投资者分配利润或现金股利。

2)资本积累限制

资本积累限制规定,企业必须按税后利润的一定比例和基数,提取法定公积金和法定公益金。企业当年出现亏损时,一般不得给投资者分配股利。

3)偿债能力限制

偿债能力限制规定,企业必须具有按时足额偿付各种到期债务的能力才可以支付股利。如果企业已经无力偿付到期债务或因股利将使其失去偿还能力,则企业不能支付现金股利。

2.合同因素

当公司通过长期借款、债券、优先股、租赁合约等形式向外部筹资时，常常接受一些约束公司派息行为的限制条款。例如规定只有在流动比率和其他安全比率超过规定的最小值后，才可支付股利。优先股的契约通常也会申明在积累的优先股股息付清之前，公司不得派发普通股股息。这些契约的限制都将影响公司的股利政策。确立这些限制性条款，限制契约股利支付，其目的在于促使企业把利润的一部分按有关条款的要求进行再投资，以增强企业的经济实力，保障债款的如期偿还。

3.机构投资者的投资限制

机构投资者包括养老基金、储蓄银行、信托基金、保险企业和其他一些机构。机构投资者对投资股票种类的选择，往往与股利特别是稳定股利的支付有关。如果某种股票的连续几年不支付股利或所支付的股利金额起伏较大，则该股票一般不能称为机构投资者的投资对象。因此，如果某一企业想更多地吸引机构投资者，则应采用较高而且稳定的股利政策。

4.通货膨胀

在通货膨胀的情况下，企业固定资产折旧的购买水平会下降，会导致没有足够的资金来源重置固定资产。这时较多的留存利润就会当作弥补固定资产折旧购买力水平下降的资金来源，因此在通货膨胀时期，企业股利政策往往偏紧。

第五篇

财务预算、控制、分析

第十二章　财务预算

第一节　概　述

一、概念及内容

全面预算就是企业对未来一定期间内全部经营活动各项具体目标的计划与相应措施的数量说明,具体包括特种决策预算、日常业务预算和财务预算三大类内容。其中,财务预算是一系列专门反映企业未来一定预算期内预计财务状况和经营成果,以及现金收支等价值指标的各种预算总称,具体包括反映现金收支活动的现金预算、反映企业财务状况的预计资产负债表、反映企业财务成果的预计利润表和预计现金流量表等内容。

二、重要性

财务预算是企业全面预算体系中的组成部分,它在全面预算体系中具有重要的作用,主要表现在:

(1)财务预算是总预算,其余预算是辅助预算。财务预算作为全面预算体系中的最后环节,可以从价值方面总括地反映经营特种决策预算与日常业务预算的结果,能清晰地将预算执行情况反映出来。

(2)财务预算使决策目标具体化、系统化和定量化。现代企业财务管理中,财务预算必须服从决策目标的要求,尽量做到全面地、综合地协调和规划企业内部各部门、各层次的经济关系与职能,使之统一服从于未来经营总体目标的要求。同时,财务预算又使决策目标具体化、系统化和定量化,明确规定了企业有关生产经营人员各自职责及相应的奋斗目标,做到人人事先心中有数。

(3)财务预算有助于财务目标的顺利实现。财务预算是超前思考的过程,其结果并非仅仅是一个资金需要量的数字,还包括了对未来各种可能前景的认识和思考。可以提高企业对不确定事件的反映能力,从而减少不利事件带来的损失,增加利用有利机会带来的收益。通过财务预算,可以建立评价企业财务状况的标准,以预算数作为标准的依据,将实际数与预算数对比,及时发现问题和调整偏差,使企业的经济活动按预定的目标进行,从而实现企业的财务目标。

编制财务预算并建立相应的预算管理制度,可以指导与控制企业的财务活动,提高预见性,减少盲目性,使企业的财务活动有条不紊地进行。

第二节　财务预算的编制方法

一、固定预算与弹性预算

(一)固定预算

固定预算,又称静态预算,一般是指将销售数据视为已知数固定在某一预计水平上,并以此为基础来确定其他项目预计数的预算方法。也就是说，预算期内编制财务预算所依据的成本费用和利润信息都只是在一个预定的业务量水平的基础上确定的。

在编制预算时以固定不变的业务水平为假设的前提条件，必然是在预计业务量与实际业务量相一致，或相差很小时，才比较适用。但往往在实际工作中，预计业务量与实际水平相差比较远时，必然导致有关成本费用及利润的实际水平与预算水平因基础不同而失去可比性，不利于开展控制与考核，而且有可能造成人们的错误判断。例如，编制财务预算时，预计业务量为生产能力的 90%，其成本预算总额为 40 000 元，而实际业务量为生产能力的 110%，其成本总额为 55 000 元，实际成本与预算相比，则超支很大，但是，实际成本脱离预算成本的差异包括了因业务量增长而增加的成本差异，而业务量差异对成本分析来说是无意义的。

（二）弹性预算

弹性预算，又称变动预算。弹性预算是相对于固定预算而言的，其关键在于把所有的成本按其性质划分为变动成本与固定成本两大部分，在编制预算时，变动成本随业务量的变动而予以增减，固定成本则在相关的业务量范围内稳定不变，分别按一系列可能达到的预计业务量水平编制能适应企业在预算期内任何生产经营水平的预算。这种预算是随着业务量的变动作机动调整，具有弹性，适用范围广，误差会相应的减小。

因为弹性预算考虑到了由于未来业务量的变动会影响到成本费用和利润的各个方面，所以理论上讲适用于全面预算中与业务量有关的各种预算。但从实用角度看，它主要用于编制制造费用、销售及管理费用等半变动成本（费用）的预算和利润预算。

制造费用与销售及管理费用的弹性预算，均可按下列弹性预算公式进行计算：

$$\text{成本的弹性预算} = \text{固定成本预算数} + \sum(\text{单位变动成本预算数} \times \text{预计业务量})$$

但两者略有区别，制造费用的弹性预算是按照生产业务量（生产量、机器工作小时等）来编制，销售及管理费用的弹性预算是按照销售业务量（销售量、销售收入）来编制。

成本的弹性预算编制出来以后，就可以编制利润的弹性预算。它是以预算的各种销售数据作为出发点，按照成本的性态，扣减相应的成本，从而反映企业预算期内各种业务量水平上应该获得的利润指标。

固定成本超过一定的业务量范围，成本总额也会发生变化，并不是一成不变的。

从弹性预算中可以看到，当企业充分利用生产能力，且产品销路没有问题时，应向这个目标努力，从而使成本降低，利润增加。

弹性预算的优点在于：一方面，扩大了预算的适用范围，能够适应不同经营活动情况的变化，更好地发挥出了预算的控制作用；另一方面，能够对预算的实际执行情况进行评价与考核，使预算能为企业经营活动服务好。

二、增量预算与零基预算

（一）增量预算

增量预算是指在基期成本费用水平的基础上，结合预算期业务量水平及有关降低成本的措施，通过调整有关原有成本费用项目而编制预算的方法。该预算方法比较简单，但是它以过去的水平为基础，实际上就是承认过去是合理的，无需改进。因此，它往往不加分析地保留或接受原有的成本项目，或只增不减，或按主观臆断平均削减，这样往往会造成预算的不足,或者是安于现状,造成预算不合理的开支。

(二)零基预算

零基预算,或称零底预算,是指在编制预算时,对于所有的预算支出均以零为基础,从实际需要与可能出发,不考虑其以往情况如何,研究分析各项预算费用开支的必要合理性,进行综合平衡后确定预算费用的方法。这种预算以零为出发点,不以过去的水平为基础,而是一切推倒重来,因此称之为零基预算。

零基预算编制的程序是:

(1)根据企业在预算期内的总体目标,对每一项业务说明其性质、目的,以零为基础,详细提出各项业务所需要的开支或费用;

(2)按"成本—效益"分析方法比较分析每一项预算费用是否必要,能否避免,以及它所产生的效益,以便区别对待;

(3)对不可避免的费用项目优先分配资金,对可延缓成本则根据可动用资金情况,按轻重缓急以及每个项目所需经费的多少分成等级,逐项做出费用预算。

零基预算的优点是不受现有条条框框的限制,对一切费用都以零为出发点,这样不仅能压缩资金开支,而且能切实做到把有限的资金用在最需要的地方,从而调动企业内部各员工的积极性和创造性,企业做到了量力而行,合理地使用资金,提高了经济效益。其缺点是由于一切支出均以零为起点进行分析、研究,势必带来繁重的工作量,有时甚至得不偿失,难以突出重点。为了弥补零基预算这一缺点,企业往往不是每年都按零基预算来编制预算,而是每隔若干年编制一次零基预算,以后几个内略作适当修改,这样既减轻了预算编制的工作量,又能适当控制费用。

三、定期预算与滚动预算

(一)定期预算

定期预算就是以会计年度为单位编制的各种预算。

这种定期预算有三大缺点:

(1)盲目性。因为定期预算编制多在其执行年度开始前两三个月进行,难以预测预算期后期情况,特别是在多变的市场下,许多数据资料只能估计,具有盲目性。

(2)不变性。预算执行中,许多不测因素会妨碍预算的指导功能,甚至使之失去作用,而预算在实施过程中又往往不能进行调整。

(3)间断性。定期预算只考虑一个会计年度的经营活动,即使年中修订的预算也只是针对剩余的预算期,对下一个会计年度很少考虑,预算的连续性差,常常形成人为的预算间断。

(二)滚动预算

滚动预算,又称永续预算。其主要特点在于:不将预算期限与会计年度挂钩,而始终保持十二个月,每过去一个月,就根据新的情况调整和修订后几个月的预算,并在原预算基础上增补下一个月预算,从而逐期向后滚动,连续不断地以预算形式规划未来经营活动。这种预算要求在一年中,头几个月的预算要详细完整,后几个月可以粗略一些。随着时间的推移,原来较粗的预算逐渐由粗变细,后面随之又补充新的较粗的预算,以此不断滚动。

滚动预算可以保持预算的连续性和完整性。因为企业的生产经营活动是连续不断的,所以企业的预算也应该全面地反映这一延续不断的过程,使用权预算方式与生产经营过程相适应，同时，企业的生产经营活动是复杂的，而滚动预算便于随时修订，确保企业经营管理工作秩序的稳定性，充分发挥预算的指导与控制作用。滚动预算能克服传统定期预算的盲目性、不变性和间断性，由此可以看出，编制预算已不再仅仅是每年末才开展的工作了，而是与日常管理密切结合的一项措施。当然，滚动预算采用按月滚动的方法，预算编制工作比较繁重，所以，也可以按季度滚动来编制预算。

第三节　现金预算与预计财务报表的编制

一、现金预算的编制

现金预算，又称现金收支预算，是指反映预算期企业全部现金收入和全部现金支出的预算。完整的现金预算，一般包括现金收入、现金支出、现金收支差额（多余或不足的计算）、资金的筹集与运用（不足部分的筹措方案和多余部分的利用方案）等四个组成部分。

现金收入主要指经营业务活动中的现金收入，以及主要来自于现金余额和产品销售现金收入。现金支出包括有关直接材料、直接人工、制造费用和销售及管理费用、缴纳税金、股利分配等方面的经营性现金支出外，还包括购买设备等资本性支出。现金收支差额反映了现金收入合计与现金支出合计之间的差额，差额为正，说明现金有多余，可用于偿还过去向银行取得的借款，或用于购买短期证券；差额为负，说明现金不足，要向银行取得新的借款。资金的筹集和运用主要是反映了预算期内向银行借款还款、支付利息以及进行短期投资及投资收回等内容。

现金预算实际上是其他预算有关现金收支部分的汇总，以及收支差额平衡措施的具体计划。它的编制，要以其他各项预算为基础，或者说其他预算在编制时要为现金预算做好数据准备。

下面分别介绍各项预算的编制，以及它们如何为编制现金预算提供数据及编制依据。

（一）销售预算

销售预算是整个财务预算的编制起点，一般情况下，财务预算将销售数据视为已知数，作为预算的基础。其他预算的编制都以销售预算作为基础，根据预算期现销收入与回收赊销货款的可能情况反映现金收入，以便为编制现金收支预算提供信息。

销售预算的重要内容是销量、单价和销售收入。销量是根据市场预测或销售合同并结合本企业生产能力确定的。单价是通过价格决策确定的。销售收入是两者的乘积，可以计算得出。

在实际生产经营活动中，产品销售往往不是现购现销的，会产生了很大数额的应收账款，所以，销售预算中通常还包括预计现金收入的计算，其目的是为编制现金预算提供必要的资料。

（二）生产预算

生产预算是根据销售预算编制的。生产预算的主要内容有销售量、期初和期末存货、生产量。

通常，企业的生产和销售不能做到“同步量”，生产数量除了满足销售需求外，还需要保存一定的存货，以保证能在发生意外需求时按时供货，并可均衡生产，节省赶工的额外开支。预计生产量可用下列公式计算：

$$预计生产量=预计销售量+预计期末存货量-预计期初存货量$$

(三)直接材料预算

直接材料预算，是在生产预算的基础上编制的，但同时还要考虑期初、期末原材料存货的水平。直接材料生产上的需要量同预计采购量之间的关系可以按下列公式计算：

$$预计采购量=生产需要量+期末库存量-期初库存量$$

期末库存量一般是按照下期生产需要量的一定百分比来计算的，生产需要量的计算公式为：

$$生产需要量=预计生产量\times 单位产品材料耗用量$$

材料的采购与产品的销售有相同之处，即货款也不是马上用现金全部支付的，这样就可能存在一部分应付款项，所以在材料采购时还须编制现金支出预算，以方便编制现金预算。

(四)直接人工预算

直接人工预算同样是以生产预算为基础编制的。其主要内容有预计生产量、单位产品工时、人工总工时、每小时人工成本和人工总成本。“预计产量”数据来自生产预算。单位产品人工工时和每小时人工成本数据，来自标准成本资料。人工总工时和人工总成本是在直接人工预算中计算出来的。直接人工预算也为编制现金预算提供资料。

(五)制造费用预算

制造费用预算是指除了直接材料和直接人工预算以外的其他一切生产成本的预算。制造费用按其成本性质可分为变动制造费用和固定制造费用两部分。

变动制造费用以生产预算为基础来编制，即根据预计生产量和预计变动制造费用分配率来计算；如果有完善的标准成本资料，用单位成品的标准成本与产量相乘，即可得到相应的预算金额。如果没有标准成本资料，就需要逐项计算计划产量需要的各项制造费用。

固定制造费用是期间成本直接列入损益作为当期利润的一个扣减项目，与本期的生产量无关，需要逐项进行预计，按每季度实际需要的支付额预计，然后求出全年数。一般可以按照零基预算的编制方法编制。

在制造费用预算中，除了折旧费以外都需支付现金。为了便于编制现金预算，需要预计现金支出，将制造费用预算额扣除折旧费后，调整为“现金支出的费用”。

(六)产品生产成本预算

产品生产成本预算，其重要内容是确定产品的生产总成本和单位成本。产品生产成本预算是生产预算、直接材料预算、直接人工预算、制造费用预算的汇总。

(七)销售及管理费用预算

销售费用预算，是指为了实现销售预算所支付的费用预算。它以销售预算为基础，分析销售收入、销售利润和销售费用的关系，力求实现销售费用的最有效的使用。

管理费用是做好一般管理业务所发生的必要费用。在编制管理费用预算时，要分析企业的业务成绩和一般经济状况，务必做到费用合理化。

销售及管理费用预算以销售预算为基础，按照成本的性态分为变动销售及管理费用和固定销售及管理费用。其编制方法与制造费用预算相同。

(八)现金预算

现金预算的编制，是以各项日常业务预算和特种决策预算为基础来反映各预算的收入款项和支出款项。由四部分组成：现金收入、现金支出、现金多余或不足、资金的筹集和运用。其目的在于,当资金不足时为企业如何筹措资金提供依据,当资金多余时为企业怎样运用资金提供依据,并且为企业提供现金收支的控制限额,以便发挥出现金管理的作用。

二、预算财务报表的编制

预计的财务报表是财务管理的重要工具,包括预计利润表、预计资产负债表和预计现金流量表。

(一)预计利润表

预计利润表是综合反映预算期内企业经营活动成果的一种财务预算。它是根据销售、产品成本、费用等预算的有关资料编制。

通过编制预期利润表可以了解企业未来的利润水平。如果预期的利润与最初编制的方针中的目标利润有较大的不一致,就需要调整部门预算,设法达到目标利润;如果其实心有余而力不足,经企业领导批准后可修改目标利润。

(二)预计资产负债表

预计资产负债表是总括反映预算期内企业财务状况的一种财务预算,即为了判断企业财务状况是否稳定,是否有足够的资金应付日常的经营和偿还到期债务而编制的。编制时,以期初资产负债表为基础,根据销售、生产、资本等预算的有关数据加以调整编制的。

(三)预计现金流量表

预计现金流量表是反映企业一定期间现金流入与现金流出情况的一种财务预算。它是从现金的流入和流出两个方面,揭示企业一定期间经营活动、投资活动和筹资活动所产生的现金流量。通过预计现金流量表能说明企业一定期间内现金流入和流出的原因、偿债能力和支付股利的能力,能够为企业管理部门控制财务收支和提高经济效益提供有用的信息。

第十三章　财务控制

第一节　概　述

一、企业财务控制及其特征

企业财务控制是指利用有关信息和特定手段,对企业财务活动实施影响或调节,以保证其财务预算实现的全过程。财务控制和计划具有密切的联系,计划是控制的重要依据,控制是执行计划的手段。财务控制是对企业财务活动的控制,也是对企业资金的取得、投放、使用和分配的控制。

财务控制作为企业财务管理工作和重要环节,具有以下特征:

(1)价值控制。财务控制对象是以实现财务预算为目标的财务活动,它是企业财务管理的重要内容,财务管理以资金为主线,以价值管理为特征,决定了财务控制必须实行价值控制。

(2)综合控制。财务控制以价值为手段,可以将不同部门、不同层次和不同岗位的各种业务活动综合起来,实行目标控制。

二、财务控制应具备的条件

(1)建立组织机构。企业为了确定财务预算,通常情况下应建立决策和预算编制机构;为了组织和实施日常财务控制,应建立日常监督、协调、仲裁机构;为了考评预算的执行情况,应建立相应的考核评价机构。

在实际生产经营活动中,要将企业财务预算分解落实到各部门、各层次和各岗位,可根据需要将各类机构的职能进行归并或合并到企业的常设机构中,还要建立各种执行预算的责任中心。按照财务控制要求建立相应组织机构,是实施企业财务控制的组织保证。

(2)建立责任会计核算体系。企业的财务预算通过责任中心形成责任预算,而责任预算和总预算的执行情况都必须由会计核算来提供。通过责任会计核算,及时提供相关信息,可以正确地考核与评价责任中心的工作业绩。通过责任会计汇总核算,进而了解企业财务预算的执行情况,分析存在的问题及原因,为提高企业的财务控制水平、为企业生产经营活动中的财务决策提供正确依据。

(3)制定奖罚制度。在企业的业绩评价和奖励办法下,人的工作努力程度往往会很高。通过制定奖罚制度,明确业绩与奖惩之间的关系,可以有效地引导人们争取取得尽可能好的业绩。恰当的奖惩制度,是保证企业财务控制长期有效运行的重要因素。因此,奖惩制度的制定,要体现财务预算目标要求,要体现公平、合理和有效的原则,要体现过程考核与结果考核的结合,真正发挥奖惩制度在企业财务控制中应有的作用。

三、财务控制原则

(一)经济原则

实施财务控制总是有成本发生的,企业应有效地组织日常财务控制,并根据企业财务管理目标要求,只有当财务控制所取得的收益大于其代价时,这种财务控制措施才是必要的、可行的。

(二)目标管理及责任落实原则

企业的目标管理要求已纳入财务预算,将财务预算层层分解,明确规定有关方面或个人应承担的责任控制义务,并赋予其相应的权利,使财务控制目标和相应的管理措施落到实处,成为考核的依据。

(三)例外管理原则

企业日常财务控制涉及企业经营的各个方面,财务控制人员要将注意力集中在那些重要的、不正常、不符合常规的预算执行差异上。通过例外管理,一方面可以分析实际脱离预算的原因来达到日常控制的目的,另一方面可以检验预算的制定是否科学与先进。

第二节　责任中心

责任中心是指具有一定的管理权限,并承担相应经济责任的企业内部责任单位,是一个责、权、利相结合的实体。各层次的领导人都必须向下属解释目标的制定原理及实施方法、职责,每个目标都应有一个责任中心和主要责任人,明确其完成的任务和承担的责任。划分责任中心的标准是:凡是可以划清管理范围,明确经济责任,能够单独进行业绩考核的内部单位,无论大小都可以成为责任中心。

责任中心按其责任权限范围及业务活动的特点不同,可分为成本中心、利润中心和投资中心三大类。

一、成本中心

成本中心是指一个不考核其收入,而着重考核其所发生的成本和费用,责任中心,对成本或费用承担责任的责任中心。成本中心一般包括产品生产的生产部门、提供劳务的部门和有一定费用控制指标的企业管理部门。其职责是用一定的成本去完成规定的具体任务,往往是没有收入。

成本中心是责任中心应用最为广泛的一种责任中心形式。任何发生成本的责任领域,都可以确定为成本中心。成本中心的规模不一,一个成本中心可以由若干个更小的成本中心组成,上至企业,下至车间、工段、班组,甚至个人都可以划分为成本中心。因而在企业可以形成一个逐级控制,并层层负责的成本中心体系。

(一)成本中心的类型

广义的成本中心有两种类型,即标准成本中心和费用中心。

标准成本中心,必须是所生产的产品稳定而明确,并且知道单位产品所需要的投入量的责任中心,即以实际产出量为基础,并按标准成本进行成本控制的成本中心。通常,制造业工厂、车间、工段、班组等是典型的标准成本中心。在产品生产中,这类成本中心的投入与产出有着明确的函数对应关系,它不仅能够计算产品产出的实际数量,而且每个产品因有明确的原材料、人工和制造费用的数量标准和价格标准,从而对生产过程实施有效的弹性成本控制。实际上,任何一项重复性活动,只要能够计量产出的实际数量,并且能够建立起投入与产出之间的函数关系,都可以作为标准成本中心。

费用中心是指产出物不能以财务指标衡量,或者投入与产出之间没有密切关系的单位,通常包括一般行政管理部门,如会计、人事、劳资等;研究开发部门,如设备改造、新产品研制等,以及销售部门,如广告、宣传、仓储等。一般行政管理部门的产出难以度量,研究开发和销售活动的投入量与产出量没有密切的联系。

狭义的划分成本中心,是将标准成本中心划分为基本成本中心和复合成本中心两种,基本成本中心是指没有下属的成本中心,它是属于较低层次的成本中心。复合成本中心是指有若干个下属成本中心,由多个基本成本中心构成,它是属于较高层次的成本中心。

(二)成本中心的责任成本与可控成本

由成本中心承担责任的成本就是责任成本,它是该中心的全部可控成本之和。基本成本中心的责任成本就是其可控成本,复合成本中心的责任成本既可包括本中心的责任成本,也可包括下属成本中心的责任成本,各成本中心的可控成本之和即是企业的总成本。

可控成本是指责任单位在特定时期内,特定责任中心能够直接控制其发生的成本。不可控成本则是相对的概念。

作为可控成本必须同时具备以下条件:

(1)责任中心能够通过一定的方式可以预知成本的发生;

(2)责任中心能够对发生的成本进行的计量;

(3)责任中心能够通过自己的行为对这些成本加以调节和控制;

(4)责任中心可以将这些成本的责任分解落实。

凡不能同时满足上述条件的成本就是不可控成本。对于特定成本中心来说,它不应当承担不可控成本的相应责任。

正确判断成本的可控性是成本中心承担责任成本的前提。从整个企业的空间范围和较长时间来看,所有的成本都是人的某种决策或行为下造成的结果,都是可控的。所以对成本的可控性理解应注意以下几个方面。

1. 成本的可控性总是与特定责任中心相关

确切地说是与责任中心所处管理层次的高低、管理权限及控制范围的大小有直接关系。同一成本项目,高低不同的责任中心层次决定它的可控性不同。就整个企业而言,所有的成本都是可控成本,但对于企业内部的各部门、车间、工段、班组和个人来讲,则既有其各自的可控成本又有其各自的不可控成本。有些成本对于较高层次的责任中心来说属于可控成本,而对于其下属的较低层次的责任中心来讲,可能就是不可控成本,比如,车间主任的工资,尽管要计入产品成本,但不是车间的可控成本,而它的上级则可以控制。由此可以看出,属于较低层次责任中心的可控成本,在其所属较高层次责任中心的仍为可控成本。但是下级责任中心的某项不可控成本对于上一级的责任中心来说,就有两种可能,要么仍然属于不可控成本,要么是可控成本。

成本的可控性要受到管理权限和控制范围的约束。同一成本项目,对于某一责任中心来讲是可控成本,而对于处在同一层次的另一责任中心来讲却是不可控成本。比如广告费,对于销售部门是可控的,但对于生产部门却是不可控的。又如直接材料的价格差异对于采购部门来说是可控的，但对于生产耗用部门却是不可控的。

2. 成本的可控性要联系时间范围考虑

一般来讲，在消耗或支付的当期成本是可控的，一旦消耗或支付就不再可控了。如折旧费、租赁费等成本是过去决策的结果，这在添置设备和签订租约时是可控的，而使用设备或执行契约时就无法控制了。成本的可控性是一个动态概念，随着时间推移，成本的可控性还会随企业管理条件的变化而变化。如某成本中心管理人员工资过去是不可控成本，但随着用工制度的改革，该责任中心既能决定工资水平，又能决定用工人数，则管理人员工资成本就转化为可控成本了。

3. 成本的可控性与成本性态和成本可辨认性的关系

一般来讲，成本中心的直接成本大都是可控成本，间接成本大都是不可控成本。其划分依据是成本的可追溯性。可追溯到个别产品或部门的成本是直接成本；由几个产品或部门共同引起的成本是间接成本。

成本中心的变动成本大都是可控成本，固定成本大都是不可控成本。而变动成本和固定成本的划分依据是成本随产量的变动性。随产量正比例变动的成本，称为变动成本。在一定幅度内不随产量变动而基本上保持不变的成本，称为固定成本。

但实际上也并不如此，需要结合有关情况具体分析。如广告费、科研开发费、教育培训费等酌量性固定成本是可控的。某个成本中心所使用的固定资产的折旧费是直接成本，但不是可控成本。

（三）成本中心的责任成本与产品成本

作为产品制造的标准成本中心，必然会同时面对责任成本和产品成本两个问题。责任成本和产品成本的主要区别如下：

(1)成本归集的对象不同。责任成本是以责任成本中心为归集对象，产品成本则以产品为对象。

(2)遵循的原则不同。责任成本遵循“谁负责，谁承担”的原则，承担责任成本的是“人”；产品成本则遵循“谁收益，谁负担”的原则，负担产品成本的是“物”。

(3)核算的内容不同。责任成本的核算内容是可控成本；产品成本的构成内容是指应归属于产品的全部成本，它既包括可控成本，又包括不可控成本。

(4)核算的目的不同。责任成本的核算目的是为了实现责、权、利的协调统一，考核评价经营业绩，调动各个责任中心的积极性；产品成本的核算目的是为了反映生产经营过程的耗费，规定配比的补偿尺度，确定经营成果。

责任成本和产品成本的联系是：两者都是企业生产经营过程中的资金耗费。对企业而言，一定时期发生的广义产品成本总额应当等于同期发生责任成本总额。

（四）成本中心考核指标

由于成本中心只对成本负责，责任成本是评价和考核它的主要内容，即通过各责任成本中心的实际成本与预算责任成本的比较，以此评价各成本中心责任预算的执行情况。成本中心考核指标包括成本（费用）变动额和变动率两个指标，计算公式是：

成本(费用)变动额＝实际责任成本(或费用)－预算责任成本(或费用)

成本(费用)变动率＝成本(费用)变动额÷预算责任成本(费用)×100%

在进行成本中心指标考核时，如果预算产量与实际产量不一致时，应按弹性预算的方法先进行调整预算指标，然后再按上述指标进行计算。

[例 13-1] 某企业内部一车间为成本中心，生产甲产品，预算产量为 5 000 件，单位成本 110 元；实际产量 6 000 件，单位成本 100 元。要求：计算该成本中心的成本变动额和变动率。

解：成本变动额 = 100×6 000 − 110×5 000 = 50 000（元）

成本变动率 = 50 000÷（110×5 000）×100% = 9%

（五）成本中心责任报告

成本中心责任报告是以实际产量为基础，反映责任成本预算实际执行情况，揭示实际责任成本与预算责任成本差异的内部报告。成本中心通过编制责任报告，以反映、考核和评价责任中心责任成本预算的执行情况。

二、利润中心

利润中心是既能控制成本又能控制收入、对利润负责的责任中心，它是处于比成本中心高一层次的责任中心，其权利和责任都相对较大。利润中心通常是那些具有全部产品和劳务经营决策权的责任中心。

（一）利润中心类型

利润中心分有两种类型：一种是自然利润中心，一种是人为利润中心。

自然利润中心是指能直接向企业外部销售产品或提供劳务，在市场上进行购销业务，进而取得收入而给企业带来收益的利润中心。这类责任中心一般具有产品销售权、价格制定权、材料采购权和生产决策权，具有很大的独立性。

人为利润中心是指不能直接向企业外部销售产品或提供劳务，主要在企业内部各责任中心之间，按照内部转移价格相互提供产品或劳务而形成的利润中心。大多数成本中心都可以转化为人为利润中心。这类责任中心一般也具有相对独立的经营管理权，能够自主决定本利润中心生产的产品品种、产品产量、作业方法、人员调配和资金使用等。但这些部门提供的产品或劳务主要在企业内部转移，很少对外销售。

（二）利润中心考核指标

利润中心既要对其发生的成本负责，又要对其发生的收入和实现的利润负责。所以，利润中心考核的重要指标是边际贡献和利润。但对于不同范围的利润中心来说，其指标的表现形式也不相同。

如某公司采用事业部制，其考核指标可采用以下几种形式：

部门边际贡献 = 部门销售收入总额 − 部门变动成本总额　　（指标一）

部门经理可控利润 = 部门边际贡献 − 部门经理可控固定成本　　（指标二）

部门可控利润 = 部门经理可控利润 − 部门经理不可控固定成本　　（指标三）

部门税前利润 = 部门可控利润 − 分配的公司管理费用　　（指标四）

其中，指标一是利润中心考核指标中的一个中间指标。指标二反映了部门经理在其权限范围内有效使用资源的能力，部门经理可控制收入以及变动成本和部分固定成本，因而可以对可控利润承担责任，该指标主要用于评价部门经理的经营业绩。在此值得注意的问题是，要将各部门的固定成本进一步区分为可控成本和不可控成本，这是因为有些费用虽然可以追溯到有关部门,却不为部门经理所控制,如广告费、保险费等。因此,在考核部门经理业绩时,应将其不可控成本从中剔除。指标三,主要用于对部门的业绩评价和考核,用以反映该部门补偿共同性固定成本后对企业利润所作的贡献。如果要决定该部门的取舍,部门中控利润是有重要意义的信息。指标四,用来计算部门提供的利润抵补总部的管理费用后的余额,如果为负值就说明该企业作为一个整体就不会盈利。这样,部门经理可集中精力增加收入并降低可控成本,为企业实现预期的利润目标作出应有的贡献。

[例 13-2] 某企业的某部门(利润中心)的有关资料如下:

部门销售收入	500 万元
部门销售产品的变动生产成本和变动性销售费用	440 万元
部门可控固定成本	35 万元
部门不可控固定成本	10 万元
分配的公司管理费用	7 万元

试根据以上资料,计算各级利润考核指标。

解:该部门的各级利润考核指标分别是:

部门边际贡献 = 500 − 440 = 60(万元)

部门经理可控利润 = 60 − 35 = 25(万元)

部门可控利润 = 25 − 10 = 15(万元)

部门税前利润 = 15 − 7 = 8(万元)

(三)利润中心责任报告

利润中心通过编制责任报告,可以集中反映利润预算的完成情况,并对其产生的差异的原因进行具体的分析。

三、投资中心

投资中心是指既要对成本、利润负责,又要对投资效果负责的、拥有投资决策权的责任中心。投资中心与利润中心的主要区别是:利润中心没有投资决策权,需要在企业确定投资方向后组织具体的经营,而投资中心则不仅在产品生产和销售上享有较大的自主权,而且具有投资决策权,能够相对独立地运用其所掌握的的资金,有权购置或处理固定资产,扩大或削减现有的生产能力。投资中心是最高层次的责任中心,它具有最大的决策权,也承担最大的责任。一般而言,大型集团所属的子公司、分公司、事业部往往都是投资中心。

投资中心拥有投资决策权和经营决策权,为了能够准确地算出各投资中心的经济效益,需要将各投资中心在资产和权益方面划分清楚,以便对其进行正确的评价和考核。

(一)投资中心的考核指标

投资中心评价与考核的内容是利润及投资效果,反映投资效果的指标主要是投资报酬率、剩余收益。

1. 投资报酬率

这是最常见的考核投资中心业绩的指标。投资报酬率是投资中心所获得的利润占投资额(或经营资产)的比率,可以反映投资中心的综合盈利能力。其计算公式为:

$$\text{投资报酬率} = \frac{\text{净利润(或营业利润)}}{\text{投资额(式经营资产)}} \times 100\%$$

投资报酬率指标可分解为：

$$投资报酬率 = 投资(或经营资产)周转率 \times 销售利润率$$

上述公式中，投资额(或经营资产)应按平均投资额(或平均经营资产)计算。

投资报酬率是个相对数正指标，数值越大越好。

有许多企业采用投资报酬率作为评价投资中心业绩的指标。该指标的优点是：它根据现有的会计资料计算，比较客观，可用于部门之间，以及不同行业之间的比较。投资报酬率能反映投资中心的综合盈利能力，并且剔除了因投资额不同而导致的利润差异的不可比因素，因而具有横向可比性，有利于对整个投资中心经营状况作出优劣评价。此外，投资利润率可作为选择投资机会的依据，有利于优化资源配置。

投资报酬率指标的不足也是十分明显的：由于缺乏全局观念，投资中心可能会放弃投资报酬率低于某投资中心的投资报酬率，但是高于整个企业的投资报酬率的机会，虽然企业希望接受这个投资项目，但该投资中心可能拒绝它；或者接受投资项目的投资报酬率高于该投资中心的投资报酬率，但是低于整个企业的投资报酬率的机会，该投资中心可能只考虑自己的利益而接受它，而不顾企业整体利益是否受到损害。

假设某个部门现有资产500万元，年净利润220万元，投资报酬率为21%。部门经理目前面临一个投资报酬率为15%的投资机会，投资额为250万元，每年净利37.5万元。企业投资报酬率为15%。尽管对整个企业来说，由于该项目投资报酬率高于企业投资报酬率应当利用这个投资机会，但是它却使这个部门的投资报酬率由过去的21%下降到20.6%。

$$投资报酬率 = (220 + 37.5) \div (1\,000 + 250) = 20.6\%$$

同样道理，当情况与此相反，假设该部门现在一项资产价值250万元，每年获利37.5万元，投资报酬率15%，该部门经理却愿意放弃该项资产，以提高部门的投资报酬率。

$$投资报酬率 = (220 - 37.5) \div (1\,000 - 250) = 24.3\%$$

当使用投资报酬率作为业绩评价标准时，部门经理可以通过加大公式分子或减少公式的分母来提高这个比率。这样做，会失去不是最有利但可以扩大企业总净利的项目。从引导部门经理采取与企业总体利益一致的决策来看，投资报酬率并不是一个很好的指标。

因此，为了弥补投资报酬率这一指标的不足，能够将投资中心的局部目标与企业的总体目标保持一致，还可以采用剩余收益指标来评价、考核投资中心的业绩。

2. 剩余收益

剩余收益是指投资中心获得的利润扣减投资额按预期最低投资报酬率计算的投资报酬后的余额。其计算公式为：

$$\begin{aligned}剩余收益 &= 利润 - 投资额 \times 预期最低投资报酬率 \\ &= 投资额 \times (投资利润率 - 预期最低投资报酬率)\end{aligned}$$

以剩余收益作为投资中心经营业绩评价指标，各投资中心只要投资利润率大于预期最低投资报酬率，即剩余收益大于零，该项投资项目就是可行的。剩余收益是个绝对数正指标，这个指标越大，说明投资效果越好。

[例13-3]　××企业有若干个投资中心，平均投资报酬率为22%，其中B投资中心的投资报酬率为25%，该中心的经营资产平均余额为200万元。预算期B投资中心有一追加投资的机会，投资额为150万元，预计利润为22.5万元，投资报酬率为15%。要求：假定预算期B投资中心接受了上述投资项目，分别用投资报酬率和剩余收益指标来评价考核B投

资中心追加投资后的工作业绩。

解:B投资中心接受投资后的评价指标分别为:

$$投资报酬率 = (200 \times 25\% + 22.5) \div (200 + 150) = 20.7\%$$

$$剩余收益 = 22.5 - 150 \times 22\% = -10.5(万元)$$

从投资报酬率指标看,B投资中心接受投资后的投资报酬率为20.7%,低于该中心原有的投资报酬率22%,追加投资使B投资中心的投资报酬率指标降低了。从剩余收益指标看,B投资中心接受投资后可减少剩余收益10.5万元,小于零,表明追加投资使B投资中心无利可图。

通过上例可以看出,利用剩余收益指标考核投资中心工作业绩,其优点是可以使个别投资中心的局部利益与整体利益达到一致,避免投资中心以自我为中心考虑问题的片面性。其缺点是由于剩余收益是绝对数指标,不便于不同部门之间的比较。

需要注意的是,以剩余收益作为评价指标,所采用的投资报酬率的高低对剩余收益的影响很大,通常应以整个企业的平均投资报酬率作为最低报酬率。

(二)投资中心责任报告

投资中心责任报告的结构与成本中心和利润中心类似。通过编制投资中心责任报告,可以反映该投资中心投资业绩的具体情况。

第三节 内部转移价格

企业内部各责任单位,既相互联系又相互独立地开展各自的经营活动,它们经常相互提供产品和劳务,各责任中心的业绩考核应该在既客观而又可比的基础之上,为了正确评价企业内部各责任中心的经营业绩,明确区分各自的经济责任,企业必须根据各自责任中心业务活动的具体特点,正确制定企业内部的转移价格。

一、内部转移价格的含义

内部转移价格是指分散经营的责任中心之间相互提供产品或相互提供劳务,需要进行内部结算和内部责任结转所使用的计价标准。例如,上道工序加工完成的产品转移到下道工序继续加工;辅助生产部门为基本生产车间提供劳务等,都是一个责任中心向另一个责任中心"出售"产品或提供劳务,都必须采用内部转移价格进行结算。又如,某工厂生产车间与材料采购部门是两个成本中心,若生产车间所耗用的原材料由于质量不符合原定标准,而发生的超过消耗定额的不利差异,也应由生产车间以内部转移价格结转给采购部门。

在任何企业中,各责任中心之间的相互结算,以及责任成本的转账业务都是经常发生的,它们都需要依赖一个公正、合理的内部转移价格作为使用的标准。由于内部转移价格对于提供产品或劳务的生产部门来说表示收入,对于使用这些产品或劳务的购买部门来说则表示成本。

制定内部转移价格有以下两个明显的目的:

(1)在内部转移价格一定的情况下,防止成本转移带来的部门间责任转嫁,使每个利润中心都能作为单独的组织进行业绩评价。卖方(产品或劳务的提供方)必须不断改善经营管理,降低成本和费用,以其收入抵偿支出,取得更多利润。买方(产品或劳务的接受方)则必须在一定的购置成本下,千方百计地降低再生产成本,提高产品或劳务的质量,争取较高的经济效益。

(2)内部转移价格作为一种价格,引导下级部门采取明智的决策,所影响的买卖双方都存在于同一企业中,在其他条件不变的情况下,内部转移价格的变化会使买卖双方的收入或内部利润向相反的方向变化,但就企业整体来看,内部转移价格无论怎样变化,企业总利润是不变的,变动的只是内部利润在各责任中心之间的分配份额。

二、内部转移价格种类

内部转移价格主要有市场价格、协商价格、双重价格和以"成本"作为内部转移价格四种。

(一)市场价格

在中间产品存在完全竞争市场的情况下,市场价格减去对外的销售费用,是理想的转移价格。

市场价格是根据产品或劳务的市场供应价格作为计价基础。以市场价格作为内部转移价格的责任中心,应该是独立核算的利润中心。通常是假定企业内部各责任中心都处于独立自主的状态,即有权决定生产的数量、出售或购买的对象及其相应的价格。在西方国家,通常认为市场价格是制定内部转移价格的最好依据。完全市场竞争市场这一假设条件,意味着市场价格客观公正,对买卖双方无所偏袒,而且还能激励卖方努力改善经营管理,不断降低成本,在企业内部创造一种竞争的市场环境,让每个利润中心都成为名副其实的独立生产经营单位,以利于相互竞争,最终通过利润指标来考核和评价其工作成果。

由于以市场价格为基础的转移价格,通常会低于市场价格,因此作为计价基础时,为了保证各责任中心的竞争建立在与企业的总目标相一致的基础上,企业内部鼓励中间产品的内部转移。买卖双方一般应遵守以下的基本原则:

(1)如果卖方愿意对内销售,且售价不高于市价时,买方有购买的义务,不得拒绝。

(2)如果卖方售价高于市价,买方有改向外界市场购入的自由。

(3)若卖方宁愿对外界销售,则应有不对内销售的权利。

但是以市场价格作为内部转移价格的计价基础,也有其自身的局限性。这是因为企业内部相互转让的产品或提供的劳务,往往是本企业专门生产的,有一定的规格,或需经过进一步加工才能出售的中间产品,因而往往没有相应的市价作为依据。

(二)协商价格

协商价格,它是指买卖双方以正常的市场价格为基础,定期共同协商,确定出一个双方都愿意接受的价格作为计价标准。在中间产品存在非完全竞争的外部市场,可以采用协商的办法确定转移价格。成功的协商价格依赖于两个条件:

(1)要有一个某种形式的外部市场,两个部门的经理可以自由地选择接受或是拒绝某一价格。如果根本没有可能从外部取得或销售中间产品,就会使一方处于垄断状态,这样的价格不是协商价格,而是垄断价格。

(2)当价格协商的双方发生矛盾不能自行解决,或双方谈判可能导致企业非最优决策时,企业的高一级管理层要进行必要的干预,当然这种干预是有限的、得体的,不能使整个协商变成上级领导裁决一切问题。

协商价格的上限是市价,下限是单位变动成本,具体价格应由买卖双方在其上下限范围内协商议定,这是由于:

(1)外部售价一般包括销售费、广告费及运输费等,这是内部转移价格中所不包含的,因而内部转移价格会低于外部售价。

(2)内部转移的中间产品一般数量较大,故单位成本较低。

(3)售出单位大多拥有剩余生产能力,因而议价只需略高于单位变动成本就可以。

采用协商价格的存在的缺点是:双方协商过程中,往往浪费很多人力、物力和时间,可能会导致部门之间的矛盾,当买卖双方的负责人协商相持不下时,往往需要企业高层领导进行裁定。这样就丧失了分权管理的初衷,也很难发挥激励责任单位的作用。

(三)双重价格

双重价格是由买卖双方分别采用不同的内部转移价格作为计价的基础。要求中间产品的转移价格用单位变动成本来定价,与此同时,还应向购买部门收取固定费,作为长期以低价获得中间产品的一种补偿。如对产品(半成品)的"出售"部门,可按协商的市场价格计价,而对"购买"部门,则按"出售"部门的单位变动成本计价,其差额由会计部门进行调整。

西方国家采用的双重价格通常有两种形式:

(1)双重市场价格,即当某种产品或劳务在市场上出现几种不同价格时,买方采用最低的市价,卖方则采用最高的市价。

(2)双重转移价格,即卖方按市价或协议价作为计价基础,而买方则按卖方的单位变动成本作为计价基础。

采用双重价格的好处是:既可较好地满足买卖双方不同的需要,也便于激励双方在生产经营上充分发挥其主动性和积极性。

(四)以"成本"作为内部转移价格

以产品或劳务的全部成本或全部成本加上一定利润作为内部转移价格,可能是最差的选择。它既不是业绩评价的良好尺度,也不能引导部门经理作出有利于企业的明智决策,它唯一的优点就是最简单。由于成本的概念不同,以"成本"作为内部转移价格也有多种不同形式,它们对转移价格的制定、业绩评价将产生不同的影响。

1.标准成本法

标准成本法是指以各中间产品的标准成本作为内部转移价格。这种方法适用于成本中心产品(半成品)或劳务的转移,其最大优点是能将管理和核算工作结合起来。由于标准成本在制定时就已排除无效率的耗费。因此,以标准成本作为转移价格能促进企业内买卖双方改善生产经营,降低成本。其缺点是不一定使企业利益最大化,如中间产品标准成本为50元,单位变动成本40元,卖方有闲置生产能力,当买方只能接受44元以下的内部转移价格时,此法不能促成内部交易,从而使企业整体丧失一部分利益。

2.标准成本加成法

标准成本加成法是指根据产品(半成品)或劳务的标准成本加上一定的合理利润作为计价基础。但利润的确定,在理论上缺乏说服力,难免带有主观随意性。当转移产品(半成品)或劳务涉及利润中心或投资中心时,可以将标准成本加利润作为转移价格,以分清双方责任。

3.标准变动成本

标准变动成本是以产品(半成品)或劳力的标准变动成本作为内部转移价格,符合成本习性,能够明确提示成本与产量的关系,便于考核各责任中心的业绩,也利于经营决策。不足之处是产品(半成品)或劳务中不包含固定成本,不能鼓励企业内卖方进行技术革新,也不利于长期投资项目的决策。

第十四章　财务报表分析

第一节　概　述

一、财务分析的概念及作用

财务分析，又称财务报表分析。财务报表是企业财务状况和经营成果的信息载体，但财务报表所列示的各类项目的金额如果独立地看，并无多大意义，必须与其他数据相比较，才能成为有用的信息。这种按照一定方法将财务报表的各项数据与有关数据进行比较、评价的过程就是企业财务分析。具体地说，财务分析就是以财务报表和其他资料为依据和起点，采用专门方法，系统分析和评价企业的财务状况、经营成果和现金流量状况的过程。其目的是评价过去的经营业绩，衡量现在的财务状况，预测未来的发展趋势。

财务分析既是财务预测的前提，也是过去经营活动的总结，具有承上启下的作用。

(一)财务分析是评价财务状况及经营业绩的重要依据

通过财务分析，将整个财务报表的数据，分成不同的部分和指标，并找出有关指标的关系，以达到了解企业偿债能力、营运能力、盈利能力和现金流量状况的目的，合理评价经营者的经营业绩，以奖优罚劣，促进管理水平的提高。

(二)财务分析是实现理财目标的重要手段

企业理财的根本目标是实现企业价值最大化。通过财务分析，不断挖掘潜力，从各方面揭露矛盾，找出差距，充分认识还没有被利用的人力、物力资源，寻找经营不利的原因，促进企业经营活动向企业价值最大化的目标运行。

(三)财务分析是实施正确投资决策的重要步骤

投资者通过财务分析，清楚、详细地掌握企业获利能力、偿债能力，从而进一步预测投资后的收益水平和风险程度，便于做出正确的投资决策。

二、财务报告的使用者

企业对外提供财务报告，是面向全体使用的一般要求设立的、并不适合特定使用人的特定要求。报告使用人要从中选择自己需要的信息，重新排列，并研究其相互关系，使之符合特定决策的要求。不同的财务报告使用者对财务报告分析的目的也不完全相同。

(一)股东

股东对企业投资的主要目的是为了获得高的投资回报率，因此股东进行财务分析时，主要分析的是企业盈利能力。

(二)债权人

企业短期债务的债权人为了判断企业是否具有偿还短期债务的能力，侧重于分析企业资产的流动性和营运资本的状况；企业长期债务的债权人为了解企业资产的长期偿债能力，除了要考虑企业的资产负债状况外，还要分析其盈利状况，因为企业的盈利能力是偿还长期债务本息的保证。

(三)企业的管理者

企业的管理者为改善财务决策、寻找企业更好的发展方向而进行财务分析,涉及的内容最广泛,既包括企业的偿债能力,又包括企业的获利能力、资产管理效率等。

(四)政府

政府部门要通过财务分析了解企业纳税情况、遵守政府法规和市场秩序的情况和就业状况等。在我国,企业的会计信息是国家进行宏观经济调控所依据的重要的基础信息的来源之一。

(五)社会中介机构

社会中介机构包括审计师、咨询人员、证券分析师等。审计师通过财务分析可以确定审计的重点和范围。咨询人员、债券分析师等为各类报表使用人提供专业咨询服务。

(六)供应商

供应商通过分析,可以判断企业是否可以长期合作,是否对企业延长付款期等。

(七)雇员和工会

雇员和工会要通过分析判断企业盈利与雇员收入、保险、福利之间是否相适应。

三、财务分析的目的与内容

(一)财务分析的目的

财务分析的主要目的包括四个方面,分别是:

(1)评价企业的偿债能力。

(2)评价企业的盈利能力。

(3)评价企业的资金营运能力。

(4)评价企业的长期发展趋势。

(二)财务分析的内容

财务分析的内容主要包括偿债能力分析、营运能力分析、盈利能力分析、现金流量分析四个方面。

1.偿债能力分析

偿债能力是指企业如期偿还各种债务的能力,包括短期偿债能力和长期偿债能力。短期债务是企业日常经营活动中弥补营运资金不足的一个重要来源,通过分析有助于了解企业短期资金的营运能力以及营运资金的流动状况。通过对长期偿债能力的分析,不仅可以判断企业的经营状况,还可以促使企业提高融通资金的能力,因为长期负债是企业资本化资金的重要组成部分,也是企业的重要融资途径。而从债权人的角度看,通过偿债能力分析,了解了债务人的偿债能力,有助于了解其贷款的安全性,以确保其债务本息能够即时、足额地得以偿还。

2.营运能力分析

营运能力分析主要是从企业所运用的资产进行全面分析。分析企业各项资产的使用效果、资金周转的快慢以及挖掘资金的潜力,提高资金的管理效率。

3.盈利能力分析

盈利能力分析主要通过将资产、负债、所有者权益与经营成果相结合来分析企业的各项报酬率指标,能够从不同的角度来判断企业的获利能力。

4.现金流量分析

现金流量分析主要通过现金流量的结构分析、流动性分析、获取现金能力分析、财务弹性分析、收益质量分析等五个方面来分析评价企业资金的来龙去脉、融投资能力和财务弹性。

以上四个方面的财务分析指标中,偿债能力是财务目标实现的稳健保证,营运能力与现金流量是财务目标实现的物质基础,盈利能力是三者共同作用的结果,同时也对三者的增强起着推动作用,四者相辅相成,共同构成企业财务分析的基本内容。

四、财务分析的一般步骤

财务分析的程序因分析目的、分析的主体、分析的内容、分析的具体对象和分析的方法不同而不同,但财务分析的过程也有一些规律可循。财务分析的一般步骤如下:

(1)明确分析的目的;

(2)收集有关的信息,包括企业的财务报告、企业历史上的状况、同行业的情况等;

(3)化整为零,即根据分析目的将分析整体的各个组成部分分割开来,作出适当的安排,使之符合需要;

(4)深入研究各组成部分的特殊本质;

(5)化零为整,即进一步研究各个部分的联系,以对分析的对象获得一个整体的认识;

(6)解释分析的结果,提供对决策有帮助的信息。

第二节　财务分析方法

财务分析方法多种多样,下面介绍四种常用的方法:比较分析法、比率分析法、因素分析法和趋势分析法。

一、比较分析法

比较分析法,是指将企业相关的财务指标进行对比,计算出财务指标变动的绝对数额大小和变动的相对程度,是财务分析中经常采用的一种基本方法。比较分析法主要有下列几种:

(1)比计划。将报告期的实际指标与计划指标比较。

(2)比前期。将报告期的实际指标与上期、上年同期或历史上某一年份同时期指标比较。

(3)比先进。将本企业实际指标与先进企业同期完成的指标比较。

对相关的指标进行比较时,必须注意财务指标的相关性、可比性。

(1)在性质上同类,也就是计算的指标能够说明经济业务的内在联系;

(2)在范围上一致,即相比较的财务指标所代表的整体范围应基本相同,例如,分析企业销售和利润情况,必须考虑企业规模基本一致;

(3)在时间上相同,即相比较的财务指标,应当是相同时间的结果,例如,都是采用年度指标或月份指标。

二、比率分析法

比率分析法是指在同一财务报告的不同层面之间,或在不同报告的相互联系的项目加之间进行对比,计算出比率来反映各项目之间的相互关系,来评价企业的财务状况和经营成果的一种分析方法。比率指标主要有效率比率、结构比率、相关比率三类。

(一)效率比率

效率比率是反映企业经济活动中销售收入、成本与利润关系的比率,以考察经营成果,评价经济效益的指标,如成本利润率、销售利润率及资本利润率等指标。

(二)结构比率

结构比率,又称构成比率,是某项经济指标的某个组成部分与总体的比率,反映部分与总体的关系。其计算公式为:

$$结构比率=\frac{某个组成部分}{总体数额}$$

利用结构比率可以考察总体中某部分形成与安排的合理性,以协调各项财务活动。

(三)相关比率

相关比率是将两个不同但又有一定关联的项目加以对比得出的比率,用来反映经济活动的各种相互关系。实际上财务分析的许多指标都是相关比率,如流动比率、资金周转率等。

比率分析法的优点是计算简便,计算结果容易判断分析,而且可以使某些指标在不同规模企业间进行比较。但要注意以下几点:

(1)对比项目的相关性。计算比率的分子和分母必须具有相关性,否则就不具有可比性。构成比率指标必须是部分与总体的关系;效率比率指标要具有某种投入产出关系;相关比率指标分子、分母也要有某种内在联系,否则比较就毫无意义。

(2)对比口径的一致性。计算比率的子项和母项在计算时间、范围等方面要保持口径一致。

(3)衡量标准的科学性。要选择科学合理的参照标准与之对比,以便对财务状况做出恰当评价。

三、因素分析法

因素分析法,是指分析经济因素的影响,测定各个因素影响程度的计算方法。一个经济指标往往是由多种因素造成的,它们各自对某一个经济指标都有不同程度的影响。只有将这一综合性的指标分解成各个构成因素,才能从数量上把握每一个因素的影响程度,给工作指明方向。这种通过逐步分解来确定几个相互联系的因素对某一综合性指标的影响程度的分析方法也叫连环替代法。

例如,某项财务指标P是由A、B、C三大因素的乘积构成,其实际指标与标准指标以及有关因素关系由下式构成:

实际指标:$P_a = A_a \times B_a \times C_a$

计划指标:$P_s = A_s \times B_s \times C_s$

实际与计划的总差异为 $P_a - P_s$,这一总差异同时受到A、B、C三个因素的影响。它们各自的变动对指标总差异的影响程度可分别由下式计算求得：

A 因素变动影响：$(A_a - A_s) \times B_s \times C_s$

B 因素变动影响：$A_a \times (B_a - B_s) \times C_s$

C 因素变动影响：$A_a \times B_a \times (C_a - C_s)$

将以上三因素的影响数相加应该等于总差异 $P_a - P_s$。

［例 14-1］ 某企业甲产品的材料成本见表 14-1，运用因素分析法分析各因素变动对材料成本的影响程度。

表 14-1 材料成本资料表

项目	计量单位	计划数	实际数
产品产量	件	200	250
单位产品材料消耗量	千克/件	15	12
材料单价	元/千克	10	12
材料总成本	元	30 000	36 000

根据以上资料分析如下：

$$\text{材料成本} = \text{产量} \times \text{单位产品材料消耗量} \times \text{材料单价}$$

材料成本总差异

$$36\,000 - 30\,000 = 6\,000(\text{元})$$

产量变动对材料成本的影响值

$$(250 - 200) \times 15 \times 10 = 7\,500(\text{元})$$

单位产品材料消耗量变动对材料成本的影响值

$$250 \times (12 - 15) \times 10 = -7\,500(\text{元})$$

材料单价变动对材料成本的影响值

$$250 \times 15 \times (12 - 10) = 7\,500(\text{元})$$

将以上三因素的影响值相加

$$7\,500 + (-7\,500) + 7\,500 = 7\,500(\text{元})$$

因素分析法从数量上测定各因素的影响程度，既可以单独分析某个因素对某一经济指标的影响，又可以全面分析各因素对某一经济指标的影响，可以帮助人们抓住主要矛盾，在评价经营状况时更有说服力，所以在财务分析中广泛应用。在应用因素分析法时要注意以下几方面的问题：

(1)因素分解的关联性，即构成经济指标的各因素确实是形成该项指标差异的内在构成原因，它们之间存在着客观的因果关系。

(2)因素替代的顺序性。替代因素时，必须按照各因素的依存关系，按照一定的顺序依次以实际数来替代，不可随意加以颠倒，否则各个因素的影响值就会得出不同的计算结果。在实际工作中，往往是先替代数量因素，后替代质量因素；先替代实物量、劳动量因素，后替代价值量因素；先替代原始的、主要的因素，后替代派生的、次要的因素；在有除号的关系式中，先替代分子，后替代分母。否则计算的结果是不一致的。

(3)顺序替代的连环性。计算每个因素变动的影响数值时，都是在前一次计算的基础上进行的,并采用连环比较的方法确定因素变化影响结果。只有保持这种连环性,才能使各因素影响之和等于分析指标变动的总差异。

(4)计算结果的假定性。在按顺序代替第一个因素时,要假定其他因素不变。由于因素分析法计算各个因素变动的影响值会因替代计算顺序的不同而有差别,因而,计算结果具有一定顺序上的假定性和近似性。

四、趋势分析法

趋势分析法,是指根据企业连续数期财务报告,比较各期有关项目金额的增减变动的方向、数额和幅度,以说明企业财务状况及经营成果变化的性质和趋势的一种方法。趋势分析法主要有重要财务指标的比较、会计报表的比较以及会计报表项目构成的比较三种比较方式。

(一)重要财务指标的比较

这种方法是将不同时期财务报告中相同的重要指标或比率进行比较,直接观察其增减变动情况幅度及发展趋势。它又分两种比率。

1.定基动态比率

定基动态比率是将分析期数额与某一固定基期数额对比计算的比率。定基动态比率的计算公式为:

$$定基动态比率=\frac{分析期指标}{固定期指标}$$

2.环比动态比率

环比动态比率是将每一分析期数额与前一期同一指标进行对比计算得出的动态比率。环比动态比率的计算公式为:

$$环比动态比率=\frac{分析期指标}{分析前期指标}$$

(二)会计报表的比较

这种方法是将连续数期的会计报表有关数字并行排列,比较相同指标的增减变动金额及幅度,以此来说明企业财务状况和经营成果的发展变化。一般可以通过编制比较资产负债表、比较利润表及比较现金流量表来进行,计算出各有关项目增减变动的金额及变动百分比。

(三)会计报表项目构成的比较

这种方法是以会计报表中某一关键项目的总体指标作为100%,再计算出报表各构成项目占该关键项目总体指标的百分比,依次来比较各个项目百分比的增减变动,以及判断有关财务活动的变化趋势。这种方法即可用于同一企业不同时期财务状况的纵向比较,又可用于不同企业间的横向比较,并且还可以消除不同时期(不同企业间)业务规模差异的影响,有助于正确分析企业财务状况及发展趋势。该方法侧重于财务报告各项目的趋势分析,能够较容易地确认出现较大差异并需要加以重视的地方。

在采用趋势分析法时,要注意以下几个方面的问题:

(1)剔除偶然性因素的特殊项目,使分析数据能反映出正常的经营及财务状况。

(2)分析的项目应适合分析目的的需要,即用于对比的各项指标的内容要一致。

(3)分析时对经营管理上有显著变动的指标要作重点分析。

第三节　财务指标分析

前已述及，财务指标分析的内容包括偿债能力分析、营运能力分析、盈利能力分析和现金流量分析四个方面，以下将分别加以介绍。

一、偿债能力分析

企业偿债能力是反映企业财务状况和经营能力的一个重要指标。企业偿债能力低，不仅说明企业资金紧张，难以支付日常经营支出，而且说明企业资金周转不灵，难以偿还到期债务，甚至面临破产危险。企业偿债能力分析包括短期偿债能力分析和长期偿债能力分析。

(一)短期偿债能力分析

判断企业是否具有偿还短期债务的能力，侧重于分析企业资产的流动性和营运资本的情况，因为企业短期债务一般要用流动资产来偿付，短期偿债能力是指企业流动资产对流动负债及时足额偿还的保证程度，是衡量流动资产变现能力的重要标志。企业短期偿债能力的衡量指标主要有流动比率、速动比率和现金比率。

1.流动比率

流动比率是指企业流动资产与流动负债之比。其计算公式为：

$$流动比率=\frac{流动资产}{流动负债}\times 100\%$$

一般对债权人来说，该项比率越高越好，因为比率越高，债券越有保障。生产企业合理的最低流动比率应保持在2:1较好，这是因为流动资产中变现能力最差的存货金额约占流动资产总额的一半，剩下的流动性较大的流动资产至少要等于流动负债，企业短期偿债能力才会有保证。

运用流动比率进行分析时，要注意以下几个问题：

(1)流动比率高，一般认为偿债保证程度较强，但并不一定有足够的现金或银行存款偿债，因为流动资产除了货币资金以外，还有存货、应收账款、待摊费用等项目，有可能出现虽然流动比率高，但真正用来偿债的现金和存款却严重短缺的现象，所以分析流动比率时，还需进一步分析流动资产的构成项目。

(2)计算出来的流动比率，只有和同行业平均流动比率、本企业历史流动比率进行比较，才能知道这个比率是高还是低。这种比较通常并不能说明流动比率为什么高或低，要找出过高或过低的原因还必须分析流动资产和流动负债所包括的内容以及经营上的因素。一般情况下，营业周期、流动资产中的应收账款和存货的周转速度是影响流动比率的主要因素。

流动比率虽然可以用来评价流动资产总体的变现能力，但流动资产中包含像存货这类变现能力较差的资产，如能将其剔除，其反映的短期偿债能力更加令人可信，这个指标就是速动比率。

2.速动比率

速动比率是企业速动资产与流动负债之比，主要衡量企业流动资产中可以立即用于偿还流动负债的能力。速动资产是指流动资产减去变现能力较差且不稳定的存货、预付费用后的净额。由于剔除了存货等变现能力较差的资产，速动比率比流动比率能更准确、可靠地评价企业资产的流动性及偿还短期债务的能力。其计算公式为：

$$速动比率 = \frac{速动资产}{流动负债} \times 100\%$$

速动比率是对流动比率的补充。如果流动比率较高,而流动资产流动性却低,则企业的偿债能力仍然不高。一般认为速动比率为 1:1 较为合适,速动比率过低,企业会面临偿债风险,但速动比率过高,会因占用现金及应收账款过多而增加企业的机会成本。

3. 现金比率

现金比率是企业现金类资产与流动负债的比率。现金类资产包括企业所拥有的货币资金和持有的有价证券(即资产负债表中的短期投资)。它是速动资产扣除应收账款后的余额。速动资产扣除应收账款计算出来的金额,可以直接地反映企业直接偿付流动负债的能力。现金比率一般认为 20%以上为好。但这一比率过高,就意味着企业流动负债未能得到合理运用,而现金类资产获利能力低,这类资产金额太高会导致企业机会成本增加。现金比率计算公式为:

$$现金比率 = \frac{现金 + 有价证券}{流动负债} \times 100\%$$

如果一个公司虽然流动比率和速动比率都较高,而现金比率偏低,说明该公司短期偿债能力还是有一定风险,应缩短收账期,加大应收账款催账力度,以加速应收账款资金的周转。

(二)长期偿债能力分析

长期偿债能力是指企业偿还长期负债的能力。其分析指标主要有三项:资产负债率、产权比率和利息保障倍数。

1. 资产负债率

资产负债率是企业负债总额与资产总额之比。其计算公式为:

$$资产负债率 = \frac{负债总额}{资产总额} \times 100\%$$

资产负债率是衡量企业利用债权人提供资金进行经营活动的能力,也反映债权人所提供的资金占全部资金的比重,以及债权人权益的保障程度。这一比率越低(50%以下),表明企业的偿债能力越强。

资产负债率对债权人来说,其比率越低越好,这说明企业偿债有保证,贷款不会有太大风险;对股东而言,在全部资本利润率高于借款率时,负债比率越大越好,因为这样股东所得到的利润就会加大;对企业经营者来说,则希望高些,但过高又影响企业筹资的能力。当资产负债率大于 1 时,表明企业已资不抵债,视为企业破产的警戒线。

从财务管理的角度看,在进行借入资本决策时,企业应当审时度势,全面考虑,充分估计预期的利润和增加的风险,权衡利害得失,作出正确的分析和决策。

但是,并非企业所有的资产都可以作为偿债的物质保证。无形资产能否用于偿债,存在极大的不确定性,因此有形资产负债率相对于资产负债率而言更稳健。其计算公式为:

$$有形资产负债率 = \frac{负债总额}{有形资产总额} \times 100\%$$

$$有形资产总额 = 资产总额 - 无形资产$$

相对于资产负债率来说,有形资产负债率指标将企业偿债安全性的分析建立在更加切实可靠的物质保障基础之上。

2. 产权比率

产权比率,又称资本负债率,是负债总额与所有者权益之比,也叫债务股权比率。它是企业财务结构稳健与否的重要标志。其计算公式为：

$$产权比率 = \frac{负债总额}{所有者权益} \times 100\%$$

产权比率不仅反映了由债务人提供的资本与股东提供的资本的相对关系，而且反映了企业自有资金偿还全部债务的能力，因此它又是衡量企业负债经营是否安全有利的重要指标。一般来说，这一比率越低，表明企业长期偿债能力越强，债权人权益保障程度越高，承担的风险越小。一般认为这一比率为1:1，即100%以下时，应该是有偿债能力的。但也不能一概而论，还应该结合企业的自身情况加以分析。当企业的资产收益率大于负债成本率时，负债经营有利于提高资金收益率，获得额外的利润，这时的产权比率可适当高些。产权比率高，是高风险、高报酬的财务结构；产权比率低，是低风险、低报酬的财务结构。

产权比率与资产负债率对评价偿债能力的作用基本一致，只是资产负债率侧重于分析债务偿付安全性的物质保障程度，产权比率则侧重于揭示财务结构的稳健程度以及自有资金对偿债风险的能力。

与设置有形资产负债指标的原因相同，对产权比率也可适当调整成为有形净值负债率。有形净值负债率是指企业负债总额与有形净值的百分比。其计算公式为：

$$有形净值负债率 = \frac{负债总额}{有形净值总额} = 100\%$$

其中：有形净值总额 = 有形资产总额 - 负债总额。

有形净值负债率指标是产权比率指标的延伸，能更为谨慎、保守地反映在企业清算时债权人投入的资本对所有者权益的保障程度。

3. 利息保障倍数

利息保障倍数是指企业息税前利润与利息费用之比，又称已获利息倍数，用以衡量偿付借款利息的能力，也称为已获利倍数。其计算公式为：

$$利息保障倍数 = \frac{息税前利润}{利息费用}$$

公式中的“息税前利润”是指利润表中未扣除利息费用和所得税之前的利润。公式中的“利息费用”是指本期发生的全部应付利息，不仅包括财务费用中的利息费用，还应包括计入固定资产成本的资本化利息。资本化利息虽然不在利润表中扣除，但仍然是要偿还的。利息保障倍数的重点是衡量企业支付利息的能力，没有足够大的息税前利润，利息的支付就会发生困难。

利息保障倍数不仅反映了企业获利能力的大小，而且反映了获利能力对偿还到期债务的保证程度，它既是企业举债经营的前提依据，也是衡量企业长期偿债能力大小的重要标志。利用转移比率，可以测试债权人投入资本的风险。要维持正常偿债能力，利息保障倍数至少应大于1，且比值越高，企业长期偿债能力越强。如果利息保障倍数过低，企业将面临亏损、偿债的安全性与稳定性下降的风险。

二、营运能力分析

企业营运能力分析，即对企业在资产管理方面的效率进行的分析，实质上就是对各项资产的周转使用情况进行分析。企业的经营活动离不开各项资产的运用，一般而言，资金周转速度越快，说明企业的资金管理水平越高，资金利用效率越高。企业营运能力分析主要包括流动资产周转情况分析、固定资产周转率和总资产周转率三个方面。

(一)流动资产周转情况分析

反映流动资产周转速度的指标主要有应收账款周转率、存货周转率和流动资产周转率等。

1.应收账款周转率

应收账款在流动资产中占有举足轻重的地位,及时收回应收账款,不仅能增强企业的短期偿债能力,也反映出企业管理应收账款的效率。

反映应收账款周转速度的指标是应收账款周转率,应收账款周转率是指一定时期内应收账款转为现金的平均次数,是一定时期内销售收入净额(主营业务收入净额,下同)与应收账款平均余额的比值。反映应收账款周转速度的另一个指标是应收账款周转天数,它表示企业从取得应收账款的权利到收回款项、转化为现金所需要的时间。计算公式如下:

$$应收账款周转率=\frac{销售收入净额}{应收账款平均余额}$$

$$应收账款周转天数=\frac{计算期天数}{应收账款周转次数}=\frac{计算期天数\times 应收账款平均余额}{销售收入净额}$$

$$销售收入净额=销售收入-销售折扣与折让$$

$$应收账款平均余额=\frac{期初应收账款+期末应收账款}{2}$$

公式中的应收账款包括会计报表中“应收账款”和“应收票据”等全部赊销账款在内,且其金额应为扣除坏账后的金额。

一般来说,应收账款周转率越高,平均收账期越短,说明应收账款的收回越快。即它反映了企业应收账款周转速度的快慢及企业对应收账款管理效率的高低。在一定时期内周转次数多,周转天数少,表明:

(1)企业收账迅速,信用销售管理严格。

(2)应收账款流动性强,从而增强企业短期偿债能力。

(3)可以减少收账费用和坏账损失,相对增加企业流动资产的投资收益。

(4)通过比较应收账款周转天数及企业信用期限,可评价客户的信用程度,调整企业信用政策。

在评价应收账款周转率指标时,应将计算出的指标与该企业前期指标、与行业平均水平或其他类似企业的指标相比较,以此来判断该指标的高低。

2.存货周转率

在流动资产中,存货所占比重较大,存货的流动性将直接影响企业的流动比率。因此,必须特别重视对存货的分析。存货流动性的分析一般通过存货周转率来进行。

存货周转率(次数)是指一定时期内企业销售成本与存货平均资金占用额的比率,是衡量和评价企业购入存货、投入生产、销售收回等到各环节管理效率的综合性指标。反映存货周转速度的另一个指标是存货周转天数。计算公式如下:

$$存货周转率=\frac{销售成本}{存货平均余额}$$

$$存货周转天数=\frac{计算期天数}{存货周转次数}$$

$$=\frac{\text{计算期天数}\times\text{存货平均余额}}{\text{销售成本}}$$

$$\text{存货平均余额}=\frac{\text{期初存货}+\text{期末存货}}{2}$$

一般来讲，存货周转速度越快，存货占用水平越低，流动性越强，存货转化为现金或应收账款的速度就越快，这样会增强企业的获利能力及短期偿债能力。通过存货周转速度分析，有利于找出存货管理中存在的问题，尽可能降低资金占用水平，提高资金的使用效率，促进企业管理水平的提高。

3. 流动资产周转率

流动资产周转率(次数)是一定时期销售收入净额与企业全部流动资产平均余额之间的比率。流动资产周转率是反映企业流动资产周转速度的指标。反映流动资产周转速度的另一个指标是流动资产周转天数。计算公式如下：

$$\text{流动资产周转率}=\frac{\text{销售收入净额}}{\text{流动资产平均余额}}$$

$$\text{流动资产周转天数}=\frac{\text{计算期天数}}{\text{流动资产周转次数}}$$

$$=\frac{\text{计算期天数}\times\text{流动资产平均余额}}{\text{销售收入净额}}$$

$$\text{流动资产平均余额}=\frac{\text{期初流动资产}+\text{期末流动资产}}{2}$$

在一定时期内，流动资产周转越快，表明以相同的流动资产完成的周转额越多，会相对节约流动资产，流动资产利用效果越好。流动资产周转天数越少，表明流动资产在经历生产销售各阶段所占用的时间越短，等于相对扩大了资产投入，增强了企业盈利能力。

(二)固定资产周转率

固定资产周转率是指企业年销售收入净额与固定资产平均净额的比率。它是反映企业固定资产周转情况，从而衡量固定资产利用效率的一项指标。计算公式如下：

$$\text{固定资产周转率}=\frac{\text{年销售收入净额}}{\text{固定资产平均净额}}$$

$$\text{固定资产平均净值}=\frac{\text{期初固定资产净值}+\text{期末固定资产净值}}{2}$$

固定资产周转率高，说明企业固定资产投资得当，结构合理，利用效率高；反之，如果固定资产周转率不高，则表明固定资产利用效率不高，提供的生产成果不多，企业的营运能力不强。

企业固定资产周转速度慢，其主要原因在于固定资产净值增加幅度要大于销售收入净额增长幅度，说明企业营运能力有所减弱，这种减弱幅度是否合理，还要视公司目标及同行业水平的比较而定。

(三)总资产周转率

总资产周转率是企业销售收入净额与企业资产平均总额的比率。计算公式如下：

$$\text{总资产周转率}=\frac{\text{销售收入净额}}{\text{资产平均总额}}$$

如果企业各期资产总额比较稳定，波动不大，则：

$$\text{资产平均总额}=\frac{\text{期初资产总额}+\text{期末资产总额}}{2}$$

如果资金占用的波动性较大，企业应采用更详细的资料进行计算，如按照各月份的资金占用额计算，则

$$月平均资产总额 = \frac{月初资产总额 + 月末资产总额}{2}$$

$$季平均占用额 = \frac{\frac{1}{2}季初 + 第一月末 + 第二月末 + \frac{1}{2}季末}{3}$$

$$年平均占用额 = \frac{\frac{1}{2}年初 + 第一季末 + 第二季末 + 第三季末 + \frac{1}{2}季末}{4}$$

计算总资产周转率时分子、分母应在时间上保持一致。

这一比率用来衡量企业全部资产的使用效率。如果该比率较低，说明企业全部资产营运效率较低，可采用薄利多销或处理多余资产等方法，加速资产周转，提高运营效率；如果该比率较高，说明资产周转快，销售能力强，资产运营效率高。

（四）营运能力分析应注意的问题

对企业营运能力分析时应注意以下问题：

（1）尽管总资产周转率可以综合反映企业整体的营运能力，但在企业实际财务分析和评价中却很少运用。我国企业在使用该指标时，多结合流动资产周转率指标以及流动资产占总资产的比重来进行分析评价。

（2）经营者为了分析影响存货周转速度的具体原因，还可以进一步分别按原材料、在产品、产成品计算存货资产的阶段周转率，以考察、评价供产销不同阶段的存货营运效率。

（3）各指标在与同行业平均水平对比时，要注意指标计算口径的一致性，这样各指标才具有可比性。

三、盈利能力分析

盈利能力就是企业获取利润、资金不断增值的能力。不论是投资人、债权人还是经理人员，都十分重视和关心企业的盈利能力。反映企业盈利能力的指标很多，通常使用的主要有销售毛利率、销售净利率、成本利润率、总资产报酬率、净资产收益率和资本保值增值率。

（一）销售毛利率

销售毛利率是销售毛利与销售收入之比。毛利是销售收入与销售成本的差。计算公式如下：

$$销售毛利率 = \frac{销售毛利}{销售收入}$$

$$销售毛利 = 主营业务收入（销售收入）- 主营业务成本（销售成本）$$

（二）销售净利率

销售净利率是净利润与销售收入之比。“净利”在我国会计制度中是指税后利润。计算公式如下：

$$销售净利润 = \frac{净利润}{销售收入} \times 100\%$$

（三）成本利润率

成本利润率是反映盈利能力的另一个重要指标，是利润与成本之比。成本有多种形式，在这里，成本主要指经营成本。其计算公式为：

$$经营成本利润率 = \frac{主营业务}{经营成本}$$

$$经营成本 = 主营业务 + 主管业务税金及附加$$

盈利能力下降,公司应进一步分析利润下降、成本上升的因素,采取有效措施,降低成本,提高盈利能力。

(四)总资产报酬率

总资产报酬率是企业息税前利润与企业资产平均总额的比率。由于资产总额等于债权人权益和所有者权益的总额,所以该比率既可以衡量企业资产综合利用的效果,又可以反映企业利用债权人及所有者提供资本的盈利能力和增值能力。计算公式如下:

$$\begin{aligned}总资产报酬率 &= \frac{息税前利润}{资产平均总额} \\ &= \frac{净利润 + 所得税 + 利息费用}{期初资产 + 期末资产} \times 2\end{aligned}$$

该指标表明企业资产利用的综合效果,指标越高,表明资产的利用率越高,企业在增加收入和节约资金使用等方面取得了很好的效果。该指标越低,说明企业资产利用效率低,应分析差异原因,提高销售利润率,加速资金周转,提高企业经营管理水平。净资产收益率是企业盈利能力指标的核心,更是投资者关注的重点。

某公司总资产报酬率降低,需要对该公司资产的使用情况、增产节约情况,结合成本效益指标一起分析,以改进管理,提高资产利用效率和企业经营管理水平,增强盈利能力。

(五)净资产收益率

净资产收益率,又称净值报酬率或权益报酬率,是净利润与平均净资产的比值,它反映企业自有资金的投资收益水平。其计算公式为:

$$净资产收益率 = \frac{净利润}{平均净资产} \times 100\%$$

$$平均净资产 = \frac{年初净资产 + 年末净资产}{2}$$

该指标是企业盈利能力指标的核心,更是投资者关注的重点。

(六)资本保值增值率

资本保值增值率是指所有者权益的期末总额与期初总额之比。其计算公式为:

$$资本保值增值率 = \frac{期末所有者权益}{期初所有者权益} \times 100\%$$

如果企业盈利能力提高,利润增加,必然会使期末所有者权益大于期初所有者权益,所以该指标也是衡量企业盈利能力的重要指标。这一指标的高低,除了受企业经营成果的影响外,还受企业利润分配政策的影响。

四、现金流量分析

现金流量分析一般包括现金流量的实际数据分析、企业流动性分析、企业财务弹性分析、预测获取现金能力分析及收益质量分析。下面主要介绍获取现金能力分析及收益质量分析。

(一)获取现金能力分析

获取现金的能力,是指企业经营活动中现金流量净额与投入资源之比值。投入资源可以是销售收入、资产总额、营运资金净额、净资产或普通股股数等。

1. 销售现金比率

销售现金比率是指企业经营活动现金流量净额与企业销售额的比值。其计算公式为：

$$销售现金比率 = \frac{经营活动现金流量净额}{销售额} \times 100\%$$

如果某公司销售收入(含增值税)为3 000万元,经营活动现金流量净额为1 200万元,则：

$$销售现金比率 = 1\ 200 \div 3\ 000 = 0.4$$

该比率反映每元销售收入得到的现金流量净额,其数值越大越好。

2. 每股营业现金净流量

每股营业现金净流量是通过企业经营活动现金流量净额与普通股股数之比来反映的。其计算公式为：

$$每股营业现金净流量 = 经营活动现金流量净额 \div 普通股股数$$

假设某公司有普通股8 000万股,则：

$$每股营业现金净流量 = \frac{1\ 200}{8\ 000} = 0.15(元/股)$$

该指标反映企业最大的分派股利能力,超过此限度,就要借款分红。

3. 全部资产现金回收率

全部资产现金回收率,是企业经营活动现金流量净额与企业全部资产的比值,它说明企业全部资产产生现金的能力。其计算公式为：

$$全部资产现金回收率 = \frac{经营活动现金流量净额}{企业资产总额} \times 100\%$$

假设某公司全部资产总额为17 000万元,则：

$$全部资产现金回收率 = (1\ 200 \div 17\ 000) \times 100\% = 7.06\%$$

如果同行业平均全部资产现金回收率为7%,说明某公司资产产生现金的能力较弱。

(二)收益质量分析

收益质量是指会计收益与公司业绩之间的相关性。收益质量分析,主要是分析会计收益和现金净流量的比例关系。如果会计收益能如实反映公司业绩,则其收益质量高;反之,则收益质量不高。收益质量分析,主要包括净收益营运指数分析与现金营运指数分析。

1. 净收益营运指数

净收益营运指数是指经营净收益与净利润之比。其计算公式为：

$$净收益营运指数 = \frac{经营净收益}{净利润}$$

式中:经营净收益 = 净利润 − 非经营净收益

净收益营运指数越小,非经营收益所占比重越大,收益质量越差,因为非经营收益不反映公司的核心能力及正当的收益能力,可持续性较低。

2. 现金营运指数

现金营运指数反映企业经营活动现金流量净额与企业经营所得现金的比值。其计算公式为：

$$现金营运指数 = \frac{经营活动现金流量净额}{经营所得现金}$$

式中:经营所得现金是经营净收益与非付现费用之和。

现金营运指数小于1,说明收益质量不够好。某公司每1元的经营活动收益,只收回约0.83元。现金营运指数小于1,说明一部分收益尚没有取得现金,停留在实物或债权形态,而实物或债权资产的风险大于现金,应收账款不一定能足额变现,存货也有贬值的风险,所以未收现的收益质量低于已收现的收益。其次,现金营运指数小于1,说明营运资金增加了,反映企业为取得同机关报收益战胜了更多的营运资金,取得收益的代价增加了,同样的收益代表较差的业绩。

第四节 财务综合分析

一、财务综合分析概述

(一)财务综合分析的概念

前面已经介绍了企业偿债能力、营运能力和盈利能力以及现金流量等各种财务分析指标,但单独分析任何一项财务指标,就跟盲人摸象一样,都难以全面评价企业的经营与财务状况。要作全面的分析,必须采取适当的方法,对企业财务进行综合分析与评价。所谓财务综合分析,就是将企业营运能力、偿债能力和盈利能力等方面的分析纳入到一个有机的分析系统之中,全面对企业财务状况、经营状况进行解剖分析,从而对企业经济效益做出较为准确的评价与判断。

(二)财务综合分析的特点

一个健全有效的财务综合指标体系必须具有以下特点。

1.评价指标要全面

评价指标要全面是指设置的评价指标要尽可能涵盖偿债能力、营运能力和盈利能力等各方面的考核要求。

2.主辅指标功能要匹配

主辅指标功能要匹配是指在分析中要做到:

(1)要明确企业分析指标的主辅地位。

(2)要能从不同侧面、不同层次反映企业财务状况,揭示企业经营业绩。

3.满足各方面经济需求

设置的指标评价体系既要能满足企业内部管理者决策的需要,也要能满足外部投资者和政府管理机构决策及实施宏观调控的要求。

二、财务综合分析的方法

财务综合分析的方法主要有两种:杜邦财务分析体系法和沃尔比重评分法。

(一)杜邦财务分析体系法

这种分析方法首先由美国杜邦公司的经理创立并首先在杜邦公司成功运用,故称之为杜邦系统(The Du Pont System),它是利用财务指标间的内在联系,对企业综合经营理财能力及经济效益进行系统地分析评价的方法。

在杜邦分析图中,净资产收益率反映所有者投入资本的获得能力,反映企业筹资、投资、资产运营等活动的效率,它是一个综合性最强、最具代表性的指标,是杜邦系统的核心。该指标的高低取决于资产净利率与权益乘数。

资产净利率是净利润与总资产平均余额之比,它等于销售净利率与资产周转率之积。

权益乘数是平均资产与平均权益之比,等于1-资产负债率的倒数,用公式表示:

$$权益乘数 = \frac{1}{1-资产负债率}$$

式中:资产负债率是指全年平均资产负债率,它是企业全年平均负债总额与全年平均资产总额之比。

权益乘数主要受资产负债率的影响。负债比率大,权益乘数就高,说明企业有较高的负债程度,给企业带来了较多的杠杆利益,同时也为企业带来了较多的风险。企业既要充分有效地利用全部资产,提高资产利用效率,又要妥善安排资金结构。

销售净利率高低的因素分析,可以从销售额和销售成本两方面进行。是净利润与销售收入之比,它是反映企业盈利能力的重要指标。提高警惕这一比率的途径有扩大销售收入和降低成本费用等。

资产周转率是销售收入与资产平均总额之比,是反映企业运用资产以产生销售收入能力的指标。对资产周转率的分析,需对影响资产周转的各种因素进行分析。除了对资产构成部分从总占有量上是否合理进行分析外,还可通过流动资产周转率、应收账款周转率等有关资产使用效率的分析,以判明影响资产周转的主要问题所在。

杜邦方法是一种分解财务比率的方法,作用在于解释指标变动的原因和变动趋势。其体系就是通过自上而下地分析和对指标的层层分解来揭示出企业各项指标间的结构关系,查明各主要指标的影响因素,为决策者优化经营理财状况,提高企业经营效率提供思路。

(二)沃尔比重评分法

亚历山大·沃尔在20世纪初出版的《信用晴雨表研究》和《财务报表比率分析》中提出了信用能力指数的概念,把若干个财务比率用线性关系结合起来,以评价企业的信用水平。他选择了7个财务比率即流动比率、产权比率、固定资产比率、存货周转率、应收账款周转率、固定资产周转率和自有资金周转率,分别给定各指标的比重,然后确定标准比率(以行业平均数为基础),将实际比率与标准比率相比,得出相对比率。将此相对比率与各指标比重相乘,得出总评分。

沃尔比重评分法有两个缺陷:一是选择这7个比率及给定的比重缺乏说服力;二是如果某个指标严重异常时,会对总评分产生不合逻辑的重大影响。

附录一

资金时间价值系数表

附表 1　1 元复利终值表

期数	1%	2%	3%	4%	5%	6%	7%	8%	9%	10%
1	1.0100	1.0200	1.0300	1.0400	1.0500	1.0600	1.0700	1.0800	1.0900	1.1000
2	1.0201	1.0404	1.0609	1.0816	1.1025	1.1236	1.1449	1.1664	1.1881	1.2100
3	1.0303	1.0612	1.0927	1.1249	1.1576	1.1910	1.2250	1.2597	1.2950	1.3310
4	1.0406	1.0824	1.1255	1.1699	1.2155	1.2625	1.3108	1.3605	1.4116	1.4641
5	1.0510	1.1041	1.1593	1.2167	1.2763	1.3382	1.4026	1.4693	1.5386	1.6105
6	1.0615	1.1262	1.1941	1.2653	1.3401	1.4185	1.5007	1.5809	1.6771	1.7716
7	1.0721	1.1487	1.2299	1.3159	1.4071	1.5036	1.6058	1.7138	1.8280	1.9487
8	1.0829	1.1717	1.2668	1.3686	1.4775	1.5938	1.7182	1.8509	1.9926	2.1436
9	1.0937	1.1951	1.3048	1.4233	1.5513	1.6895	1.8385	1.9990	2.1719	2.3579
10	1.1046	1.2190	1.3439	1.4802	1.6289	1.7908	1.9672	2.1589	2.3674	2.5937
11	1.1157	1.2434	1.3842	1.5395	1.7103	1.8983	2.1049	2.3316	2.5804	2.8531
12	1.1268	1.2682	1.4258	1.6010	1.7959	2.0122	2.2522	2.5182	2.8127	3.1384
13	1.1381	1.2936	1.4685	1.6651	1.8856	2.1329	2.4098	2.7196	3.0658	3.4523
14	1.1495	1.3195	1.5126	1.7317	1.9799	2.2609	2.5785	2.9372	3.3417	3.7975
15	1.1610	1.3459	1.5580	1.8009	2.0789	2.3966	2.7590	3.1722	3.6425	4.1772
16	1.1726	1.3728	1.6047	1.8730	2.1829	2.5404	2.9522	3.4259	3.9703	4.5950
17	1.1843	1.4002	1.6528	1.9479	2.2920	2.6928	3.1588	3.7000	4.3276	5.0545
18	1.1961	1.4282	1.7024	2.0258	2.4066	2.8543	3.3799	3.9960	4.7171	5.5599
19	1.2081	1.4568	1.7535	2.1068	2.5270	3.0256	3.6165	4.3157	5.1417	6.1159
20	1.2202	1.4859	1.8061	2.1911	2.6533	3.2071	3.8697	4.6610	5.6044	6.7275
21	1.2324	1.5157	1.8603	2.2788	2.7860	3.3996	4.1406	5.0338	6.1088	7.4002
22	1.2447	1.5460	1.9161	2.3699	2.9253	3.6035	4.4304	5.4365	6.6586	8.1403
23	1.2572	1.5769	1.9736	2.4647	3.0715	3.8197	4.7405	5.8715	7.2579	8.2543
24	1.2697	1.6084	2.0328	2.5633	3.2251	4.0489	5.0724	6.3412	7.9111	9.8497
25	1.2824	1.6406	2.0938	2.6658	3.3864	4.2919	5.4274	6.8485	8.6231	10.835
26	1.2953	1.6734	2.1566	2.7725	3.5557	4.5495	5.8074	7.3964	9.3992	11.918
27	1.3082	1.7069	2.2213	2.8834	3.7335	4.8823	6.2139	7.9881	10.245	13.110
28	1.3213	1.7410	2.2879	2.9987	3.9201	5.1117	6.6488	8.6271	11.167	14.421
29	1.3345	1.7758	2.3566	3.1187	4.1161	5.4184	7.1143	9.3173	12.172	15.863
30	1.3478	1.8114	2.4273	3.2434	4.3219	5.7435	7.6123	10.063	13.268	17.449
40	1.4889	2.2080	3.2620	4.8010	7.0400	10.286	14.794	21.725	31.408	45.259
50	1.6446	2.6916	4.3839	7.1067	11.467	18.420	29.457	46.902	74.358	117.39
60	1.8167	3.2810	5.8916	10.520	18.679	32.988	57.946	101.26	176.03	304.48

续附表 1

期数	12%	14%	15%	16%	18%	20%	24%	28%	32%	36%
1	1.1200	1.1400	1.1500	1.1600	1.1800	1.2000	1.2400	1.2800	1.3200	1.3600
2	1.2544	1.2996	1.3225	1.3456	1.3924	1.4400	1.5376	1.6384	1.7424	1.8496
3	1.4049	1.4815	1.5209	1.5609	1.6430	1.7280	1.9066	2.0872	2.3000	2.5155
4	1.5735	1.6890	1.7490	1.8106	1.9388	2.0736	2.3642	2.6844	3.0360	3.4210
5	1.7623	1.9254	2.0114	2.1003	2.2878	2.4883	2.9316	3.4360	4.0075	4.6526
6	1.9738	2.1950	2.3131	2.4364	2.6996	2.9860	3.6352	4.3980	5.2899	6.3275
7	2.2107	2.5023	2.6600	2.8262	3.1855	3.5832	4.5077	5.6295	6.9826	8.6054
8	2.4760	2.8526	3.0590	3.2784	3.7589	4.2998	5.5895	7.2058	9.2170	11.703
9	2.7731	3.2519	3.5179	3.8030	4.4355	5.1598	6.9310	9.2234	12.166	15.917
10	3.1058	3.7072	4.0456	4.4114	5.2338	6.1917	8.5944	11.806	16.060	21.647
11	3.4785	4.2262	4.6524	5.1173	6.1759	7.4301	10.657	15.112	21.199	29.439
12	3.8960	4.8179	5.3503	5.9360	7.2876	8.9161	13.215	19.343	27.983	40.037
13	4.3635	5.4924	6.1528	6.8858	8.5994	10.699	16.386	24.759	36.937	54.451
14	4.8871	6.2613	7.0757	7.9875	10.147	12.839	20.319	31.691	48.757	74.053
15	5.4736	7.1379	8.1371	9.2655	11.974	15.407	25.196	40.565	64.359	100.71
16	6.1304	8.1372	9.3576	10.748	14.129	18.488	31.243	51.923	84.954	136.97
17	6.8660	9.2765	10.761	12.468	16.672	22.186	38.741	66.461	112.14	186.28
18	7.6900	10.575	12.375	14.463	19.673	26.623	48.039	86.071	148.02	253.34
19	8.6128	12.056	14.232	16.777	23.214	31.948	59.568	108.89	195.39	344.54
20	9.6463	13.743	16.367	19.416	27.393	38.338	73.864	139.38	257.92	468.57
21	10.804	15.668	18.822	22.574	32.324	46.005	91.592	178.41	340.45	637.26
22	12.100	17.861	21.645	26.186	38.142	55.206	113.57	228.36	449.39	866.67
23	13.552	20.362	24.891	30.376	45.008	66.247	140.83	292.30	593.20	1178.7
24	15.179	23.212	28.625	35.236	53.109	79.497	174.63	374.14	783.02	1603.0
25	17.000	26.462	32.919	40.874	62.669	95.396	216.54	478.90	1033.6	2180.1
26	19.040	30.167	37.857	47.414	73.949	114.48	268.51	613.00	1364.3	2964.9
27	21.325	34.390	43.535	55.000	87.260	137.37	332.95	784.64	1800.9	4032.3
28	23.884	39.204	50.066	63.800	102.97	164.84	412.86	1004.3	2377.2	5483.9
29	26.750	44.693	57.575	74.009	121.50	197.81	511.95	1285.6	3137.9	7458.1
30	29.960	50.950	66.212	85.850	143.37	237.38	634.82	1645.5	4142.1	1014.3
40	93.051	188.83	267.86	378.72	750.38	1469.8	5455.9	19427	66521	*
50	289.00	700.23	1083.7	1670.7	3927.4	9100.4	46890	*	*	*
60	897.60	2595.9	4384.0	7370.2	20555	56348	*	*	*	*

* >99999

附表2　1元复利现值表

期数	1%	2%	3%	4%	5%	6%	7%	8%	9%	10%
1	0.9901	0.9804	0.9709	0.9615	0.9524	0.9434	0.9346	0.9259	0.9174	0.9091
2	0.9803	0.9712	0.9426	0.9246	0.9070	0.8900	0.8734	0.8573	0.8417	0.8264
3	0.9706	0.9423	0.9151	0.7790	0.8638	0.8396	0.8163	0.7938	0.7722	0.8513
4	0.9610	0.9238	0.8885	0.8548	0.8227	0.7921	0.7629	0.7350	0.7084	0.6830
5	0.9515	0.9057	0.8626	0.8219	0.7835	0.7473	0.7130	0.6806	0.6499	0.6209
6	0.9420	0.8880	0.8375	0.7903	0.7462	0.7050	0.6663	0.6302	0.5963	0.5645
7	0.9327	0.8606	0.8131	0.7599	0.7107	0.6651	0.6227	0.5835	0.5470	0.5132
8	0.9235	0.8535	0.7874	0.7307	0.6768	0.6274	0.5820	0.5403	0.5019	0.4665
9	0.9143	0.8368	0.7664	0.7026	0.6446	0.5919	0.5439	0.5002	0.4604	0.4241
10	0.9053	0.8203	0.7441	0.6756	0.6139	0.5584	0.5083	0.4632	0.4224	0.3855
11	0.8963	0.8043	0.7224	0.6496	0.5847	0.5268	0.4751	0.4289	0.3875	0.3505
12	0.8874	0.7885	0.7014	0.6246	0.5568	0.4970	0.4440	0.3971	0.3555	0.3186
13	0.8787	0.7730	0.6810	0.6006	0.5303	0.4688	0.4150	0.3677	0.3262	0.2897
14	0.8700	0.7579	0.6611	0.5775	0.5051	0.4423	0.3878	0.3405	0.2992	0.2633
15	0.8613	0.7430	0.6419	0.5553	0.4810	0.4173	0.3624	0.3152	0.2745	0.2394
16	0.8528	0.7284	0.6232	0.5339	0.4581	0.3936	0.3387	0.2919	0.2519	0.2176
17	0.8444	0.7142	0.6050	0.5134	0.4363	0.3714	0.3166	0.2703	0.2311	0.1978
18	0.8360	0.7002	0.5874	0.4936	0.4155	0.3503	0.2959	0.2502	0.2120	0.1799
19	0.8277	0.6864	0.5703	0.4746	0.3957	0.3305	0.2765	0.2317	0.1945	0.1635
20	0.8195	0.6730	0.5537	0.4564	0.3769	0.3118	0.2584	0.2145	0.1784	0.1486
21	0.8114	0.6598	0.5375	0.4388	0.3589	0.2942	0.2415	0.1987	0.1637	0.1351
22	0.8034	0.6468	0.5219	0.4220	0.3418	0.2775	0.2257	0.1839	0.1502	0.1228
23	0.7954	0.6342	0.5067	0.4057	0.3256	0.2618	0.2109	0.1703	0.1378	0.1117
24	0.7876	0.6217	0.4919	0.3901	0.3101	0.2470	0.1971	0.1577	0.1264	0.1015
25	0.7798	0.6095	0.4776	0.3751	0.2953	0.2330	0.1842	0.1460	0.1160	0.0923
26	0.7720	0.5976	0.4637	0.3604	0.2812	0.2198	0.1722	0.1352	0.1064	0.0839
27	0.7644	0.5859	0.4502	0.3468	0.2678	0.2074	0.1609	0.1252	0.0976	0.0763
28	0.7568	0.5744	0.4371	0.3335	0.2551	0.1956	0.1504	0.1159	0.0895	0.0693
29	0.7493	0.5631	0.4243	0.3207	0.2329	0.1846	0.1406	0.1073	0.0822	0.0630
30	0.7419	0.5521	0.4120	0.3083	0.2314	0.1741	0.1314	0.0994	0.0754	0.0573
35	0.7059	0.5000	0.3554	0.2534	0.1813	0.1301	0.0937	0.0676	0.0490	0.0356
40	0.6717	0.4529	0.3066	0.2083	0.1420	0.0972	0.0668	0.0460	0.0318	0.0221
45	0.6491	0.4102	0.2644	0.1712	0.1113	0.0727	0.0476	0.0313	0.0237	0.0137
50	0.6080	0.3715	0.2281	0.1407	0.0872	0.0543	0.0339	0.0213	0.0134	0.0085
55	0.5785	0.3365	0.1968	0.1157	0.0683	0.0406	0.0242	0.0145	0.0087	0.0053

续附表 2

期数	12%	14%	15%	16%	18%	20%	24%	28%	32%	36%
1	0.8929	0.8772	0.8696	0.8621	0.8475	0.8333	0.8065	0.7813	0.7576	0.7353
2	0.7972	0.7695	0.7561	0.7432	0.7182	0.6944	0.6504	0.6104	0.5739	0.5407
3	0.7118	0.6750	0.6575	0.6407	0.6086	0.5787	0.5245	0.4768	0.4348	0.3975
4	0.6355	0.5921	0.5718	0.5523	0.5158	0.4823	0.4230	0.3725	0.3294	0.2923
5	0.5674	0.5194	0.4972	0.4762	0.4371	0.4019	0.3411	0.2910	0.2495	0.2149
6	0.5066	0.4556	0.4323	0.4104	0.3704	0.3349	0.2751	0.2274	0.1890	0.1580
7	0.4523	0.3996	0.3759	0.3538	0.3139	0.2791	0.2218	0.1776	0.1432	0.1162
8	0.4039	0.3506	0.3269	0.3050	0.2660	0.2326	0.1789	0.1388	0.1085	0.0854
9	0.3606	0.3075	0.2843	0.2630	0.2255	0.1938	0.1443	0.1084	0.0822	0.0628
10	0.3220	0.2697	0.2472	0.2267	0.1911	0.1615	0.1164	0.0847	0.0623	0.0462
11	0.2875	0.2366	0.2149	0.1954	0.1619	0.1346	0.0938	0.0662	0.0472	0.0340
12	0.2567	0.2076	0.1869	0.1685	0.1373	0.1122	0.0557	0.0517	0.0357	0.0250
13	0.2292	0.1821	0.1625	0.1452	0.1163	0.0935	0.0610	0.0404	0.0271	0.0184
14	0.2046	0.1597	0.1413	0.1252	0.0985	0.0779	0.0492	0.0316	0.0205	0.0135
15	0.1827	0.1401	0.1229	0.1079	0.0835	0.0649	0.0397	0.0247	0.0155	0.0099
16	0.1631	0.1229	0.1069	0.0980	0.0709	0.0541	0.0320	0.0193	0.0118	0.0073
17	0.1456	0.1078	0.0929	0.0802	0.0600	0.0451	0.0259	0.0150	0.0089	0.0054
18	0.1300	0.0946	0.0808	0.0691	0.0508	0.0376	0.0208	0.0118	0.0068	0.0039
19	0.1161	0.0829	0.0703	0.0596	0.0431	0.0313	0.0168	0.0092	0.0051	0.0029
20	0.1037	0.0728	0.0611	0.0514	0.0365	0.0261	0.0135	0.0072	0.0039	0.0021
21	0.0926	0.0638	0.0531	0.0443	0.0309	0.0217	0.0109	0.0056	0.0029	0.0016
22	0.0826	0.0560	0.0462	0.0382	0.0262	0.0181	0.0088	0.0044	0.0022	0.0012
23	0.0738	0.0491	0.0402	0.0329	0.0222	0.0151	0.0071	0.0034	0.0017	0.0008
24	0.0659	0.0431	0.0349	0.0284	0.0188	0.0126	0.0057	0.0027	0.0013	0.0006
25	0.0588	0.0378	0.0304	0.0245	0.0160	0.0105	0.0046	0.0021	0.0010	0.0005
26	0.0525	0.0331	0.0264	0.0211	0.0135	0.0087	0.0037	0.0016	0.0007	0.0003
27	0.0469	0.0291	0.0230	0.0182	0.0115	0.0073	0.0030	0.0013	0.0006	0.0002
28	0.0419	0.0255	0.0200	0.0157	0.0097	0.0061	0.0024	0.0010	0.0004	0.0002
29	0.0374	0.0224	0.0174	0.0135	0.0082	0.0051	0.0020	0.0008	0.0003	0.0001
30	0.0334	0.0196	0.0151	0.0116	0.0070	0.0042	0.0016	0.0006	0.0002	0.0001
35	0.0189	0.0102	0.0075	0.0055	0.0030	0.0017	0.0005	0.0002	0.0001	*
40	0.0107	0.0053	0.0037	0.0026	0.0013	0.0007	0.0002	0.0001	*	*
45	0.0061	0.0027	0.0019	0.0013	0.0006	0.0003	0.0001	*	*	*
50	0.0035	0.0014	0.0009	0.0006	0.0003	0.0001	*	*	*	*
55	0.0020	0.0007	0.0005	0.0003	0.0001	*	*	*	*	*

* <0.0001

附表3 1元年金终值表

期数	1%	2%	3%	4%	5%	6%	7%	8%	9%	10%
1	1.0000	1.0000	1.0000	1.0000	1.0000	1.0000	1.0000	1.0000	1.0000	1.0000
2	2.0100	2.0200	2.0300	2.0400	2.0500	2.0600	2.0700	2.0800	2.0900	2.1000
3	3.0301	3.0604	3.0909	3.1216	3.1525	3.1836	3.2149	3.2464	3.2781	3.3100
4	4.0604	4.1216	4.1836	4.2465	4.3101	4.3746	4.4399	4.5061	4.5731	4.6410
5	5.1010	5.2040	5.3091	5.4163	5.5256	5.6371	5.7507	5.8666	5.9847	6.1051
6	6.1520	6.3081	6.4684	6.6330	6.8019	6.9753	7.1533	7.3359	7.5233	7.7156
7	7.2135	7.4343	7.6625	7.8983	8.1420	8.3938	8.6540	8.9228	9.2004	9.4872
8	8.2857	8.5830	8.8923	9.2142	9.5491	9.8975	10.260	10.637	11.028	11.436
9	9.3685	9.7546	10.159	10.583	11.027	11.491	11.978	12.488	13.021	13.579
10	10.462	10.950	11.464	12.006	12.578	13.181	13.816	14.487	15.193	15.937
11	11.567	12.169	12.808	13.486	14.207	14.972	15.784	16.645	17.560	18.531
12	12.683	13.412	14.192	15.026	15.917	16.870	17.888	18.977	20.141	21.384
13	13.809	14.680	15.618	16.627	17.713	18.882	20.141	21.495	22.953	24.523
14	14.947	15.974	17.086	18.292	19.599	21.015	22.550	24.214	26.019	27.975
15	16.097	17.293	18.599	20.024	21.579	23.276	25.129	27.152	29.361	21.772
16	17.258	18.639	20.157	21.825	23.657	25.673	27.888	30.324	33.003	35.950
17	18.430	20.012	21.762	23.698	25.840	28.213	30.840	33.750	36.974	40.545
18	19.615	21.412	23.414	25.645	28.132	30.906	33.999	37.450	41.301	45.599
19	20.811	22.841	25.117	27.671	30.539	33.760	37.379	41.446	46.018	51.159
20	22.019	24.297	26.870	29.778	33.066	36.786	40.995	45.752	51.160	57.275
21	23.239	25.783	28.676	31.969	35.719	39.993	44.865	50.423	56.765	64.002
22	24.472	27.299	30.537	34.248	38.505	43.392	49.006	55.457	62.873	71.403
23	25.716	28.845	32.453	36.618	41.430	46.996	53.436	60.883	69.532	79.543
24	26.973	30.422	34.426	39.083	44.502	50.816	58.177	66.765	76.790	88.497
25	28.243	32.030	36.459	41.648	47.727	54.863	63.249	73.106	84.701	98.347
26	29.526	33.671	38.553	44.312	51.113	59.156	68.676	79.954	93.324	109.18
27	30.821	35.344	40.710	47.084	54.669	63.706	74.484	87.351	102.72	121.10
28	32.129	37.051	42.931	49.968	58.403	68.528	80.698	95.339	112.97	134.21
29	33.450	38.792	45.219	52.966	62.323	73.640	87.347	103.97	124.14	148.63
30	34.785	40.568	47.575	56.085	66.439	79.058	94.461	113.28	136.31	164.49
40	48.886	60.402	75.401	95.026	120.80	154.76	199.64	259.06	337.88	442.59
50	64.463	84.579	112.80	152.67	209.35	290.34	406.53	573.77	815.08	1163.9
60	81.670	114.05	163.05	237.99	353.58	533.13	813.52	1253.2	1944.8	3034.8

续附表 3

期数	12%	14%	15%	16%	18%	20%	24%	28%	32%	36%
1	1.0000	1.0000	1.0000	1.0000	1.0000	1.0000	1.0000	1.0000	1.0000	1.0000
2	2.1200	2.1400	2.1500	2.1600	2.1800	2.2000	2.2400	2.2800	2.3200	2.3600
3	3.3744	3.4396	3.4725	3.5056	3.5724	3.6400	3.7776	3.9184	3.0624	3.2096
4	4.7793	4.9211	4.9934	5.0665	6.2154	5.3680	5.6842	6.0156	6.3624	6.7251
5	6.3528	6.6101	6.7424	6.8771	7.1542	7.4416	8.0484	8.6999	9.3983	10.146
6	8.1152	8.5355	8.7537	8.9775	9.4420	9.9299	10.980	12.136	13.406	14.799
7	10.089	10.730	11.067	11.414	12.142	12.916	14.615	16.534	18.696	21.126
8	12.300	13.233	13.727	14.240	15.327	16.499	19.123	22.163	25.678	29.732
9	14.776	16.085	16.786	17.519	19.086	20.799	24.712	29.369	34.895	41.435
10	17.549	19.337	20.304	21.321	23.521	25.959	31.643	38.593	47.062	57.352
11	20.655	23.045	24.349	25.733	28.755	32.150	40.238	50.398	63.122	78.998
12	24.133	27.271	29.002	30.850	34.931	39.581	50.895	65.510	84.320	108.44
13	28.029	32.089	34.352	36.786	42.219	48.497	64.110	84.853	112.30	148.47
14	32.393	37.581	40.505	43.672	50.818	59.196	80.496	109.61	149.24	202.93
15	37.280	43.842	47.580	51.660	60.965	72.035	100.82	141.30	198.00	276.98
16	42.753	50.980	55.717	60.925	72.939	87.442	126.01	181.87	262.36	377.69
17	48.884	59.118	65.075	71.673	87.068	105.93	157.25	233.79	347.31	514.66
18	55.750	68.394	75.836	84.141	103.74	128.12	195.99	300.25	459.45	770.94
19	63.440	78.969	88.212	98.603	123.41	154.74	244.03	385.23	607.47	954.28
20	72.052	91.025	102.44	115.38	146.63	186.69	303.60	494.21	802.86	1298.8
21	81.699	104.77	118.81	134.84	174.02	225.03	377.46	633.59	1060.8	1767.4
22	92.503	120.44	137.63	157.41	206.34	271.03	469.06	812.00	1401.2	2404.7
23	104.60	138.30	159.28	183.60	244.49	326.24	582.63	1040.4	1850.6	3271.3
24	118.16	158.66	184.17	213.98	289.49	392.48	723.46	1332.7	2443.8	4450.0
25	133.33	181.87	212.79	249.21	342.60	471.98	898.09	1706.8	3226.8	6053.0
26	150.33	208.33	245.71	290.09	405.27	567.38	1114.6	2185.7	4260.4	8233.1
27	169.37	238.50	283.57	337.50	479.22	681.85	1383.1	2798.7	5624.8	11198.0
28	190.70	272.89	327.10	392.50	566.48	819.22	1716.1	3583.3	7425.7	15230.3
29	214.58	312.09	377.17	456.30	669.45	984.07	2129.0	4587.7	9802.9	20714.2
30	241.33	356.79	434.75	530.31	790.95	1181.9	2640.9	5873.2	12941	28172.3
40	767.09	1342.0	1779.1	2360.8	4163.2	7343.2	2729	69377	*	*
50	2400.0	4994.5	7217.7	10436	21813	45497	*	*	*	*
60	7471.6	18535	29220	46058	*	*	*	*	*	*

* >99999

附表4　1元年金终值表

期数	1%	2%	3%	4%	5%	6%	7%	8%	9%
1	0.9901	0.9804	0.9709	0.9615	0.9524	0.9434	0.9346	0.9259	0.9174
2	1.9704	1.9416	1.9135	1.8861	1.8594	1.8334	1.8080	1.7833	1.7591
3	2.9410	2.8839	2.8286	2.7751	2.7232	2.6730	2.6243	2.5771	2.5313
4	3.9020	3.8077	3.7171	3.6299	3.5460	3.4651	3.3872	3.3121	3.2397
5	4.8534	4.7135	4.5797	4.4518	4.3295	4.2124	4.1002	3.9927	3.8897
6	5.7955	5.6014	5.4172	5.2421	5.0757	4.9173	4.7665	4.6229	4.4859
7	6.7282	6.4720	6.2303	6.0021	5.7864	5.5824	5.3893	5.2064	5.0330
8	7.6517	7.3255	7.0197	6.7327	6.4632	6.2098	5.9713	5.7466	5.5348
9	8.5660	8.1622	7.7861	7.4353	7.1078	6.8017	6.5152	6.2469	5.9952
10	9.4713	8.9826	8.5302	8.1109	7.7217	7.3601	7.0236	6.7101	6.4177
11	10.3676	9.7868	9.2526	8.7605	8.3064	7.8869	7.4987	7.1390	6.8052
12	11.2551	10.5753	9.9540	9.3851	8.8633	8.3838	7.9427	7.5361	7.1607
13	12.1337	11.3484	10.6350	9.9856	9.3936	8.8527	8.3577	7.9038	7.4869
14	13.0037	12.1062	11.2961	10.5631	9.8986	9.2950	8.7455	8.2442	7.7862
15	13.8651	12.8493	11.9379	11.1184	10.3797	9.7122	9.1079	8.5595	8.0607
16	14.7179	13.5777	12.5611	11.6523	10.8378	10.1059	9.4466	8.8514	8.3126
17	15.5623	14.2919	13.1661	12.1657	11.2741	10.4773	9.7632	9.1216	8.5436
18	16.3983	14.9920	13.7535	12.6896	11.6896	10.8276	10.0591	9.3719	8.7556
19	17.2260	15.6785	14.3238	13.1339	12.0853	11.1581	10.3356	9.6036	8.9601
20	18.0456	16.3514	14.8775	13.5903	12.4622	11.4699	10.5940	9.8181	9.1285
21	18.8570	17.0112	15.4150	14.0292	12.8212	11.7641	10.8355	10.0168	9.02922
22	19.6604	17.6580	15.9369	14.4511	13.4886	12.3034	11.0612	10.2007	9.4424
23	20.4558	18.2922	16.4436	14.8568	13.4886	12.3034	11.2722	10.3711	9.5802
24	21.2434	18.9139	16.9355	15.2470	13.7986	12.5504	11.4693	10.5288	9.7066
25	22.0232	19.5235	17.4131	15.6221	14.0939	12.7834	11.6536	10.6748	9.8226
26	22.7952	20.1210	17.8768	15.9828	14.3752	13.0032	11.8258	10.8100	9.9290
27	23.5596	20.7059	18.3270	16.3296	14.6430	13.2105	11.9867	10.9352	10.0266
28	24.3164	21.2813	18.7641	16.6631	14.8981	13.4062	12.1371	11.0511	10.1161
29	25.0658	21.8444	19.1885	16.9837	15.1411	13.5907	12.2777	11.1584	10.1983
30	25.8077	22.3965	19.6004	17.2920	15.3725	13.7648	12.4090	11.2578	10.2737
35	29.4086	24.9986	21.4872	18.6646	16.3742	14.4982	12.9477	11.6546	10.5668
40	32.8347	27.3555	23.1148	19.7928	17.1591	15.0463	13.3317	11.9246	10.7574
45	36.0945	29.4902	24.5187	20.7200	17.7741	15.4558	13.6055	12.1084	10.8812
50	39.1961	31.4236	25.7298	21.4822	18.2559	15.7619	13.8007	12.2335	10.9617
55	42.1472	33.1748	28.7744	22.1086	18.6335	15.9905	13.9399	12.3186	11.0140

续附表 4

期数	10%	12%	14%	15%	16%	18%	20%	24%	28%	32%
1	0.9091	0.8929	0.8772	0.8696	0.8621	0.8475	0.8333	0.8065	0.7813	0.7576
2	1.7355	1.6901	1.6467	1.6257	1.6052	1.5656	1.5278	1.4568	1.3916	1.3315
3	2.4869	2.4018	2.3216	2.2832	2.2459	2.1743	2.1065	1.9813	1.8684	1.7663
4	3.1699	3.0373	2.9173	2.8550	2.7982	2.6901	2.5887	2.4043	2.2410	2.0957
5	3.7908	3.6048	3.4331	3.3522	3.2743	3.1272	2.9906	2.7454	2.5320	2.3452
6	4.3553	4.1114	3.8887	3.7845	3.6847	3.4976	3.3255	3.0205	2.7594	2.5342
7	4.8684	4.5638	4.2882	4.1604	4.0386	3.8115	3.6046	3.2423	2.9370	2.6775
8	5.3349	4.9676	4.6389	4.4873	4.3436	4.0776	3.8372	3.4212	3.0758	2.7860
9	5.7590	5.3282	4.9164	4.7716	4.6065	4.3030	4.0310	3.5655	3.1842	2.8681
10	6.1446	5.6502	5.2161	5.0188	4.8332	4.4941	4.1925	3.6819	3.2689	2.9304
11	6.4951	5.9377	5.4527	5.2337	5.0286	4.6560	4.3271	3.7757	3.3351	2.9776
12	6.8137	6.1944	5.6603	5.4206	5.1971	4.7932	4.4392	3.8514	3.3868	3.0133
13	7.1034	6.4235	5.8424	5.5831	5.3423	4.9095	4.5327	3.9124	3.4272	3.0404
14	7.3667	6.6282	6.0021	5.7245	5.4675	5.0081	4.6106	3.9616	3.4587	3.0609
15	7.6061	6.8109	6.1422	5.8474	5.5755	5.0916	4.6755	4.0013	3.4834	3.0764
16	7.8237	6.9740	6.2651	5.9542	5.6685	5.1624	4.7296	4.0333	3.5026	3.0882
17	8.0216	7.1196	6.3729	6.0472	5.7487	5.2223	4.7746	4.0591	3.5177	3.0971
18	8.0216	7.2497	6.4674	6.1280	5.8178	5.2732	4.8122	4.0799	3.5294	3.1039
19	8.3649	7.3658	6.5504	6.1982	5.8775	5.3162	4.8435	4.0967	3.5386	3.1090
20	8.5136	7.4694	6.6231	6.2593	5.9288	5.3527	4.8696	4.1103	3.5458	3.1129
21	8.6487	7.5620	6.6870	6.3125	5.9731	5.3837	4.8913	4.1212	3.5514	3.1158
22	8.7715	7.6446	6.7429	6.3587	6.0113	5.4099	4.9094	4.1300	3.5558	3.1180
23	8.8832	7.7184	6.7921	6.3988	6.0442	5.3421	4.9245	4.1371	3.5592	3.1197
24	8.9847	7.7843	6.8351	6.4338	6.0726	5.4509	4.9371	4.1428	3.5619	3.1210
25	9.0770	7.8431	6.8729	6.4641	6.0971	5.4669	4.9476	4.1474	3.5640	3.1220
26	9.1609	7.8957	6.9061	6.4906	6.1182	5.4804	4.9563	4.1511	3.5656	3.1227
27	9.2372	7.9426	6.9352	6.5135	6.1364	5.4919	4.9636	4.1542	3.5669	3.1233
28	9.3066	7.9844	6.9607	6.5335	6.1520	5.5016	4.9697	4.1566	3.5679	3.1237
29	9.3696	8.0218	6.9830	6.5509	6.1656	5.5098	4.9747	4.1585	3.5687	3.1240
30	9.4269	8.0552	7.0027	6.5660	6.1772	5.5166	4.9789	4.1601	3.5693	3.1242
35	9.6442	8.1755	7.0700	6.6166	6.2153	5.5386	4.9915	4.1644	3.5708	3.1248
40	9.7791	8.2438	7.1050	6.6418	6.2335	5.5482	4.9966	4.1659	3.5712	3.1250
45	9.8628	8.2825	7.1232	6.6543	6.2421	5.5523	4.9986	4.1664	3.5714	3.1250
50	9.9148	8.3045	7.1327	6.6605	6.2463	5.5541	4.9995	4.1666	3.5714	3.1250
55	9.9471	8.3170	7.1376	6.6636	6.2482	5.5549	4.9998	4.1666	3.5714	3.1250

附录二

企业财务通则

第一章　总　则

第一条　为了加强企业财务管理，规范企业财务行为，保护企业及其相关方的合法权益，推进现代企业制度建设，根据有关法律、行政法规的规定，制定本通则。

第二条　在中华人民共和国境内依法设立的具备法人资格的国有及国有控股企业适用本通则。金融企业除外。

其他企业参照执行。

第三条　国有及国有控股企业(以下简称企业)应当确定内部财务管理体制，建立健全财务管理制度，控制财务风险。

企业财务管理应当按照制定的财务战略，合理筹集资金，有效营运资产，控制成本费用，规范收益分配及重组清算财务行为，加强财务监督和财务信息管理。

第四条　财政部负责制定企业财务规章制度。

各级财政部门(以下通称主管财政机关)应当加强对企业财务的指导、管理、监督，其主要职责包括：

(一)监督执行企业财务规章制度，按照财务关系指导企业建立健全内部财务制度。

(二)制定促进企业改革发展的财政财务政策，建立健全支持企业发展的财政资金管理制度。

(三)建立健全企业年度财务会计报告审计制度，检查企业财务会计报告质量。

(四)实施企业财务评价，监测企业财务运行状况。

(五)研究、拟订企业国有资本收益分配和国有资本经营预算的制度。

(六)参与审核属于本级人民政府及其有关部门、机构出资的企业重要改革、改制方案。

(七)根据企业财务管理的需要提供必要的帮助、服务。

第五条　各级人民政府及其部门、机构，企业法人、其他组织或者自然人等企业投资者(以下通称投资者)，企业经理、厂长或者实际负责经营管理的其他领导成员(以下通称经营者)，依照法律、法规、本通则和企业章程的规定，履行企业内部财务管理职责。

第六条　企业应当依法纳税。企业财务处理与税收法律、行政法规规定不一致的，纳税时应当依法进行调整。

第七条　各级人民政府及其部门、机构出资的企业，其财务关系隶属同级财政机关。

第二章　企业财务管理体制

第八条　企业实行资本权属清晰、财务关系明确、符合法人治理结构要求的财务管理体制。

企业应当按照国家有关规定建立有效的内部财务管理级次。企业集团公司自行决定集团内部财务管理体制。

第九条　企业应当建立财务决策制度，明确决策规则、程序、权限和责任等。法律、行政法规规定应当通过职工（代表）大会审议或者听取职工、相关组织意见的财务事项，依照其规定执行。

企业应当建立财务决策回避制度。对投资者、经营者个人与企业利益有冲突的财务决策事项，相关投资者、经营者应当回避。

第十条　企业应当建立财务风险管理制度，明确经营者、投资者及其他相关人员的管理权限和责任，按照风险与收益均衡、不相容职务分离等原则，控制财务风险。

第十一条　企业应当建立财务预算管理制度，以现金流为核心，按照实现企业价值最大化等财务目标的要求，对资金筹集、资产营运、成本控制、收益分配、重组清算等财务活动，实施全面预算管理。

第十二条　投资者的财务管理职责主要包括：

（一）审议批准企业内部财务管理制度、企业财务战略、财务规划和财务预算。

（二）决定企业的筹资、投资、担保、捐赠、重组、经营者报酬、利润分配等重大财务事项。

（三）决定企业聘请或者解聘会计师事务所、资产评估机构等中介机构事项。

（四）对经营者实施财务监督和财务考核。

（五）按照规定向全资或者控股企业委派或者推荐财务总监。

投资者应当通过股东（大）会、董事会或者其他形式的内部机构履行财务管理职责，可以通过企业章程、内部制度、合同约定等方式将部分财务管理职责授予经营者。

第十三条　经营者的财务管理职责主要包括：

（一）拟订企业内部财务管理制度、财务战略、财务规划，编制财务预算。

（二）组织实施企业筹资、投资、担保、捐赠、重组和利润分配等财务方案，诚信履行企业偿债义务。

（三）执行国家有关职工劳动报酬和劳动保护的规定，依法缴纳社会保险费、住房公积金等，保障职工合法权益。

（四）组织财务预测和财务分析，实施财务控制。

（五）编制并提供企业财务会计报告，如实反映财务信息和有关情况。

（六）配合有关机构依法进行审计、评估、财务监督等工作。

第三章　资金筹集

第十四条　企业可以接受投资者以货币资金、实物、无形资产、股权、特定债权等形式的出资。其中，特定债权是指企业依法发行的可转换债券、符合有关规定转作股权的债权等。

企业接受投资者非货币资产出资时，法律、行政法规对出资形式、程序和评估作价等有规定的，依照其规定执行。

企业接受投资者商标权、著作权、专利权及其他专有技术等无形资产出资的，应当符合法律、行政法规规定的比例。

第十五条　企业依法以吸收直接投资、发行股份等方式筹集权益资金的，应当拟订筹资方案,确定筹资规模,履行内部决策程序和必要的报批手续,控制筹资成本。企业筹集的实收资本,应当依法委托法定验资机构验资并出具验资报告。

第十六条　企业应当执行国家有关资本管理制度,在获准工商登记后30日内,依据验资报告等向投资者出具出资证明书,确定投资者的合法权益。

企业筹集的实收资本,在持续经营期间可以由投资者依照法律、行政法规以及企业章程的规定转让或者减少,投资者不得抽逃或者变相抽回出资。

除《公司法》等有关法律、行政法规另有规定外,企业不得回购本企业发行的股份。企业依法回购股份,应当符合有关条件和财务处理办法,并经投资者决议。

第十七条　对投资者实际缴付的出资超出注册资本的差额(包括股票溢价),企业应当作为资本公积管理。

经投资者审议决定后,资本公积用于转增资本。国家另有规定的,从其规定。

第十八条　企业从税后利润中提取的盈余公积包括法定公积金和任意公积金,可以用于弥补企业亏损或者转增资本。法定公积金转增资本后留存企业的部分,以不少于转增前注册资本的25%为限。

第十九条　企业增加实收资本或者以资本公积、盈余公积转增实收资本,由投资者履行财务决策程序后,办理相关财务事项和工商变更登记。

第二十条　企业取得的各类财政资金,区分以下情况处理:

(一)属于国家直接投资、资本注入的,按照国家有关规定增加国家资本或者国有资本公积。

(二)属于投资补助的,增加资本公积或者实收资本。国家拨款时对权属有规定的,按规定执行;没有规定的,由全体投资者共同享有。

(三)属于贷款贴息、专项经费补助的,作为企业收益处理。

(四)属于政府转贷、偿还性资助的,作为企业负债管理。

(五)属于弥补亏损、救助损失或者其他用途的,作为企业收益处理。

第二十一条　企业依法以借款、发行债券、融资租赁等方式筹集债务资金的,应当明确筹资目的,根据资金成本、债务风险和合理的资金需求,进行必要的资本结构决策,并签订书面合同。

企业筹集资金用于固定资产投资项目的,应当遵守国家产业政策、行业规划、自有资本比例及其他规定。

企业筹集资金,应当按规定核算和使用,并诚信履行合同,依法接受监督。

第四章　资产营运

第二十二条　企业应当根据风险与收益均衡等原则和经营需要,确定合理的资产结构,并实施资产结构动态管理。

第二十三条　企业应当建立内部资金调度控制制度,明确资金调度的条件、权限和程序,统一筹集、使用和管理资金。企业支付、调度资金,应当按照内部财务管理制度的规定,依据有效合同、合法凭证,办理相关手续。

企业向境外支付、调度资金应当符合国家有关外汇管理的规定。

企业集团可以实行内部资金集中统一管理,但应当符合国家有关金融管理等法律、行政法规规定，并不得损害成员企业的利益。

第二十四条　企业应当建立合同的财务审核制度，明确业务流程和审批权限，实行财务监控。

企业应当加强应收款项的管理，评估客户信用风险，跟踪客户履约情况，落实收账责任，减少坏账损失。

第二十五条　企业应当建立健全存货管理制度，规范存货采购审批、执行程序，根据合同的约定以及内部审批制度支付货款。

企业选择供货商以及实施大宗采购，可以采取招标等方式进行。

第二十六条　企业应当建立固定资产购建、使用、处置制度。

企业自行选择、确定固定资产折旧办法，可以征询中介机构、有关专家的意见，并由投资者审议批准。固定资产折旧办法一经选用，不得随意变更。确需变更的，应当说明理由，经投资者审议批准。

企业购建重要的固定资产、进行重大技术改造，应当经过可行性研究，按照内部审批制度履行财务决策程序，落实决策和执行责任。

企业在建工程项目交付使用后，应当在一个年度内办理竣工决算。

第二十七条　企业对外投资应当遵守法律、行政法规和国家有关政策的规定，符合企业发展战略的要求，进行可行性研究，按照内部审批制度履行批准程序，落实决策和执行的责任。

企业对外投资应当签订书面合同，明确企业投资权益，实施财务监管。依据合同支付投资款项，应当按照企业内部审批制度执行。

企业向境外投资的，还应当经投资者审议批准，并遵守国家境外投资项目核准和外汇管理等相关规定。

第二十八条　企业通过自创、购买、接受投资等方式取得的无形资产，应当依法明确权属，落实有关经营、管理的财务责任。

无形资产出现转让、租赁、质押、授权经营、连锁经营、对外投资等情形时，企业应当签订书面合同，明确双方的权利义务，合理确定交易价格。

第二十九条　企业对外担保应当符合法律、行政法规及有关规定，根据被担保单位的资信及偿债能力，按照内部审批制度采取相应的风险控制措施，并设立备查账簿登记，实行跟踪监督。

企业对外捐赠应当符合法律、行政法规及有关财务规定，制定实施方案，明确捐赠的范围和条件，落实执行责任，严格办理捐赠资产的交接手续。

第三十条　企业从事期货、期权、证券、外汇交易等业务或者委托其他机构理财，不得影响主营业务的正常开展，并应当签订书面合同，建立交易报告制度，定期对账，控制风险。

第三十一条　企业从事代理业务，应当严格履行合同，实行代理业务与自营业务分账管理，不得挪用客户资金、互相转嫁经营风险。

第三十二条　企业应当建立各项资产损失或者减值准备管理制度。各项资产损失或者减值准备的计提标准，一经选用，不得随意变更。企业在制订计提标准时可以征询中介机构、有关专家的意见。

对计提损失或者减值准备后的资产，企业应当落实监管责任。能够收回或者继续使用以及没有证据证明实际损失的资产,不得核销。

第三十三条　企业发生的资产损失,应当及时予以核实、查清责任,追偿损失,按照规定程序处理。

企业重组中清查出的资产损失,经批准后依次冲减未分配利润、盈余公积、资本公积和实收资本。

第三十四条　企业以出售、抵押、置换、报废等方式处理资产时,应当按照国家有关规定和企业内部财务管理制度规定的权限和程序进行。其中,处理主要固定资产涉及企业经营业务调整或者资产重组的,应当根据投资者审议通过的业务调整或者资产重组方案实施。

第三十五条　企业发生关联交易的,应当遵守国家有关规定,按照独立企业之间的交易计价结算。投资者或者经营者不得利用关联交易非法转移企业经济利益或者操纵关联企业的利润。

第五章　成本控制

第三十六条　企业应当建立成本控制系统,强化成本预算约束,推行质量成本控制办法,实行成本定额管理、全员管理和全过程控制。

第三十七条　企业实行费用归口、分级管理和预算控制,应当建立必要的费用开支范围、标准和报销审批制度。

第三十八条　企业技术研发和科技成果转化项目所需经费,可以通过建立研发准备金筹措,据实列入相关资产成本或者当期费用。

符合国家规定条件的企业集团,可以集中使用研发费用,用于企业主导产品和核心技术的自主研发。

第三十九条　企业依法实施安全生产、清洁生产、污染治理、地质灾害防治、生态恢复和环境保护等所需经费,按照国家有关标准列入相关资产成本或者当期费用。

第四十条　企业发生销售折扣、折让以及支付必要的佣金、回扣、手续费、劳务费、提成、返利、进场费、业务奖励等支出的,应当签订相关合同,履行内部审批手续。

企业开展进出口业务收取或者支付的佣金、保险费、运费,按照合同规定的价格条件处理。

企业向个人以及非经营单位支付费用的,应当严格履行内部审批及支付的手续。

第四十一条　企业可以根据法律、法规和国家有关规定,对经营者和核心技术人员实行与其他职工不同的薪酬办法,属于本级人民政府及其部门、机构出资的企业,应当将薪酬办法报主管财政机关备案。

第四十二条　企业应当按照劳动合同及国家有关规定支付职工报酬,并为从事高危作业的职工缴纳团体人身意外伤害保险费,所需费用直接作为成本(费用)列支。经营者可以在工资计划中安排一定数额,对企业技术研发、降低能源消耗、治理“三废”、促进安全生产、开拓市场等作出突出贡献的职工给予奖励。

第四十三条　企业应当依法为职工支付基本医疗、基本养老、失业、工伤等社会保险费,所需费用直接作为成本(费用)列支。

已参加基本医疗、基本养老保险的企业,具有持续盈利能力和支付能力的,可以为职工建立补充医疗保险和补充养老保险,所需费用按照省级以上人民政府规定的比例从成本(费用)中提取。超出规定比例的部分,由职工个人负担。

第四十四条　企业为职工缴纳住房公积金以及职工住房货币化分配的财务处理,按照国家有关规定执行。

职工教育经费按照国家规定的比例提取,专项用于企业职工后续职业教育和职业培训。

工会经费按照国家规定比例提取并拨缴工会。

第四十五条　企业应当依法缴纳行政事业性收费、政府性基金以及使用或者占用国有资源的费用等。

企业对没有法律法规依据或者超过法律法规规定范围和标准的各种摊派、收费、集资,有权拒绝。

第四十六条　企业不得承担属于个人的下列支出:

(一)娱乐、健身、旅游、招待、购物、馈赠等支出。

(二)购买商业保险、证券、股权、收藏品等支出。

(三)个人行为导致的罚款、赔偿等支出。

(四)购买住房、支付物业管理费等支出。

(五)应由个人承担的其他支出。

第六章　收益分配

第四十七条　投资者、经营者及其他职工履行本企业职务或者以企业名义开展业务所得的收入,包括销售收入以及对方给予的销售折扣、折让、佣金、回扣、手续费、劳务费、提成、返利、进场费、业务奖励等收入,全部属于企业。企业应当建立销售价格管理制度,明确产品或者劳务的定价和销售价格调整的权限、程序与方法,根据预期收益、资金周转、市场竞争、法律规范约束等要求,采取相应的价格策略,防范销售风险。

第四十八条　企业出售股权投资,应当按照规定的程序和方式进行。股权投资出售底价,参照资产评估结果确定,并按照合同约定收取所得价款。在履行交割时,对尚未收款部分的股权投资,应当按照合同的约定结算,取得受让方提供的有效担保。上市公司国有股减持所得收益,按照国务院的规定处理。

第四十九条　企业发生的年度经营亏损,依照税法的规定弥补。税法规定年限内的税前利润不足弥补的,用以后年度的税后利润弥补,或者经投资者审议后用盈余公积弥补。

第五十条　企业年度净利润,除法律、行政法规另有规定外,按照以下顺序分配:

(一)弥补以前年度亏损。

(二)提取10%法定公积金。法定公积金累计额达到注册资本50%以后,可以不再提取。

(三)提取任意公积金。任意公积金提取比例由投资者决议。

(四)向投资者分配利润。企业以前年度未分配的利润,并入本年度利润,在充分考虑现金流量状况后,向投资者分配。属于各级人民政府及其部门、机构出资的企业,应当将应付国有利润上缴财政。

国有企业可以将任意公积金与法定公积金合并提取。股份有限公司依法回购后暂未转让或者注销的股份,不得参与利润分配;以回购股份对经营者及其他职工实施股权激励的,在拟订利润分配方案时,应当预留回购股份所需利润。

第五十一条　企业弥补以前年度亏损和提取盈余公积后，当年没有可供分配的利润时，不得向投资者分配利润，但法律、行政法规另有规定的除外。

第五十二条　企业经营者和其他职工以管理、技术等要素参与企业收益分配的，应当按照国家有关规定在企业章程或者有关合同中对分配办法作出规定，并区别以下情况处理：

（一）取得企业股权的，与其他投资者一同进行企业利润分配。

（二）没有取得企业股权的，在相关业务实现的利润限额和分配标准内，从当期费用中列支。

第七章　重组清算

第五十三条　企业通过改制、产权转让、合并、分立、托管等方式实施重组，对涉及资本权益的事项，应当由投资者或者授权机构进行可行性研究，履行内部财务决策程序，并组织开展以下工作：

（一）清查财产，核实债务，委托会计师事务所审计。

（二）制订职工安置方案，听取重组企业的职工、职工代表大会的意见或者提交职工代表大会审议。

（三）与债权人协商，制订债务处置或者承继方案。

（四）委托评估机构进行资产评估，并以评估价值作为净资产作价或者折股的参考依据。

（五）拟订股权设置方案和资本重组实施方案，经过审议后履行报批手续。

第五十四条　企业采取分立方式进行重组，应当明晰分立后的企业产权关系。企业划分各项资产、债务以及经营业务，应当按照业务相关性或者资产相关性原则制订分割方案。对不能分割的整体资产，在评估机构评估价值的基础上，经分立各方协商，由拥有整体资产的一方给予他方适当经济补偿。

第五十五条　企业可以采取新设或者吸收方式进行合并重组。企业合并前的各项资产、债务以及经营业务，由合并后的企业承继，并应当明确合并后企业的产权关系以及各投资者的出资比例。

企业合并的资产税收处理应当符合国家有关税法的规定，合并后净资产超出注册资本的部分，作为资本公积；少于注册资本的部分，应当变更注册资本或者由投资者补足出资。

对资不抵债的企业以承担债务方式合并的，合并方应当制定企业重整措施，按照合并方案履行偿还债务责任，整合财务资源。

第五十六条　企业实行托管经营，应当由投资者决定，并签订托管协议，明确托管经营的资产负债状况、托管经营目标、托管资产处置权限以及收益分配办法等，并落实财务监管措施。

受托企业应当根据托管协议制订相关方案，重组托管企业的资产与债务。未经托管企业投资者同意，不得改组、改制托管企业，不得转让托管企业及转移托管资产、经营业务，不得以托管企业名义或者以托管资产对外担保。

第五十七条　企业进行重组时，对已占用的国有划拨土地应当按照有关规定进行评估，履行相关手续，并区别以下情况处理：

（一）继续采取划拨方式的，可以不纳入企业资产管理，但企业应当明确划拨土地使用权权益，并按规定用途使用，设立备查账簿登记。国家另有规定的除外。

（二）采取作价入股方式的，将应缴纳的土地出让金转作国家资本，形成的国有股权由企业重组前的国有资本持有单位或者主管财政机关确认的单位持有。

（三）采取出让方式的，由企业购买土地使用权，支付出让费用。

（四）采取租赁方式的，由企业租赁使用，租金水平参照银行同期贷款利率确定，并在租赁合同中约定。

企业进行重组时，对已占用的水域、探矿权、采矿权、特许经营权等国有资源，依法可以转让的，比照前款处理。

第五十八条　企业重组过程中，对拖欠职工的工资和医疗、伤残补助、抚恤费用以及欠缴的基本社会保险费、住房公积金，应当以企业现有资产优先清偿。

第五十九条　企业被责令关闭、依法破产、经营期限届满而终止经营的，或者经投资者决议解散的，应当按照法律、法规和企业章程的规定实施清算。清算财产变卖底价，参照资产评估结果确定。国家另有规定的，从其规定。

企业清算结束，应当编制清算报告，委托会计师事务所审计，报投资者或者人民法院确认后，向相关部门、债权人以及其他的利益相关人通告。其中，属于各级人民政府及其部门、机构出资的企业，其清算报告应当报送主管财政机关。

第六十条　企业解除职工劳动关系，按照国家有关规定支付的经济补偿金或者安置费，除正常经营期间发生的列入当期费用以外，应当区别以下情况处理：

（一）企业重组中发生的，依次从未分配利润、盈余公积、资本公积、实收资本中支付。

（二）企业清算时发生的，以企业扣除清算费用后的清算财产优先清偿。

第八章　信息管理

第六十一条　企业可以结合经营特点，优化业务流程，建立财务和业务一体化的信息处理系统，逐步实现财务、业务相关信息一次性处理和实时共享。

第六十二条　企业应当逐步创造条件，实行统筹企业资源计划，全面整合和规范财务、业务流程，对企业物流、资金流、信息流进行一体化管理和集成运作。

第六十三条　企业应当建立财务预警机制，自行确定财务危机警戒标准，重点监测经营性净现金流量与到期债务、企业资产与负债的适配性，及时沟通企业有关财务危机预警的信息，提出解决财务危机的措施和方案。

第六十四条　企业应当按照有关法律、行政法规和国家统一的会计制度的规定，按时编制财务会计报告，经营者或者投资者不得拖延、阻挠。

第六十五条　企业应当按照规定向主管财政机关报送月份、季度、年度财务会计报告等材料，不得在报送的财务会计报告等材料上作虚假记载或者隐瞒重要事实。主管财政机关应当根据企业的需要提供必要的培训和技术支持。

企业对外提供的年度财务会计报告，应当依法经过会计师事务所审计。国家另有规定的，从其规定。

第六十六条　企业应当在年度内定期向职工公开以下信息：

（一）职工劳动报酬、养老、医疗、工伤、住房、培训、休假等信息。

（二）经营者报酬实施方案。

（三）年度财务会计报告审计情况。

（四）企业重组涉及的资产评估及处置情况。

（五）其他依法应当公开的信息。

第六十七条　主管财政机关应当建立健全企业财务评价体系，主要评估企业内部财务控制的有效性，评价企业的偿债能力、盈利能力、资产营运能力、发展能力和社会贡献。评估和评价的结果可以通过适当方式向社会发布。

第六十八条　主管财政机关及其工作人员应当恰当使用所掌握的企业财务信息，并依法履行保密义务，不得利用企业的财务信息谋取私利或者损害企业利益。

第九章　财务监督

第六十九条　企业应当依法接受主管财政机关的财务监督和国家审计机关的财务审计。

第七十条　经营者在经营过程中违反本通则有关规定的，投资者可以依法追究经营者的责任。

第七十一条　企业应当建立、健全内部财务监督制度。企业设立监事会或者监事人员的，监事会或者监事人员依照法律、行政法规、本通则和企业章程的规定，履行企业内部财务监督职责。经营者应当实施内部财务控制，配合投资者或者企业监事会以及中介机构的检查、审计工作。

第七十二条　企业和企业负有直接责任的主管人员和其他人员有以下行为之一的，县级以上主管财政机关可以责令限期改正、予以警告，有违法所得的，没收违法所得，并可以处以不超过违法所得 3 倍、但最高不超过 3 万元的罚款；没有违法所得的，可以处以 1 万元以下的罚款。

（一）违反本通则第三十九条、四十条、四十二条第一款、四十三条、四十六条规定列支成本费用的。

（二）违反本通则第四十七条第一款规定截留、隐瞒、侵占企业收入的。

（三）违反本通则第五十条、五十一条、五十二条规定进行利润分配的。但依照《公司法》设立的企业不按本通则第五十条第一款第二项规定提取法定公积金的，依照《公司法》的规定予以处罚。

（四）违反本通则第五十七条规定处理国有资源的。

（五）不按本通则第五十八条规定清偿职工债务的。

第七十三条　企业和企业负有直接责任的主管人员和其他人员有以下行为之一的，县级以上主管财政机关可以责令限期改正、予以警告。

（一）未按本通则规定建立健全各项内部财务管理制度的。

（二）内部财务管理制度明显与法律、行政法规和通用的企业财务规章制度相抵触，且不按主管财政机关要求修正的。

第七十四条　企业和企业负有直接责任的主管人员和其他人员不按本通则第六十四条、第六十五条规定编制、报送财务会计报告等材料的，县级以上主管财政机关可以依照《公司法》、《企业财务会计报告条例》的规定予以处罚。

第七十五条　企业在财务活动中违反财政、税收等法律、行政法规的，依照《财政违法行为处罚处分条例》（国务院令第 427 号）及有关税收法律、行政法规的规定予以处理、处罚。

第七十六条　主管财政机关以及政府其他部门、机构有关工作人员，在企业财务管理中滥用职权、玩忽职守、徇私舞弊或者泄露国家机密、企业商业秘密的，依法进行处理。

第十章　附　则

第七十七条　实行企业化管理的事业单位比照适用本通则。

第七十八条　本通则自 2007 年 1 月 1 日起施行。

参 考 文 献

[1] 全国会计专业技术资格考试领导小组办公室.财务管理.北京:中国财政经济出版社,2002
[2] 赵德武.财务管理实务.北京:高等教育出版社,2001
[3] 陆正飞.财务管理.大连:东北财经大学出版社,2001
[4] 政部注册会计师考试委员会办公室.财务成本管理.北京:经济科学出版社,2003
[5] 卢家仪.财务管理.北京:清华大学出版社,2003